The Road to Character

# 인간의 품격

# 인간의 품격

데이비드 브룩스 지음 | 김희정 옮김

삶은 성공이 아닌 성장의 이야기다

지은이 데이비드 브룩스David Brooks는 『보보스』, 『소셜 애니멀』로 유명한 베스트셀러 작가이자 『뉴욕 타임스』 기명 칼럼니스트다. NPR의 시사 프로그램 〈올 싱스 컨시더드All Things Considered〉와 〈PBS 뉴스아워〉에 시사 해설자로 고정 출연하고 있으며 『뉴스위크』, 『애틀랜틱 먼슬리』의 객원편집자로 일하고 있다. 예일대학에서 학생들을 가르치고 있으며, 미국예술과학아카데미 회원이기도 하다. 2013년부터 예일대학에서 철학적 겸양에 관한 강의를 시작했고, 『인간의 품격』에서 탐색한 몇몇 아이디어는 이 강의 과정에서 나온 것이다. 저자는 이 책에서 자신이 그동안 자기애에 빠진 떠버리가 되어 실제보다 더 권위 있고 영리한 척하는 것으로 돈을 벌어 왔다고 고백한다. 나아가 오늘날 우리 모두가 반세기 전 사람들에 비해 지나치게 물질주의와 능력주의에 경도되어 있다고 지적한다. 『인간의 품격』은 바로 그 문제의식에서 출발한 책이다. 그는 이 책을 통해 자기 자신은 물론 많은 사람들이 단지 성공이 아니라 내적 성장을 위해 분투하는 사람이 되기를 희망한다고 말한다. 거기에 참된 삶의 의미가 있다는 것이다.

옮긴이 김희정은 서울대 영문학과와 한국외국어대 동시통역대학원을 졸업했다. 현재 가족과 함께 영국에 살면서 전문 번역가로 활동하고 있다. 옮긴 책으로 『어떻게 죽을 것인가』, 『장하준의 경제학 강의』, 『채식의 배신』, 『그들이 말하지 않는 23가지』, 『견인 도시 연대기』, 『코드북』, 『두 얼굴의 과학』, 『우주에 남은 마지막 책』, 『영장류의 평화 만들기』, 『아인슈타인과 떠나는 이상한 나라의 앨리스』, 『아인슈타인과 떠나는 블랙홀 여행』, 『내가 사는 이유』 등이 있다.

# 인간의 품격

2015년 11월 20일 초판 1쇄 발행 | 2023년 12월 1일 초판 27쇄 발행

지은이 데이비드 브룩스 | 옮긴이 김희정 | 펴낸곳 부키(주) | 펴낸이 박윤우 | 등록일 2012년 9월 27일 | 등록번호 제312-2012-000045호 | 주소 서울시 마포구 양화로 125 경남관광빌딩 빌딩 7층 | 전화 02) 325-0846 | 팩스 02) 325-0841 | 홈페이지 www.bookie.co.kr | 이메일 webmaster@bookie.co.kr | 제작대행 올인피앤비 bobys1@nate.com

ISBN 978-89-6051-523-9 03100

책값은 뒤표지에 있습니다. 잘못된 책은 구입하신 서점에서 바꿔 드립니다.

이 도서의 국립중앙도서관 출판예정도서목록(CIP)은 서지정보유통지원시스템 홈페이지(http://seoji.nl.go.kr)와 국가자료공동목록시스템(http://www.nl.go.kr/kolisnet)에서 이용하실 수 있습니다.(CIP제어번호: CIP2015029757)

# 삶이란 더 나은 인간이 되기 위한 투쟁이다

최근 나는 이력서에 들어갈 덕목과 조문弔文에 들어갈 덕목에 어떤 차이가 있을지 줄곧 생각해 왔다. 이력서 덕목은 일자리를 구하고 외적인 성공을 이루는 데 필요한 기술들을 말한다. 조문 덕목은 그보다 더 깊은 의미를 지닌다. 장례식장에 찾아온 조문객들이 고인에 대해 이야기할 때 나오는 덕목들로, 한 존재의 가장 중심을 이루는 성격들이다. 그이가 용감하고, 정직하고, 신의가 두터운 사람이었는지, 어떤 인간 관계를 이루고 살아간 사람이었는지 하는 것들 말이다.

대부분의 사람들은 조문 덕목이 이력서 덕목보다 더 중요하다고 말할 것이다. 하지만 고백하건대 나는 인생의 오랜 시간을 전자보다 후자에 대해 생각하는 데 더 많이 할애해 왔다. 현재의 교육 체제도 조문 덕목보다 이력서 덕목 위주로 만들어져 있다. 사회적으로 공론화된 이야기들도 마찬가지다. 잡지에 나오는 자기계발 관련 조언이나 비소설 부문 베스트셀러 목록을 보면 알 수 있다. 우리 대부분은 깊이 있는 인격을 기르는 방법보다 성공적인 커리어를 성취하는 방법에 대해 더 분명한 전략을 갖고 있다.

이 두 가지 다른 덕목에 대해 생각하는 데 도움을 준 책이 있다. 랍비 조셉 솔로베이치크Joseph Soloveitchik가 1965년에 쓴 『고독한 신앙인Lonely Man of Faith』이다. 솔로베이치크는 창세기에 나오는 창조에 관한 두 가지 묘사가 우리 본성의 두 가지 상반된 면을 상징한다고 주장했다. 그는 이 두 본성을 각각 아담 Ⅰ, 아담 Ⅱ라고 불렀다.

솔로베이치크의 분류를 조금 더 현대화하자면 아담 Ⅰ은 커리어를 추구하고, 야망에 충실한 우리의 본성이라고 말할 수 있겠다. 이력서에 담길 덕목을 중시하는 외적인 아담이다. 아담 Ⅰ은 무언가를 건설하고 창조하고 생산하고 발견하길 원한다. 그는 드높은 위상과 승리를 원한다.

아담 Ⅱ는 내적인 아담이다. 아담 Ⅱ는 특정한 도덕적 자질을 구현하고 싶어 한다. 그는 고요하고 평화로운 내적 인격을 갖추길 원하며, 옳고 그름에 대한 차분하지만 굳건한 분별력을 갖고 싶어 한다. 그는 선한 행동을 하는 데 그치지 않고 선한 사람이 되고 싶어 한다. 아담 Ⅱ는 친밀한 사랑을 원하고, 다른 이들을 위해 자신을 희생하길 원하고, 초월적 진리에 순응하며 살길 원하고, 창조와 자신의 가능성을 귀하게 여기는, 내적으로 단단하게 결합된 영혼을 갖기를 열망한다.

아담 Ⅰ은 세상을 정복하고 싶어 하는 반면, 아담 Ⅱ는 세상을 섬기라는 소명에 순응하고 싶어 한다. 아담 Ⅰ이 무언가를 만들어 내며 자신의 성취를 만끽하는 반면, 아담 Ⅱ는 거룩한 목적을 위해 세속적인 성공이나 사회적 지위를 포기하기도 한다. 아담 Ⅰ은 무엇이 어떻게 돌아가는지에 의문을 가지지만, 아담 Ⅱ는 그것이 왜 존재하고 우리가 존재하는 궁극적인 이유가 무엇인지를 궁금해한다. 아담 I은 길을 헤치며 앞으로 나아가기를 바라지만, 아담 II는 자신의 뿌리로 돌아가기를 원하고, 가족과의 따뜻한 한 끼 식사를 감사해한다. 아담 I의 좌우명이 '성공'이라면, 아담 II는 삶을 하나의 도덕적 드라마로 경험한다. 그의 좌우명은 '박애, 사랑, 구원'이다.

솔로베이치크는 우리가 이 두 아담의 갈등 속에서 살고 있다고 주장했다. 위풍당당한 외적 아담과 겸손한 내적 아담은 완전히 조화를 이룰 수 없다. 우리는 끊임없는 자기갈등 상태에 놓여 있다. 우리는 이 두 페르소나를 모두 충족시켜야만 하고, 따라서 이 두 가지 서로 다른 본성 사이에 생기는 갈등 속에서 사는 기술을 익혀야 한다.

아담 I과 아담 II가 서로 다른 논리를 가지고 있기 때문에 이 대결이 특히 더 어렵다는 것도 덧붙이고 싶다. 창조하고, 건설하고, 발견하려는 아담 I은 간단명료한 실용주의 논리를 따른다. 경제학의 논리다. 들어가는 게 있으면 나오는 게 있다. 노력을 하면 보상이 따르고, 연습을 하면 완벽해진다. 개인의 이익을 추구하고, 효용을 극대화하라. 세상을 놀라게 하라.

아담 II는 이와 정반대 논리를 따른다. 경제학적 논리가 아니라 도덕적 논리인 것이다. 받으려면 줘야 한다. 자기 밖의 무언가에 스스로를 내맡겨야 내적인 힘을 얻을 수 있다. 진정으로 원하는 것을 얻기 위해서는 자신의 욕망부터 정복해야 한다. 성공은 가장 큰 실패, 즉 자만으로 이어진다. 실패는 가장 큰 성공, 즉 겸손과 배움으로 이어진다. 자아를 성취하기 위해서는 자신을 잊어야 한다. 자신을 찾기 위해서는 자신을 잃어야 한다.

아담 Ⅰ의 커리어를 키우고 싶다면 힘을 길러야 하고, 아담 Ⅱ의 도덕적 고갱이를 성장시키고 싶다면 자신의 결함과 직면해야 한다.

## 내적 삶을 일군다는 것
—

우리는 아담 Ⅰ, 즉 외적인 아담을 크게 키우면서 아담 Ⅱ에는 전혀 관심을 쏟지 않는 문화 속에서 살고 있다. 우리 사회는 잘나가는 커리어를 쌓는 방법에 골몰하도록 장려하는 반면, 내적인 삶을 일구는 방법에 대해서는 변변한 말 한마디 할 능력도 갖추지 못한 채로 내버려두고 있다. 성공을 거두고 세상의 감탄을 한 몸에 받으려는 치열한 경쟁만으로도 온 힘을 소진하고 만다. 소비 시장은 우리를 실용적인 계산에 따라 살고, 욕망을 만족시키고, 날마다 내려야 하는 결정에 배어 있는 도덕적 이해관계를 망각하게끔 부추긴다. 빠르고 얄팍한 의사소통이 만들어 내는 소음은 내면 깊은 곳에서 울려 나오는 더 고요한 소리에 귀 기울이기 어렵게 만든다. 우리가 몸담고 있는 문화에서는 자신을 내세우고, 광고하며, 성공하는 데 필요한 기술을 연마하라고 가르친다. 인격을 형성하는 데 필요한 겸양과 공감, 그리고 정직한 자기직시의 태도가 중요하다는 담론은 거의 찾아볼 수 없다.

우리가 온전히 아담 Ⅰ로만 이루어졌다면 우리는 영악한 동물이 될 것이다. 게임을 하는 데 능숙하고 모든 것을 게임으로 치환하는 자기보존적이고 교활한 생명체 말이다. 만일 그게 우리의 전부라면 많은 시간을 전문적인 기술을 연마하는 데 바치면서도, 삶의 의미가 어디에서 오는 것인지 명확히 알지 못하기 때문에 그 기술을 어디에 쏟아부어야 할지, 그리고 어떤 진로를 선택해야 최선의 길이 될지 모르게 된다. 세월이 흘러도 우리는 내면 깊은 곳을 탐색해 보지도 체계화하지도 못한다. 늘 바쁘지만 우리 삶에서 궁극적 의미와 목적을 이뤄 내지 못했다는 막연한 불안감에 시달린다. 진정으로 사랑해 보지도, 삶에 가치를 부여하는 도덕적 목표에 진정으로 천착해 보지도 못한 채 무의식적 권태를 안고 살아간다. 우리에게는 흔들리지 않고 헌신하기 위한 내적 기준도 부족하다. 다른 사람들의 반대에 부딪히거나 심각한 타격을 입어도 견뎌 낼 수 있는 내적 일관성과 진실함도 성장시키지 못했다. 결국 그것이 자신에게 맞든 안 맞든 상관없이 다른 사람이 인정해주는 일만 하면서 사는 것이다. 또한 우리는 어리석게도 다른 사람을 평가할 때 그의 가치보다는 능력을 기준으로 삼는다. 우리에게는 인격을 형성할 전략이 없다. 그러나 그런 전략이 없으면 내적인 삶뿐 아니라 외적인 삶까지도 종국에 가서는 무너지고 말 것이다.

이 책은 아담 Ⅱ에 관한 것이다. 몇몇 인물들이 어떻게 해서 강인하고 굳건한 인격을 일굴 수 있었는지에 대한 책이며, 수세기에 걸쳐 그들이 자신의 중심을 강철처럼 벼리고, 현명한 마음을 기르는 데 적용해 왔던 사고방식에 대한 책이다. 솔직히 말해서 나 자신의 영혼을 구하기 위해 이 책을 썼다고 해도 과언이 아니다.

나는 얄팍한 성향을 타고났다. 현재 일종의 전문가이자 칼럼니스트로 일하면서, 자기애에 빠진 떠버리가 되어 내 생각들을 마구 쏟아 내는 일로 돈을 번다. 그 생각들에 대해 내가 실제로 느끼는 것보다 더 자신감 있는 척하고, 실제보다 더 영리한 척하고, 실제보다 더 권위 있는 척하는 것으로 돈을 버는 것이다. 따라서 나는 으스대기 좋아하는 얄팍한 사람이 되지 않기 위해 대부분의 사람들보다 더 많은 노력을 기울여야 한다. 또 한 가지 깨달은 점은, 요즘 대부분의 사람들과 마찬가지로 나도 막연한 도덕적 염원을 가지고 살아왔다는 것이다. 막연히 좋은 사람이 되고 싶어 하고, 막연히 뭔가 더 커다란 목표를 위해 일하고 싶어 한다. 하지만 구체적인 도덕 개념이 부족하고, 풍요로운 내적 삶을 영위하려면 어떻게 해야 하는지도 잘 모르며, 심지어 어떻게 해야 인격을 연마하고 내면 깊은 곳에 다다를 수 있는지도 분명히 알지 못한다.

나는 우리 본성이 가지고 있는 아담 II에 엄격하게 초점을 맞추지 않는 한 자기만족적이고 그저 그런 도덕적 기준에 안주해 버리기가 너무 쉽다는 것을 깨달았다. 우리는 자신에 대해서는 관대한 평가를 하게 마련이다. 욕망이 인도하는 대로 따라가면서 다른 누군가에게 명백한 피해를 주지 않는 한 스스로를 용인하는 것이다. 주변 사람들이 나를 좋아하는 것 같으니, 난 좋은 사람임에 틀림없다고 결론짓는다. 그 과정에서 결국 우리는 본래 희망했던 것보다 훌륭하지 못한 모습으로 서서히 변해 간다. 실제 자신의 모습과 희망했던 자신의 모습 사이에 치욕스러울 만큼의 차이가 벌어진다. 이때 우리는 아담 I의 목소리는 크지만, 아담 II의 목소리는 잘 들리지 않는다는 것을 깨닫는다. 아담 I의 인생 계획은 선명하지만, 아담 II의 인생 계획은 흐릿하다. 아담 I은 정신을 바짝 차리고 있지만, 아담 II는 몽유병 환자처럼 헤매고 있다.

나는 나 자신이 '인격을 연마하는 길road to character'을 제대로 따를 수 있을지 확신하지 못한 채 이 책을 썼다. 그러나 적어도 그 길이 어떻게 생겼고, 다른 사람들은 그 길을 어떻게 걸었는지 알고 싶었다.

## 인격 수양의 길
—

이 책의 계획은 간단하다. 1장에서는 과거의 도덕적 환경에 대해 살펴볼 것이다. 인간을 '뒤틀린 목재crooked timber'로 보는 사고방식이 지배하는 문화적·지적 전통으로, 우리 자신의 불완전성을 강조하는 도덕 체계다. 이 전통에서는 우리가 자신의 한계 앞에서 겸손해져야 한다고 말한다. 그러나 동시에 우리 모두에게는 자신의 약점에 맞서며 죄와 씨름할 힘이 있고, 이렇게 자기 자신과 대결하는 과정에서 인격이 수양된다고 믿는다. 죄와 약점을 성공적으로 극복함으로써 우리는 더 큰 도덕적 드라마에서 각자 맡은 역할을 수행할 기회를 얻는다. 우리는 행복보다 더 높은 무언가를 목표로 삼을 수 있다. 일상적으로 부딪히는 일들을 발판 삼아 내적으로 덕을 쌓고 세상에 도움을 주는 사람으로 성장할 수 있는 것이다.

그런 다음 이 인격 수양의 방법이 실제 삶에서는 구체적으로 어떤 모습을 띠게 되는지 설명해 보려 한다. 이를 위해 도덕적 교훈을 담은 전기 식 일화를 소개할 것이다. 플루타르코스 이후 많은 도덕론자들이 모범적인 예를 들어서 특정 기준을 대중들에게 전달하려는 노력을 계속해 왔다. 설교나 추상적인 규칙만으로는 아담 II의 풍부하고 입체적인 삶을 구현할 수 없다. 좋은 예만큼 설득력 있는 것은 없다. 마음으로 감명을 받았을 때 도덕적 향상이 이루어질 확률이 가장 높다. 존경하고 사랑하는 사람들과 접촉해서 의식적, 무의식적으로 그들의 일생을 본받기 위해 노력하고자 할 때가 바로 그런 상태다.

이 사실은 한 통의 이메일을 받으면서 더욱 명확해졌다. 교실에서 배운 방법을 실생활에 적용해서 좋은 사람이 되는 길을 가는 것이 너무나 어려워 좌절감을 느낀다는 내용의 칼럼을 쓴 후 받은 이메일이었다. 데이브 졸리라는 수의사가 보낸 메시지는 이 문제의 정곡을 찌르고 있다.

마음이란 수업을 통해 지적으로 가르칠 수 있는 것이 아닙니다. 기계적으로 노트 필기를 하는 학생들에게 말이지요. (…) 선하고 현명한 마음은 평생에 걸쳐 내면 깊은 곳을 파고들려는 부단한 노력을 통해, 일생 동안 입은 상처를 치유하려는 노력을 통해 얻을 수 있습니다. (…) 그건 가르칠 수도, 이메일로 전달할 수도, 트위트를 할 수도 없는 것입니다. 각자가 마침내 그것을 찾아 떠날 준비가 되었을 때에야 비로소 자신의 내면 깊은 곳에서 발견할 수 있습니다. 그 전에는 절대 불가능하지요.

현명한 사람의 임무는 좌절감을 감내하며 그저 끊임없이 자신의 삶 속에서 남을 보살피고, 성찰하고, 부단한 노력을 기울이는 모범을 보이는 것입니다. 현명한 사람이 세상에 줄 수 있는 것 중 가르치는 것은 극히 작은 부분일 뿐입니다. 그들의 삶 전체, 아주 사소한 일을 포함한 모든 일에서 그들이 행한 방식 전체가 세상에 전파되는 메시지입니다.

절대 잊지 마십시오. 사람이 바로 메시지입니다. 평생에 걸친 노력으로 완성된 그 사람 말입니다. 그리고 그 노력은 어두운 시간의 안개로 인해 지금 메시지를 받는 우리들에게는 잘 보이지 않지만, 또 다른 현명한 사람을 통해 촉발된 것이기도 합니다. 삶은 우리가 생각하는 것보다 훨씬 큽니다. 거대한 도덕적 구조 안에서 얽히고설킨 인과 관계로 이루어진 인간의 삶은 우리가 가장 아프고 혼란스러운 어둠 속에서 살고 있을 때조차도 우리로 하여금 더 나은 행동을 하라고, 더 나은 사람이 되라고 촉구합니다.

졸리의 이메일은 이 책에서 내가 사용한 방법론을 잘 설명하고 있다. 이 책의 2~9장에 등장하는 사람들은 실로 다양하다. 흑인과 백인, 여성과 남성, 종교인과 비종교인, 저술인과 비저술인 등등. 그들 중 누구도 완벽함과는 거리가 멀다. 그러나 그들은 이제는 흔히 볼 수 없는 삶의 방식을 실천한 사람들이다. 그들은 자신의 결함을 정확히 알고 있었다. 자신의 죄악을 극복하기 위해 내적으로 투쟁했고, 그 결과 어느 정도 자존감을 얻은 사람들이다. 우리는 그들이 성취한 것보다―위대한 업적들이기는 하지만―그들이 어떤 사람이었는지를 기억한다. 그들이 남긴 모범이 우리도 그들의 자취를 따라 더 나은 인간이 되고자 하는 염원에 불을 붙일 수 있기를 기대한다.

마지막 장에서는 이들 주제를 마무리할 것이다. 우리 문화가 더 나은 사람이 되는 것을 얼마나 더 어렵게 만드는지를 설명하고, 인간은 '뒤틀린 목재'라는 관점을 몇 가지로 요약해 볼 예정이다. 이 책이 담고 있는 메시지를 압축해서 보고 싶은 사람은 마지막 장을 읽는 것이 좋겠다.

현대에 들어서도 가끔 우리는 놀라울 정도의 내적 일관성 혹은 응집력을 지닌 사람들을 만날 때가 있다. 이런 사람들은 파편화된 무작위한 삶을 살지 않는다. 내적으로 통합을 이룬 사람들인 것이다. 침착하고, 안정감 있고, 뿌리를 깊숙이 내려 부유하지 않는 모습을 보여 준다. 폭풍이 몰아친다 해도 가고자 하는 경로에서 벗어나지 않는다. 어떤 역경에도 무너지지 않는다. 일관된 정신과 신뢰할 수 있는 마음을 지니고 있다. 그들의 덕목은 영리한 대학생들에게서 볼 수 있는 활짝 피어난 꽃 같은 덕목이 아니다. 삶을 경험하고 거기서 느끼는 희열과 고통을 모두 맛본 사람들한테서만 볼 수 있는 숙성한 과일과 같은 덕목이다.

때로 우리는 이런 사람들을 눈여겨보지조차 않기도 한다. 친절하고 명랑한 느낌을 주기는 하지만 자기에 대해 떠벌리지 않기 때문이다. 그들은 자기를 내세우지 않는 겸양의 덕을 갖추고 있다. 다른 이들에게 도움이 되고 싶어 하지만 세상에 대고 그 어떤 것도 증명해 보일 필요를 느끼지 않는 사람들이다. 그들은 겸손, 절제, 과묵, 중용, 존중, 그리고 온화한 자기수양을 미덕으로 삼는다.

그들에게서는 일종의 도덕적 희열이 뿜어져 나오는 느낌이 든다. 거친 도전을 받아도 온화하게 응답한다. 부당한 대우를 받아도 침묵을 지킨다. 모욕을 받아도 위엄을 잃지 않고, 자극을 받아도 자제력을 잃지 않는다. 그러나 동시에 그들은 성취를 해낸다. 다른 이를 위해 자신을 희생할 때도 마치 일용품을 사러 장에 가듯 눈에 띄지 않는 겸손한 태도로 그 일을 해낸다. 자신이 하는 행동이 얼마나 인상적인 것인지 생각하지 않는다. 자신에 대해서 아예 생각을 하지 않는다. 그들은 결함투성이인 주변 사람들을 통해서 기쁨을 찾는 것처럼 보인다. 그들은 해야 할 일을 인식하고 그냥 그 일을 실행에 옮긴다.

그들과 이야기를 나누는 사람들은 자신이 더 재미있고 똑똑하다고 느낀다. 그들은 다양한 사회적 계층을 넘나들면서도 자신들이 그렇게 하고 있다는 것조차 의식하지 못한다. 그들을 알게 된 지 얼마 되지 않아 문득 그들이 뽐내거나, 독선적으로 굴거나, 확신에 차서 절대로 의견을 굽히지 않는 모습을 본 적이 없다는 걸 깨달을 것이다. 자신이 얼마나 뛰어난지, 얼마나 많은 것을 이루었는지 언뜻언뜻 내비치는 행동도 하지 않는다.

그들은 갈등이 전혀 없는 평온한 삶을 산 이들이 아니다. 오히려 숱한 갈등과 분투하면서 성숙을 향해 한 걸음씩 나아간 이들이다. 그들은 삶의 본질적인 문제를 해결하는 방향으로 어떻게든 나아간 사람들이다. 알렉산드르 솔제니친이 말했던 바로 그 문제 말이다. "선과 악을 가르는 경계는 국가나 계급, 혹은 정치적 당파를 가로질러 나 있지 않다. 바로 우리 각자의 심장을 가로지르고 있다."

그들은 강인한 내적 인격을 연마하고, 심오한 깊이에 도달한 사람들이다. 이들에게서, 이들의 분투가 끝나는 지점에서, 성공을 향해 오르던 발걸음은 영혼의 깊이를 더하기 위한 투쟁 앞에 무릎을 꿇고 만다. 균형을 찾으려는 평생의 노력 끝에, 마침내 아담 I은 아담 II 앞에 머리를 숙인다. 바로 이런 사람들이 우리가 찾는 사람들이다.

차례

인간은 모두
뒤틀린 목재다

자기 자신의 본성에 대해 겸손한 사람은

우리가 '뒤틀린 목재'로 만들어졌다는 것을 알고 있다.

이마누엘 칸트의 유명한 말을 빌리자면

"인간이라는 뒤틀린 목재에서 곧은 것이라고는

그 어떤 것도 만들 수 없다."

인류가 '뒤틀린 목재'라고 생각하는 사람들은

자신의 결점을 적나라하게 인식하고,

스스로의 약점을 극복하기 위한 투쟁의 과정에서

인격 형성이 이루어진다고 믿는다.

토머스 머튼의 주장과 일치하는 견해다.

"영혼은 운동선수와 같아서 싸울 가치가 있는 상대가 필요하다.

시련을 겪고, 스스로를 확대하고,

잠재력을 완전히 발휘할 수 있는 방법은

그것뿐이다."

　　　일요일 저녁이면 우리 지역 공영 라디오
방송에서는 흘러간 옛 프로그램을 다시 방송해 주곤 한다. 몇 년 전 차
를 몰고 집으로 돌아가던 나는 〈커맨드 퍼포먼스Command Performance〉라
는 프로그램을 들었다. 2차 대전 중 군부대를 순회하며 벌인 버라이어
티 쇼 프로그램이었다. 내가 그날 들은 에피소드는 일본의 패전 선언
다음 날, 그러니까 1945년 8월 15일에 방송된 것이었다.

　그날 방송에는 당대 최고의 스타들이 총출연했다. 프랭크 시나트라,
마를레네 디트리히, 케리 그랜트, 베티 데이비스를 비롯한 호화 출연
진이었다. 그러나 내게 가장 큰 인상을 남긴 것은 프로그램 전체를 관
통하는 겸손함과 삼가는 태도였다. 때는 연합국이 인류 역사상 가장
숭고한 군사적 승리를 거둔 직후였다. 그럼에도 불구하고 잘난 척하
는 분위기는 전혀 없었다. 승리를 뽐내는 개선문을 세우려는 사람도
없었다.

　"자, 이제 끝난 것 같군요." 쇼의 진행을 맡은 빙 크로스비가 오프닝
멘트를 날렸다. "이런 때 무슨 말을 할 수 있을까요? 아직 완전히 손을
놓을 수는 없지요. 특별할 것 없는 평범한 휴일입니다. 지금 이 시점에

서는 전쟁이 끝났다는 것을 신께 감사드리는 것 말고 할 수 있는 게 없는 것 같습니다." 메조 소프라노 리세 스티븐스가 엄숙한 분위기의 〈아베 마리아〉를 불렀고, 뒤이어 다시 크로스비가 당시 분위기를 묘사했다. "하지만 오늘 우리 모두의 마음속 깊이 자리 잡은 감정은 겸손일 것입니다."

이 느낌은 쇼 전체를 지배했다. 배우 버지스 메러디스는 종군 기자어니 파일이 쓴 글의 일부를 읽었다. 파일은 전쟁이 끝나기 몇 달 전에 목숨을 잃었지만 승전이 어떤 의미를 지니게 되기를 기대하는지 글로 남겼다. "우리가 이 전쟁에서 이긴다면 우리 젊은이들의 용맹과 여러 다른 요인들 덕분일 것이다. 거기에는 러시아, 영국, 중국과의 협력뿐 아니라 시간의 흐름, 자연자원이라는 선물 등 여러 요소들이 포함된다. 우리가 운명적으로 다른 모든 나라 사람들보다 더 우월하게 창조되어서 승리한 것이 아니다. 승리를 거둘 때 우리가 자만심보다는 감사하는 마음을 가졌으면 하는 것이 나의 바람이다."

쇼는 당시 온 국민의 반응을 반영하고 있었다. 물론 열광적인 기념행사도 열렸다. 샌프란시스코에서는 해군이 케이블카를 독점하고 술집을 털기도 했다. 뉴욕 맨해튼 한가운데 자리 잡은 가먼트 지구의 거리에는 퍼레이드를 하며 뿌린 색종이 조각이 10센티미터 이상 쌓였다.[1] 그러나 사람들의 기분은 양극단으로 치달았다. 환희의 감정 다음에는 엄숙함과 자기회의가 뒤따랐다.

세계 대전이 한 시대에 획을 그은 너무도 큰 역사적 사건이었고, 전쟁으로 흘린 피의 강이 너무도 깊고 넓어서, 그 앞에 선 개인들은 상대적으로 자신의 미약함을 느끼지 않을 수 없었던 것도 이러한 반응의 부분적인 이유다. 또 부분적으로는 태평양 지역의 전쟁을 끝낸 방법, 즉 원자폭탄의 사용에서도 그 이유를 찾아볼 수 있다. 세계의 모든 사람들이 인간이 끼칠 수 있는 잔혹함의 한계를 목격한 것이다. 이제 인류의 손에 세상의 종말을 가져올 수 있는 무기가 들려 있다는 것을 자각하게 된 계기였다. "전쟁에 승리했다는 소식은 기쁨과 감사뿐 아니라 슬픔과 의혹을 동시에 불러일으켰다." 제임스 에이지는 그 주 『타임Time』지 사설에 그렇게 썼다.

그러나 〈커맨드 퍼포먼스〉에서 느껴지는 겸손한 태도는 단지 분위기나 스타일의 문제만은 아니었다. 그 방송에 참여한 사람들은 우리가 기억하는 한 가장 역사적인 승리를 쟁취한 이들의 일부였다. 그러나 그들은 자신들이 얼마나 대단한지 떠벌리지 않았다. 자신들의 위업을 기리려고 자동차 범퍼에 스티커를 붙이고 다니는 일도 없었다. 그들이 보인 첫 반응은 자신들이 다른 이들에 비해 도덕적으로 우월하지 않다는 것을 상기하는 일이었다. 자만심이나 우월감을 갖지 않도록 스스로 견제하는 것이 집단적 충동처럼 나타났다. 과도한 자기애로 흐르기 쉬운 자연스러운 인간의 경향에 본능적으로 제동을 건 것이다.

프로그램이 끝나기 전 집에 도착한 나는 잠시 동안 진입로에 차를 대고 라디오를 들으며 앉아 있었다. 그러다가 집에 들어가서 텔레비전을 켰더니 미식축구 경기가 벌어지고 있었다. 쿼터백에게서 짧은 패스를 받은 와이드 리시버가 불과 2야드 전진한 다음 바로 태클을 당했다. 태클을 한 수비수는 요즘 모든 프로 운동선수들이 개인적인 성취를 이룬 다음 하는 행동을 했다. 카메라 앞을 어슬렁거리며 승리를 자축하는 춤을 춘 것이다.

나는 미식축구 경기 중 2야드를 전진하고 나서 미국이 2차 대전을 승리로 이끈 후 벌인 것보다 과한 자축 세리머니를 펼치는 모습을 막 눈앞에서 목격했다는 사실을 깨달았다.

대조적인 두 장면을 두고 내 머릿속에서는 여러 생각들이 꼬리를 물었다. 이러한 태도의 변화가 문화의 변화를 상징하는 것일지도 모른다는 생각이 문득 들었다. 바로 "그 누구도 나보다 더 나은 것은 아니다. 하지만 나 또한 그 누구보다 나은 것은 아니다"라고 말하는 겸양의 문화에서 "내가 이루어낸 것을 보라. 나는 정말 특별한 사람이다"라고 외치는 자기광고의 문화로 변화한 것이다. 이 두 가지 상반된 태도 그 자체에는 별다른 의미가 없어 보인다. 하지만 그것은 이 세상에서 살아갈 수 있는 서로 다른 두 길로 이어지는 문과 같은 것이다.

## 리틀 미, 겸손의 미덕

〈커맨드 퍼포먼스〉 에피소드를 들은 후 몇 년 동안 나는 그 당시에 영향력 있었던 인물들을 연구했다. 연구를 하면서 가장 먼저 들었던 생각은 아무도 그 시절, 즉 20세기 중반의 문화로 돌아가려 해서는 안 되겠다는 것이었다. 인종차별, 성차별, 반유대적 문화가 지금보다 훨씬 강했던 시절이기 때문이다. 당시에 살았더라면 우리 대부분은 현재 누리고 있는 기회를 얻지 못했을 것이다. 게다가 문화 자체도 더 따분했고, 단조로운 음식에 생활 환경도 천편일률적이었다. 감정적으로 차가운 시대이기도 했다. 특히 아버지들은 자녀들에 대한 사랑을 표현하지 못하는 경우가 많았고, 남편은 아내의 내면 깊은 곳을 이해하지 못했다. 수없이 많은 부분에서 그때보다 현재의 삶이 훨씬 더 낫다.

그러나 당시에는 겸손해야 한다는 심리적 압박을 지금보다 더 일상적으로 느끼며 살았을 거라는 생각이 들었다. 20세기 중반까지 수백 년 동안 지속되어 오던 도덕적 환경이 이제는 그 중요성을 잃어 가고 있다는 생각이 든 것이다. 이전에는 자신의 욕망을 회의적으로 바라보고, 자신이 약한 존재라는 것을 인식하고, 자신의 결함과 맞서 싸우고, 약점을 강점으로 전환하는 노력을 더 많이 해야 한다는 도덕적 환경이 존재했다. 이런 전통에서 성장한 사람들은 자신의 모든 생각, 감정, 그리고 성취를 그 즉시 온 세상에 알리고자 하는 욕구가 적었을 것이라고 나는 생각했다.

〈커맨드 퍼포먼스〉 시대에는 대중문화도 더 말을 아끼고 신중했던 것 같다. 그때는 티셔츠에 뭔가 주장하는 메시지를 넣어서 입고 다니는 문화도 없었고, 타자기 자판에 느낌표도 없었다. 각종 질병에 대해 공감과 연대감을 표현하는 리본도 없었고, 개인 전용 차량 번호판도, 개인적인 주장이나 도덕적인 선언을 하는 자동차 범퍼 스티커도 없었다. 자신이 나온 대학이나 지난여름에 다녀온 휴가지를 알리는 스티커를 자동차 뒤창에 붙이고 다니지도 않았다. (당시 사람들의 표현을 빌리자면) 자기 자랑을 나팔 불 듯 떠벌리거나, 분수를 모르거나, 건방진 행동을 하는 것에 대해 사회적으로 훨씬 강한 제재가 따랐다.

이러한 사회적 규범은 그레고리 펙, 게리 쿠퍼 같은 당대 배우들이나 영화 〈드래그넷Dragnet〉의 조 프라이데이 같은 등장인물이 보여 주는 겸손한 태도에 잘 구현되어 있다. 프랭클린 루스벨트 대통령의 보좌관 해리 홉킨스의 아들이 2차 대전 중 전사하자 군 고위 간부들은 그의 다른 아들들을 안전한 곳으로 배치하려 했다. 홉킨스가 이에 반대하면서 쓴 글은 당시에 흔히 볼 수 있던 절제된 표현을 사용하고 있다. 그는 자신의 아들들이 형제 중 하나가 "태평양에서 운이 좀 안 좋았다"고 해서 안전한 보직을 받아서는 안 된다고 주장했다.[2]

아이젠하워 내각에서 일한 스물세 명의 남녀 인사 중 회고록을 출간한 사람은 농림부 장관 한 명뿐이었고, 그마저 내용이 너무도 조심스러운 나머지 졸릴 지경이었다. 반면 레이건 행정부에서 일한 서른 명의 내각 인사들 중 회고록을 출간한 사람은 열두 명에 이르렀고, 대부분 자화자찬 일색이었다.[3]

20세기 중반에 성장한 아버지 조지 부시는 어린 시절의 가치관이 몸에 밴 탓에 대통령 선거 캠페인을 하면서도 자신에 관해 이야기하기를 꺼렸다. 연설문 작가가 '나'라는 단어를 넣으면 그는 본능적으로 그것을 삭제했다. 보좌관들은 대통령 선거 캠페인을 하는 것이니 자신에 대해 이야기해야 한다고 사정을 해야만 했다. 결국 겨우 설득을 해서 그런 내용을 넣고 나면 다음 날 바로 그의 어머니에게서 전화가 왔다. "조지, 또 자기에 대해 이야기하더구나." 그러고 나면 부시는 바로 예전의 상태로 돌아갔고, 연설문에서 '나'라는 단어도, 자화자찬도 모두 빠졌다.

## 빅 미, 자기과잉의 시대
—

그 후 몇 년 동안 나는 겸양의 문화에서 '빅 미Big Me'라고 부를 만한 문화로 크게 변화해 왔음을 보여 주는 자료를 모았다. 자신을 낮추라고 강조하는 문화에서 자신을 우주의 중심으로 보도록 권장하는 문화로 바뀐 것이다.

그런 자료를 모으는 것은 그다지 어렵지 않았다. 예를 들어 1948년부터 1954년까지 심리학자들은 1만 명이 넘는 고등학교 졸업반 학생들에게 자신을 매우 중요한 사람이라고 여기는지 물었고, 12퍼센트가 그렇다고 답했다. 1989년 같은 질문을 받은 고등학교 졸업반 학생들은 남학생 중 80퍼센트가, 여학생 중 72퍼센트가 자신을 매우 중요한 사람으로 생각한다고 답했다.

심리학에는 이른바 자아도취 테스트라는 것이 있다. 사람들에게 일련의 문장들을 읽어 주고 자신에게 해당되는지 여부를 묻는 것이다. "나는 사람들의 이목을 끌고 싶다. (…) 나는 특별하기 때문에 기회가 되면 나의 장점을 뽐낸다. (…) 누군가 내 일대기를 써야 한다" 등이 그 예다. 지난 20년 사이 자아도취 테스트 중간값이 무려 30퍼센트나 올라갔다. 젊은 세대의 93퍼센트가 20년 전의 중간값보다 더 높은 수치를 나타냈다.[4] 가장 많이 증가한 부분은 "나는 특별한 사람이다"와 "내 몸을 보는 것을 좋아한다"라는 문장이 자신에게 해당된다고 답한 사람의 숫자였다.

자신에 대한 평가가 현격히 높아진 것과 더불어 명성을 얻고자 하는 욕구도 엄청나게 증가했다. 과거에는 대부분의 사람들에게 삶에서 이루고자 하는 목표 중 명성은 우선순위가 상당히 낮은 편이었다. 1976년 사람들에게 인생의 목표를 나열하라는 질문을 했을 때 명성은 16개 항목 중 15위를 기록했다. 2007년에는 젊은 사람들 가운데 51퍼센트가 유명해지는 것이 자신의 가장 큰 개인적 목표라고 답했다.[5] 한 조사에서 여중생들에게 누구와 같이 식사를 하고 싶은지 물은 결과 제니퍼 로페즈가 1위를 기록했다. 예수가 2위, 패리스 힐튼이 3위였다. 같은 여중생들에게 어떤 직업을 가장 선호하는지 묻자 하버드 대학 총장이 되고 싶다고 답한 사람보다 저스틴 비버와 같은 유명인의 개인 비서로 일하고 싶다고 답한 사람이 거의 두 배 많았다. (하긴 현 하버드 대학 총장도 지금 자기 일보다 저스틴 비버의 개인 비서로 일하고 싶어 할지도 모른다는 게 내 추측이긴 하다.)

대중문화 곳곳에서도 이 같은 메시지를 볼 수 있었다. 당신은 특별하다. 자기 자신을 믿어라. 자기 자신에게 진실하라. 아이들은 픽사나 디즈니에서 만든 영화를 보며 자신이 얼마나 대단한 사람인지 끊임없이 되새긴다. 졸업식 축사 또한 그 영화들에 나오는 상투적인 메시지를 반복한다. 열정을 좇아라. 한계를 받아들이기를 거부하라. 자신의 운명을 개척하라. 당신은 위대하기 때문에 위대한 일을 이뤄 내야 할 책임이 있다. 바로 자기 자신을 신뢰하라는 복음이자 교리이다.

2009년 한 졸업식에서 엘런 드제너러스는 축사를 하며 다음과 같이 말했다. "내가 여러분에게 해 줄 수 있는 조언은 자기 자신에게 충실하면 결국 모든 일이 잘 풀리리라는 것입니다." 스타 셰프 마리오 바탈리는 졸업생들에게 "스스로 한결같이 드러내는 자신만의 진리"를 따르라고 충고했다. 애너 퀸들런은 또 다른 자리에서 청중들을 북돋우며 이렇게 주장했다. "여러분의 성격, 지성, 성향을 존중하십시오. 그리고, 그래요, 여러분의 영혼을 존중하세요. 겁에 질린 세상이 보내는 탁한 메시지를 따르기보다 그 영혼의 맑고 명확한 소리에 귀 기울임으로써 말입니다."

초대형 베스트셀러가 된 『먹고, 기도하고, 사랑하라Eat, Pray, Love』에서 엘리자베스 길버트는 신이 "내 안으로부터 내 목소리를 통해 모습을 드러내고 (…) 신은 우리 안에 우리 자신으로, 지금 그대로의 모습으로 존재하고 있다"고 썼다.[6] (아마도 이 책을 끝까지 읽은 남자는 나뿐일 것이다.)

우리가 자녀를 교육하는 방식에서도 비슷한 도덕적 변화를 관찰할 수 있었다. 예를 들어 초기 걸스카우트 핸드북에서는 자기희생과 겸양의 윤리를 강조했다. 또한 행복의 가장 큰 걸림돌은 다른 사람들이 자기에 대해 생각해 주기를 지나치게 바라는 데서 온다고 충고했다.

1980년에 발행된 핸드북은 제임스 데이비슨 헌터가 지적하듯 완전히 다른 메시지를 담고 있다. 『변화를 만드는 것은 바로 나: 커데트 스카우트와 시니어 스카우트를 위한 핸드북』은 자기 자신에게 더 많은 관심을 기울이라고 조언한다. "어떻게 하면 '나 자신'과 더 많이 소통할 수 있을까? 지금 '나는' 어떤 감정을 느끼고 있는가? (…) 시니어 스카우트에서 제공하는 모든 활동은 여러 각도에서 자기 자신을 더 잘 이해하는 데 도움이 된다. (…) 자신이 어떤 방식으로 느끼고, 사고하고, 행동하는지를 이해하기 위해서는 자신을 '무대의 중심'에 놓고 봐야 한다."[7]

성직자들의 설교에서도 이와 같은 변화가 감지된다. 현재 가장 인기 있는 대형 교회 지도자인 텍사스주 휴스턴의 조엘 오스틴은 『더 나은 자신이 돼라Become a Better You』에서 다음과 같이 설파한다. "신은 당신을 평범한 사람이 되도록 창조하지 않았습니다. 당신은 뛰어난 사람이 되기 위해 태어났습니다. 현 세대에 자취를 남기기 위해 이 세상에 나온 것입니다. (…) '나는 선택받은 특별한 사람, 승리하며 살 운명을 타

고난 사람'이라는 걸 믿기 시작하십시오." [8]

## 약점을 극복하기 위한 투쟁
—

해가 갈수록, 그리고 이 책을 위한 작업을 계속해 나갈수록 나는 〈커맨드 퍼포먼스〉를 다시 떠올릴 수밖에 없었다. 그들의 목소리에서 들린 겸손한 품성이 머리를 떠나지 않았다.

그 프로그램에 출연한 사람들이 보여 준 겸양의 미덕은 뭔가 미적으로 아름다운 느낌까지 들게 했다. 겸손한 사람은 자애롭게 마음을 달래 주는 반면, 자화자찬하는 사람은 취약하며 늘 불협화음을 일으킨다. 겸손한 사람은 자신이 더 우월하다는 것을 끊임없이 입증해 보여야 할 필요가 없다. 그러나 자만심에 빠진 사람은 좁은 공간에 갇힌 채 이기심, 경쟁심, 우월해지고자 하는 욕구에 탐욕스럽게 허덕인다. 겸손에는 존경심과 동료애, 그리고 감사하는 마음과 같은 아름다운 감정이 배어 있다. 캔터베리 대주교 마이클 램지는 "자만심은 감사하는 마음이라는 토양에서 쉽게 자라지 못합니다"라고 설교했다. [9]

겸손에는 지적으로 놀라운 측면도 있다. 심리학자 대니얼 카너먼은 우리가 "자신의 무지를 무시할 수 있는 거의 무한한 능력을 지니고 있다"고 기술했다. [10] 겸손하다는 것은 자신에게 모르는 것이 많고, 자신이 안다고 생각하는 것 가운데 상당수가 왜곡되고 그릇되어 있다는 것을 깨닫는 일이다.

겸손이 지혜로 이어지는 것도 바로 이런 이유에서다. 몽테뉴는 이렇게 썼다. "다른 사람의 지식으로 지식인이 될 수는 있지만, 다른 사람의 지혜로 지혜로운 사람이 될 수는 없다." 지혜는 정보를 모아 놓은 것이 아니기 때문이다. 지혜는 자신이 알지 못하는 것을 인식하고, 자신의 무지, 불확실성, 한계에 대처하는 방법을 아는 것이다.

우리가 지혜롭다고 생각하는 사람들은 우리 본성에 있게 마련인 편견과 자만심을 어느 정도 극복한 사람들이다. 지적 겸손의 가장 완전한 의미는 멀리서 바라본 자신에 대한 정확한 자각이다. 스스로를 아주 가까이에서 클로즈업해 보며 캔버스를 온통 자기 자신으로 채우는 청소년기의 관점에서 시야를 확대해 풍경 전체를 조망하는 관점으로 삶의 과정이 이행해 가는 것이다. 그 속에서 자신의 강점과 약점, 자신이 관계 맺고 의존하는 사람들, 그리고 더 큰 이야기에서 자신이 할 역할을 파악한다.

마지막으로 겸손에는 도덕적으로 강한 인상을 주는 무언가가 있다. 각 시대마다 선호하는 자기수양 방법, 즉 인격과 깊은 내면을 닦는 방법이 있다. 〈커맨드 퍼포먼스〉 방송에 출연한 사람들은 자신들의 성격 중 가장 매력적이지 않은 부분, 즉 교만하고, 자기만족적이고, 오만한 측면에 맞서 스스로를 지키고 있었다.

요즘 우리는 인생을 여정으로 보는 경우가 많다. 외적인 세계와 성공의 사다리를 올라가는 여정. 차이를 만들어 내는 것에 대해 혹은 목적 있는 삶으로 이끄는 것에 대해 생각할 때 우리는 보통 외적인 무언가를 성취하는 것을 떠올린다. 세상에 영향을 줄 공헌을 한다거나, 성공적인 회사를 창업한다거나, 공동체를 위해 뭔가를 한다거나 하는 것들 말이다.

진정으로 겸손한 사람들도 자신의 삶을 묘사할 때 여정이라는 은유를 사용한다. 그러나 그들은 그와 함께 내적인 삶과 더 밀접한 관계를 가지고 있는 은유도 사용한다. 바로 자기직면의 은유다. 그들은 우리 모두가 심각하게 분열된 자아를 가지고 있다고 가정할 가능성이 크다. 인간은 눈부신 자질을 타고났지만 동시에 심각한 결함을 지닌 존재라는, 다시 말해 각각 특정 재능을 가지고 있지만 나름의 약점도 지니고 있다는 것이다. 그리고 습관적으로 유혹에 빠져 자신의 약점에 대항해서 싸우지 않으면 우리는 서서히 자기 내면의 정수를 망쳐 버리게 될 것이다. 결국 내적으로 자신이 원하는 만큼 좋은 사람으로 남을 수 없는 것이다. 심오한 의미의 실패를 경험하게 되는 셈이다.

이런 사람들에게도 성공의 사다리를 오르는 외적인 드라마는 중요하다. 그러나 자신의 약점을 극복하려는 내적 투쟁이 가장 중요한 인생의 드라마다. 유명한 해리 에머슨 포스딕 목사는 1943년에 펴낸 『진정한 사람이 되는 것에 관하여On Being a Real Person』에서 "가치 있는 삶은 자신의 약점을 정직하게 대면하는 데서 시작된다"고 했다.[11]

진정으로 겸손한 사람들은 자신의 장점은 강화하고 단점은 물리치기 위해 각고의 노력을 기울이며, 취약한 부분을 강하게 단련시키기 위해 최선을 다한다. 그들은 자신에게 내재된 결함을 정확히 파악하는 데서 시작한다. 우리의 기본적인 문제는 자기중심성에 있다. 데이비드 포스터 월리스가 2005년 케니언 칼리지에서 한 유명한 졸업식 축사에서 이 문제를 정확히 포착할 수 있다.

내가 즉각적으로 경험하는 모든 것들이 내가 우주의 중심에 있다는 깊은 신념을 뒷받침하고 있습니다. 내가 현존하는 가장 실제적이고, 생생하고, 중요한 사람이라는 신념 말입니다. 사실 우리는 이런 식의 자연스럽고 기본적인 자기중심성에 대해 별로 생각하지 않습니다. 사회적으로 너무나 혐오스러운 개념이기 때문입니다. 그러나 우리 모두 이 부분에서는 크게 다르지 않습니다. 태어날 때부터 우리에게 내장되어 있는 디폴트 세팅이기 때문이지요. 생각해 보십시오. 자신이 중심에 있지 않은 경험은 하나도 없습니다. 우리가 경험하는 세상은 우리의 앞과 뒤, 우리의 왼쪽과 오른쪽, 혹은 우리의 텔레비전이나 모니터에서 벌어집니다. 다른 사람의 생각과 감정은 어떤 방식으로든 의사소통을 통해서 전해져야 하지만, 우리 자신의 경험은 너무도 즉각적이고 실제적입니다.

이러한 자기중심성은 몇 가지 바람직하지 못한 방향으로 발전할 수 있다. 그중 하나는 이기심, 즉 자신의 이익을 위해 다른 사람을 이용하고자 하는 욕망으로 이어질 가능성이다. 또 자만심, 다른 모든 사람보다 자신이 더 우월하다고 생각하고 싶은 욕망이 생기기도 한다. 이는 자신의 불완전성은 무시하거나 정당화하고 자신의 덕목은 부풀리는 결과를 낳는다. 인생을 살면서 우리 중 대부분은 자신이 다른 사람들보다 조금이라도 나은 점이 있는지 끊임없이 비교하고 찾는다. 이를테면 조금이라도 더 도덕적인지, 조금이라도 더 판단력이 좋은지, 조금이라도 더 나은 취향을 가지고 있는지 말이다. 우리는 끊임없이 인정받고 싶어 하고, 자신이 힘들게 성취했다고 믿는 위상을 누군가 무시하거나 모욕하는 데 고통스러울 정도로 민감하다.

우리의 뒤틀린 본성은 우리로 하여금 하위의 사랑을 상위의 사랑 위에 두도록 한다. 우리는 모두 많은 것을 사랑하고 갈구한다. 친구, 가족, 인기, 나라, 돈 등등. 그리고 우리 모두 어떤 사랑은 다른 사랑보다 더 상위에 있다거나 더 중요하다는 것을 알고 있다. 모든 사람들이 거의 비슷하게 우선순위를 매기지 않을까 하는 생각이 든다. 가령 누구나 자식이나 부모에 대한 사랑이 돈에 대한 사랑보다 더 상위에 있다는 것에 동의할 것이다. 진리에 대한 사랑이 인기에 대한 사랑보다 더 높게 자리 잡아야 한다는 것도 모두 알고 있다. 상대주의와 다원주의의 시대지만 사랑의 도덕적 순위는 적어도 대부분의 시간 동안 우리 모두가 대체로 공유하는 부분이다.

그러나 우리는 종종 사랑의 순위를 뒤죽박죽으로 만든다. 누군가가 비밀을 털어놨는데 디너 파티에서 그걸 재미있는 가십거리로 떠벌린다면 친구에 대한 사랑을 인기에 대한 사랑보다 더 아래에 두는 것이다. 회의에서 듣기보다 말하는 데 더 집중했다면 무언가를 배우고 동료애를 다지기보다 빛을 발하고 싶은 열망을 더 앞세운 것이다. 우리 모두가 흔히 하는 실수들이다.

자기 자신의 본성에 대해 겸손한 사람은 도덕적 실재론자다. 도덕적 실재론자들은 우리 모두가 '뒤틀린 목재'로 만들어졌다는 것을 알고 있다. 이마누엘 칸트의 유명한 말을 빌리자면 "인간이라는 뒤틀린 목재에서 곧은 것이라고는 그 어떤 것도 만들 수 없다." 인류가 '뒤틀린 목재'라고 생각하는 사람들은 자신의 결점을 적나라하게 인식하고, 스스로의 약점을 극복하기 위한 투쟁의 과정에서 인격 형성이 이루어진다고 믿는다. 토머스 머튼의 다음과 같은 주장과 일치하는 견해다. "영혼은 운동선수와 같아서 싸울 가치가 있는 상대가 필요하다. 시련을 겪고, 스스로를 확대하고, 잠재력을 완전히 발휘할 수 있는 방법은 그것뿐이다."[12]

도덕적 실재론자들이 겪는 내적 갈등은 그들이 적은 일기에 잘 나타나 있다. 이기심과 냉담함을 극복하고 작으나마 성공을 거둔 날의 일기는 환희에 가득 차 있다. 자신을 실망시키고, 게으르거나 피곤해서 남을 도울 기회를 저버렸거나, 관심이 필요한 사람에게 귀 기울이지 않은 날이면 절망에 휩싸인다. 그들은 자신의 인생을 도덕적인 사람이 되기 위한 모험 이야기 정도로 보는 경향이 강하다. 영국의 저술가 헨리 페얼리는 이 정신을 다음과 같이 묘사했다. "죄를 지으려는 경향이 우리 본성의 일부라는 사실을 인정하고, 아무리 노력해도 절대 그 본성을 완전히 뿌리 뽑을 수 없다는 것을 깨닫고 나면 적어도 우리는 인생을 살면서 할 일이 생기는 것이다. 결국에 가서 삶이 헛되고 터무니없어 보이게는 하지 말아야겠다는 것 말이다."

밤마다 잠자리에 누워 잠시 동안 그날의 실수를 되새기는 친구가 한 명 있다. 그 친구가 범하는 많은 잘못들의 원인이 되는 근본적인 죄악은 일종의 냉담함이다. 그는 자신에게 시간을 내어 달라고 하는 많은 사람들 때문에 항상 바쁘다. 그러다 보니 가끔은 그의 조언을 구하거나, 자신의 약점을 드러내며 말을 걸어 오는 사람들에게 전적으로 집중하지 못할 때가 있다. 어떨 때는 사람들이 하는 말을 깊이 있게 경청하기보다 좋은 인상을 남기는 데 더 관심을 기울인다. 어쩌면 그는 사람들을 만날 때 그들이 실제로 말하는 것보다 자신이 얼마나 인상적으로 보일지에 대해 신경을 쓰면서 보내는 시간이 더 많았을지도 모른다. 또한 아마도 그는 사람들에게 너무 번지르르하고 듣기 좋은 소리만 늘어놓았을지도 모른다.

매일 밤 그는 자신의 실수를 하나하나 되짚어 본다. 자기가 반복적으로 저지르는 핵심적인 죄와 거기서 가지를 치는 다른 실수들이 무엇인지를 전부 따져 본다. 그러고 나서 다음 날은 어떻게 해야 더 나아질 수 있을지 전략을 짠다. 내일은 사람들을 다른 눈으로 바라보고, 그들에게 더 많은 주의와 시간을 할애하려 애쓸 것이다. 그리고 위신보다 배려를, 하위의 가치보다 상위의 가치를 더 중시할 것이다. 우리는 모두 날마다 도덕적으로 더 나은 사람이 되어야 할 책임을 가지고 있다. 내 친구 또한 이 가장 중요한 영역에서 매일 한발씩 전진하기 위해 분투할 것이다.

이런 방식으로 살아가는 사람들은 인격이라는 게 타고나거나 자동으로 생기는 것이 아니라고 믿는다. 노력과 숙련된 기술로 쌓아 올려야 하는 탑이다. 이러한 투쟁과 노력을 기울이지 않고서는 자신이 원하는 모습의 좋은 사람이 될 수 없다. 단단한 도덕적 중심을 구축하지 않으면 오래 지속되는 외적인 성공을 성취할 수도 없다. 내적 진실성과 도덕성이 없으면 종국에는 정치적 추문, 스캔들, 배신 등에 연루될 수밖에 없다. 아담 I은 결국 아담 II에 의존하고 있는 것이다.

나는 앞에서 '투쟁', '싸움' 등의 표현을 사용했다. 그러나 내적 취약성을 극복하기 위한 도덕적 투쟁을 무기와 폭력, 공격성으로 얼룩진 전쟁에서의 투쟁이나, 권투 경기에서의 싸움과 같은 것으로 생각하면 오산이다. 도덕적 실재론자들도 간혹 거칠고 혹독하게 굴 때가 있다. 악에 맞선다든지, 자신의 욕망을 제어하기 위해 매우 강력한 자기수양의 원칙을 적용할 때처럼 말이다. 그러나 인격은 절제와 고통을 통해서만 이루어지는 것이 아니다. 사랑과 즐거움 등 달콤한 경험으로 닦아지기도 한다. 좋은 사람들과 깊은 우정을 나누면서 그들의 장점을 본받고 흡수하기도 한다. 어떤 사람을 깊이 사랑하면 그이를 돕고, 그이의 인정을 받고 싶어진다. 위대한 예술 작품을 접하면 감정의 폭이 넓어진다. 어떤 대의나 목표에 헌신할 때 우리는 자신의 욕망을 더 높은 수준으로 끌어올리고 자신이 가진 에너지를 재배치할 수 있다.

이와 더불어 자신의 약점과 투쟁하는 일은 결코 혼자만의 고독한 싸움이 아니다. 아무도 혼자 힘으로 자기 자신을 완전히 통제하고 이겨낼 수는 없다. 개인의 의지와 이성, 동정심, 인격은 이기심, 자만심, 탐욕, 자기기만 등을 끊임없이 물리칠 만큼 강하지 않다. 누구나 외부에서 오는 도움의 손길이 필요하다. 가족, 친구, 조상, 규칙, 전통, 제도, 모범 그리고 종교를 가진 사람들의 경우 신의 도움까지 총동원해야 한다. 우리는 모두 잘못을 지적해 주고, 어떻게 하면 바른 길을 갈 수 있을지 조언해 주고, 삶이라는 긴 여정에서 용기를 북돋아 주고, 지지해 주고, 일깨워 주고, 협력해 주고, 영감을 주는 존재들을 필요로 한다.

삶을 이러한 방식으로 보는 데는 민주적인 측면이 있다. 월스트리트에서 일하든, 가난한 사람들에게 약을 나눠 주는 자선단체에서 일하든 상관없다. 수입이 최고 수준인지 바닥인지도 상관없다. 어디를 가나 영웅과 얼간이가 있게 마련이다. 가장 중요한 것은 자신과의 도덕적 투쟁에 몰두할 용의가 있는지, 그리고 인정을 가지고 기꺼이 이 투쟁에 동참할 용의가 있는지 하는 것이다. 페얼리는 다음과 같이 썼다. "적어도 자신이 죄짓는 사람이라는 사실을 인식하고, 개인적으로 전쟁을 치르고 있다는 것을 인정한다면 우리는 전장에 나서는 투사들처럼 용기와 열정, 심지어 즐거운 마음을 가지고 이 투쟁에 임할 수 있다."[13] 아담 I은 다른 사람에게 이김으로써 성공을 이루어 낸다. 그러나 아담 II는 자신 안의 약한 부분을 이겨 냄으로써 인격을 닦는다.

## 겸양의 계곡으로 내려가다

이 책에 등장하는 사람들은 다양한 삶의 모습을 보여 준다. 이들 각각은 인격을 닦는 데 필요한 요소 중 한 가지씩 모범이 된다. 그러나 그들 사이에 반복되는 패턴이 있기는 하다. 모두들 올라가기 위해 일단 내려가야 했다. 다시 말해 그들은 고양된 인격의 산을 오르기 위해 겸양의 계곡으로 내려가야만 했던 것이다.

인격 수양의 여정에서는 도덕적 위기, 그에 따른 투쟁, 그리고 회복의 과정을 자주 만나게 된다. 여기 등장하는 사람들은 호된 시련의 순간에 자신의 본성을 잘 들여다보는 뛰어난 능력을 발휘했다. 일상적인 자기기만과 자기통제의 환상이 산산이 부서지는 순간, 그들은 상황을 극복하고 변화를 꾀하기 위해 겸손하게 스스로를 파악하지 않으면 안 됐다. 앨리스는 이상한 나라에 들어가기 위해 작아져야만 했다. 키르케고르는 이를 다음과 같이 묘사한다. "지하 세계로 내려가는 자만이 사랑하는 사람을 구할 수 있다."

그러나 다음 순간 아름다운 일이 벌어진다. 깊은 겸손의 계곡으로 몸을 낮춘 그들은 스스로 고요하고 평온해지는 법을 배웠다. 그들은 그 고요함을 통해서만 세상을 더 명확히 볼 수 있었고, 타인을 이해하며 타인이 건네는 것을 받아들일 수 있었다.

스스로 고요해지고 평온해졌을 때, 그들에게는 은총이 쏟아져 들어올 공간이 생겼다. 어느 순간 그들은 전혀 기대치 않았던 사람들에게서 도움을 받고 있었고, 이전에는 생각지 못했던 방식으로 다른 사람들의 이해와 배려를 받을 수 있게 되었으며, 그럴 자격이 없다고 느낄 만큼의 사랑도 받게 됐다. 이제 그들은 더 이상 허우적거릴 필요도 없었다. 여러 사람들이 건네는 도움의 손길이 그들을 떠받쳐 주고 있었기 때문이다.

겸양의 계곡에 들어선 사람들은 오래지 않아 자신이 기쁨과 헌신의 고지에 도달해 있다는 것을 알아차리게 된다. 하는 일에 전심전력을 다하고, 새로운 친구를 만들고, 새로운 사랑도 만난다. 그러다가 호된 시련으로 시작된 이 여정에서 엄청나게 먼 거리를 여행했다는 사실을 깨닫고는 깜짝 놀라게 된다. 문득 뒤돌아보며 얼마나 멀리 왔는지를 알게 되는 것이다. 이런 사람들은 그 여정에서 치유를 받는 것이 아니라 변화를 경험하게 된다. 천직이나 소명을 찾는 것이다. 이를 통해 그들은 스스로 오래도록 순응할 무언가에 전념하고, 삶에 목표를 부여해 줄 절박한 무언가에 헌신한다.

이러한 경험을 하는 각 단계마다 그 사람의 영혼에 자취가 남는다. 내면의 중심을 재정비하고 일관성, 견고함, 무게감을 부여하게 되는 것이다. 인격을 닦은 사람들 중에는 소리를 높이는 이도 있고 침묵을 지키는 이도 있지만, 어느 쪽이든 공히 일정 수준의 자존감self-respect을 가지고 있다. 자존감은 자신감self-confidence이나 자부심self-esteem과는 다르다. 그것은 지능과도 상관없고, 좋은 대학에 들어가는 데 유용한 지적·육체적 재능하고도 아무런 관계가 없다. 다른 사람과 비교할 수 있는 것이 아니다. 다른 사람보다 무언가가 더 낫다고 해서 자존감을 얻을 수 있는 것도 아니다. 스스로 과거의 자신보다 더 나은 존재, 시련이 닥쳤을 때 믿고 의지할 수 있는 존재, 그리고 유혹을 만났을 때 굽히지 않는 존재가 됨으로써 얻을 수 있는 것이다. 자존감은 도덕적으로 신뢰할 만한 사람에게서 찾아볼 수 있다. 그것은 외적인 승리가 아니라 내적인 승리를 통해 쌓여 간다. 모종의 내적 유혹을 견뎌 낸 사람, 자신의 약점에 맞선 사람, '최악의 경우라 할지라도 견딜 수 있고, 극복할 수 있다'는 것을 아는 사람만이 갖게 되는 덕목이다.

방금 묘사한 과정은 아주 큰 규모로 일어날 수도 있다. 누구나 살다 보면 정말로 중대한 시련과 인생 자체를 바꿀 만한 고난, 그 사람을 완성해 낼 수도 파괴해 버릴 수도 있을 만큼 어려운 순간을 만날 수 있다. 그러나 이 과정은 날마다 서서히 벌어질 수도 있다. 날마다 작은 결점을 인식하고, 다른 사람들에게 도움을 구하고, 실수를 바로잡으려는 노력을 할 수 있다. 인격을 닦는 일은 커다란 드라마를 통해서도, 일상의 작은 에피소드를 통해서도 가능하다.

〈커맨드 퍼포먼스〉에서 드러난 느낌은 그저 아름답고 우아하게 포장된 것이 아니었다. 그 시기에 대해 더 많이 알게 될수록, 지금과는 도덕적으로 다른 나라를 보는 느낌이 들었다. 인간 본성에 대한 다른 시각, 삶에서 중요한 것이 무엇인지에 대한 다른 태도, 인격과 깊이가 있는 삶을 사는 방법에 대한 다른 원칙이 보이기 시작했다. 그 시기에 이 도덕적 환경을 얼마나 많은 사람들이 따랐는지는 모르지만, 적어도 일부는 그렇게 했고, 나는 그들에 대한 엄청난 존경심을 갖게 됐다.

나는 우리가 우연히 이 도덕적 전통에서 멀어졌다고 생각한다. 지난 몇십 년 동안 우리는 그런 방식으로 생각하고 생활하는 법을 잊어버렸다. 우리가 나빠진 것은 아니지만 도덕적으로 어눌해진 것만은 분명하다. 우리가 다른 시기에 살았던 사람들보다 더 이기적이거나 세속적인 것은 아니지만, 인격을 수양하는 방법을 잊어버린 것만은 분명하다. 인간을 '뒤틀린 목재'로 보는 도덕적 전통, 그러니까 죄악에 대한 자각과 대결에 기초한 도덕적 전통은 한 세대에서 다음 세대로 대물림되는 오랜 유산이었다. 그 전통 속에서는 조문 덕목을 일구는 방법, 자신의 본성 중 아담 II를 성장시키는 방법을 사람들에게 더 명확히 전달할 수 있었다. 하지만 그러한 전통이 사라진 현대 문화는 피상적인 성격이 강해지고 있다. 특히 도덕의 영역에서 말이다.

오늘날 우리가 삶을 살아가며 저지르는 핵심적인 오류는 아담 I의 영역에서 뭔가를 성취하는 것으로 깊은 만족감을 얻을 수 있다고 믿는 데 있다. 이 믿음은 잘못된 것이다. 아담 I의 욕망은 무한해서 무엇을 성취하든지 간에 늘 그다음의 무언가를 원하게 되어 있다. 아담 II만이 깊은 만족감을 경험할 수 있다. 아담 I은 행복을 목표로 하지만, 아담 II는 행복만으로는 부족하다는 것을 알고 있다. 궁극적 기쁨은 도덕적 기쁨에서 온다. 이제부터 어떻게 이런 삶을 살 수 있는지 생생한 사례를 통해 들여다보려 한다. 물론 우리는 과거로 돌아갈 수 없고 돌아가려 해서도 안 된다. 그러나 과거의 도덕적 전통을 재발견하고, 인격이라는 말의 의미를 다시 배워서 우리의 삶에 도입할 수는 있다.

아담 II를 바로 세우는 매뉴얼이 있는 것도, 단계별 프로그램이 존재하는 것도 아니다. 그러나 뛰어난 사람들의 삶에 흠뻑 빠져 그들 삶의 방식에서 지혜를 얻기 위해 노력해 볼 수는 있다. 이 책에서 각자에게 중요한 몇 가지 교훈을 얻을 수 있기를 바란다. 앞으로 펼쳐질 아홉 개 장을 통해 나 자신이나 독자 여러분이나 모두 조금 변화하고 조금 더 나은 사람이 될 수 있기를 바란다.

# 게으른 소녀에서
# 뉴딜의 막후 조력자로

프랜시스 퍼킨스

화재를 목격한 후부터 그녀의 일은 단순한 직업이 아니라 천직이 되었다.

도덕적 분노가 삶의 궤적을 바꾼 것이다.

자신의 욕망과 자존심은 더 이상 핵심적인 요소가 아니게 되었고,

그녀가 추구하는 대의가 삶의 중심을 지배하기 시작했다.

상류사회의 행동방식에서 멀어졌고,

점잖은 개혁론자들이 빈민층을 돕는 방법에 대해 참을성을 잃었다.

지나치게 깔끔하게 구는 것도, 순수성을 유지하며

지저분한 현실에 발 담그지 않으려는 그들의 욕망도 참기 힘들어졌다.

퍼킨스는 단단해졌다. 그녀는 거칠고 혼란스러운 정치계에 온몸을 던졌다.

트라이앵글 공장에서 일하던 여성들에게 닥친 것과 같은

재난이 다시 일어나는 것을 막을 수만 있다면

도덕적으로 위험한 행동도 취할 용의가 있었다.

결과를 얻기 위해서라면 타협을 하고

부패한 관리와 공조하는 것도 마다하지 않았다.

그녀는 이 대의를 위해 평생을 바쳤다.

오늘날, 로어 맨해튼의 워싱턴 광장은 뉴욕 대학과 고가의 아파트들, 그리고 부유층을 겨냥한 고급 백화점과 상점들로 둘러싸여 있다. 그러나 1911년까지만 해도 공원 북쪽으로는 적갈색 사암으로 지은 전형적인 뉴욕의 주택들이 둘러서 있었고, 동쪽과 남쪽에는 주로 젊은 유대인과 이탈리아인 이민자들이 유입되어 일하는 공장들이 많았다. 이 지역의 좋은 집들 중 하나는 고든 노리 여사의 소유였다. 그녀는 독립선언문 서명인 중 두 명의 자손으로 사교계를 주름잡는 인물이었다.

3월 25일, 노리 여사가 친구들과 차를 마시기 위해 막 자리에 앉으려던 찰나 집 밖에서 소란스러운 소리가 들려왔다. 손님 중에는 당시 서른한 살이었던 프랜시스 퍼킨스Francis Perkins도 있었다. 그녀 또한 미국 독립전쟁 때까지 거슬러 올라가는 메인주의 오래된 중산층 가문 출신이었다. 마운트 홀요크 칼리지를 졸업하고 뉴욕 소비자 연맹에서 일하면서 아동 노동을 근절하기 위한 로비를 벌이고 있는 인물이었다. 퍼킨스는 유서 깊은 가문에서 자란 엘리트다운 억양—막스 형제들이 만든 옛날 영화에 나오는 마거릿 듀몬트나 미시즈 서스턴 하월 3세 같은 억양—을 구사했다. a는 입을 둥글게 하여 길게 발음하고, r은 아예 소리를 내지 않았다. 예를 들어 '토메이토tomato'라고 하지 않고 '토마아토tomaahhhto'라고 발음하는 식이었다.

집사가 서둘러 들어와 워싱턴 광장 근처에서 불이 났다고 알렸다. 차를 마시려던 귀부인들이 집 밖으로 달려 나갔다. 퍼킨스도 치마를 추어올린 채 불이 난 곳으로 뛰어갔다. 화재는 트라이앵글 셔트웨이스트 공장에서 발생했다. 미국 역사상 가장 유명한 화재 중 하나였다. 퍼킨스는 건물의 8층에서 10층까지 화염에 휩싸여 있고, 열린 창문 근처에 한 무리의 직공들이 몰려 있는 것을 보았다. 그녀는 건물 아래쪽 인도에서 겁에 질린 채 쳐다보고 있는 구경꾼 무리에 합류했다.

창문에서 헝겊 뭉치 같은 게 떨어지는 것이 보였다. 사람들은 공장주가 값비싼 물품들을 지키기 위해 그러는 거라고 생각했다. 하지만 그 뭉치들이 계속해서 떨어지자 구경꾼들은 그것이 헝겊 뭉치가 아니라는 사실을 깨달았다. 사람들이었다. 죽을 것이 빤한데도 창밖으로 몸을 던지고 있었던 것이다. "우리 일행이 거기 도착할 무렵부터 사람들이 몸을 던지기 시작했어요." 퍼킨스는 훗날 이렇게 회상했다. "그때까지는 창틀에 기대선 채 버티고 있었어요. 하지만 다른 사람들이 그들 뒤로 점점 몰려들었어요. 불길이 점점 더 가까워지고, 연기가 점점 더 옥죄어 왔던 거죠."[1]

"그러다가 창밖으로 몸을 던지기 시작했어요. 창문 쪽은 발 디딜 틈조차 없었고, 몸을 던진 사람들은 인도에 떨어졌죠. 모두 죽었어요. 뛰어내린 사람은 하나도 빠짐없이 목숨을 잃었습니다. 끔찍했어요."[2]

소방관들이 그물을 치고 사람을 받으려 했지만 너무 높은 곳에서부터 떨어지는 바람에 잡고 있던 그물을 놓치거나 그물이 찢어지고 말았다. 한 여성은 극적인 몸짓으로 구경꾼들에게 지갑에 든 돈을 뿌린 다음 몸을 던졌다.

퍼킨스와 구경꾼들은 그들에게 소리를 질렀다. "뛰지 마세요! 곧 구해 줄 거예요." 실은 그렇지 않았다. 불길이 그들의 등을 핥고 있었을 뿐이다. 결국 마흔일곱 명이 창밖으로 몸을 던졌다. 한 젊은 여성은 뛰어내리기 전에 격렬한 몸짓으로 일장 연설을 했지만 그녀의 목소리는 아래까지 들리지 않았다. 젊은 남자 하나가 한 여성이 창틀 위로 오르는 것을 친절하게 도왔다. 그러고는 마치 발레 무용수처럼 그녀가 건물 바깥쪽으로 몸을 기울이도록 잡아 줬다가 손을 놔서 떨어지게 했다. 그 뒤로도 또 한 번, 그리고 또 한 번 같은 일을 반복했다. 네 번째 여성이 창틀 위로 올라섰다. 그녀는 그 젊은 남자를 꼭 껴안았고, 둘은 긴 입맞춤을 나눴다. 그리고 그는 그녀도 건물 바깥쪽으로 몸을 내밀도록 도운 다음 손을 놨다. 그런 다음 자신도 몸을 던졌다. 그가 떨어질 때 바지가 풍선처럼 퍼지면서 짙은 갈색의 멋진 구두가 구경꾼들의 눈에 들어왔다. 한 기자는 다음과 같이 기술했다. "나는 사람들이 그의 몸을 덮기 전에 얼굴을 봤다. 진정한 남자의 얼굴이었다. 그는 최선을 다한 것이다."[3]

화재는 오후 4시 40분경에 시작됐다. 8층에서 누군가가 재단을 하고 남은 면직물 조각 더미에 담배 꽁초나 성냥을 던진 것이다. 천 더미는 바로 화염에 휩싸였다.

누군가가 공장 매니저 새뮤얼 번스타인에게 이 사실을 알렸고, 그는 근처에 있던 양동이의 물을 불에 끼얹었다. 별 효과가 없었다. 면직물 조각은 폭발적으로 불에 타는 물질이다. 종이보다 빨리 타는 면 조각이 8층에만도 1톤 정도 쌓여 있었다.[4]

번스타인이 점점 번져 가는 불길에 물을 더 끼얹었었지만, 이제는 아무 소용이 없었다. 불길은 나무 작업대 위에 걸려 있는 습자지로 된 패턴들로 번지기 시작했다. 그는 직공들에게 근처 계단에 있는 소방 호스를 끌어오게 했다. 밸브를 열었지만 수압이 너무 낮아 물이 나오지 않았다. 이 화재를 연구한 역사학자 데이비드 폰 드렐이 주장하듯 번스타인은 처음 3분 동안 치명적인 판단 착오를 범했다. 그는 그 시간을 화재 진압에 쓸 수도 있었고 500명에 달하는 근로자들을 대피시키는 데 쓸 수도 있었다. 그는 폭발적으로 번지는 불을 끄는 데 집중했지만 아무 소용이 없었다. 그 시간을 사람들을 대피시키는 데 썼더라면 그날 아무도 목숨을 잃지 않았을 수도 있다.[5]

마침내 엄청난 불길에서 눈을 떼고 주변을 둘러본 번스타인은 놀라지 않을 수 없었다. 8층에서 일하던 여직공들 중 상당수가 탈의실에 가서 코트와 소지품을 찾는 데 시간을 낭비하고 있었다. 심지어 퇴근 시간을 기록하기 위해 펀치 카드를 찾는 사람까지 있었다.

불길이 이미 8층을 다 태우고 위쪽으로 번지기 시작한 때에야 10층에 있는 두 공장의 주인들도 화재 사실을 알게 됐다. 그들 중 아이작 해리스는 직공들을 모은 다음 불길을 뚫고 계단을 내려가는 것은 자살 행위나 다름없다고 판단했다. "모두 지붕으로 가요! 지붕으로!" 그가 외쳤다. 다른 한 사람인 맥스 블랭크는 두려움으로 얼어붙어 버렸다. 그는 공포에 가득 찬 얼굴로 한 팔로는 막내딸을 끌어안고 다른 한 손으로는 큰딸의 손을 잡은 채 꼼짝 못하고 서 있기만 했다.[6] 공장 주문대장을 들고 대피하던 사무직원이 그 광경을 보고는 주문대장을 집어 던지고 사장의 목숨을 구하기로 마음먹었다.

8층에 있던 근로자들은 대부분 대피할 수 있었다. 하지만 9층에 있던 사람들은 불길이 거기까지 번진 다음에야 상황을 알게 됐다. 그들은 겁에 질린 물고기떼처럼 이 문에서 저 문으로 몰려다녔다. 엘리베이터가 두 대 있었지만 굉장히 느린 데다 이미 사람들이 너무 많이 타고 있었다. 화재 진압을 위한 스프링클러는 하나도 설치되어 있지 않았다. 화재 대피 계단이 있었지만 무척 낡은 데다 막혀 있었다. 평상시에는 절도 방지 차원에서 퇴근하는 직공들을 몸수색한다. 따라서 공장에서 나가려면 보통 출구 하나만을 거치도록 설계되어 있었다. 일부 문이 폐쇄되어 있던 것도 그 때문이었다. 불길에 완전히 포위된 사람들은 제한된 정보만을 가지고 불, 연기, 공포에 휩싸인 채 생사가 걸린 선택을 해야만 했다.

세 명의 친구 아이다 넬슨, 케이티 위너, 패니 랜스너가 "불이야!"라는 소리를 들었을 때 그들은 탈의실에 있었다. 넬슨은 계단으로 뛰어 갔고, 위너는 엘리베이터로 갔다. 위너는 엘리베이터가 막 자기 층을 지나 내려가는 것을 보고는 그 지붕 위로 뛰어내렸다. 랜스너는 어느 쪽으로도 가지 않았고, 결국 탈출하지 못했다.[7]

생존자 중 하나인 메리 부셀리는 서로 먼저 탈출하려고 몸부림치던 그 아비규환의 순간을 훗날 이렇게 묘사했다. "나도 얼마나 사람들을 밀치고 차내고 했는지 몰라요. 나도 다른 사람들을 밀쳤고 다른 사람들도 나를 밀쳤죠. 누구든 만나면 밀치고 깔아뭉개고 갈 수밖에 없었어요." 그들은 바로 그녀의 동료들이었다. "내 목숨을 구하는 데만 온 정신이 팔려 있었죠. (…) 그런 상황에서는 너무도 혼란스러워서 아무 것도 보이질 않는다는 걸 알아야 해요. (…) 온갖 것들이 눈에 들어오기는 하는데 아무것도 분간할 수 없어요. 혼란에 몸싸움까지 더해지면 뭐가 뭔지 전혀 알 수가 없어요."[8]

조지프 브렌먼은 공장에 있었던 몇 안 되는 남성 중 하나였다. 여직 공들이 자신과 엘리베이터 사이를 물결처럼 밀면서 나아가고 있었다. 그러나 모두들 자기보다 작고, 대부분 가냘픈 사람들이었다. 그는 그들을 밀치고 엘리베이터로 들어가 탈출에 성공했다.

당시 소방대는 재빨리 도착했다. 하지만 사다리가 8층에 닿지 않았다. 호스로 물을 뿜어도 그 높이까지 간신히 닿을 정도여서 건물 외벽만 살짝 적시는 데 그쳤다.

## 도덕적 수치심

트라이앵글 셔트웨이스트의 끔찍한 화재는 뉴욕 전체를 충격에 몰아넣었다. 사람들은 공장주들에게 분노했지만 동시에 자신들에게도 막중한 책임이 있다고 느꼈다. 1909년, 젊은 러시아 이민 노동자였던 로즈 슈나이더만이 트라이앵글을 비롯한 여러 공장에서 일하던 여성들을 이끌고 파업에 들어갔던 이유가 바로 화재 안전성 문제를 해결해 달라는 요구조건을 관철하기 위해서였다. 당시 시위에 참가한 사람들은 회사에서 채용한 경비들에게 괴롭힘을 당했다. 뉴욕 시민들은 가난한 사람들의 삶과 관련된 대부분의 다른 문제들에 대해서 그랬던 것과 마찬가지로 이 파업에도 별 관심을 보이지 않았다. 화재가 난 이후 집단적 분노가 터져 나왔고, 이는 그동안 자신들이 자기중심적으로 살아온 것에 대한 죄의식에서 비롯되었다. 그들 가까이에 있는 다른 사람들이 어떤 고통을 받고 있는지, 어떤 환경에서 살고 있는지 아무런 관심도 가지지 않은 채 냉담하게 살아온 것에 대한 죄의식이었다. "사람들이 얼마나 혼란스러워했는지 이루 다 말로 할 수 없어요. 어디를 가나 그랬지요." 프랜시스 퍼킨스는 이렇게 회고한다. "우리 모두가 큰 잘못을 저지른 것만 같았어요. 일어나서는 안 될 일이었죠. 너무 미안했어요. 메아 쿨파! 메아 쿨파!"[9](Mea culpa는 죄를 고백하는 라틴어 기도문에서 비롯된 말로 '나의 죄', '나의 잘못'이라는 뜻이다. ― 옮긴이)

대규모 추모 행진이 벌어졌고, 뉴욕의 저명 인사들이 모두 참석한 대규모 집회도 열렸다. 로즈 슈나이더만이 청중을 열광시킨 연설을 했던 그 무대에 퍼킨스도 소비자 연맹 대표 자격으로 앉아 있었다. "제가 이 자리에 서서 연대감이나 동지애를 말한다면 그것은 불에 그을린 저 불쌍한 시신들에 대한 배반 행위일 것입니다. 우리가 선량한 시민들, 바로 여러분에게 손을 내민 적이 있고, 여러분은 그 손을 저버린 전력이 있습니다."

"옛 종교재판에서는 형틀, 엄지손가락을 죄는 기구, 쇠톱날이 달린 고문 기구가 사용됐습니다. 오늘날에도 이런 것들이 있습니다. 바로 생활고가 우리에게는 쇠톱날이고, 옆에 두고 일해야 하는 고출력·고회전 기계들이 곧 엄지손가락을 죄는 기구이며, 불이 나면 순식간에 우리를 삼켜 버릴, 빠져나갈 데라고는 없는 이 작업장이 바로 형틀입니다."

"뉴욕 시민 여러분, 우리는 여러분에게 손을 내밀었습니다. 그리고 이제 다시 한 번 여러분에게 손을 뻗습니다. 여러분은 자선단체를 통해 비탄에 잠긴 어머니들과 형제자매들에게 1~2달러 정도를 기부합니다. 그러나 노동자들이 견딜 수 없는 조건에 항의하기 위해 자신들이 아는 유일한 방법으로 의사표현을 할 때마다 법은 그 강력한 힘으로 우리에게 엄청난 압박을 가할 수 있습니다. (…) 여기 모인 여러분과 아직은 동지애를 이야기할 수 없습니다. 그러기에는 너무도 많은 피가 흐르고 말았습니다!"[10]

화재와 그 여파는 퍼킨스에게 깊은 영향을 끼쳤다. 그때까지 그녀는 노동자와 빈민층의 권리를 증진하기 위한 로비를 벌여 왔지만, 관습에 어긋나지 않는 평범한 삶의 궤적을 따라가고 있었다. 아마도 평범한 결혼 생활과 점잖은 일을 하며 사는 삶에서 많이 벗어나지 않았을 것이다. 하지만 화재를 목격한 후부터 그녀의 일은 단순한 직업이 아니라 천직이 되었다. 도덕적 분노가 삶의 궤적을 바꾼 것이다. 자신의 욕망과 자존심은 더 이상 핵심적인 요소가 아니게 되었고, 그녀가 추구하는 대의가 삶의 중심을 지배하기 시작했다. 상류사회의 행동방식에서 멀어졌고, 점잖은 개혁론자들이 빈민층을 돕는 방법에 대해 참을성을 잃었다. 지나치게 깔끔하게 구는 것도, 순수성을 유지하며 지저분한 현실에 발 담그지 않으려는 그들의 욕망도 참기 힘들어졌다. 퍼킨스는 단단해졌다. 그녀는 거칠고 혼란스러운 정치계에 온몸을 던졌다. 트라이앵글 공장에서 일하던 여성들에게 닥친 것과 같은 재난이 다시 일어나는 것을 막을 수만 있다면 도덕적으로 위험한 행동도 취할 용의가 있었다. 결과를 얻기 위해서라면 타협을 하고 부패한 관리와 공조하는 것도 마다하지 않았다. 그녀는 이 대의를 위해 평생을 바쳤다.

## 소명을 받다

—

요즘은 졸업생들에게 자신의 열정을 따르고, 자신의 감정을 신뢰하고, 삶의 목적을 찾아 그것에 대해 숙고하라는 당부를 담은 졸업식 축사가 많다. 이 상투적인 말들은 인생을 어떻게 살지 고민할 때 자기 자신의 깊은 곳에서 가장 중요한 답을 찾을 수 있다는 가정하에 나온 것이다. 이 논리에 따르면 어른들의 세상으로 발걸음을 내딛는 젊은이는 가만히 앉아 자기 자신을 발견하기 위한 시간을 가지면서 자신에게 진정으로 중요한 것이 무엇인지, 우선순위는 무엇인지, 가장 깊은 열정을 불러일으키는 것은 무엇인지를 판별해 내야 한다. 특정 질문들을 해야만 하는 것이다. 내 인생의 목적은 무엇인가? 내가 삶에서 얻고자 하는 것은 무엇인가? 주변 사람들에게 기쁨이나 좋은 인상을 주기 위해서가 아니라 내가 진정으로 가치 있다고 생각하는 것은 무엇인가?

이 논리에 따르면 우리는 인생을 사업 계획처럼 정리할 수 있다. 먼저 자신의 재능과 열정을 목록화하고 목표를 정한다. 그런 다음 목표에 이르기까지의 과정을 정리한 일종의 지표를 제시한다. 그러고 나서 목적을 이루는 데 필요한 전략을 짠다. 이때 목표를 향해 나아가도록 만드는 것들과 시급해 보이지만 실은 방해만 되는 것들을 구분하는 편이 이로울 것이다. 일찍부터 현실적인 목적을 분명히 하고, 융통성 있는 전략을 실행하면 목적 있는 삶을 영위할 수 있다. 자기결정권을 가진 삶을 이루어 낼 수 있는 것이다. 윌리엄 어니스트 헨리의 시 〈굴하지 않는Invictus〉에서 종종 인용되는 시구처럼 말이다. "나는 내 운명의 지배자요/내 영혼의 선장인 것을."

개인의 자율성을 존중하는 우리 시대 사람들은 바로 이런 방식으로 자신의 삶을 꾸려 나간다. 자기탐구에서 시작해 자기성취로 끝나는, 다시 말해 자기에서 시작해 자기로 끝나는 방식이다. 이때 삶은 일련의 개인적 선택으로 결정된다. 그러나 프랜시스 퍼킨스는 이와 다른, 과거에는 더 흔히 적용되던 방식으로 삶의 목적을 찾았다. 자신이 삶에서 원하는 게 무엇인지를 묻지 않는 방식이다. 대신 완전히 다른 종류의 질문을 던진다. 삶이 내게 원하는 것은 무엇인가? 지금 나를 둘러싼 이 상황은 내게 무엇을 하라고 요구하는가?

이러한 세계상 안에서 우리 삶은 우리가 만드는 것이 아니다. 삶이 우리를 부르고 소명을 제시한다. 중요한 답들은 우리 안이 아니라 바깥에 존재한다. 이 관점의 출발점은 자율적인 자아가 아니다. 우리가 깊이 관여하게 되는 구체적인 상황이다. 또한 이 관점은 바로 다음과 같은 사실을 자각하는 데서 시작된다. 세상은 우리가 생기기 훨씬 이전부터 존재했고, 우리가 없어진 후에도 오래도록 존재할 것이며, 우리는 짧은 인생을 통해 특정 문제와 요구를 안은 채 특정 장소에서 살아가도록 운명, 역사, 우연, 진화, 혹은 신에 의해 던져진 존재라는 것 말이다. 우리가 해야 할 일은 몇 가지 사실을 알아내는 것이다. 우리가 처한 환경을 온전하게 만들려면 무엇이 필요한가? 고치고 바로잡아야 할 것은 무엇인가? 처리되어야 할 과제는 무엇인가? 프레더릭 뷰크너가 말했듯 "타고난 자질과 마음 깊은 곳에서 우러나오는 기쁨, 그리고 이 세상이 진정으로 필요로 하는 것, 이 둘의 접점이 무엇인지"를 찾아야 한다.

1946년, 빅터 프랭클은 유명한 저서 『죽음의 수용소에서Man's Search for

Meaning』를 통해 바로 이런 소명 의식을 묘사했다. 빈에서 정신과 의사로 살아가던 유대인 프랭클은 1942년 나치에 체포된 후 게토를 거쳐 일련의 수용소를 전전했다. 그의 아내, 어머니, 형제가 수용소에서 숨을 거뒀다. 프랭클은 수용소에서 주로 철도 건설에 동원됐다. 그가 계획했던 삶이 아니었다. 그의 열정이나 꿈과는 무관한 일이었다. 심장이 시키는 대로 살 수만 있다면 하지 않을 일이었다. 그러나 그것은 삶이 그에게 던져 준 일이었다. 그리고 그는 자신이 결국 어떤 사람이 될 것인지는 주어진 상황에 대해 내적으로 어떤 결심을 하느냐에 달려 있다는 것을 명확히 깨달았다.

"우리가 삶에서 무엇을 기대하는지는 사실 중요하지 않았다." 그는 이렇게 썼다. "중요한 것은 삶이 우리에게 무엇을 기대하느냐다. 삶의 의미가 무엇인지 묻기를 멈추고, 대신 우리 스스로를 날마다, 시시각각 삶이 던지는 질문을 받는 존재로 생각해야 한다."[11] 프랭클은 운명이 자신 앞에 도덕적, 지적 임무를 제시했다고 결론지었다. 운명으로부터 수행해야 할 임무를 받은 것이다.

그의 도덕적 임무는 고통을 잘 감당하고, 그걸 겪을 만한 가치가 있는 사람이 되는 것이었다. 그는 자신이 얼마나 고통을 당할지, 혹은 가스실에 가게 될지, 간다면 언제 가게 될지, 아니면 길가에 버려진 시체가 될지 등은 전혀 제어할 수 없지만 고통에 대한 내적 반응은 제어할 수 있다는 것을 깨달았다. 나치는 포로들의 인간성을 말살하고 모욕을 주려 했다. 포로들 가운데 일부는 그런 수모에 굴복해 행복했던 과거의 추억으로 침잠하는 길을 걸었다. 그러나 모욕에 맞서 자신의 내적 진실성과 도덕성을 강화하는 데 힘을 쏟은 포로들도 있었다. 프랭클은 깨달았다. "우리에게는 삶을 내적 성취를 이루는 방향으로 변화시킴으로써 그런 경험을 승리의 경험으로 만들 능력이 있다"는 것을 말이다. 우리는 존엄성을 잃지 않으려는 작지만 확고한 실천을 통해 모욕에 저항할 수 있다. 그것이 필연적으로 우리의 외적 삶이나 궁극적 운명을 바꾸지는 못하더라도, 내적 구조를 떠받치는 대들보와 기둥을 강화할 수는 있다. 그는 스스로 '내적 장악력'이라고 명명한 것을 발휘할 수 있었다. 이는 자신의 내적 상태를 엄격하게 제어하고, 도덕성과 진실성을 훈련된 원칙에 따라 지키는 것을 말한다.

"고통은 외면하고 싶지 않은 임무가 되었다." 프랭클은 그렇게 쓰고 있다.[12] 그는 상황이 자신에게 부여한 임무를 의식하게 되자 삶의 의미와 궁극적인 목적을 이해할 수 있었고, 전쟁이 그걸 깨달을 수 있는 기회를 제공했다는 것을 알 수 있었다. 그리고 일단 자신이 처한 상황과 사건들의 의미를 이해하고 나자 생존 자체는 더 쉬워졌다. 니체가 말한 것처럼 말이다. "삶의 이유를 아는 사람은 거의 모든 삶의 방식을 견딜 수 있다."

프랭클에게는 또 다른 임무가 하나 더 있었다. 바로 자신이 처한 상황을 지혜로 전환시켜 세상에 전달하는 것이었다. 그에게 엄청난 지적 기회가 주어진 것이다. 끔찍한 환경에 처한 인간을 연구할 기회 말이다. 프랭클은 자신의 관찰 결과를 동료 포로들과 공유할 기회가 있었다. 그리고 만약 살아남게 된다면 이 지식을 세상과 공유하는 데 여생을 바치리라고 생각했다.

정신적 여력이 있을 때면 그는 다른 포로들에게 자신의 생명을 소중히 여기고, 내적 장악력을 지키기 위해 분투하라고 격려했다. 사랑을 파괴하고자 공모하는 상황에 처했더라도, 심지어 사랑하는 이가 다른 수용소에서 이미 세상을 떠났다 하더라도 사랑하는 이의 상을 마음에 떠올리고, 아내, 자녀, 부모, 혹은 친구에 대한 사랑을 보존하고, 공유하고, 강화하는 데 집중해야 한다고 말했다. 흙먼지와 오물과 시체로 가득한 환경에서도 우리는 그 상황을 딛고 일어설 수 있다. "내 좁은 감옥 안에서 주님을 불렀다. 주님은 자유의 공간에서 내게 응답하셨다." 프랭클은 여전히 사랑하는 이에 대한 황홀한 열정을 느낄 수 있었고, 이 경험을 통해 "천사들은 무한한 영광에 대한 영원한 묵상에 빠져 있다"는 말의 의미를 온전히 이해할 수 있었다고 말한다.

그는 자살할 위험이 있는 사람들에게 삶이 그들에게서 무언가 기대하기를 멈추지 않았으며, 그들의 미래도 기대하고 있다고 말해 줬다. 또한 소등 시간 후 어둠 속에서 동료 포로들에게 누군가가—그것이 친구든 아내든, 산 자든 죽은 자든, 혹은 신이든—그들을 지켜보고 있으며, 그 존재는 실망하고 싶어 하지 않는다고 말했다.[13] 프랭클은 이렇게 결론짓는다. "삶의 문제에 대한 올바른 답을 찾고, 살아가는 동안 각자 앞에 끊임없이 주어지는 임무를 완수하겠다는 책임을 지는 것이 삶의 궁극적인 의미다."[14]

프랭클처럼 끔찍하고 극단적인 상황에 놓인 사람은 드물다. 그러나 우리는 모두 엄밀히 말해서 자신의 노력으로 얻지 않은 재능, 적성, 능력, 자질, 성향을 가지고 있다. 그리고 우리는 모두 빈곤이든 고통이든, 가족의 요구든, 혹은 어떤 메시지를 전달하는 일이든 간에 뭔가를 해내야 하는 상황에 처한다. 이 상황이야말로 우리가 타고난 축복을 정당화할 수 있는 커다란 기회를 제공해 준다.

자기에게 주어진 소명을 알아차리는 능력은 눈과 귀의 상태에 달려 있다. 자신이 처한 삶의 상황이 주는 임무를 이해할 만큼 민감해야 하는 것이다. 유대교의 구전 율법 미슈나에서 가르치듯 "일을 완수할 의무는 없다. 그러나 그 일을 시작하지 않을 자유도 없다."

## 천직은 선택하는 것이 아니다

퍼킨스와 마찬가지로 프랭클도 천직을 찾은 사람이었다. 천직은 직업과 다르다. 직업을 선택하는 사람은 취업 기회와 승진 가능성을 눈여겨보며, 재정적·심리적 혜택을 제공할 무언가를 찾는다. 현재의 직장이나 직업이 원하는 대로 돌아가지 않으면 다른 일을 선택한다.

천직은 선택하는 것이 아니다. 우리가 천직을 고르는 게 아니라는 얘기다. 천직은 소명이다. 천직이 그를 부르는 것이다. 천직에 몸담은 사람은 대체로 이 문제에 대해 선택의 여지가 없다고 느낀다. 소명에 따라 천직을 추구하지 않으면 그의 인생은 몰라보게 달라질 것이라는 생각이 드는 것이다.

때로는 분노 때문에 이 길을 걷게 되기도 한다. 트라이앵글 화재를 목격한 프랜시스 퍼킨스는 세상의 도덕성 붕괴가 이처럼 지속되어 올 수 있었다는 데 분노했다. 어떤 사람들은 특정 행동을 계기로 자신의 소명을 발견하기도 한다. 누군가는 기타를 집어 든 순간 자신이 기타리스트라는 걸 알아챌 수도 있다. 기타 연주가 그녀의 일인 게 아니다. 기타리스트가 그녀 자체인 것이다. 그런가 하면 어떤 사람들은 성서 구절이나 문학작품 글귀를 보고 소명을 받기도 한다. 1896년 어느 여름날 아침, 알베르트 슈바이처는 성서 구절 하나를 우연히 떠올렸다. "누구든지 제 목숨을 구하고자 하면 잃을 것이요, 누구든지 나와 복음을 위해 제 목숨을 잃으면 구원하리라." 그 순간 그는 음악가이자 오르간 연주자로서 성공가도를 달리던 경력을 포기하고 의사가 되어 정글에 들어가 봉사하라는 소명을 받았다는 것을 깨달았다.

천직을 추구하는 사람이 인권을 위해 헌신하거나, 질병을 고치거나, 위대한 소설을 쓰거나, 인도주의적인 기업을 운영하는 것은 그것이 비용 대비 편익을 만족시켜서가 아니다. 그런 사람들은 효용보다 훨씬 심오하고 숭고한 이유로 천직에 헌신한다. 따라서 어려움이 닥칠수록 더 치열하게 천직에 매달린다. 슈바이처는 이렇게 말했다. "좋은 일을 하고자 하는 사람은 다른 이들이 돌을 치우고 길을 닦아 주길 기대해서는 안 되며, 더 많은 장애물을 극복해야 한다 하더라도 자신의 숙명을 고요히 받아들여야 한다. 장애물을 만났을 때 더 강해져야만 이길 수 있다."[15]

이 시점에서 천직이라는 개념이 현대 사회에 만연한 논리와 얼마나 어긋나는지 짚고 넘어가는 것이 중요하다. 천직은 현대 경제학자들이 우리에게 기대하는 방식처럼 자신의 욕망이나 필요를 성취하는 것이 아니다. 만약 '행복'이라는 것이 기분 좋고, 유쾌한 경험을 하고, 싸움과 고통을 피하는 걸 의미한다면, 천직은 그런 '행복'을 추구하지 않는다. 천직에 봄담은 사람은 자기 앞에 주어진 일을 수행하는 도구가 된다. 당면한 과제에 자신을 맞추는 것이다. 소련의 압제에 맞서 싸우는 도구 역할을 하던 알렉산드르 솔제니친은 이렇게 말했다. "나 스스로 모든 것을 계획하고 관리하지 않아도 된다는 것을 생각하면 더 행복하고 안전하다는 느낌이 든다. 나는 부정한 세력을 치도록 날카롭게 만들어진 칼, 그들을 쪼개고 해체시키기 위해 주문을 건 칼에 불과하기 때문이다. 오, 주여, 그들을 세게 내려치는 순간 내가 부서지지 않도록 도와주소서! 주님의 손에서 내가 떨어지지 않도록 도와주소서!"

그럼에도 천직을 찾은 사람들은 의기소침해지지 않는다. 먼저 그들이 자신의 일에서 가장 전형적으로 느끼는 감정은 바로 기쁨이다. 미스터리 작가로 잘 알려진 도러시 세이어즈는 존경받는 학자이자 신학자로도 이름을 떨쳤다. 그녀는 집단을 위해 일하는 것과 일 자체를 위해 일하는 것을 구분했다. 그녀에 따르면 집단을 위해 일하고자 하는 사람은 결국 자신이 하는 일을 왜곡시키고 변조시키게 된다. 당면한 과제에 온 마음을 집중시키지 못하기 때문이다. 그러나 일 자체를 위해 일하는 사람은 각각의 임무를 극도로 완벽하게 수행하게 되고, 이를 통해 장인의 깊은 만족감을 경험할 뿐 아니라 그 과정에서 자신이 본래 의도했던 것보다 더 많은 도움을 집단에 제공하게 된다. 이는 천직에 몸담은 사람들이 보이는 특징이다. 그들에게서는 특유의 완전히 몰입한 표정, 댄스 공연이든 조직 운영이든 그 일을 완벽하게 해내고자 하는 간절한 욕망을 볼 수 있다. 그들은 자신의 가치관과 행동이 깊은 조화를 이루는 데서 기쁨을 느끼며, 아무리 고된 날이라도 그 피곤함을 씻어 버릴 수 있는 기분 좋은 확실성을 경험한다.

프랜시스 퍼킨스가 삶의 목적을 분명히 하는 데 영향을 준 사건이 트라이앵글 셔트웨이스트 공장 화재 하나만은 아니었다. 그러나 아주 중요한 사건인 것만은 분명했다. 끔찍한 사건이 그녀 앞에 던져졌다. 그리고 그녀는 다른 많은 사람들처럼 정의로운 분노로 가득 차서 더욱 맹렬하게 결의를 다졌다. 너무나 많은 사람들이 목숨을 잃었기 때문만은 아니었다. 결국 어떻게 해도 그들을 다시 살려 낼 수는 없는 것 아닌가. "그 화재가 상식적인 규칙과 질서에 대한 끊임없는 공격을 상징했기" 때문이기도 했다. 사람들을 대하는 기본적이고 보편적인 방식이라는 것이 있다. 살아 있는 생명체로서 그들이 가진 존엄성을 존중하는 방식 말이다. 그런데 부당하고 가혹한 처우로 이 방식을 위배한 것이다. 퍼킨스는 바로 이와 같은 분노를 경험했고, 이를 통해 천직을 찾았다.

## 엄격하게 단련되다

—

퍼킨스는 1880년 4월 10일, 보스턴의 비컨 힐에서 태어났다. 그녀의 조상들은 17세기 중반 청교도 대이주 때 미국으로 건너와 매사추세츠 주를 거쳐 메인주에 정착했다. 그중에는 선동적 혁명가이자 전쟁 영웅인 제임스 오티스와 남북전쟁 때 장군으로 참전한 올리버 오티스 하워드도 있었다. 하워드는 전쟁이 끝난 후 워싱턴 D.C.에 HBCU 가운데 하나인 하워드 대학을 설립했다.(HBCU는 Historically Black Colleges and Universities의 약자로 인종차별 금지법이 제정된 1964년 이전에 흑인들을 위해 설립된 고등교육기관들을 말한다.—옮긴이) 하워드는 프랜시스 퍼킨스가 열다섯 살이었을 때 그녀의 집을 방문했으며, 퍼킨스는 전쟁 중 팔을 잃은 그를 위해 서기 노릇을 하기도 했다.[16]

퍼킨스 집안은 몇백 년 동안 주로 메인주 포틀랜드시 동쪽 다마리스코타강 근처에서 농사와 벽돌 제조 일을 해 왔다. 프랜시스의 어머니는 빈Bean 집안 출신이었다. 프랜시스의 부모는 양키 전통에 따라 딸을 길렀다.(Yankee는 여러 의미로 쓰이지만 여기서는 미국 북동부 뉴잉글랜드 지역의 엄격하고 검소한 전통에 따라 사는 사람들을 말한다.─옮긴이) 근검절약하고, 성실하고, 가혹할 정도로 정직한 가정 교육이었다. 프랜시스의 아버지 프레드 퍼킨스는 저녁이면 친구들과 모여 그리스 시와 희곡을 낭송하곤 했다. 그는 프랜시스가 예닐곱 살 되었을 무렵부터 그녀에게 그리스어 문법을 가르치기 시작했다. 프랜시스의 어머니는 중후하고, 예술적이며, 자기주장이 강한 사람이었다. 어느 날 그녀는 열 살 난 프랜시스를 모자 가게에 데리고 갔다. 당시 유행하던 모자들은 좁고 높은 모양에 깃털과 리본을 단 것들이었다. 그러나 수전 빈 퍼킨스는 낮고 소박한 삼각 모자를 프랜시스의 머리에 씌웠다. 그런 다음 그녀가 프랜시스에게 건넨 말은 요즘 흔히 보는 것과는 완전히 다른 자녀 교육 태도를 엿볼수 있게 만든다. 오늘날 우리는 자녀들에게 그들이 얼마나 훌륭한 사람인지를 거듭 강조하지만, 당시에는 아이들로 하여금 자신의 한계와 약점을 직면하게 만드는 경향이 있었다. 지금 우리 눈에는 잔인하게 보일 정도로 정직하게 아이들을 대했다.

"자, 그게 네 모자다." 프랜시스의 어머니가 말했다. "너는 항상 이런 종류의 모자를 써야 해. 얼굴이 아주 넓으니까. 그리고 이마보다 광대뼈 사이가 더 넓잖니. 관자놀이 위가 광대뼈보다 더 좁고. 그리고 턱으로 가면서 갑자기 좁아지는 얼굴형이야. 그러니까 항상 광대뼈보다 훨씬 넓은 모자를 써야 해. 광대뼈보다 좁은 모자는 절대 고르지 마라. 우스워 보이니까."[17]

요즘에는 뉴잉글랜드의 양키 문화도 전 세계 여러 문화의 영향을 받아 많이 희석되고 부드러워졌지만 그때만 해도 딱딱하고 엄했다. 양키들은 말수가 적고, 자립적이고, 평등주의적이고, 감정적으로 강인했다. 가끔은 이런 특성들이 냉혹하게 비쳐지기도 했다. 그러나 때로는 격렬한 사랑과 따뜻함 때문에 강인한 특성들이 발현되기도 했고, 또 때로는 그 애정 어린 마음이 강인함과 혼재되어 나타나기도 했다. 뉴잉글랜드 사람들은 자신의 죄악을 예리하게 자각하려는 경향이 있었고, 때로는 구속과 억제로 때로는 교정과 징벌로 사랑을 드러내는 신을 숭배했다. 그들은 열심히 일하고, 불평하지 않는 사람들이었다.

어느 날 저녁, 어린 숙녀로 성장한 퍼킨스가 새 파티 드레스를 입고 아래층으로 내려왔다. 그녀의 아버지가 옷차림이 숙녀다워 보인다고 말했다. 후에 퍼킨스는 그날 저녁 일을 이렇게 회고했다. "예뻐 보이게 하는 데 성공했다 하더라도―사실 한 번이라도 성공해 봤다는 건 아니에요―아버지는 절대 예쁘다고 말해 주지 않았을 거예요. 그건 죄를 짓는 일이었으니까요."[18]

또 양키들에게는 사회적 보수주의라고 부를 만한 경향과 정치적 리버럴리즘이 결합되어 있었다. 개인적인 삶은 전통적이고 엄격했지만 공동체적 연민과 정부의 조처에 대한 믿음이 있었다. 그들은 각 개인이 '선한 질서'를 유지하기 위한 집단적 책임을 가지고 있다고 믿었다. 18세기 중반에도 뉴잉글랜드 식민지들은 펜실베이니아나 버지니아 같은 식민지들보다 중앙 정부와 지방 정부에 두 배나 높은 세금을 내고 있었다. 그들은 또 교육에 엄청난 신뢰를 가지고 있었다. 지난 350년 동안 뉴잉글랜드의 학교들은 미국에서 가장 좋은 학교들로 손꼽혀 왔다. 그리고 오늘날 뉴잉글랜드인들은 전국에서 학업 성취 수준이 최

상위권에 속한다.[19]

퍼킨스의 부모는 그녀가 교육을 제대로 받도록 신경을 썼다. 그러나 그녀는 좋은 성적을 받은 적이 없었다. 말주변은 타고나서 고등학교 때는 입담으로 어찌어찌 살아남았다. 이후 퍼킨스는 마운트 홀요크 칼리지로 진학해서 1902년에 졸업했다. 마운트 홀요크의 규칙, 아니 당시 대학들의 전반적인 규칙은 현대와 많이 달랐다. 요즘은 학생들이 기숙사 생활을 할 때 거의 간섭이나 지도를 받지 않는다. 자신의 사생활은 자기가 옳다고 생각하는 대로 영위할 수 있다. 하지만 예전에는 복종심, 겸손함, 존경심을 심어 주기 위해 고안된 제약이 많았다. 그중에는 지금 시각에서 보면 말도 안 되는 규칙들도 많았다. 다음은 퍼킨스가 마운트 홀요크를 다닐 때 지켜야 했던 규칙들 중 일부다. "1학년생들은 2학년생들이 있으면 존경의 의미로 침묵을 지켜야 한다. 교정에서 2학년생을 만난 1학년생은 존경의 마음을 담아 고개 숙여 인사해야 한다. 1학년생은 중간고사를 보기 전까지 긴 치마를 입거나 머리를 높이 올려서는 안 된다."[20] 퍼킨스는 이런 규칙과 위계 질서에 따른 여러 가지 짓궂은 신고식을 잘 이겨 내고 같은 학년에서 가장 인기 있는 학생 중 하나가 되었으며 4학년 때는 학생회장에 선출되기까지 했다.

요즘은 교수들이 학생들의 지적 강점을 찾아 북돋아 주려는 경향이 있다. 그러나 1세기 전만 해도 교수들은 학생들의 도덕적 약점을 찾아 그것을 고쳐 주기 위해 노력했다. 에스터 밴 디먼이라는 라틴어 교수는 퍼킨스가 게으르며 자신에게 너무 관대한 경향이 있다고 진단했다. 밴 디먼 교수는 훈련 교관이 강행군을 시키듯 라틴어 문법을 근면성 증진 도구로 사용했다. 그녀는 퍼킨스에게 몇 시간이고 라틴어 동사 시제를 정확히 암송하도록 시켰다. 퍼킨스는 좌절감과 따분함에 울음을 터뜨리곤 했지만 나중에는 이런 자기수양 기회를 가졌던 것에 대해 감사함을 표했다. "처음으로 나는 인격 수양에 대해 생각하게 됐다." [21]

퍼킨스는 역사와 문학에 관심이 있었고, 화학에는 젬병이었다. 그럼에도 그녀의 화학 교수인 넬리 골드스웨이트는 퍼킨스를 끈덕지게 몰아붙여 화학을 전공으로 선택하도록 만들었다. 가장 못하는 과목을 전공할 정도로 강인한 사람이라면 삶의 어떤 역경도 이겨 낼 수 있다는 논리였다. 골드스웨이트는 퍼킨스에게 평범한 학점밖에 못 따더라도 제일 어려운 강좌들을 선택하라고 독려했다. 퍼킨스는 그 도전을 받아들였다. 골드스웨이트는 그녀의 지도 교수가 됐다. 몇 년 후, 퍼킨스는 학교 계간지에서 한 학생에게 이렇게 말했다. "학부 때는 과학 과목에 집중하는 게 좋습니다. 과학은 인간의 정신을 단련하고, 단단하게 만들며, 정제하기 때문이지요. 그런 과정을 거친 정신은 어떤 재료와도 씨름할 수 있는 도구로 벼려집니다." [22]

마운트 홀요크는 학생들에게 지워지지 않는 자취를 남기는 학교였다. 현대의 대학들처럼 단순히 아담 I 을 인지적으로 가르치는 데서 그 역할이 끝난다고 생각하지 않았다. 단순히 생각하는 법을 가르치는 데서 그치지 않았고, 학생들이 자신의 가정에 의문을 던지는 걸 돕는 데서 그치지 않았다. 대신 더 넓은 의미에서 대학의 역할을 성공적으로 수행했다. 10대들이 성인으로 성장하는 것을 돕는 일이었다. 학교는 학생들에게 자기제어력을 길러 줬고, 새로운 것을 발견하고 사랑하도록 도와줬다. 또한 어린 숙녀들에게 인간은 선과 악의 그물에 갇힌 존재이고, 삶은 이 강력한 두 힘 간의 엄청난 갈등으로 이루어져 있다는 것을 깨닫게 함으로써 그들의 도덕적 열정에 불을 댕겼다. 대학 생활을 하면서 학생들은 평탄하고 눈에 띄지 않게 살면 갈등을 피하는 데는 성공할지 모르지만 제대로 된 삶이란 자신을 갈등과 투쟁 상황에 던져 넣는 데서 온다는 말을 수없이 들었다. 도덕적 용기를 시험하고, 반대와 조롱을 직면하는 등 시련을 이겨 내는 데 쓰는 삶이 가장 가치 있으며, 쾌락을 좇는 사람보다 투쟁을 추구하는 사람이 결국 더 행복해진다는 것이다.

그리고 학생들은 이 투쟁을 벌이는 영웅들이란 자신을 과대 포장하며 영광을 좇는 사람들이 아니라, 오히려 그것을 포기하고 절제하며 고된 소명을 받아들이는 사람들이라는 사실을 주지하게 된다. 학교는 또 학생들의 이상주의를 현실로 끌어내리고, 일시적인 동정심이나 자기만족적인 희생을 비판함으로써 현실적인 이상을 오래도록 지속시킬 수 있게끔 한다. 봉사를 하는 것은 마음이 착해서가 아니라 삶이라는 선물을 받았으므로 이를 갚기 위해 하는 것일 뿐이라는 점도 강조한다.

그런 다음 꾸준하게 영웅적인 봉사를 하며 살기 위한 구체적인 방법을 가르친다. 몇십 년에 걸쳐 마운트 홀요크 대학을 나온 수백 명의 여성들이 이란 북서부, 남아프리카의 나탈, 인도 서부의 마하라슈트라에 가서 선교와 봉사활동을 펼쳤다. "아무도 하고 싶어 하지 않는 일을 하고, 아무도 가고 싶어 하지 않는 곳으로 가라." 이 대학의 창시자 메리 라이언은 학생들에게 이렇게 호소했다.

1901년, 새 학장 메리 울리가 취임했다. 그녀는 브라운 대학을 졸업한 최초의 여성들 중 하나이자 성서학자이기도 했다. 그녀가 『하퍼스 바자Harper's Bazaar』에 기고한 「여성을 위한 대학 교육의 가치」라는 글에는 마운트 홀요크의 생활에 깃든 높은 도덕적 야망이 잘 드러나 있다. "인격 연마는 교육의 주된 목적이다." 그녀는 그렇게 선언한다. "올바른 관점을 갖는다는 것에는 '균형감poise'이 함축되어 있다." 요즘에는 이 단어가 사회적으로 품위 있게 처신하는 걸 암시하기도 한다. 그러나 당시에는 안정감이나 균형감과 같은 더 심오한 덕목을 가리키는 표현이었다. "이런 덕목이 부족하면 갑옷에 약한 곳이 생긴다. 이로 인해 선한 충동, 높은 목표, 실력을 가지고도 결국 목적을 이루는 데 실패하고 만다."[23]

마운트 홀요크의 교육은 신학과 고전학—말하자면 예루살렘과 아테네—중심으로 이뤄졌다. 학생들은 종교에서 보살핌과 연민의 윤리를, 고대 그리스와 로마에서 특정 종류의 영웅정신—살아가면서 만날 수 있는 최악의 경험에도 움츠러들지 않고 용감해질 수 있는—을 배웠다. 울리는 『하퍼스 바자』 기고문에서 스토아 철학자 에픽테토스를 인용한다. "위대한 진리와 영원한 법칙 아래 살고, 영구한 이상의 인도를 받는 사람은 세상이 그를 무시할 때 인내심을 가질 수 있고, 세상이 그를 칭송할 때 평정을 유지하며 타락하지 않을 수 있다." 퍼킨스와 울리는 울리가 숨을 거둘 때까지 친구로 남았다.

퍼킨스가 대학을 다닌 시기는 사회복음주의 운동의 영향력이 정점에 달했을 때였다. 도시화와 산업화가 진행되면서, 월터 라우션부시를 비롯한 이 운동의 지도자들은 상류층 교회에 만연한 개인주의적이고 사유화된 종교를 거부했다. 라우션부시는 각자의 죄를 회개하고 치유받는 것만으로는 충분하지 않다고 주장했다. 개인을 넘어서는 죄도 있기 때문이다. 억압과 고통을 낳는 사악한 제도와 사회적 구조 등이 그 예다. 사회복음주의 운동 지도자들은 사람들에게 사회적 개혁을 위해 일함으로써 자신을 시험하고 정화하라고 독려했다. 그들은 진정한 그리스도교인의 삶은 기도와 회개로 이루어진 외딴 삶이 아니라고 설파했다. 가난한 자들과 실질적으로 연대하고 이 땅 위에서 주의 나라를 바로잡는 데 전력을 다하려는 더 큰 움직임과 함께하는 희생적 봉사의 삶이 진정한 그리스도교인의 삶이라는 것이다.

학년 대표가 된 퍼킨스는 동기들과 함께 모토를 선택했다. "형제들아 견실하라." 이 말은 퍼킨스가 동기들과의 마지막 기도 모임에서 낭독한 고린도 전서 구절의 일부였다. "그러므로 내 사랑하는 형제들아, 견실하며 흔들리지 말고 항상 주의 일에 더욱 힘쓰는 자들이 돼라. 이는 너희 수고가 주 안에서 헛되지 않은 줄을 앎이라."

마운트 홀요크는 여자로 태어난 데다 사회적 배경 때문에 자신이 하찮은 존재라고 여기던 퍼킨스와 여학생들로 하여금 자신도 뭔가 영웅적인 일을 해낼 수 있는 존재라는 생각을 갖도록 가르쳤다. 그러나 그 방법은 역설적이었다. 아무도 그녀에게 대단한 존재라고도, 영웅이 될 자질을 갖췄다고도 말하지 않았다. 대신 퍼킨스가 타고난 자신의 약점을 직면하도록 했다. 그녀를 내리누른 것이다. 그런 다음 그것을 이겨내고 위로, 밖으로 뻗어 나갈 수 있게 가르쳤다. 퍼킨스는 홀요크에 왔을 때 그저 상냥하고 말 잘하며, 귀엽고 매력 있는 사람이었다. 그러나 학교를 졸업할 즈음 그녀는 훨씬 강하고, 견고하며, 봉사에 대한 열정으로 가득한 사람이 되었다. 자신이 자라 온 작고 좁은 부르주아 세계에는 더 이상 맞지 않는 사람으로 변화한 것이다. 딸의 대학 졸업식에 참석한 퍼킨스의 어머니는 경악을 했다. "내 딸 패니가 더 이상 알아볼 수 없을 만큼 변했어요. 이해할 수가 없었죠. 완전 딴사람이 되고 말았으니 말이에요." [24]

## 부드러운 강인함
—

퍼킨스는 자신이 모종의 영웅적인 삶을 원한다는 것을 알고 있었다. 그러나 졸업을 한 후 그녀는 거기에 딱 맞는 특정 역할을 찾는 데 어려움을 겪었다. 사회복지사로 일하기에는 경험이 너무 없었던 탓에 관련 기관에서 그녀를 고용하려 하지 않았다. 일리노이주 레이크 포리스트에 있는 부유층 학교에서 교사로 일해 봤지만 전혀 영감을 얻을 수 없었다. 결국 시카고로 통근을 하면서 헐 하우스Hull House 일에 관여하기 시작했다.

헐 하우스는 당대 미국 사회 개혁 운동을 주도하던 사람 중 하나인 제인 애덤스가 공동 창립한 사회복지관settlement house이었다. 창립 의도는 여성들에게 새로운 봉사 기회를 마련해 주고, 부자들과 가난한 사람들을 연결시켜 산업화 과정에서 파괴된 공동체 정신을 부활하자는 것이었다. 헐 하우스는 런던의 토인비 홀을 모델로 해서 만들어졌다. 토인비 홀은 부유한 대학 관계자들끼리 해 오던 것과 같은 형식의 사회적 모임을 가난한 사람들과도 열어 사회복지관으로서의 모델을 제시한 곳이다.

헐 하우스에서는 부유한 여성들이 가난한 노동자 계층 사람들과 같이 살면서 상담자, 조력자, 조언자 역할을 하고 그들의 삶을 개선할 프로젝트를 이끌었다. 직업 교육, 보육, 은행 업무, 영어 교육, 심지어 미술 수업까지 제공됐다.

오늘날 사회봉사는 때로 내적 삶을 제대로 표현하지 못하는 현실을 가리는 수단으로 쓰이기도 한다. 얼마 전 나는 명망 있는 사립고 교장에게 어떤 식으로 인격을 가르치는지 물었다. 그러자 교장은 자기 학생들이 사회봉사 활동을 얼마나 많이 하는지로 답을 대신했다. 말하자면 내적인 것에 대한 질문에 외적인 것으로 답한 것이다. 학교 밖으로 나가 가난한 아이들을 가르치면 더 나은 사람이 되리라는 가정에서 나온 답이었다.

어디를 가나 마찬가지다. 오늘날 많은 사람들이 깊은 도덕적·이타적 열망을 가지고 있음에도 그것을 도덕적으로 표현하는 능력은 턱없이 부족하다. 그 때문에 도덕적 문제를 자원 배당의 문제로 전환하고 만다. 어떻게 하면 최대 다수에게 도움을 줄 수 있을까? 어떻게 하면 많은 영향을 끼칠 수 있을까? 혹은 (최악의 경우) 어떻게 하면 나의 아름답고 훌륭한 측면을 나보다 불운한 사람들을 돕는 데 쓸 수 있을까?

헐 하우스의 분위기는 이와 사뭇 달랐다. 이 프로젝트를 시작한 사람들은 인격을 바로 세우는 법에 관한 구체적인 이론을 가지고 있었고, 이는 가난한 사람들과 그들을 돕는 사람들에게 똑같이 적용되는 것이었다. 당시 수많은 사회운동가들과 마찬가지로 애덤스도 가난한 사람들을 돕는 데 삶을 바쳐 왔지만 동정심이나 연민에 대해서는 깊은 회의를 느꼈다. 동정 어린 사람들의 방식에서는 가난한 이들에 대해 실질적으로 아무런 효과도 없는 감상적 태도가 배어 나오는 경향이 있었다. 애덤스는 그 볼썽사나운 모습에 의구심을 지니고 있었다. 그녀는 또 공동체에 봉사한다는 이유로 스스로 만족해하는 부자들의 자기중심적 감정에 대해서도 거부감을 느꼈다. "자비심은 자만심의 쌍둥이"라고 한 너새니얼 호손의 말과 일맥상통하는 것이었다. 애덤스는 도움을 받는 사람 위에 도움을 주는 사람이 위치하는 구도를 받아들이려 하지 않았다.

성공적인 구호 단체라면 다들 그렇겠지만, 애덤스는 거기서 일하는 사람들이 일을 즐기고 봉사를 사랑하길 바랐다. 그러나 동시에 그녀는 그들이 감정을 절제하고 어떤 종류의 우월감과도 가차없이 싸워 나가기를 원했다. 헐 하우스의 사회복지사들은 스스로를 낮추고 존재감을 줄이도록 요구받았다. 동정심을 억제하고, 각 개인에게 진정으로 필요한 것이 무엇인지를 조사하는 동안 과학적 인내심을 발휘하는 것도 필수였다. 그들은 실질적 조언자가 되어야만 했다. 요즘으로 치면 거의 경영 컨설턴트 같은 역할이었다. 여러 선택지를 살피는 것은 물론이고 때론 친구, 때론 상담자가 되어 주면서도, 그 과정에서 도움을 받는 사람이 내린 결정을 자신의 의견으로 압도하지 않는 태도가 요구됐다. 가난한 사람들이 다른 사람에게 의지하기보다는 자신의 삶을 스스로 결정하도록 하자는 취지였다.

애덤스는 요즘에도 흔히 볼 수 있는 현상에 주목했다. 많은 사람들이 대학을 막 졸업했을 때는 에너지 넘치고 활기 차고 당당하지만, 서른 살만 돼도 이 모든 것이 퇴색하고 냉소적인 모습으로 변한다는 사실이다. 야망이 줄어드는 것이다. 애덤스는 자신의 회고록 『헐 하우스에서의 20년Twenty Years at Hull House』에서 학생들은 학교에 다닐 때 스스로를 희생하고 헌신하라고 배우며 공공선을 자신의 이익보다 상위에 두라는 가르침을 받는다고 썼다. 그러나 막상 졸업을 하고 나면 자기 자신을 돌보고, 결혼을 하거나 직장을 찾아 정착하라는 종용을 받는다. 젊은 여성들로서는 사실상 잘못된 것들을 바로잡고자 하는 욕망, 타인의 고통을 덜어 주고자 하는 욕망을 억눌러야 한다고 요구받는 것이나 다름없다. "젊은 여성은 타고난 권리이자 자기 삶에서 아주 중요한 것을 잃게 된다." 애덤스는 이렇게 썼다. "한계 속에 갇힌 삶을 살게 되고 행복을 느끼지 못하게 되는 것이다. 그러나 그녀의 윗사람들은 이런 상황을 전혀 알아채지 못하고, 그렇게 해서 비극의 모든 요소가 갖춰지게 된다."[25] 애덤스는 헐 하우스가 가난한 사람들을 돕는 곳이라고만 생각하지 않았다. 그곳은 부유한 자들이 고귀한 소명에 자신을 맡길 수 있는 곳이기도 했다. "행위에 대한 궁극적 보상과 응답은 그 일을 실행한 사람의 마음과 머릿속에 있는 것이다." 애덤스는 이렇게 썼다.[26]

퍼킨스는 헐 하우스에서 가능한 한 많은 시간을 보냈다. 처음에는 주말에만 그곳에서 지냈지만 점점 더 시간을 늘려 갔다. 그곳을 떠날 즈음에는 데이터를 확보해야 한다는 과학적 성향이 더 강화됐다. 그녀는 빈곤이라는 거대한 문제 속에서 길을 잃지 않게 됐다. 그리고 더 큰 용기로 무장할 수 있었다. 그녀가 찾은 다음 일은 헐 하우스 출신이 필라델피아에 창립한 기구와 함께한 것이었다. 당시 허위 직업소개소들이 이민 여성들을 기숙사나 숙박시설에 취직시켜 준다는 미끼로 유인해서 간혹 약을 먹여 매춘 행위를 시키는 사건들이 발생하고 있었다.

퍼킨스는 직업소개소에 일자리를 알아봐 달라고 지원해서 포주들을 직접 대면하는 방식으로 그런 곳을 111곳이나 적발해 냈다. 이런저런 경험을 쌓은 다음 그녀는 1909년 뉴욕에 있는 전국 소비자 연맹의 플로렌스 켈리와 힘을 합쳤다. 켈리는 퍼킨스에게 영웅이자 영감을 주는 존재였다. "폭발적이고, 성미가 급하며, 단호한 그녀는 온화한 성자가 아니었다." 퍼킨스는 나중에 이렇게 회고했다. "그녀는 지나치게 희생하지도 과하게 애쓰지도 않는 선교사처럼 살고, 일했다. 켈리는 간혹 관례에 어긋나는 표현을 쓰기는 했지만 감정이 풍부하고 신앙심이 깊은 여인이었다."[27] 퍼킨스는 소비자 연맹에서 일하는 동안 아동 노동을 비롯한 기타 잔혹 행위들을 근절하기 위한 운동을 펼쳤다.

뉴욕에서 퍼킨스는 그리니치 빌리지의 자유분방한 사람들과 가깝게 지냈다. 후에 러시아 혁명에 관여한 잭 리드, 퍼킨스에게 적어도 반쯤은 진지한 구혼을 한 적이 있는 싱클레어 루이스, 당시에는 반체제 운동에 가담하고 있었으나 나중에 뉴욕시 최고의 영향력 있는 엔지니어가 된 로버트 모지스 등이 그들이었다.

## 말을 아끼는 신중함

퍼킨스는 마운트 홀요크, 헐 하우스를 거치며 한 걸음 한 걸음 전진할 때마다 더 강해졌으며, 이와 동시에 더 이상주의적이면서도 자신이 추구하는 대의에 더 열정적인 사람이 되어 갔다. 그리고 트라이앵글 공장 화재 사건은 그 두 과정을 통해 얻은 것들을 결정적으로 도약시키는 계기가 됐다.

UN주재 미국 대사 서맨사 파워는 어떤 대의에 함께하기로 결정하면서 '자기 자신을 거는' 사람들이 있다는 것을 관찰하는 예리한 통찰을 보여 주었다. 말하자면 어떤 결정을 내릴 때 자신의 명성과 정체성이 거기에 걸려 있다고 느끼는 사람들이 있다는 뜻이다. 이들이 대의를 위해 일하는 까닭은 부분적으로 그것이 그들이 어떤 사람인지를 말해 주기 때문이기도 하고, 그 과정에서 그들의 감정, 정체성, 자부심이 정당화되기를 바라기 때문이기도 하다. 퍼킨스는 화재 사건 이후 '자신을 걸지' 않았다. 그녀는 뉴욕주의 주도인 올버니로 가서 주 의원들을 상대로 노동자 안전법 입법을 위한 로비를 벌였다. 그녀는 뉴욕 상류사회 식 편견을 버렸다. 또한 이른바 진보적이고 개혁적인 정치를 표방하는 사람들의 고상함과 품위도 버렸다. 앞으로 나아갈 수만 있다면 타협도 마다하지 않았다. 그녀의 멘토이자 뉴욕 정계의 떠오르는 별이었던 앨 스미스는 고상한 개혁주의자들이 머지않아 어떤 대의에도 흥미를 잃게 될 거라고 말했다. 퍼킨스는 타락한 세상에서는 옳은 일을 하기 위해 종종 '부패한' 사람들의 도움을 받아야 할 때도 있다는 걸 배웠다. 올버니에서 그녀는 태머니 홀Tammany Hall(19세기부터 20세기 초까지 뉴욕에서 가장 강력한 영향력을 행사한 조직으로 부패정치의 온상이 되기도 했다. ─옮긴이) 구성원들과 긴밀한 관계를 유지하면서 일하기 시작했다. 이전까지 그녀가 주로 같이 활동했던 정치권 사람들은 치를 떨며 경악할 만한 일이었다.

올버니에서 퍼킨스는 나이 든 남자들을 어떻게 다뤄야 하는지도 배웠다. 어느 날 그녀는 주 의회에서 엘리베이터 앞에 서 있다가 휴 프롤리라는 상원의원과 마주쳤다. 거칠고 옹졸한 인물이었다. 그는 엘리베이터에서 내리며 비공개 협상에서 나왔던 기밀 사항들을 떠들어 대고는 자기에게 떨어진 수치스러운 임무들에 대해 불평했다. 그리고 자기연민에 빠져서는 이렇게 외쳤다. "나도 엄마가 있는 사람인데 말이야."

그녀는 이미 가지고 있던 '남성 심리에 관한 메모'라는 폴더에 이 일을 기록했다. 이 사건은 그녀의 정치적 학습에서 중대한 역할을 했다. "이로부터 정계에서 남자들이 여성을 받아들이는 방식을 배웠다. 그들은 여성을 모성과 연관지어 생각한다. 그들은 자신의 어머니를 잘 알고 존경한다. 적어도 99퍼센트는. 원초적이고 본능적인 태도다. 나는 '바로 이것이 일을 성사시키는 길이라면, 그들이 잠재의식에서라도 엄마를 떠올리도록 행동하고, 옷을 입고, 처신해야겠다'고 생각했다."[28]

당시 퍼킨스는 서른아홉 살이었고, 그렇게 아름답지는 않았지만 활기차고 발랄했다. 그때까지만 해도 그녀는 당시 대부분의 그 나이 대 여성들이 하는 옷차림을 했다. 그러나 바로 그 시점부터 엄마 같은 옷차림을 하기 시작했다. 어두운 검은색 드레스에 목에는 하얀색 나비매듭 리본을 맸고, 진주 장신구에 삼각 모자를 쓴 채 나이 지긋한 부인 같은 태도를 취했다. 언론에서는 이 변화를 눈치챘고, 60개가 넘는 주 법안 통과를 이끌어 낸 그녀를 '마더 퍼킨스'라고 부르기 시작했다. 그녀는 이 별명을 무척 싫어했지만, 그 방법이 효과가 있다는 것을 알게 되었다. 주변의 나이 든 남성들에게 신뢰를 얻기 위해 자신의 취향, 여성성, 그리고 심지어 정체성의 일부마저 억제한 것이다. 여성들이 성공하기 위해 스스로를 억압해서는 안 된다고 여기는 오늘날의 관점에서는 의구심이 드는 전략이지만, 1920년대에는 그럴 필요가 있었다.

여러 프로젝트 중에서 퍼킨스가 가장 맹렬하게 로비를 벌인 일은 주당 노동시간을 54시간으로 제한하는 법안을 통과시키는 것이었다. 그녀는 그 법안에 대한 지지를 얻어 내기 위해 태머니 홀 우두머리들과 친분 관계를 맺으려 애썼다. 그들은 그들대로 최선을 다해 퍼킨스를 속이고 술책을 부리려 했지만, 결국 그녀는 일부 일반 의원들의 지지를 확보하는 데 성공했다. "내 누이는 정말 불쌍한 애였어요. 어렸을 때부터 일을 나갔거든요." 태머니 홀 조직에 속해 있던 빅 팀 설리번이 하층 계급이 쓰는 말투로 그녀에게 털어놨다. "당신이 말하는 대로 그렇게 심하게 일하는 불쌍한 애들 정말 안됐다는 생각이 들어요. 개들한테 좋은 일을 해 주고 싶어. 당신에게도 마찬가지고."[29]

주당 노동시간을 54시간으로 제한하는 법안이 드디어 표결에 부쳐지기 위해 상정됐다. 가장 악랄하지만 정치적으로 영향력 있는 통조림 산업은 제외된 채였다. 그 법안을 위해 활동해 온 사람들은 몇 달 전부터 예외 조항은 있을 수 없다고 주장해 왔다. 모든 산업, 특히 통조림 산업에 이 법안이 적용되어야만 했다. 이 결정적 순간, 퍼킨스는 의회 회의실 가장자리에 서 있었다. 그녀는 이렇게 심각한 결함이 있는 법안을 받아들여야 할지, 원칙상 거부해야 할지 그 자리에서 결정해야만 했다. 동료들은 법안을 거부해야 한다고 아우성을 쳤다. 하지만 그녀는 빵을 반쪽이라도 받아야겠다고 결정했다. 의원들에게 자기들은 그 법안을 지지하겠다고 밝힌 것이다. "내 책임입니다. 법안을 지지할 것이고, 그 책임을 물어 죽으라면 목숨이라도 내놓겠습니다."[30] 많은 개혁론자들이 격노했다. 그러나 강인한 정신력을 지닌 그녀의 멘토 플로렌스 켈리는 퍼킨스의 결정을 전적으로 지지했다. 퍼킨스는 그 후로 오랫동안 공적으로나 사적으로나 '빵 반쪽짜리 여인'으로 불렸다. 상황이 허락하는 한도 내에서 최대한으로 취하는 사람이라는 뜻이었다.[31]

그즈음 퍼킨스는 폴 윌슨을 만났다. 명문가 출신의 잘생긴 개혁론자였던 그는 개혁 성향을 지닌 뉴욕 시장 존 퍼로이 미첼의 보좌관이 된 인물이었다. 퍼킨스에게 반한 그는 천천히 그녀의 마음을 사로잡았다. 퍼킨스는 그에게 편지를 썼다. "당신을 만나기 전 내 세상은 외로운 것이었습니다. 춥고, 황폐하고, 겉으로만 그렇지 않은 척할 뿐 나는 온몸을 떨고 있었지요. (⋯) 당신은 폭풍처럼 내 심장으로 들이닥쳤고, 나는 이제 당신을 절대 놔 줄 수가 없게 됐습니다."[32]

묘한 연애였다. 퍼킨스가 윌슨에게 보낸 편지는 낭만적이고, 진실하고, 열정적이었다. 그러나 그녀는 친구들이나 동료들에게는 극도로 말을 아끼는 사람이었다. 수십 년 후 그녀는 강렬한 감정을 느껴 본 적이 단 한번도 없다고 주장했다. 두 사람은 1913년 9월 26일 로어 맨해튼의 그레이스 교회에서 결혼했다. 그들은 친구들을 결혼식에 초대하지도 미리 알려 주지도 않았다. 가족들에게는 이야기를 했지만 참석하기에는 너무 늦은 시점이었다. 퍼킨스는 웨이벌리 플레이스에 있는 자기 아파트에서 혼자 준비를 하고 결혼식장으로 갔다. 증인 두 명도 당시 그 건물에서 우연히 만난 사람들이었다. 축하 만찬도 파티도 없었다.

몇 년 뒤 그녀는 결혼 결정에 대해 회고하면서 마치 치과 예약을 할 때와 같은 사무적인 어조로 말했다. "제게는 뉴잉글랜드인으로서 자부심이 있었습니다." 그리고 수십 년이 흐른 뒤에는 이렇게 말했다.

"결혼에 대한 열망 같은 건 없었어요. 솔직히 좀 내키지가 않았어요. 더 이상 아이가 아니라 다 자란 여자가 되어 있었으니까요. 결혼을 원한 적은 없어요. 혼자 사는 삶이 더 좋았으니까요."[33] 그러나 사람들은 퍼킨스에게 신랑감은 언제 구할 거냐고 끊임없이 물었고, 그녀는 질문 세례를 더 이상 받지 않아도 될 해결책을 찾기로 결심한 뒤 이렇게 생각했다. '폴 윌슨에 대해 잘 알잖아. 그 사람이 좋기도 하고. (…) 그의 친구나 동료들과 어울리는 것도 즐겁고 하니 그냥 결혼을 해서 더 이상 신경 쓰지 않는 게 낫겠어.'

처음 몇 년간은 비교적 행복했다. 두 사람은 워싱턴 광장의 우아한 타운하우스에서 신혼 생활을 시작했다. 트라이앵글 화재가 났을 때 퍼킨스가 차를 마시고 있던 집에서 그다지 멀지 않은 곳이었다. 윌슨은 시장실에서 일했고, 퍼킨스는 사회 활동을 계속했다. 두 사람의 집은 당시 정치 운동가들의 아지트가 됐다.

얼마 지나지 않아 상황이 나빠지기 시작했다. 존 미첼은 선거에 지며 시장직에서 물러났고, 윌슨은 뉴욕 사교계에 잘 알려진 여성과 바람을 피웠다. 사교계가 한번 발칵 뒤집힌 이후로는 아무도 언급하지 않게 된 사건이었다. 퍼킨스는 결혼 생활이 숨 막힌다고 느끼기 시작했고 별거를 요구했다. "끔찍한 실수를 저지른 것 같아." 퍼킨스는 윌슨에게 편지를 썼다. "일하는 효율도 떨어지고, 영적인 능력도 희미해진, 이전과는 다른 사람이 되어 버렸어."[34]

그때 임신 사실을 알게 됐다. 사내아이였는데 태어나자마자 죽었다. 퍼킨스는 슬픔으로 정신을 잃을 정도였지만, 그 사건 또한 다시는 언급되지 않았다. 후에 그녀는 산모와 태아의 사망률을 낮추기 위한 자원봉사 조직인 임신출산센터 협회장으로 일하기도 했다. 그녀는 수재 나라는 딸도 낳았다. 플리머스 식민지 2대 총독 부인의 이름을 딴 것이었다.(플리머스 식민지는 17세기에 영국이 북아메리카에 개척한 곳으로, 현재 미국의 매사추세츠주 남동부에 해당한다.—옮긴이)

퍼킨스는 아이를 하나 더 가지고 싶었지만 1918년 무렵 윌슨이 정신질환 증세를 보이기 시작했다. 조울증이었다. 그는 어떤 압박도 견디내질 못했다. 후일 퍼킨스는 이렇게 회고했다. "항상 오르락내리락 했어요. 어떨 때는 우울해하다가, 어떨 때는 흥분 상태에서 벗어나질 못했죠." 1918년 이후, 삶에 무리 없이 편안하게 순응할 수 있는 순간은 거의 없었다. 있다 해도 너무나 짧은 순간뿐이었다. 윌슨은 조증 상태일 때 평생 모은 돈을 금에 투자했다가 몽땅 잃고 말았다. 퍼킨스는 그와 둘이서만 있는 것이 두렵게 느껴질 때도 있었다. 힘이 자기보다 훨씬 센 윌슨이 분노에 휩싸여 폭력을 휘두를 것만 같은 때가 많았기 때문이다. 윌슨은 그후 몇십 년 세월의 대부분을 정신병원과 요양원에서 보냈고, 퍼킨스는 주말에 그를 방문하곤 했다. 집에 있을 때도 그는 스스로 아무것도 책임질 수 없었다. 간호사—완곡하게 비서라고 부른—가 계속 그를 돌봐야 했다. "그는 그 존재가 무시되는, 마치 그림자 같은 사람이 되어 갔다." 퍼킨스의 전기를 펴낸 조지 마틴은 이렇게 기술한다. "일방적으로 말을 건네기만 할 뿐 대화를 나누지는 않는 상대 말이다."[35]

퍼킨스는 뉴잉글랜드인 특유의 말을 아끼는 신중함을 다시 발휘하기 시작했다. 전 재산을 잃게 되었던 일도 '그 사고'라고 에둘러 불렀고, 그저 가정을 지탱하기 위해 일을 해야만 하리라는 걸 자각했다. 그녀는 그런 '사고들'을 되도록 잊으려 했다. "자꾸 그런 일들을 곱씹으면서 무의식적으로라도 주저앉지 않으려 했어요."[36] 그 후 수십 년 동안 그녀는 자신의 사생활 주변으로 담을 높이 쌓아서 대중들의 눈에 드러나지 않도록 했다. 이는 부분적으로 그녀의 양키 식 성장 배경과 관계가 있는 태도였다. 그러나 이는 그녀가 가진 철학과 신념에 따른 것이기도 했다. 퍼킨스는 사적 감정이란 대중에게 공개하기에는 너무도 복잡하고 섬세한 것이라고 믿었다. 아마 그녀가 오늘날 일반화되어 있는 사생활 노출 문화를 보면 기겁을 할 것이다.

사회비평가 로셸 거스타인이 말을 아끼는 그룹과 드러내는 그룹이라고 지칭한 두 철학적 성향을 지닌 사람들 사이에서는 대개 갈등이 일어난다. 말을 아끼는 그룹은 내적 세계의 섬세한 감정을 공공연하게 드러내면 잔인하게 취급받으며 더럽혀진다고 믿는다. 드러내는 걸 선호하는 그룹은 비밀스러운 것은 무엇이든 의심스럽고, 모든 것을 공공연히 논의할수록 삶이 더 나아진다고 믿는다. 퍼킨스는 의심할 여지 없이 말을 아끼는 그룹에 속했다. 그녀는 복잡미묘하고, 모순되고 역설적이며, 불가해한 사적 느낌이 가벼운 몇 마디로 공개되고 요약되는 순간, 그것은 진부하고 흔해 빠진 일이 되어 버린다고 믿는 사람들 중 하나였다. 깊이 알지 못하는 사람이나 전혀 모르는 사람에게 내밀한 이야기를 꺼내 놓으면 손상을 받는다고 생각했다. 소중한 감정이 신뢰와 친밀함이라는 문맥에서 벗어나면 짓밟히고 만다는 것이다. 따라서 그녀는 사적인 일은 사적인 것으로 지켜져야 한다고 믿었다. 정부가 가난한 사람을 돕고 약자를 보호하는 문제에 관해서라면 신뢰를 가진 사람이었지만, 만약 정부가 사생활의 권리를 짓밟는다면 극도의 혐오감을 보였다.

하지만 이 철학에는 대가가 따른다. 퍼킨스는 그다지 내성적인 사람
이 아니었다. 친밀한 관계를 유지하는 데도 그다지 능숙하지 않았다.
그리고 사생활이 그다지 행복하지도 않았다. 그녀의 남편이 정신병원
에서 그렇게 오랜 시간을 지내지 않았으면 어떻게 됐을지 짐작하기는
어렵지만, 설령 그런 일이 없었다 하더라도 그녀의 공적인 소명이 개
인적으로 친밀한 관계에 필요한 여력과 에너지를 모두 차지해 버렸을
가능성이 높다. 그녀는 공공 캠페인에 최적화되어 있었다. 사랑을 주
거나 받는 데도, 자신의 약한 곳을 드러내는 데도 익숙하지 않았다. 딸
을 돌보는 일마저도 도덕적 향상을 위한 십자군 원정의 양상을 띨 때
가 많았고, 결국 역효과를 냈다. 퍼킨스는 자기 자신에 대해 강철 같은
제어력을 발휘했고, 딸에게도 똑같은 수준을 요구했다.

그러나 딸 수재나는 아버지의 조울증적 성향을 물려받았다. 수재나
가 열여섯 살 되던 해에 퍼킨스는 루스벨트 행정부에서 일하기 위해
워싱턴으로 이사를 갔고, 이후 두 사람은 거의 같이 살지 않았다. 수재
나는 일생 동안 반복적으로 심한 우울증에 시달렸다. 그녀와 결혼을
한 남자는 노골적으로 바람을 피웠다. 1940년대에 들어서면서 수재나
는 히피처럼 살기 시작했다. 히피라는 말이 생기기 20여 년 전 일이
다. 그녀는 일련의 반문화 그룹과 어울렸고, 루마니아 출신 조각가 콘
스탄틴 브란쿠시에게 집착했다. 그리고 점잖은 상류 사회 사람들에게
충격을 주고 어머니에게 창피를 주기 위해 전력을 다했다. 수재나를
사교계 모임에 초대한 퍼킨스는 옷을 제대로 갖춰 입으라고 사정했다.
수재나는 화려한 초록색 드레스를 입고 높이 올린 머리와 목에 현란한

꽃 장식을 한 채 나타났다.

"남편이나 딸이 신경쇠약에 걸린 게 나 때문이라는 병적인 미신 같은 게 생겼어요." 퍼킨스는 고백했다. "그 생각을 하면 겁이 나고 압박감을 느꼈죠."[37] 수재나는 한 번도 제대로 일을 하지 못했고, 퍼킨스의 도움을 받으며 살았다. 퍼킨스는 일흔일곱 살이 되어서도 수재나가 살 집을 마련하기 위해 뉴욕에 있는 자신의 임대료 규제 아파트를 포기해야 했다. 딸의 생활비를 벌기 위해 일을 맡아야 할 때도 많았다.

모든 덕목에는 그에 따른 악덕이 따라다닌다. 말을 아끼는 신중함 이면에는 냉담이라는 악덕이 따른다. 퍼킨스는 가까운 사람들에게 자신의 감정을 열어 보이지 않았고, 공적인 소명이 개인적인 고독을 완전히 보상해 주지는 못했다.

## 도구로 살아가는 사람의 책무

뉴욕 주지사 앨 스미스는 퍼킨스의 정치적 첫사랑이자 우상이었다. 그는 충성스럽고, 다가가기 쉬웠으며, 입담이 좋고, 대중 친화적인 정치인이었다. 스미스는 퍼킨스에게 처음으로 정부에서 일할 결정적인 기회를 준 사람이기도 하다. 그는 퍼킨스를 뉴욕주 전체의 노동 환경을 통제하는 산업위원으로 임명했다. 이 자리는 연간 8000달러라는 후한 연봉과 함께 대규모 파업과 산업 분쟁의 한가운데로 퍼킨스를 끌어들이는 역할을 했다. 그녀는 남성의 세상에서 활동한 드문 여성이었을 뿐 아니라 가장 남성적인 영역에서 일한 사람이었다. 퍼킨스는 공장 지구로 가 열정적인 노조원들과 단호한 기업 임원들 사이에서 벌어지는 격렬한 분쟁 속으로 몸을 던지곤 했다. 그녀는 후일 이때를 회고하면서도 자신이 얼마나 용감했으며 심지어 무모했는지에 대해 자랑을 늘어놓는 법이 전혀 없었다. 그녀에게 그 사건들은 그저 해내야 하는 일에 불과했다. 1인칭을 표현하는 데 사용한 'one'이라는 단어는 그녀가 자신의 삶을 묘사할 때 아주 중요한 역할을 한다. 그녀도 간혹 "I did this"라는 식으로 표현할 때가 있었지만, 그보다는 "One did this"라고 말함으로써 더 격식 있고 예스러운 느낌을 줬다.

요즘에는 자기 자신을 가리켜 'one'이라는 단어를 쓰면 젠체하고 점잔 빼는 듯한 느낌을 준다.(영국에서는 여왕이 자신을 가리킬 때 'one'을 사용한다.—옮긴이) 그러나 퍼킨스는 이 단어를 단순히 1인칭 대명사를 피하기 위해 사용했다. 제대로 된 사람이라면 누구나 같은 상황에서 그녀가 한 것처럼 행동할 의무가 있다는 점을 암시하는 것이었다.

퍼킨스는 올버니에서 1910년대와 1920년대에 걸쳐 프랭클린 루스벨트와 일할 기회가 생겼다. 그는 퍼킨스에게 별로 깊은 인상을 주지 못했다. 그녀는 루스벨트가 피상적이며 약간 오만하다고 생각했다. 그는 말할 때 머리를 뒤로 젖히는 습관이 있었다. 후일 대통령이 된 다음에는 이 몸짓이 자신감과 강한 낙관주의 성향을 드러내는 것으로 비쳐졌다. 그러나 퍼킨스는 젊은 루스벨트의 그 몸짓이 거만하게만 보였다.

루스벨트는 잠시 퍼킨스의 삶에서 사라졌다. 소아마비와 투병한 기간이었다. 퍼킨스는 다시 정계로 복귀한 그를 보고 변화를 감지했다. 사실 그는 자신의 병에 대해 거의 이야기하지 않았다. 하지만 퍼킨스는 그 병이 "약간 오만했던 태도를 완전히 씻어 버린 듯하다"고 느꼈다.[38]

루스벨트가 정계 복귀에 힘을 쏟던 어느 날, 퍼킨스는 무대에 앉아 그가 연설을 하기 위해 힘들게 연단에 오르는 것을 지켜봤다. 연단에서 몸무게를 지탱하고 있던 그의 손이 연신 떨렸다. 퍼킨스는 루스벨트가 연설을 마친 후 휘청거리며 내려올 때 그의 어색한 몸짓을 누군가 가려 줘야 한다고 생각했다. 연설을 마칠 즈음 퍼킨스는 뒤에 앉아 있던 여자에게 손짓을 해서 둘이 함께 그에게 다가갔다. 명목상으로는 성공적인 연설을 축하하기 위한 것이었지만, 실은 그의 어색한 몸놀림을 치마로 가리기 위한 것이었다. 그 후 몇 년 동안 이는 늘 반복되는 패턴이 됐다.

퍼킨스는 루스벨트가 기꺼이 겸손하게 도움을 받아들이는 것에 감탄했다. "종교계의 위대한 스승들이 겸손이야말로 가장 위대한 덕목이라고 설파할 때 무얼 말하고자 하는 것인지 깨닫기 시작했다." 그녀는 나중에 이렇게 썼다. "그리고 겸손을 스스로 배우지 않으면, 신은 모욕과 굴욕을 안김으로써 그것을 가르친다. 한 사람을 위대하게 만들기 위함이다. 필요한 일에 순응함으로써 프랭클린 루스벨트는 겸손과 내적 진실성에 가까이 다가서기 시작했고, 그로 인해 위대한 사람이 되었다."[39]

루스벨트는 뉴욕 주지사가 되자 퍼킨스에게 산업위원직을 제안했다. 그녀는 자기가 그 직책을 맡아도 될지 확신이 서지 않았다. 정부기관 하나를 성공적으로 이끌어 갈 수 있을지 자신이 없었기 때문이다. 퍼킨스는 루스벨트에게 보낸 메모에 이렇게 썼다. "제가 공공 서비스 분야에 조금이라도 재능이 있다면 그것은 사법, 입법 분야지 행정 분야가 아니라고 생각합니다." 산업위원직을 제안받은 날 그녀는 루스벨트에게 하루 더 다른 사람들과 상의하며 재고해 볼 시간을 가지라고 말했다. "저를 임명하는 건 현명하지 못한 일이라고 말하거나, 지도부와 마찰을 빚게 될 거라고 말하는 사람이 있으면 그냥 없던 일로 해 주십시오. (⋯) 아무에게도 말하지 않을 테니 사태를 수습해야 할 일도 없을 겁니다."[40]

루스벨트가 답했다. "굉장히 도의적이고 조심성 있는 처신이라는 점은 분명하지만, 내 생각을 바꾸지는 않을 거요." 그는 그런 고위직에 여성을 임명한다는 사실이 만족스러웠고, 거기에 더해 공무원으로서 퍼킨스의 명성은 가히 모범적이었다. 그녀의 전기 작가 중 하나인 조지 마틴은 이를 다음과 같이 묘사한다. "행정가로서 퍼킨스는 훌륭했다. 어쩌면 훌륭한 것 이상이었다. 사법이나 입법 분야에서 그녀는 매우 탁월했다. 그녀는 사법가로서의 기질을 갖췄고, 어떤 상황에서든 무엇이 공정한 것인지를 뛰어나게 분별해 냈다. 새로운 아이디어에 대해 늘 열려 있었지만, 그 와중에도 사람들의 복지와 후생을 추구한다는 법의 도덕적 목적을 간과하는 법이 없었다."[41]

대통령이 된 루스벨트는 퍼킨스를 노동부 장관에 임명하고 싶어 했다. 그녀는 이번에도 저항을 했다. 정권 이양 기간 동안 그녀가 노동부 장관에 임명될지도 모른다는 소문이 돌자, 퍼킨스는 루스벨트에게 편지를 써서 이 소문이 사실이 아니기를 바란다고 전했다. "언론의 내각 임명 관련 예측이 80퍼센트는 틀렸다고 하셨다는 소식 전해 들었습니다. 저에 관한 기사들도 80퍼센트의 부정확한 리스트에 속하기를 진심으로 바란다는 말씀을 드리기 위해 편지를 씁니다. 기분 좋은 소식을 들으면서 나름 흥분되기도 했습니다만, 각하 자신을 위해, 그리고 미국을 위해 노동자 조직 출신 인사가 그 자리에 임명되어야 한다고 생각합니다. 대통령의 각료들 중 노동자가 있다는 원칙을 확고히 하기 위해서입니다."[42] 퍼킨스는 자신의 가족 문제도 슬쩍 언급하면서 그 때문에 자신이 온 정신을 일에 집중하지 못할 수도 있다는 우려도 표명했다. 루스벨트는 작은 쪽지에 휘갈겨 쓴 필체로 답을 보냈다. "귀하의 충고에 대해 생각해 봤지만 동의하지는 않소."[43]

퍼킨스의 할머니는 그녀에게 누군가 문을 열어 주면 꼭 그 문을 통해 걸어 들어가야 한다고 말했다. 그래서 그녀는 루스벨트 대통령을 만나 자신이 노동부 장관 자리를 수락하는 데 필요한 조건을 말했다. 자신을 내각에 두려면 대통령이 광범위한 사회보장정책을 약속해야 한다는 것이었다. 거기에는 광범위한 실업 구제, 대규모 공공사업, 최저임금법, 노령연금을 위한 사회보장연금 프로그램, 그리고 아동 노동 철폐 등이 포함되어 있었다. "내 생각에 앞으로도 계속 이 문제들로 나를 성가시게 할 것 같군." 루스벨트가 말했고, 그녀는 그럴 거라고 확인해 줬다.

루스벨트 대통령 재임 기간 내내 그 옆에 머문 고위 보좌관은 단 두 명뿐이었고, 퍼킨스가 그중 하나였다. 그녀는 뉴딜 정책의 지칠 줄 모르는 옹호자가 됐다. 또 미국의 사회보장제도를 만들어 낸 주요 인물 중 하나였다. 퍼킨스는 CCC, FWA, PWA와 같은 뉴딜 일자리 프로그램을 추진한 주역이 됐다.(CCC는 민간자원보존단Civilian Conservation Corps, FWA는 연방노동국Federal Works Agency, PWA는 공공사업국Public Works Administration 의 약자다. 모두 실업 문제 완화를 위해 공공사업 일자리를 만들어 낸 기구다.—옮긴이) 한편 공정노동기준법Fair Labor Standards Act을 통해 미국 최초의 최저임금법과 시간외근무법을 통과시켰으며, 아동 노동과 고용보험에 관한 연방법을 후원했다. 2차 대전이 벌어지는 동안에는 여성 징병을 반대하기도 했다. 징집된 남성들이 비워 둔 일자리를 채우는 것이 장기적으로 여성들에게 더 이익이 되리라는 생각 때문이었다.

퍼킨스는 루스벨트의 생각과 마음을 잘 읽어 냈다. 그가 사망한 후, 그녀는 『내가 아는 루스벨트The Roosevelt I Knew』라는 전기를 썼고, 이 책은 루스벨트에 관한 책 중 가장 날카롭게 그의 성격을 분석한 책으로 꼽힌다. 퍼킨스는 이렇게 썼다. 루스벨트가 내린 모든 의사결정을 무색하게 만든 것은 "인간이 내리는 판단 중 그 무엇도 최종적인 것은 없다는 그의 생각이었다. 오늘 옳다고 느끼는 일을 위해 용감하게 발을 내디딜 수 있는 것은 일이 생각대로 흘러가지 않을 경우 내일 방향을 수정할 수 있기 때문이라고 여겼다." 루스벨트는 철저한 계획을 세우기보다 임기응변으로 일을 처리하는 데 더 능숙했다. 한 걸음 내디딘 다음에 수정하고, 또 한 걸음 내디딘 다음에 수정하는 방식으로 서서히 커다란 변화를 이루어 내곤 했다.

이런 사고방식에 대해 그녀는 "스스로 엔지니어가 되기보다 도구가 되어 일하는 사람들에게서 발달한다. 이스라엘의 선지자들이 그를 봤다면 주의 도구라고 불렀을 것이다. 오늘날의 선지자들은 루스벨트와 같은 사고방식에 대해 측은할 만큼 무지한 상태에서 심리학적 용어로만 설명하려 할 것이다"라고 썼다.[44]

퍼킨스는 마지막으로 누구에게 조언을 들었느냐에 따라 방향을 바꾸고 마음이 변하기를 밥 먹듯 하는 루스벨트를 다루기 위해 전략을 세웠다. 그녀는 대통령과 만나기 전 그가 택할 수 있는 선택지에 대한 아웃라인을 적은 한 페이지짜리 메모를 준비했다. 그 아웃라인을 같이 살펴본 후 루스벨트가 그중 하나를 선택한다. 그러면 퍼킨스는 대통령이 방금 한 말을 다시 한 번 반복하도록 했다. "이 방법을 실행에 옮기라고 하시는 겁니까? 확실합니까?"

그런 다음 약간의 토론을 벌인 후 퍼킨스는 대통령이 선택한 항목에 또 한 번 밑줄을 그으며 묻는다. "1번을 원하시는 게 확실한가요? 아니면 2번이나 3번을 원하십니까? 우리가 하려는 것은 이것이고, 그러면 이런 사람들이 반대하리라는 점 이해하고 계시지요?" 이 전략의 목적은 대통령이 내린 결정을 그의 기억에 사진처럼 각인시키는 것이었다. 그런 다음 그녀는 대통령에게 세 번째로 같은 질문을 해서 그가 자신의 결정을 능동적으로 기억하는지, 그리고 그에 따라 마주치게 될 반대 의견들을 잘 이해했는지 확인한다. "그래도 되겠습니까? 여전히 같은 생각이신가요?"

루스벨트 대통령이 퍼킨스가 필요로 할 때마다 늘 그녀의 편을 들어준 것은 아니었다. 그는 아랫사람들에게까지 변치 않고 충실하게 굴기에는 너무 약삭빠른 정치인이었다. 내각의 남자들 중 많은 수가 퍼킨스를 달가워하지 않았다. 회의를 끝내지 않고 계속 끄는 것도 단점 중 하나였다. 언론도 퍼킨스를 별로 좋아하지 않았다. 사생활을 공개하려 하지 않는 성향이 강한 데다 남편을 보호하려는 강한 욕구로 인해 기자들과 잘 어울리지 않았고, 긴장을 늦추지도 않았다. 자연스럽게 기자들도 호감을 가지고 그녀를 이해하려 하지 않았다.

몇 년의 세월이 흐르면서 그녀는 일에 지쳐 갔다. 그녀의 명성도 내리막길을 걷기 시작했다. 루스벨트 대통령에게 두 번의 사의를 표했고, 두 번 모두 거절당했다. "프랜시스, 지금 그만둘 수는 없어. 나한테 이러면 안 돼." 루스벨트가 사정했다. "다른 사람은 생각할 수도 없다고. 어떻게 다른 사람한테 다시 익숙해지라는 건가. 지금은 안 돼! 그냥 그 자리에 있어요. 더 이상 이런 말 하지 맙시다. 잘할 수 있을 거야."

1939년 퍼킨스는 탄핵 대상이 됐다. 샌프란시스코에서 부두노동자로 일하며 총파업을 이끈 호주인 해리 브리지스와 관련된 일이었다. 브리지스를 비판하는 사람들은 그를 공산주의자라고 부르며 그가 벌인 반체제 행위를 이유로 추방해야 한다고 주장했다. 후에 소련이 붕괴되고 기밀문서가 공개되면서 이들의 주장이 옳았다는 것이 증명됐다. 브리지스는 로시라는 암호명을 부여받은 공산주의 첩자였던 것이다.[45]

그러나 당시만 해도 그 사실이 확실치 않았다. 노동부가 관장하는 브리지스 추방 청문회는 시간만 끌면서 결론을 내리지 못하고 있었다. 1937년 브리지스에게 불리한 증거들이 발견됐고, 1938년 노동부는 그의 추방을 위한 절차를 진행하기 시작했다. 그러나 이 절차는 법원이 내린 결정에 따라 중단됐고, 곧이어 대법원에 회부됐다. 일이 지연되자 브리지스를 비판하는 세력들이 격노했다. 거기에는 그와 경쟁 관계에 있던 노조 지도자들과 기업들이 포함되어 있었다.

퍼킨스는 그들의 비판을 정면에서 맞는 입장이 됐다. 왜 노동부 장관이 반체제범을 비호하는가? 한 의원은 퍼킨스가 러시아계 유대인이자 공산주의자라고 비난했다. 1939년 1월, 뉴저지의 J. 파넬 토머스 의원은 그녀를 상대로 탄핵 발의를 했다. 언론은 잔인할 정도로 그녀에게 냉혹했다. 루스벨트 대통령은 그녀를 변호할 기회가 있었지만, 그 과정에서 자신의 평판에 오점이 남을까 봐 두려워 그녀 혼자 모든 공격을 받도록 내버려 뒀다. 여성클럽연맹도 그녀를 방어해 주지 않았다. 『뉴욕 타임스』는 애매한 사설을 실었다. 여론은 이미 그녀를 공산주의자로 낙인 찍었고, 그런 상황에서 그녀를 공격하는 사람들이 쏟아붓는 포격에 몸을 드러내고 싶어 하는 사람은 없었다. 이제 남은 것은 태머니 홀 정치인들뿐이었다. 그들이 그녀 편에 남아 있어 주는 것 말고는 희망이 없었다.

퍼킨스의 할머니는 그녀에게 사회적 재앙이 닥치면 "모두 아무 일도 일어나지 않은 것처럼 행동해야 한다"고 일러 주곤 했다. 퍼킨스는 그냥 버텨 냈다. 퍼킨스는 이 시기를 조금 어색하긴 하지만 이렇게 표현했다. "물론 조금이라도 울거나 긴장을 풀었으면 완전히 무너지고 말았을 거예요." 퍼킨스는 후에 이렇게 말했다. "우리 뉴잉글랜드인들은 바로 그런 사람들이에요. 그런 행동을 하면 무너지고 마는 거죠. 우리의 진실성과 명징한 이성, 결정을 내리고 행동에 옮기는 능력에 개인적 고통과 경험이 영향을 주도록 내버려 두면 그 진실성은 산산이 흩어져 버리고, 옳은 일을 하기 위해 신의 인도 아래서 나 자신에게 의지할 수 있도록 만드는 내적 중심을 잃게 됩니다."[46]

쉬운 말로 하자면, 퍼킨스는 자신이 내적으로 약한 존재라는 것을 알고 있었다는 뜻이다. 자기 자신에 대한 내적 장악력을 늦추면 모든 것이 무너져 버릴 것이라는 의미다. 몇 년에 걸쳐 퍼킨스는 메릴랜드 케이턴즈빌에 있는 올 세인츠 수녀원에 자주 방문하곤 했다. 한 번 갈 때마다 이삼일씩 머물며 하루에 다섯 번 기도에 참석하고 소박한 식사를 하면서 정원을 돌봤다. 그곳에 있는 대부분의 시간 동안 침묵을 지키며 보냈고, 방을 청소하러 간 수녀들은 무릎을 꿇고 기도를 올리는 그녀 주변을 빙 둘러 가며 걸레질을 하고 나오기도 했다. 퍼킨스는 탄핵 위기 동안 시간이 날 때마다 이 수도원을 찾았다. "침묵의 계율이 세상에서 가장 아름다운 것 중 하나라는 걸 깨달았어." 퍼킨스는 친구에게 보낸 편지에 이렇게 썼다. "무익한 세상, 무례한 말, 빈정거림, 분노에 찬 도전 등 온갖 유혹에 넘어가지 않게 하지. (…) 침묵을 지키는 것으로 얼마나 많은 것을 얻게 되는지 정말 놀라워."[47]

그녀는 또 이전까지 그다지 중요하지 않다고 여겼던 차이점에 대해 생각하게 됐다. 누군가가 가난한 사람에게 신발을 준다면, 그 행동은 그 가난한 사람을 위한 것인가, 신을 위한 것인가? 퍼킨스는 그것이 신을 위한 것이어야 한다고 결론지었다. 종종 가난한 사람이 고마워하지 않는 경우도 생길 것이다. 이때 만약 자신이 한 일에 대한 즉각적인 감정적 보상에만 기댄다면 결국 낙담하게 될 것이다. 깊은 소명 의식을 가진 사람은 끊임없는 긍정적 강화에 기대지 않는다. 매달, 혹은 매년 정기적으로 보상을 받지 않는다 해도 그 일을 계속할 수 있는 것이다. 소명을 받은 사람은 자기가 하는 일이 무엇을 산출해 내서가 아니라 본질적으로 좋은 일이기 때문에 한다.

1939년 2월 8일, 퍼킨스는 마침내 자신을 비방하던 사람들과 대면했다. 그녀에 대한 탄핵안을 심사하기 위한 하원 법사위원회에 출두한 것이다. 그녀는 브리지스에 대해 그동안 취해 온 행정 절차들과 그 이유, 그리고 그 이상 절차를 진행할 수 없는 법적 제약들을 길게 읊어나갔다. 의혹을 제기하는 수준에서부터 다소 악랄하고 가혹한 것에 이르기까지 다양한 질문 세례가 이어졌다. 반대파가 악의적인 공격을 퍼부으면 그녀는 질문을 다시 해 달라고 요청했다. 누구도 비열하고 천박한 발언을 두 번 반복하기는 어려울 거라고 믿었기 때문이다. 청문회 사진에 찍힌 그녀는 초췌하고 지쳐 보였다. 그러나 이 사건에 대한 그녀의 상세한 지식은 위원회에 강렬한 인상을 남겼다.

그해 3월, 법사위원회는 결국 탄핵할 만한 충분한 증거가 없다고 결론지었다. 무죄 판결을 받은 것이다. 그러나 청문 보고서는 모호한 표현을 쓴 데다 많은 부분을 생략했다. 언론은 이 판결을 크게 다루지 않았고, 그녀의 명성은 영원히 손상되었다. 사퇴를 할 수도 없었던 그녀는 그 후 6년 동안 루스벨트 내각에 몸담으며 막후 조력자로서 묵묵히 일했다. 퍼킨스는 이 모든 것에 대해 말을 아끼며 냉정하게 처신했고, 공적으로 약한 모습이나 자기연민을 드러내지도 않았다. 정부 임기가 끝난 후, 자신의 입장을 설명할 수 있는 회고록을 쓸 기회가 주어졌을 때도 그녀는 사양했다.

2차 대전 기간 동안, 퍼킨스는 행정적 해결사 노릇을 했다. 그녀는 루스벨트에게 유럽의 유대인들을 도와야 한다고 설득했고, 연방 정부가 개인의 사생활과 시민의 자유를 침해하기 시작하는 것에 우려를 표했다.

1945년 루스벨트 대통령이 사망한 뒤, 퍼킨스는 연방 인사위원회를 맡아 달라는 트루먼 대통령의 요청을 뿌리치고 마침내 내각에서 물러났다. 그리고 그녀는 자신에 대한 회고록 대신 루스벨트에 대한 책을 썼다. 책은 큰 성공을 거뒀다. 그러나 퍼킨스 자신에 관한 이야기는 거의 없었다.

퍼킨스는 삶을 마감할 때까지 개인적인 기쁨을 거의 누리지 못했다. 1957년, 한 젊은 노동경제학자가 퍼킨스에게 코넬 대학에서 강좌 하나를 맡아 달라고 요청했다. 연봉은 1만 달러 정도였다. 수십 년 전 뉴욕 산업위원으로 일할 때 수준이었다. 그러나 퍼킨스는 딸의 정신병 치료 때문에 그 돈이 필요했다.

처음에는 이타카의 장기 투숙 호텔에서 지냈지만, 나중에는 코넬 대학 우등생들이 사는 텔루라이드 하우스의 작은 방에서 살지 않겠냐는 제안을 받았다. 기숙사를 겸한 일종의 남자 학생 회관 같은 곳이었다. 그녀는 이 제안에 기쁜 마음으로 응했다. "결혼 첫날밤 신부 같은 기분이야!" 그녀는 친구들에게 그렇게 말했다.[48] 퍼킨스는 그곳에 사는 동안 남학생들과 어울려 버번주를 마시고, 그들이 밤낮으로 틀어대는 음악을 참아 줬다.[49] 월요일마다 열리는 하우스 모임에도 참석했다. 거의 아무 말도 하지 않긴 했지만 말이다. 그녀는 그곳 학생들에게 17세기 스페인 예수회 수사 발타사르 그라시안이 쓴 『처세의 기술The Art of Worldly Wisdom』을 선물했다. 권력을 행사할 수 있는 자리에서 어떻게 내적 진실성을 유지할 수 있는지에 관한 책이었다. 그녀는 나중에 『미국 정신의 종말The Closing of the American Mind』로 명성을 얻은 앨런 블룸이라는 젊은 교수와도 친해졌다. 텔루라이드 하우스의 학생들 중 몇몇은 이 자그마한 몸집의 멋지고 겸손한 여성이 역사적으로 어떻게 그토록 중요한 역할을 해낼 수 있었는지 믿기 힘들어했다.

비행기를 싫어한 퍼킨스는 혼자서 버스를 타고 이동했다. 어떨 때는 장례식에 참석하거나 강의하러 가기 위해 네댓 번 버스를 갈아타기도 했다. 그녀는 또 자신의 모든 문서를 폐기하려 하기도 했다. 장차 사람들이 자신의 전기를 쓰는 걸 방지하기 위해서였다. 여행할 때는 핸드백 안에 유서를 가지고 다녔는데, '문제를 일으키지 않기' 위해서였다.[50] 퍼킨스는 1965년 5월 14일 85세를 일기로 병원에서 혼자 숨을 거뒀다. 텔루라이드 하우스에서 알고 지냈던 남학생 몇몇이 상여꾼 역할을 했는데, 그중에는 후일 레이건과 부시 행정부에서 일한 폴 울포위츠도 있었다. 장례식을 주관한 목사들은 그녀가 60여 년 전 마운트 홀요크 칼리지를 졸업할 때 읽은 고린도 전서의 "사랑하는 형제들아, 견실하며…" 구절을 낭송했다.

퍼킨스의 대학 졸업 앨범을 찾아보면 자그마하고, 귀여우며, 소심해 보이기까지 하는 젊은 여성의 얼굴을 볼 수 있다. 그토록 연약한 표정을 짓고 있는 여성이 수많은 역경—남편과 딸의 정신병, 극도로 남성적인 분야에서 일한 유일한 여성으로서 겪은 시련, 수십 년 동안의 정치적 투쟁과 부정적 언론의 압박—을 견뎌 내게 되리라고 예측하기란 쉬운 일이 아니다.

그러나 그 역경을 통해 그녀가 얼마나 많은 일을 이루어 낼지 예측하는 것 또한 쉽지 않다. 그녀는 젊은 시절의 약점—게으름과 입심만 좋은 경향—을 직시한 뒤 완벽한 헌신의 삶을 살 수 있도록 자신을 단련했다. 그녀는 자신의 정체성을 억제함으로써 대의를 위한 로비를 성공시킬 수 있었다. 자신 앞에 닥치는 모든 도전을 받아들이고, 대학 때 정한 모토처럼 견고한 자세를 잃지 않았다. 퍼킨스는 커스틴 다우니가 그녀의 전기를 쓰며 붙인 제목처럼 '뉴딜의 막후에 있던 여성The Woman Behind the New Deal'이었다.

한편으로 퍼킨스는 열렬한 진보주의 활동가였다. 진보주의 자체는 요즘에도 흔히 볼 수 있는 유형이다. 그러나 그녀는 이를 말을 아끼는 신중한 전통, 그리고 청교도적인 감각과 결합했다. 정치·경제적인 면에서는 대담했지만, 도덕적으로는 보수적이었다. 그녀는 우월감과 방종에 빠지지 않기 위해 수천 가지 크고 작은 자기훈련을 했고, 탄핵을 받기 전까지도 또 이후 삶의 막바지에 이를 때까지도 스스로를 성찰하기 위해 노력했다. 그녀의 강직함과 과묵함은 사생활에 어려움을 가져왔고, 공적 관계를 곤란하게 만들었다. 그러나 동시에 그녀가 소명을 받들고, 천직에 충실한 삶을 사는 데 큰 도움이 됐다.

퍼킨스는 자신의 삶을 선택하지 않았다. 필연성이 느껴지는 부름에 응했을 뿐이다. 소명을 끌어안는 사람은 자기실현을 위한 지름길을 택하지 않는다. 자신에게 가장 소중한 것을 기꺼이 내려놓고, 자신을 잊고자 하고, 자신을 침잠시킴으로써 오히려 정체성을 확립하고 자아를 성취할 수 있는 목표를 찾는다. 그런 소명에는 거의 대부분 한 사람의 인생을 초월하는 임무가 걸려 있게 마련이다. 그래서 대부분의 경우 자신을 역사적 과정에 던져 넣어야 한다. 그들은 역사적 책무를 다하는 헌신 속에서 그 일원이 될 자격을 얻음으로써 삶의 덧없음을 보상받는다. 1952년, 라인홀드 니버는 이렇게 썼다.

해낼 가치가 있는 것 중 일생 동안 완결할 수 있는 것은 아무것도 없다. 따라서 우리에게는 희망의 구원이 필요하다. 진실하고 아름답고 선한 것 중 그 어떤 것도 당장의 역사적 문맥 안에서 완전히 이해할 수 있는 것은 없다. 따라서 우리에게는 믿음의 구원이 필요하다. 아무리 선하고 도덕적인 것이라 할지라도 혼자서 그것을 이루어 낼 수는 없다. 따라서 우리에게는 사랑의 구원이 필요하다. 어떤 덕행도 친구나 적의 입장에서 보면 우리가 보는 것만큼 덕스럽지 않다. 따라서 우리에게는 사랑의 마지막 형태, 즉 용서의 구원이 필요하다.[51]

충동적 반항아가 일궈 낸
중용의 미덕

────────────

드와이트 아이젠하워

'균형'은 그의 연설문 전체에 걸쳐 반복적으로 등장한 단어였다.

"사적 영역의 경제와 공적 영역의 경제 사이의 균형,

치러야 하는 비용과

그로 인해 거둘 수 있으리라고 희망하는 혜택 사이의 균형,

명백히 필요한 것과 좀 더 마음 편히 원하는 것들 사이의 균형,

우리가 국가에 대해 필수적으로 요구하는 것들과

국가가 개인에게 부과하는 의무들 사이의 균형,

현재 취해야 하는 행동들과 미래의 복지 사이의 균형이 중요합니다.

훌륭한 판단이란 균형과 전진을 함께 추구하는 데서 나옵니다.

이것이 부족할 경우 결국 불균형과 좌절을 맛보게 될 것입니다."

그것은 충동을 억제하라는 가르침을 받으며 자랐고,

삶을 살아가는 과정에서 깎이고 원만해진 사람만이 할 수 있는 연설이었다.

인간이 어떤 일을 할 능력을 갖고 있는지 목격한 사람,

가장 큰 적은 자기 자신이라는 걸

뼈저리게 느껴 본 사람만이 할 수 있는 연설이었다.

아이다 스토버 아이젠하워는 1862년 버
지니아주 셰넌도어 밸리에서 열한 명의 자녀 중 하나로 태어났다. 그
녀의 성장기는 재앙의 연속이라고 해도 과언이 아니었다. 어렸을 때는
북부군 병사들이 집에 난입해 당시 10대였던 아이다의 오빠 둘을 찾
는다며 수색을 벌였다. 병사들은 헛간을 태워 버리겠다고 위협했고,
마을과 주변 지역을 이 잡듯 뒤졌다. 아이다가 다섯 살이 될 무렵 어머
니가 세상을 떠났고, 열한 살 때는 아버지가 세상을 떠났다.

아이다의 형제자매들은 먼 친척들의 집으로 뿔뿔이 흩어졌다. 아이
다는 자신을 받아 준 집에서 주방 보조 역할을 했다. 파이, 페이스트
리, 고기를 굽고 양말을 꿰매고 옷을 기웠다. 그러나 그녀는 슬퍼하거
나 동정을 구하려 하지 않았다. 처음부터 생기 넘쳤으며, 역경에 맞서
용감하게 전진하고 밀어붙였다. 과로에 시달리는 고아였지만 동네 사
람들은 그녀를 아무 말이나 빌려 안장도 얹지 않고 쏜살같이 마을을
가로지르는, 말 그대로 강인하고 두려움 없는 개구쟁이로 기억했다.
그러다가 한번은 말에서 떨어져 코가 부러진 적도 있었다고 한다.

당시만 해도 여자아이들은 8학년까지 마치면 더 이상 학교를 보내

지 않았다.(8학년은 한국으로 치면 중학교 2학년 정도에 해당한다.—옮긴이) 그러나 아이다는 사춘기에 접어들 무렵 6개월 만에 성서 구절 1365개를 암송했고, 이를테면 아담 Ⅰ과 아담 Ⅱ를 모두 성장시키고자 하는 엄청난 욕구를 지니고 있었다. 열다섯 살이었던 어느 날, 친척들이 아이다를 혼자 두고 모두 외출하자 그녀는 소지품을 싸서 그 집을 떠나 버지니 아주 스탠턴까지 걸어갔다. 그런 다음 그곳에서 잠자리와 일자리를 얻고 고등학교에 등록했다.

그녀는 졸업 후 같은 학교에서 2년 동안 가르쳤고, 스물한 살이 되면서 유산 1000달러를 상속받았다. 그중 600달러(오늘날로 치면 1만 달러가 넘는다)를 흑단으로 된 피아노를 사는 데 썼다. 그 피아노는 평생 가장 소중한 물건으로 자리 잡았다. 나머지 돈은 자신의 교육에 투자했다. 서부로 향하던 메노파 교도의—비록 메노파 교도는 아니었지만—마차를 얻어 타고 캔자스주 레콤프턴으로 가 오빠와 함께 이름은 거창한 레인 대학에 자리 잡은 것이다. 아이다가 입학하던 해에 신입생 14명이 등록했고, 강의는 주택 응접실에서 열렸다.

아이다는 음악을 공부했다. 교수 평가서에 따르면 가장 우수한 학생은 아니었지만 부지런했고, 열심히 노력해서 좋은 성적을 거뒀다. 급우들은 즐겁고 명랑하며, 사교적인 데다 극도로 낙관적인 아이다의 성격을 좋아했고, 나중에는 그녀를 졸업생 대표로 선출했다.[1] 레인 대학에서 그녀는 기질적으로 정반대인 데이비드 아이젠하워를 만났다. 그는 항상 좀 시무룩하고 고집이 센 사람이었다. 납득하기는 어렵지만 여하간 두 사람은 사랑에 빠졌고, 평생을 같이하는 동반자가 됐다. 두 사람의 자녀들은 아이다가 데이비드에게 화낼 만한 일이 많았음에도 둘이 심각하게 다투는 것을 본 적이 없다고 기억한다.

아이다와 데이비드는 리버 브레스런이라는 소규모 정통파 신앙 안에서 결혼했다. 리버 브레스런 교파는 수수한 옷차림, 금주, 평화주의를 신봉했다. 대담했던 소녀 시절 이후 아이다는 스스로 엄격해지기 위해 온 힘을 다했지만, 그렇다고 해서 일상생활을 지나치게 엄격하게 하지는 않았다. 리버 브레스런 교파의 여성 신도들은 종교적으로 보닛을 쓰게 되어 있었다. 그러나 어느 날 아이다와 한 친구는 더 이상 보닛을 쓰고 싶지 않다고 결론 내렸다. 처음에는 교회 사람들에게 외면을 당했고, 뒷줄에 따로 앉아서 예배를 봐야 했다. 그러나 결국 두 사람의 의견이 관철됐고, 보닛을 쓰지 않고도 교회 공동체에 들어갈 수 있다는 허락을 받았다. 아이다는 믿음에 관한 한 엄격했지만, 실생활에서는 즐겁고 인정 많은 사람이었다.

데이비드는 밀턴 굿이라는 동업자와 함께 캔자스주 애빌린 근처에 가게를 열었다. 후일 사업이 망하자 그는 가족들에게 동업자가 돈을 모두 훔쳐서 달아났다고 말했다. 체면을 지키기 위한 거짓말이었지만 그의 아들들은 그 말을 믿은 듯했다. 사실 데이비드 아이젠하워는 뭐든 혼자 하길 좋아하고, 까다로운 사람이었다. 사업에서 손을 뗐거나 동업자와 크게 싸운 것이 틀림없었다. 사업이 망한 다음 데이비드는 임신한 아이다와 갓난 아들을 두고 텍사스로 떠났다. "가게를 그만둔 뒤 임신한 아내를 버려두고 떠나기로 한 데이비드의 결정은 이해할 수 없는 것이었다." 역사학자 진 스미스는 그렇게 쓰고 있다. "텍사스에서 기다리고 있는 일자리도, 만약의 경우에 의지할 기술도 없었다."[2]

데이비드는 철도 조차장에서 육체 노동을 하는 일자리를 얻었다. 아이다도 그가 있는 텍사스로 와서 철길 옆 판잣집에 가정을 꾸리고 드와이트를 낳았다. 아이다가 스물여덟 살 되던 해에 두 사람은 그야말로 바닥을 찍었다. 가진 돈이라고는 24달러 15센트에 불과했고, 캔자스에 두고 온 피아노 말고는 가재도구랄 것도 거의 없었는데 데이비드는 돈을 버는 데 유용한 기술이 하나도 없었다.[3]

그때 데이비드의 친척들이 도움의 손길을 내밀었다. 그들의 도움으로 데이비드는 애빌린에 있는 유제품 공장에서 자리를 얻었고 가족들은 캔자스로, 그리고 중산층 생활로 돌아갈 수 있었다. 아이다는 다섯 아들을 길렀다. 모두 성공적인 삶을 살았고, 평생 어머니를 존경했다. 드와이트는 후일 어머니에 대해 "내가 아는 가장 훌륭한 사람"이라고 말했다.[4] 그는 노년에 쓴 회고록 『열중쉬어At Ease』에서 특유의 절제된 표현을 쓰긴 했지만 자신이 얼마나 아이다를 숭배했는지 밝히고 있다. "굽힘 없는 종교적 신념과 자신에 대한 엄격한 기준을 가진 사람임에도 불구하고 어머니 주변에서 느껴지는 평화로움, 활짝 웃는 미소, 모든 이들을 상냥하고 부드럽게 대하는 태도, 다른 사람들의 행동에 대한 관대함 덕분에 처음 그녀를 방문한 사람조차 잠시 동안의 만남을 오래도록 기억했다. 그리고 성장기를 그녀와 함께 보낸 특권을 누린 아들들에게 그 기억들은 지울 수 없는 것이 됐다."[5]

집 안에서는 술을 마시거나 카드 게임을 하거나 춤을 추는 일은 전혀 없었다. 사랑을 겉으로 드러내는 일도 별로 없었다. 드와이트의 아버지는 말이 없고 침울한 데다 융통성이 없었던 반면, 아이다는 따뜻하면서도 현실적이었다. 집에는 항상 아이다의 책, 그녀의 보호와 지도, 그리고 교육에 대한 헌신이 있었다. 드와이트는 그리스, 로마 시대

의 역사에 관한 책을 탐독했다. 마라톤 전투와 살라미스 해전, 페리클
레스와 테미스토클레스 등의 영웅에 관한 책도 읽었다. 그리고 활기차
고 재미있는 성격의 아이다가 만들어 내는 즐거운 환경에서 흔들림 없
고 강한 정신을 북돋는 격언을 끊임없이 듣고 자랐다. 이를테면 이런
것들이었다. "신이 돌리는 카드로 우리는 게임을 해야 한다." "물에
빠지거나 헤엄치거나." "살아남거나 죽거나." 날마다 가족이 함께 성
서를 읽었다. 다섯 형제들이 돌아가며 읽는데, 머뭇거리거나 틀리게
읽으면 다음 사람에게 차례를 넘겨줘야 했다. 비록 나중에는 무신론자
가 되었지만 당시 드와이트는 성서의 형이상학적 원리를 온몸에 흡수
하며 그 구절을 줄줄 암송할 수 있었다. 아이다는 독실한 신자였음에
도 종교적 신념은 개인의 양심에 달려 있고, 따라서 다른 사람에게 강
요해서는 안 된다고 믿었다.

아이젠하워가 대통령 선거운동을 하는 과정에서 그의 고향 애빌린
은 전형적인 시골 마을, 이를테면 노먼 록웰 스타일의 목가적인 미국
처럼 묘사됐다.(노먼 록웰은 미국의 삽화가이자 화가로 20세기 미국인의 일상을 따뜻한
시선으로 그려 낸 작품들로 유명하다. —옮긴이) 그러나 사실 그곳은 체면과 예의
가 두껍게 내려앉은 척박한 환경을 지닌 곳이었다. 애빌린은 신흥도시
에서 바이블 벨트Bible Belt로, 매음굴 같은 분위기에서 엄격한 분위기
로 중간 과정 없이 하루아침에 변신했다. 빅토리아 시대의 도덕적 기
준이 청교도적 엄격함으로 강화된 것이다. 한 역사학자는 아우구스티
누스주의의 미국 버전이라고까지 했다.

나중에 아이젠하워는 아이다가 다섯 아들들을 키운 집의 크기가
833제곱피트 정도였다고 계산했다.(미터 단위로는 77제곱미터, 평 단위로는 23

평 정도가 된다.—옮긴이) 절약은 필수였고, 자기수양과 절제는 날마다 실천해야 하는 덕목이었다. 현대 의학이 발달하기 전, 날카로운 도구로 강도 높은 육체 노동을 해야 하는 환경에서는 사고가 날 확률이 높았고, 한번 사고가 나면 치명적인 결과를 초래하는 경우가 많았다. 어느해에는 메뚜기떼가 몰려들어 작황을 망쳤다.[6] 10대 시절, 다리에 심각한 염증이 생긴 아이젠하워는 다리를 절단해야 한다는 의사들의 소견을 거부했다. 미식축구를 더 이상 할 수 없게 될 것이기 때문이었다. 의식이 오락가락하는 상태에서도 그는 형제 중 하나를 방문 앞에서 자게끔 했다. 자기가 잠든 사이 의사들이 다리를 절단하지 못하도록 하기 위해서였다. 한번은 아이젠하워가 세 살배기 동생 얼을 돌보는 동안 주머니칼을 닫지 않은 채 창틀에 놓아둔 적이 있었다. 그런데 얼이 의자 위에 올라서서 칼을 집으려다가 놓치는 바람에 눈으로 떨어지고 말았다. 그 사고로 눈이 손상됐고, 아이젠하워는 평생 죄책감에 시달렸다.

누군가가 높은 아동 사망률이 문화와 신념 체계에 어떤 영향을 줬는지에 관한 책을 썼으면 좋겠다. 그러면 커다란 고통이 그다지 멀리 있는 것이 아니고, 삶이 얼마나 깨지기 쉽고 참을 수 없는 고통을 담고 있는 것인지를 항상 의식하고 살게 될 것이다. 아이다는 아들 폴을 잃은 다음 훗날 여호와의 증인이 된 교파로 개종했다. 더 개인적이고 연민을 담은 믿음을 찾기 위해서였다. 아이젠하워도 후에 큰아들 다우드 드와이트를 잃는다. 가족들 사이에서는 '이키'라는 애칭으로 불리던 아이였다. 그 아이를 잃은 경험은 아이젠하워의 일생에 영원히 걷히지 않는 그림자를 드리웠다. "그 일은 내 삶에서 가장 큰 실망이자 재앙이었다." 그는 몇십 년이 지난 후 이렇게 회고했다. "완전히 잊는 것은 절대 불가능한 일이었다. 지금 이 글을 쓰는 순간에도 그때를 생각하면 1920년 크리스마스 직후, 길고도 어두웠던 상실의 아픔이 생생하고 끔찍하게 되살아난다."[7]

깨지기 쉽고, 무자비한 삶을 살아가기 위해서는 일정 수준의 자기제어력이 필요했다. 단 한 번의 실수만으로도 재앙을 낳을 수 있고, 추락을 완충시켜 줄 사회적 안전망이 거의 없는 시대에, 다시 말해 죽음, 결핍, 질병, 배반 등이 어느 때라도 참담하게 밀어닥칠 수 있는 삶을 살아야 하는 시대에 인격과 자기제어는 가장 중요한 필수 조건이었다. 자제력, 과묵함, 중용, 신중함을 통해 늘 잠재되어 있는 위험을 막고 최소화하기 위해 애쓰는 것이 삶의 모습이었다. 이런 문화에서 사는 사람들은 삶을 더 위험하게 만드는 것, 예를 들어 빚이나 혼외자 등에 대해 도덕적 혐오감을 가졌다. 또한 회복탄력성을 떨어뜨리는 행위에 대해서는 가혹한 시선을 보냈다.

아이다의 손에서 자란 아이들은 교육을 중요하게 생각하게 되었지만, 당시 전반적인 문화는 오늘날보다 교육을 강조하지 않았다. 드와이트 아이젠하워와 함께 1897년에 1학년이 된 200명의 아이들 중 그와 함께 고등학교를 졸업한 사람은 31명밖에 되지 않았다. 학업은 지금보다 덜 중요했다. 학위 없이도 괜찮은 직장을 얻을 수 있었기 때문이다. 장기적 안정과 성공에 더 큰 영향을 끼치는 것은 꾸준히 일할 수 있는 능력과 생활습관, 게으름과 방종을 감지하고 미리 방지할 수 있는 능력 등이었다. 그런 환경에서는 총명한 머리보다 철저한 근로 윤리가 더 중요했다.

아이젠하워가 열 살 무렵이었던 어느 할로윈 저녁, 그의 형들은 과자와 사탕을 얻으러 동네를 돌아다녀도 된다는 허락을 받았다. 당시로서는 지금보다 더 큰 모험이었다. 아이젠하워도 형들과 같이 가고 싶었지만 부모님은 그가 너무 어리다며 허락하지 않았다. 사정을 했음에도 형들이 가는 걸 지켜보기만 해야 했던 그는 갑자기 제어할 수 없는 분노에 휩싸였다. 얼굴이 빨개지고 머리칼이 곤두섰다. 울며불며 앞마당으로 뛰쳐나간 그는 사과나무 둥치를 주먹으로 쳤다. 피부가 벗겨져서 손이 찢어지고 피범벅이 될 정도였다.

아버지가 회초리로 때리며 그를 혼낸 다음 방으로 보냈다. 한 시간쯤 지난 뒤, 베개에 얼굴을 파묻고 흐느껴 우는 그의 방으로 올라온 어머니는 침대 옆에 놓인 흔들의자에 아무 말 없이 앉아 있었다. 한참 후에야 어머니는 성서의 한 구절을 읊어 주었다. "자기의 마음을 다스리는 자는 성을 빼앗는 자보다 나으니라."

아이다는 아들 손에 난 상처에 연고를 바르고 붕대를 감아 주며 가슴속에서 불타오르는 분노와 증오를 경계하라고 말했다. 증오는 헛된 것이고, 그것을 품고 있는 사람만 해칠 뿐이라는 것이었다. 그녀는 형제들 중에서 가슴속의 열정을 제어하는 법을 가장 많이 배워야 할 사람이 바로 드와이트라고 말했다.

아이젠하워는 일흔여섯 살이 되었을 때 다음과 같이 썼다. "나는 그때의 대화를 늘 내 삶에서 가장 중요한 순간 중 하나로 기억한다. 어린마음에 어머니가 몇 시간 동안 이야기를 한 것처럼 느껴졌다. 하지만 실제로는 15분에서 20분 정도밖에 되지 않았을 것이다. 적어도 어머니는 내가 잘못했다는 것을 인정할 수 있게 해 주었고, 그 덕분에 스르르 잠에 빠질 만큼 마음이 편해졌다."[8]

이 개념, 즉 마음을 다스리고 영혼을 정복한다는 개념은 아이젠하워가 자라난 도덕적 환경에서 중요한 의미를 지니는 것이었다. 그것은 우리 자신을 깊숙이 들여다보면 본질적으로 두 가지 면이 공존함을 의미했다. 우리는 태생적으로 원죄뿐 아니라 훌륭한 측면들도 많이 가지고 있는 존재라는 것이다. 우리 본성의 한쪽 면에는 원죄가 있다. 이기적인 데다 타인이나 스스로를 기만하는 것이다. 또 다른 면은 신의 모습을 닮아 있다. 초월과 덕을 추구하는 것이다. 삶의 근본적인 드라마는 인격을 쌓아 가기 위한 과정이다. 절제되고 훈련된 습관을 몸과 마음에 새기고, 선을 행하려는 성향이 자리를 잡도록 만드는 것이다. 따라서 당시에는 아담 II를 잘 수양하는 것이 아담 I이 번창하는 데 꼭 필요한 기반이라고 간주했다.

## '죄'라는 개념이 필요한 이유
—

이제는 '죄' 혹은 '원죄'라는 단어가 예전에 가지고 있던 힘과 치열함을 잃은 지 오래다. 고작해야 살찌는 후식을 먹을 때나 떠올리곤 하는 단어가 되지 않았는가. 대부분의 사람들은 일상 생활에서 개인의 죄에 대한 대화를 거의 하지 않는다. 인간의 사악함에 대해 언급한다 하더라도 대개 사회 구조에서 오는 것, 이를테면 불평등, 억압, 인종차별 등에 관해서 말할 뿐이지 인간의 가슴속에 내재한 죄를 이야기하는 경우는 드물다.

우리가 죄라는 개념을 잊어버린 이유는 첫째, 타락한 인간 본성에 대한 개념을 더 이상 믿지 않게 되었기 때문이다. 18세기, 심지어 19세기까지만 해도 많은 사람들이 옛 청교도들의 기도에 나오는 '어두운 자아'의 개념을 가지고 있었다. "죄를 지었습니다.", "영원하신 아버지, 아버지는 모든 것을 초월하는 선한 존재십니다. 그러나 저는 사악하고, 가련하고, 비참하고, 눈이 먼…." 현대인이 받아들이기에는 너무나 어두운 구석이 많은 개념이다.

둘째, 많은 경우 '죄'라는 단어가 쾌락에 대한 선전포고를 하는 데 사용됐다. 심지어 쾌락이 섹스나 오락의 건강한 즐거움에서 나오는 것일 때마저도 말이다. 아무런 기쁨 없이 지나치게 비판적이고 까다롭게 굴며 사는 삶에 대한 구실로 '죄'라는 단어를 언급하곤 했다. 그리고 10대들에게 자위의 위험성에 대해 겁을 주며 육체적 쾌락을 억압하려고 들먹인 것이 바로 '죄'였다.

게다가 H. L. 멩켄에 따르면 '죄'라는 단어는 어디선가 누군가가 즐거운 시간을 보내고 있을까 봐 불안해하는 메마르고 독선적인 사람들에 의해 남용되어 왔다. 이들은 상대방이 잘못을 저질렀을 거라 추정하고 자로 손바닥을 때릴 준비가 늘 되어 있는 사람들이다. '죄'라는 단어는 가혹하고 권위적인 방법으로 자녀교육을 하는 사람들이 남용하는 단어이기도 했다. 그들은 자녀들을 때림으로써 타락에서 구원해야 된다고 믿었다. 이 단어는 또 무슨 이유에서건 고통에 집착하는 사람들이 오용해 왔다. 이들은 자진해서 고행함으로써만 진정으로 우월해지며 선해진다고 믿었다.

그러나 사실 '죄'는 '소명'이나 '영혼'처럼 없어서는 안 되는 것이다. 이 책에 나오는 다른 많은 단어들과 함께 복구하고 현대화해야 할 단어다.

죄는 우리 정신 세계를 완성하는 데 꼭 필요한 요소다. 삶이라는 것이 도덕과 관련된 일이라는 걸 환기시켜 주기 때문이다. 모든 것을 뇌에서 일어나는 화학작용에 따라 결정되는 것으로 환원하려 한다 해도, 일련의 집단이 하는 행동들을 빅 데이터에서 잡아 낼 수 있는 성향으로 환원하려 한다 해도, '죄'를 '실수', '오류' 혹은 '약점' 등 도덕성과 상관없는 단어로 대체하려 한다 해도, 삶의 가장 본질적인 부분은 개인의 책임과 도덕적 선택의 문제라는 걸 부인할 수는 없다. 모든 것이 용감함과 비겁함, 정직과 기만, 연민과 냉정, 신뢰와 배신 사이에서 우리가 스스로 내리는 선택의 결과라는 뜻이다. 현대 문화가 죄를 '실수'나 '무감각' 같은 단어로 대체하고, '덕', '인격', '악', '부도덕'과 같은 단어를 아예 없애 버리려 한다 해도 우리 삶에서 도덕적인 요소가 없어지지는 않는다. 그저 피할 수 없는 삶의 도덕적 핵심을 피상적인 단어로 모호하게 만들었을 뿐이다. 우리 앞에 놓인 선택에 대해 덜 명확하게 생각하고 이야기하게 되었다는 의미이고, 따라서 일상 생활에 걸린 도덕적 문제들을 점점 더 백안시하게 되었다는 의미일 뿐이다.

죄가 우리 정신 세계를 완성하는 데 꼭 필요한 요소인 까닭은 죄는 공동체가 공유하는 것인 반면 실수나 잘못은 개인적인 것이기 때문이기도 하다. 우리는 개인적인 실수를 저지르기도 하지만, 이기심이나 몰인정함 같은 죄에 집단적으로 감염되기도 한다. 죄는 우리 본성으로 굳어진 채 세대를 거쳐 전해지는 것이다. 우리는 모두 죄를 지은 사람들이다. 자신의 죄를 인식한다는 것은 죄를 지은 다른 사람들에 대해 진한 동정심을 느끼는 길이기도 하다. 또한 그것은 죄라는 곤경을 함께함으로써 그 해결책을 찾는 일 또한 함께할 수 있음을 환기시키는 일이기도 하다. 우리는 공동체 구성원이자 가족으로서 서로 함께 죄와 싸워 나간다. 서로가 각자의 죄와 싸우도록 도움으로써 자기 자신의 죄와 싸우게 되는 것이다.

게다가 죄라는 개념이 꼭 필요한 까닭은 그것이 근본적인 진실이기 때문이다. '당신은 죄인'이라는 말은 당신의 가슴이 타락으로 얼룩져 있다는 의미가 아니다. 당신도 우리와 마찬가지로 본질적인 결함을 가지고 있다는 뜻이다. 우리는 원하는 일이 있는데, 결과적으로 다른 일을 하게 될 때가 있다. 또한 우리는 원치 않아야 할 것을 원할 때가 있다. 누구도 몰인정한 사람이 되고 싶어 하지 않지만, 때로 그렇게 행동한다. 자기기만을 하고 싶어 하는 사람은 아무도 없지만, 우리는 늘 스스로를 합리화한다. 잔인한 사람이 되고 싶어 하는 사람은 없지만, 그런 말을 불쑥 내뱉고는 나중에 후회하는 경우가 많다. 누구도 방관자가 되거나 마땅히 해야 할 일을 외면하고 싶어 하지 않지만, 우리는 모두 시인 마거릿 윌킨슨의 말대로 '사랑을 행동에 옮기지 못한' 죄를 짓고 산다.

우리의 영혼은 글자 그대로 얼룩덜룩하다. 야망은 우리로 하여금 새 회사를 설립하도록 추동할 수도 있지만, 우리를 물질주의적이고 착취적인 사람으로 만들 수도 있다. 육체적인 갈망은 아이를 탄생시키기도 하지만, 불륜으로 이어지기도 한다. 또한 자신감은 대담하고 창조적인 일을 가능하게 하지만, 자기숭배와 오만으로 이어지기도 한다.

죄는 악마적인 무언가가 아니다. 그저 일을 망치는 쪽으로 기우는 우리의 뻐딱한 성향, 장기보다 단기적인 결과에, 상위보다 하위의 가치에 눈이 어두운 우리의 성향 때문에 벌어지는 일이다. 죄를 반복적으로 짓게 되면 습관으로 굳어져 하위 가치의 노예로 전락하고 만다.

다시 말하면, 죄가 위험한 까닭은 죄가 죄를 먹고 자라는 악순환을 거듭하기 때문이다. 월요일에 한 작은 도덕적 타협이 화요일에는 더 큰 도덕적 타협을 하기 쉽게 만든다. 자신을 속이는 사람은 얼마 지나지 않아 스스로를 속이고 있는지 아닌지를 구분하기 힘들게 된다. 또 어떤 사람은 자기연민의 죄에 빠지기도 한다. 자신은 당연히 희생자라고 여기는 감정은 분노나 욕심만큼이나 주변의 모든 것을 삼켜 버린다.

갑자기 큰 죄를 짓는 사람은 드물다. 큰 죄를 짓는 사람들은 일련의 문을 통과해 온 사람들이다. 분노 문제가 있는데도 내버려 두었을 수 있고, 음주나 마약 문제가 있는데도 통제하지 않았을 수 있다. 동정이나 연민의 문제도 성찰해 보지 않았을 것이다. 타락은 타락을 낳고, 죄는 죄가 내리는 형벌이다.

죄가 우리 정신 세계의 중요한 요소인 마지막 이유는 죄 없이는 인격 수양 방법 전체가 무너지고 말기 때문이다. 기억할 수도 없이 먼 옛날부터 사람들은 외적으로 위대한 일을 해내서 영광을 얻었지만, 다른 한편으로는 내적인 죄에 맞서서 싸우는 것으로 인격을 닦았다. 자신의 악을 물리침으로써 혹은 최소한 그것에 맞서 싸움으로써 단단하고, 안정적이며, 자존감을 가질 만한 사람이 된 것이다. 만약 우리가 죄라는 개념을 없애 버리면 선한 사람으로서 맞서 싸워야 할 대상을 없애는 것이나 마찬가지다.

죄에 맞서 싸우는 사람은 날마다 겪는 일상이 도덕적 선택을 해야 하는 일로 이루어져 있다는 것을 이해한다. 입사 면접자들에게 항상 이런 질문을 던지는 고용주를 만난 적이 있다. "진실을 말했는데 피해를 본 경우를 말해 보세요." 이 질문은 본질적으로 우선순위를 어디에 두는지를 묻는 것이다. 커리어보다 진실에 더 높은 가치를 두는지를 시험하려는 것이다.

캔자스주의 애빌린 같은 곳에서는 큰 죄를 제어하지 않은 채 방치하면 매우 실질적인 재난을 맞게 되는 경우가 많았다. 게으름을 피우면 흉작이 들고, 폭식과 폭음을 하면 가정이 파괴되었다. 욕정은 젊은 여성의 인생을 망치고, 허영은 낭비와 빚, 파산으로 이어졌다.

그런 곳에서 살게 되면 사람들은 어떤 죄 하나에 대해서만이 아니라 여러 다른 종류의 죄들과 각각에 대한 다양한 해결책도 알게 된다. 분노나 욕정 같은 죄는 야수와 같다. 습관적으로 스스로를 통제함으로써 싸워야 한다. 조롱이나 무례와 같은 죄는 더러운 얼룩과 같다. 회개와 사과, 후회, 보상, 정화를 통해서만 지울 수 있다. 그런가 하면 절도는 빚과 같다. 사회에 진 빚을 되갚음으로써만 바로잡을 수 있다. 간통이나 뇌물, 배신과 같은 죄는 범죄라기보다 반역과 더 비슷하다. 사회 질서에 손상을 주기 때문이다. 손상된 사회적 화합은 천천히 관계를 재점검하고 신뢰를 다시 쌓음으로써만 회복할 수 있다. 자만과 오만의 죄는 위상과 우월감을 갖고자 하는 비뚤어진 욕망에서 나오는 죄다. 이 죄를 씻을 수 있는 유일한 방법은 다른 사람 앞에서 스스로를 낮추는 것뿐이다.

다시 말해서 과거에는 사람들이 몇백 년에 걸쳐 개발하고 세대를 거듭하며 물려준 광범위한 도덕적 언어와 다양한 도덕적 도구가 있었다. 따라서 사람들은 마치 말하는 법을 배우는 것과 같이 실생활을 통해

전수받은 이 유산을 각자의 도덕적 투쟁에 쓸 수 있었다.

## 사랑도 인격 수양의 도구다

아이다 아이젠하워는 재미있고 따뜻한 사람이었지만, 나쁜 행실에 대해서만큼은 되풀이하지 못하도록 감시하는 파수꾼 역할을 했다. 집에서 춤과 카드 게임, 술을 완전히 금지한 것도 죄의 위력이 얼마나 큰지 잘 알고 있었기 때문이다. 자기제어라는 근육은 금방 피로해지기 때문에 애초에 유혹을 피하는 것이 유혹을 만난 후에 저항하는 것보다 쉽다.

아이다는 무한한 사랑과 온기로 아들들을 키웠다. 그녀는 아이들에게 요즘 부모들보다 훨씬 많은 자유를 허용했다. 그러나 동시에 소소하게나마 꾸준한 자기억제 습관을 기르도록 했다.

요즘은 누군가가 억눌려 있다고 말하면 비판적인 뜻을 지닌다. 완고하고 뻣뻣하다거나 자신의 진실한 감정을 깨닫지 못했다는 의미다. 자기표현을 많이 하는 문화에서 살고 있기 때문이다. 우리는 자기 안의 충동이나 욕구가 진실하다고 믿는 경향이 있고, 그것들을 억누르려는 외부의 힘을 불신하는 경향이 있다. 그러나 과거의 도덕적 환경에서는 내적인 충동을 불신하는 경향이 있었고, 습관을 통해 그것을 억제할 수 있다고 생각했다.

1877년, 심리학자 윌리엄 제임스는 '습관Habit'이라는 제목의 짧은 논문을 발표했다. 그는 제대로 된 삶을 살려면 신경 체계를 적이 아니라 아군으로 만들어야 한다고 쓰고 있다. 특정 습관을 몸에 깊이 새겨서 자연스럽고 본능적인 것이 되도록 해야 한다는 것이다. 그는 좋은 습관—말하자면 올바른 식습관이나 항상 진실만을 말하는 습관 같은 것—을 기르려 한다면 "가능한 한 가장 강하고 단호한 계획"을 세워 실행에 옮기는 것이 좋다고 조언한다. 새로운 습관을 시작하는 시점을 삶의 중요한 이벤트로 만들어야 한다. 그리고 그 습관이 확고한 뿌리를 내리기 전까지는 "절대 예외를 용납해서는 안 된다"고 말한다. 단 한 번의 실수만으로도 수많은 자기억제를 모두 물거품으로 만들 수 있기 때문이다. 새로운 습관을 가능한 모든 기회에 사용하도록 한다. 아무런 보상이 없어도 날마다 자기훈련을 한다. 스스로 세운 규칙을 따른다. "이런 종류의 금욕주의는 집을 위해 들어 놓는 보험과도 같다. 당장은 아무런 보상도 없고, 어쩌면 영영 보상을 받을 수 없을지도 모른다. 그러나 만일 불이 난다면 그 보험이 파멸로부터 구해 줄 것이다."

서로 방식은 다르지만 윌리엄 제임스와 아이다 아이젠하워가 심어 주려 한 것은 시간이 지나도 변치 않는 견실함이었다. 예일대 법학 교수 앤서니 크런먼의 말을 빌리자면, 인격이란 "습관적 느낌이나 욕구와 같은 성향이 총체적으로 자리 잡은 것"이다.[9] 이 개념은 대체로 아리스토텔레스적이다. 좋은 행동을 하면 결국 좋은 사람이 된다는 것이기 때문이다. 행동을 바꾸면 종국에 가서는 뇌도 바뀐다.

아이다는 소소한 자기억제를 실천하는 것의 중요성을 강조했다. 식사할 때 예절을 지키는 것, 교회에 갈 때 격식을 차려 옷을 입는 것, 안식일을 지키는 것, 편지에서 존경심과 예절을 보이기 위해 정중한 어투를 사용하는 것, 수수한 음식을 먹는 것, 사치를 피하는 것 등이 거기에 속했다. 군인이라면 군복을 단정하게 입고, 신발은 반짝반짝 광이 나게 닦아 신어야 한다. 집에서는 모든 것을 깔끔하게 정돈해야 한다. 작은 실천이 훈련으로 이어지는 것이다.

당시 문화에서는 육체 노동이 인격을 닦는 데 좋은 도구라고 생각했다. 애빌린에서는 사업가가 됐든 농부가 됐든 모두 날마다 얼마간의 육체 노동을 했다. 수레 바퀴에 기름을 치거나, 삽으로 석탄을 옮기거나, 난로에서 타지 않은 석탄을 골라내는 일이 일상이었다. 아이젠하워는 수도가 없는 집에서 자랐다. 그와 형제들의 일과는 동이 틀 무렵 시작됐다. 새벽 5시에 일어나 아침에 쓸 불을 피우고, 우물에서 물을 긷는 것으로 시작해 유제품 공장에서 일하는 아버지에게 따뜻한 점심 식사를 가져다 드리고, 닭 모이를 주고, 연간 500쿼트(약 480리터—옮긴이)에 달하는 과일 통조림을 만드는 일에 이르기까지 몸을 움직여 해야 하는 일은 하루 종일 계속됐다. 빨래하는 날에는 빨래를 삶고, 용돈을 벌기 위해 옥수수를 기르고, 상하수도 시설을 설치할 수 있게 되면 물이 빠지는 통로를 파고, 전기가 들어오면 전기 배선을 하는 일까지 모두 아이젠하워와 형제들의 임무였다. 그가 자란 환경은 요즘 아이들의 양육 환경과 거의 정반대라고 할 수 있다. 요즘 아이들은 아이젠하워가 해야만 했던 육체 노동을 대부분 하지 않아도 되지만, 대신 할 일이 다 끝나면 숲과 마을을 마음대로 누빌 수 있었던 자유도 누리지 못한다. 당시 아이들은 해야 할 일도 엄청나게 많았지만 마음대로 마을을 누비고 다닐 수 있는 자유 또한 굉장히 많았다.

드와이트의 아버지 데이비드 아이젠하워는 이런 식의 규율 바른 생활을 아무런 기쁨 없이 혹독한 방식으로 실행했다. 꼼꼼한 강직성이야말로 그의 정체성이 되었다. 그는 엄격하고, 냉정하며, 사회적 관행을 철저히 따랐다. 파산을 한 후 그는 빚을 떠안아야 하는 지긋지긋한 일을 겪어야 했고, 약간의 빚을 더 지기까지 했다. 그는 회사를 경영할 때 고용인들에게 매달 월급의 10퍼센트를 저축하도록 했다. 고용인들은 어떤 식으로 저축했는지, 은행에 예금을 했는지 주식 투자를 했는지 보고해야만 했다. 그는 각 고용인들의 보고를 매달 기록했고, 제대로 보고하지 않는 직원은 해고했다.

데이비드 아이젠하워는 절대 휴식을 취하지 않는 사람처럼 보였다. 아이들과 사냥이나 낚시를 하지도, 같이 놀지도 않았다. "아버지는 엄격한 기준을 가진 융통성 없는 분이었어요." 아들 중 하나인 에드거가 회고했다. "아버지에게 삶이란 아주 진지한 문제였어요. 그게 그 분이 사는 방식이었지요. 진지하게 숙고하는 삶이었어요."[10]

반면 아이다의 얼굴에서는 미소가 떠나지 않았다. 약간은 기준에 어긋나게, 고지식하지 않게 행동할 태세도 항상 갖추고 있었다. 이를테면 심지어 상황이 허락할 경우 술을 약간 마시는 것도 마다하지 않았다. 남편과는 달리 아이다는 자기제어, 습관, 노력, 극기를 통해서만 인격 수양을 할 수는 없다는 것을 이해했다. 늘 욕망을 물리치기에는 우리의 이성과 의지가 너무 약하다. 개인은 강하지만 혼자 힘으로만 일을 해낼 수는 없다. 죄를 무릎 꿇게 하기 위해서는 외부로부터의 도움이 필요하다.

아이다가 채용한 인격 수양 방법은 부드러운 면을 가지고 있었다. 다행히도 우리의 본성에는 사랑이 있다. 아이다와 같은 사람은 사랑도 인격 수양의 도구라는 것을 이해한다. 부드러운 인격 수양의 전략은 우리가 늘 욕망을 물리치지는 못하지만 상위의 사랑에 초점을 맞춤으로써 욕망을 변화시키고 그 우선순위를 바꿀 수 있다는 믿음에 기초하고 있다. 자식에 대한 사랑, 나라에 대한 사랑, 가난하고 억압받는 사람들에 대한 사랑, 고향 마을과 모교에 대한 사랑에 초점을 맞출 수 있는 것이다. 그런 것들을 위한 희생은 달콤하다. 사랑하는 것을 위해 봉사하면 기분이 좋다. 사랑하는 대상이 융성하고 번창하는 것을 보고 싶다는 열망으로 인해 무언가를 주는 행위는 유쾌한 일이 된다.

그렇게 하다 보면 얼마 지나지 않아 더 나은 행동을 하고 있는 자신을 발견하게 된다. 자녀들에 대한 사랑에 초점을 맞춘 부모는 날마다 빠짐없이 아이들을 차에 태워 오가는 일을 마다하지 않을 것이고, 아이가 아플 경우 한밤중에도 잠에서 깨어날 것이며, 아이들이 위기에 처하면 하던 일을 멈추고 그들에게 달려갈 것이다. 그런 사랑으로 동기부여를 받는 사람이 죄를 지을 확률은 낮아질 것이다.

아이다는 엄격하면서도 친절하고, 엄하면서도 사랑이 넘치고, 죄를 인식하면서도 용서, 관용, 자비의 가능성 또한 감지하는 것이 가능하다는 걸 보여 주는 좋은 예였다. 수십 년이 흐른 후, 드와이트 아이젠하워가 대통령 선서를 하게 되었을 때 아이다는 역대기 하권 7장 14절을 펴고 선서하라고 권했다. "내 이름으로 불리는 내 백성이 자신들을 낮추고 기도하며 나를 찾고 악한 길에서 돌아서면, 내가 하늘에서 듣고 그들의 죄를 용서하며 그들의 땅을 회복시켜 주겠다." 죄와 싸우는 가장 강력한 방법은 사랑하며 사는 것이다. 이것이 우리가 일을 해내는 방법이다. 그 일이 명망 있는 일이건 아니건 간에 말이다. 누군가 말했듯이 신은 부사를 좋아한다.(부사는 동사, 즉 행위를 꾸민다. 그러니

일을 '어떻게' 혹은 '얼마나 잘' 해냈느냐에 더 방점을 둔다는 뜻이다. —옮긴이)

## 자기제어의 힘

드와이트는 스스로는 신앙심이 깊지 않지만 종교가 사회에 좋은 영향을 끼친다고 믿는 종류의 사람이었던 듯하다. 그가 신의 은총에 대한 구체적인 느낌이나 구원에 대한 신학적 생각을 가지고 있었다는 증거는 없다. 그러나 그는 아이다의 활달한 성격과, 본성은 끊임없이 억제하고 정복해야 하는 대상이라는 생각을 모두 물려받았다. 단지 그런 신념을 세속적인 형태로 이해하고 있었을 뿐이다.

그는 태어날 때부터 제멋대로였다. 애빌린에서의 아동기는 일련의 커다란 소동들로 기억된다. 웨스트포인트 사관학교에서도 그는 말을 잘 듣지 않고, 반항적이며, 문제행동을 많이 하는 학생이었다. 도박, 흡연, 그리고 윗사람들에 대한 태도 불량 등으로 벌점을 많이 받았다. 졸업 때 그는 규율 준수 부문에서 164명 중 125등을 했다. 한번은 무도회에서 춤을 너무 열성적으로 췄다는 이유로 병장에서 이등병으로 강등되기도 했다. 그는 또 군 복무 기간 동안은 물론이고 대통령이 된 후에도 오래전 할로윈 저녁에 그의 부모가 목격한 그 성미를 억누르지 못해서 몹시 시달려야만 했다. 군 복무 때는 부관들이 그가 폭발 직전임을 알려 주는 징후들을 찾아내고는 했다. 몇 가지 특정 표정과 말투가 관찰되면 뒤이어 욕설과 함께 폭발이 일어났다. 2차 대전 기간에는 항상 분노 폭발 직전이어서 신문기자들로부터 '성미 고약한 미스터 뱅Mr. Bang'이라는 별명까지 얻었다.[11] 그의 보좌관 중 하나인 브라이스

할로는 이렇게 회고했다. "베서머의 용광로를 들여다보는 느낌이었어요."(베서머는 앨라배마주 중북부에 있는 도시로 1980년대까지 철강 산업이 번성했다.—옮긴이) 전쟁 중 아이젠하워의 주치의였던 하워드 스나이더는 그가 폭발하기 직전 "관자놀이에 꼬인 끈 같은 핏줄이 서곤 했다"고 말했다. 또한 그의 전기를 쓴 에번 토머스는 이렇게 썼다. "아이젠하워 밑에서 일하던 사람들은 그가 화를 내는 규모와 강도에 놀라곤 했다."[12] 아이젠하워의 일정 관리 비서 톰 스티븐스는 그가 기분이 좋지 않을 때 갈색 옷을 입는다는 것을 알아차렸다. 그는 사무실 창문 너머로 아이젠하워가 갈색 옷을 입고 걸어오는 것을 보면 직원들에게 "오늘은 갈색 양복 날이야!"라고 소리쳐 경고했다.[13]

아이젠하워는 대부분의 사람들보다 훨씬 더 모순의 골이 깊은 사람이었다. 군대 내에서 통용되는 욕이란 욕은 모두 정통한 욕 대장이었지만, 여성 앞에서는 한마디도 욕을 입에 담지 않았다. 또한 누군가가 야한 농담이라도 하면 얼굴을 돌렸다.[14] 사관학교 시절에는 실내에서 담배를 습관적으로 입에 문다고 문책을 받았고, 2차 대전이 끝날 무렵에는 하루에 네 갑을 피워 대는 골초가 됐지만, 어느 날 하루아침에 담배를 완전히 끊었다. "그냥 나 자신한테 명령을 내렸지요." 그는 나중에 1957년 연두교서에서 이렇게 말했다. "자유는 자기훈련과 제어의 기회라고 정의할 수 있습니다."[15]

그의 내적 괴로움은 발작적인 것이었을 수도 있다. 2차 대전이 끝날 즈음에는 몸 여기저기가 쑤시고 아팠다. 밤마다 불면증과 불안감에 시달리며 천장만 쳐다보고 누워 있었고, 술과 담배를 많이 했으며, 후두염, 경련, 치솟는 혈압 등으로 고통을 받았다. 그러나 그는 지대한—

숭고한 위선이라고도 부를 수 있는—자기억제력의 소유자였다. 자신의 감정을 숨기는 것이 타고난 재주는 아니었다. 그는 표정이 굉장히 풍부한 사람이었다. 그러나 그는 날마다 내면과는 다른 거짓된 얼굴을 하고 있어야 했다. 자신감에 찬 편안한 표정과 시골 소년처럼 활기찬 모습을 보이도록 노력한 것이다. 결국 그는 밝고 소년 같은 성격을 가진 사람으로 알려졌다. 에번 토머스는 아이젠하워가 손자 데이비드에게 이렇게 말했다고 전한다. 미소는 "밝고 좋은 기분을 가져야 한다는 철학에서 나온 것이 아니라 웨스트포인트 사관학교의 권투 코치에게 케이오를 당하면서 배운 거란다. 코치가 이렇게 말하더구나. '케이오를 당한 다음 일어나면서 미소를 지을 수 없으면 절대 적을 제압할 수 없어.'"[16] 아이젠하워는 군대를 이끌고 전쟁을 이기기 위해서는 편안함에서 우러나오는 자신감을 보이는 것이 중요하다고 생각했다.

대중 앞에서 보이는 행동가짐과 말투가 늘 승리에 대한 즐거운 확신으로 가득 차 있어야 한다고 결심했다. 비관적이거나 용기를 꺾는 생각들은 모두 나 혼자 잠자리에 들 때나 해야 하는 것들이다. 이러한 확신을 행동에 옮기기 위해서 물리적 한계에 도달할 때까지 전군을 모두 순찰한다는 정책을 세웠다. 그에 따라 장군에서 사병에 이르기까지 모든 사람에게 미소를 보이고, 등을 한 번씩 두드려 주며, 각자 가지고 있는 문제에 대해 깊은 관심을 보이기 위해 최선을 다했다.[17]

그는 자신의 격렬한 감정을 떨쳐 낼 전략을 고안했다. 예를 들어, 자신을 화나게 하는 사람들의 이름을 일기장에 적어 넣음으로써 그들을 향한 분노를 봉인해 버렸다. 증오심이 솟구쳐도 그 감정의 노예가 되지 않도록 애썼다. 그는 일기에 이렇게 썼다. "분노로는 이길 수 없다. 분노에 휩싸여서는 생각조차 명확하게 할 수가 없다."[18] 어떨 때는 화나게 하는 사람의 이름을 종이에 쓴 다음 휴지통에 버렸다. 감정을 제거하기 위한 상징적 몸짓이었다. 아이젠하워는 별다른 사람이 아니었다. 그의 어머니처럼, 열정적이면서도 감정을 인위적으로 억제하며 사는 사람이었다.

## 조직을 위해 욕망을 억제하다

1911년 6월 8일, 아이다는 웨스트포인트로 떠나는 아이젠하워를 배웅했다. 열렬한 평화주의자였던 그녀는 직업 군인에 대해 단호히 반대했음에도 아들에게는 이렇게 말했다. "너의 선택이니까." 아들이 탄기차가 떠난 후 집에 돌아온 그녀는 방에 혼자 들어가 문을 닫았다. 남아 있던 아들들은 문밖까지 흘러나오는 그녀의 흐느낌을 들을 수 있었다. 훗날 아이젠하워의 동생 밀턴은 형에게 어머니가 우는 소리를 그때 처음 들었다고 말했다.[19]

아이젠하워는 1915년 웨스트포인트를 졸업했다. 따라서 직업 군인 생활을 1차 대전의 그늘에서 시작했다. 전투 훈련을 받긴 했지만 소위 모든 전쟁을 종식시키게 될 거라던 그 전쟁에 직접 참여하지는 못했다. 미국 땅을 한 번도 떠나지 못한 것이다. 전쟁 중 그는 군사 훈련을 시키거나, 미식축구 코치로 일하거나, 군수 지원을 하며 시간을 보냈다. 아이젠하워는 전장에 보내 달라고 미친 듯이 로비를 했고, 스물여덟 살이 되던 1918년 10월 드디어 참전 명령을 받았다. 11월 18일에 프랑스로 떠나는 배를 탈 예정이었다. 그러나 전쟁은 11월 11일에 끝나고 말았다. 엄청난 타격이었다. "아마 평생을 왜 전쟁에 참전하지 못했는지 설명하면서 보내겠지." 그는 동료 장교에게 보낸 편지에서 그렇게 한탄했다. 그런 다음 평소의 그답지 않은 맹세를 했다. "그걸 만회하려면 신께 맹세컨대 이제부터는 주의를 끌어서 출세를 좀 해야겠어."[20]

그 맹세는 금방 실현되지 않았다. 아이젠하워는 1918년 전투 배치를 위한 중령 진급 이후 1938년까지 20년 동안 한 번도 진급이 되지 않았다. 전쟁 중 진급한 장교들이 너무 많았던 데다 1920년대부터 군의 규모가 점점 줄어들고 있었고, 군이 미국인의 삶에서 그다지 큰 역할을 하지 않았던 터라 진급의 기회는 많지 않았다. 민간 부문에 남아 있던 형제들이 각자의 커리어에서 급진전을 이루는 동안 아이젠하워의 군 경력은 제자리를 맴돌았다. 그가 40대에 이르렀을 즈음에는 집안에서 가장 성공하지 못한 아들처럼 보였다. 그는 그렇게 중년을 맞았다. 그는 쉰한 살이 되어서야 처음으로 별을 달았다. 아무도 그가 위대한 인물이 되리라고 생각하지 않았다.

1차 대전과 2차 대전 사이에 아이젠하워는 보병 장교, 미식축구 코치, 참모 장교 등으로 복무하면서 이따금 보병전차 학교, 지휘·참모 학교 등을 드나들다가 결국 육군대학에 들어갔다. 그는 때로 자신의 기회를 앗아 가고 재능을 낭비하게 하는 군의 관료주의적 무능에 대해 짜증을 냈다. 그러나 전반적으로는 놀라울 정도로 억제된 반응을 보였고, 전형적인 조직적 인간이 됐다. 아이젠하워는 아이다의 행동규범에서 군대의 행동규범으로 부드럽게 이행하는 데 성공했다. 그는 몸담고 있는 집단을 위해 자기 자신의 욕망을 억제했다.

아이젠하워의 회고록들 가운데 하나에는 이렇게 적혀 있다. 30대가 되면서 "군대의 기본적 규범을 깨달았다. 군인에게 가장 적합한 자리는 상관이 명령을 내린 곳이라는 것을 말이다."[21] 그에게는 지극히 평범한 임무들이 주어졌다. "화가 났을 때는 혼자 푸는 것보다 좋은 해결책이 없다는 걸 깨달았다. 그런 다음 주어진 임무를 수행하는 것이다."[22]

그는 누구도 탐내지 않고, 아무런 영광도 따르지 않는 참모 장교로 복무하면서 절차와 과정, 팀워크, 조직력을 익혔다. 조직 안에서 잘 사는 방법을 배운 것이다. "새 자리에 가면 거기서 제일 강하고 능력 있는 사람이 누군지 알아냈다. 그런 다음 내가 가지고 있던 생각들은 잊어버리고 그 사람이 옳다고 하는 것을 실행에 옮기도록 돕는 데 전력을 다했다."[23] 후일 그는 『열중쉬어』에서 이렇게 썼다. "나보다 더 많이 아는 사람, 나보다 잘하는 사람, 나보다 더 명확히 사물을 보는 사람과 밀접한 관계를 맺고 될 수 있는 한 많이 배워야 한다." 그는 철저히 준비하고 그걸 상황에 맞춰 응용하는 데 미친 듯이 몰두했다. 아이젠하워는 이렇게 썼다. "막연한 계획 그 자체는 아무것도 아니다. 구체적으로 계획해 나가는 과정에 모든 것이 달려 있다." 혹은 이렇게 쓰기도 했다. "구체적인 계획 과정에 기대야 한다. 계획 그 자체를 신뢰해서는 안 된다."

아이젠하워는 또 자기 자신에 대해서도 더 잘 이해하게 됐다. 그는 언제부턴가 익명의 짧은 시를 항상 몸에 지니고 다니기 시작했다.

들통을 가져다 물을 채워라

손을 담가 볼까, 손목이 잠길 때까지

손을 꺼냈을 때 거기 남은 구멍은

나의 부재의 크기다


이 엉뚱하고 작은 얘기에서 배울 게 있을까

그저 최선을 다하라는 것

자부심을 가지라는 것

하지만 잊지 말아야 할 것은

대체 불가능한 사람이란 없다는 것[24]


## 진정한 자아란 만들어지는 것

—

1922년, 아이젠하워는 파나마로 발령된 뒤 제20보병여단에 배치됐다. 파나마에서의 2년은 아이젠하워에게 두 가지 의미를 지녔다. 우선무엇보다도 첫아이 이키가 죽은 다음 환경에 변화를 주는 계기가 되었다. 두 번째로는 그곳에서 폭스 코너 장군을 만나게 되었다는 것이다. 역사학자 진 에드워드 스미스는 코너 장군을 다음과 같이 묘사한다. "폭스 코너는 절제하고 말을 아끼는 성격의 소유자였다. 침착하고, 부드럽게 말했으며, 대단히 격식을 차리면서 정중했다. 장군은 독서를 좋아했고, 역사에 조예가 깊었으며, 군사적 재능을 알아차리는 날카로운 판단력을 지녔다."[25] 그에게 과장된 어조라고는 눈곱만큼도 없었다. 아이젠하워가 코너에게서 배운 교훈은 분명했다. "늘 주어진 임무에 대해 진지하게 생각해야 한다. 자기 자신에 대해서가 아니라 말이다."

폭스 코너는 겸손한 지도자의 극치를 보여 주는 사람이었다. "내가 깊이 존경하게 된 지도자는 모두 겸손의 미덕을 지닌 사람들이었다." 아이젠하워는 후에 이렇게 썼다. "나는 모든 지도자가 자신이 선택한 부관들의 실수에 대해 공개적으로 자기책임임을 인정하고, 마찬가지로 그들의 공적에 대해 공개적으로 칭찬할 수 있는 겸양의 미덕을 지녀야 한다고 확신한다." 아이젠하워는 계속해서 이렇게 썼다. 코너는 "현실적인 장교였고, 꾸밈이 없어서 그 지역의 가장 영향력 있는 사람들이든 여단의 여느 군인이든 상관없이 편안하게 어울렸다. 어떤 식으로도 젠체하지 않았고, 내가 아는 사람 중 어느 누구보다도 열린 마음과 정직한 성격을 가진 분이었다. (…) 코너 장군은 오랫동안 내 마음속에서 누구와도, 심지어 친지조차와도 비교할 수 없는 위치를 차지하고 있었다."[26]

코너는 고전학, 군사 전략, 시사 등 아이젠하워의 관심사에 다시 불을 붙였다. 아이젠하워는 코너 밑에서 지낸 시기를 이렇게 얘기했다. "군사 문제, 인문학 등을 배우는 일종의 대학원 같았다. 인간과 인간 행동에 대한 지식과 경험을 가진 사람의 조언과 토론으로 끊임없는 자극을 받았다. (…) 내 인생 중 가장 흥미롭고 건설적인 기간이었다." 아이젠하워가 파나마에서 복무할 당시 방문한 그의 어릴 적 친구 에드워드 '스위드' 해즐릿은 이렇게 회고했다. 그는 "가림막을 친 병영의 2층 테라스를 임시 서재로 꾸미고, 제도판에 옛 명장들의 전투를 재현하는 것으로 여가 시간을 보내고 있었다."[27]

당시 아이젠하워는 '블래키'라는 말을 훈련시키는 데 정신이 팔려 있었다. 그는 회고록에 이렇게 썼다.

블래키와의 경험—그리고 이전에 콜트 기지에서 이른바 능력 부족이라는 낙인이 찍힌 신병들과의 경험—으로 인해 나는 지속적인 확신을 갖게 됐다. 우리가 뒤처지는 아이는 희망이 없다고, 민첩하지 못한 동물은 가치가 없다고, 한번 황량해진 땅은 복구하기 어렵다고 너무 쉽게 포기하는 경향이 있다는 확신 말이다. 이는 우리가 자신의 생각이 틀렸다는 것을 증명할 만큼 시간을 두고 노력을 기울이려 하지 않는 데 원인이 있다. 다루기 힘든 아이가 멋진 성인으로 자라고, 동물이 훈련에 반응하고, 황량한 땅이 다시 비옥해질 수 있다는 것을 증명할 수 있는 시간과 노력 말이다.[28]

코너 장군은 아이젠하워가 캔자스주 포트 레벤워스의 작전참모 학교에 갈 수 있도록 배려했다. 아이젠하워는 245명의 장교 중 수석으로 그 학교를 졸업했다. 블래키와 마찬가지로 아이젠하워도 포기하면 안 될 사람이었던 것이다.

1933년, 사상 최연소로 육군대학을 졸업한 아이젠하워는 더글러스 맥아더 장군의 개인 비서관으로 임명됐다. 그 후 몇 년 동안, 그는 맥아더와 함께 주로 필리핀에서 이 나라의 독립 준비 과정을 도왔다. 맥아더는 과장된 쇼맨십을 지닌 사람이었다. 아이젠하워는 맥아더를 존경했지만 과장되고 떠벌리는 그의 성향은 별로 좋아하지 않았다. 그는 맥아더를 '귀족'이라고 묘사하면서 "하지만 나는 그저 평민에 지나지

않는 사람"이라고 말했다.[29]

아이젠하워는 맥아더 밑에서 자신의 성미를 극단적으로 시험당하는 경험을 했다. 두 사람의 작은 사무실은 널빤지를 댄 문을 사이에 두고 붙어 있었다. "그는 소리를 질러 나를 부르곤 했다."[30] 아이젠하워는 그렇게 회고했다. "결단력 있고 매력 있는 분이었지만, 들을 때마다 놀라지 않을 수 없는 버릇이 하나 있었다. 바로 옛날 일을 회고하거나 뭔가 이야기하며 스스로를 지칭할 때 3인칭을 사용하는 말투 말이다."[31]

아이젠하워는 몇 번에 걸쳐 비서관 자리에서 사임할 의향을 밝혔지만 그때마다 맥아더에게 거절당했다. 중령 신분의 아이젠하워가 미 육군에서 할 수 있는 다른 어떤 일보다 당시 필리핀에서 하던 임무가 더 중요하다는 것이 이유였다.

그는 실망했지만 맥아더 밑에서 6년을 더 일했고, 무대 뒤에서 일하는 동안 책임져야 할 일들을 점점 더 많이 떠맡게 됐다.[32] 아이젠하워는 맥아더 앞에서 존중하는 태도를 잃지 않았지만, 조직이나 집단보다 자신을 더 위에 두는 맥아더의 방식을 결국 혐오하게 됐다. 맥아더의 독선적이고 자기중심적인 행동을 또 한 번 목격한 후, 그는 일기라는 사적인 공간에 분통을 터뜨렸다.

8년 동안 그를 위해 일하면서 그의 이름으로 언론에 나가는 모든 발언을 작성하고, 그의 비밀을 지켜 주고, 지나치게 바보 같은 짓을 하지 않도록 막아 주고, 내 모습을 드러내지 않은 채 그의 이익을 위해 있는 힘을 다해 노력해 온 나를 갑자기 공격한다는 것은 정말이지 이해할 수 없다. 그는 아부에 통달한 사람들로 둘러싸인 왕좌에 앉아 군림하고 싶어 한다. 그 밑에는 이 세상 그 누구도 모르는 지하 감옥이 있다. 그의 일을 해내고, 대중에게는 그의 머리에서 나온 빛나는 업적이라고 알려진 것들을 만들어 내는 노예들로 가득 찬 지하 감옥 말이다. 그는 바보다. 그러나 그가 먹은 것을 토해 내는 갓난아이라는 사실이 더 끔찍하다.[33]

아이젠하워는 충성스럽고 겸손한 태도로 상관을 섬겼다. 상관의 마음을 읽고 그의 시각을 자신의 것으로 받아들였으며, 상관의 일을 효율적으로 시간에 맞춰 해냈다. 결국 그가 모신 상관들—맥아더를 포함해서—은 모두 그의 후원자가 됐다. 그리고 자신의 열정을 억제하는 그의 능력은 2차 대전 중 인생의 가장 큰 도전을 만났을 때 큰 효과를 발휘했다. 그는 평생 동료로 지낸 조지 패튼처럼 전쟁을 낭만적인 흥분감을 가지고 대하지 않았다. 그에게 전쟁은 견뎌 내야 하는 또 하나의 어려운 임무였다. 전쟁 영웅 식의 설렘이나 흥분에 빠지기보다 결국 승리의 가장 중요한 열쇠가 되는 지루하고 일상적인 일들에 더 집중했다. 견딜 수 없을 만큼 싫은 사람들과도 연맹을 유지했고, 상륙 작전을 수행하기에 충분한 상륙용 주정을 만들었으며, 군수물자 조달 계획 등을 세웠다.

아이젠하워는 능숙한 전쟁 사령관이었다. 그는 국제적 연맹을 유지하기 위해 자신의 불만을 억누를 줄 알았다. 그는 또 여느 사람들과 다름없이 다른 나라에 대해 극심한 편견을 갖고 있었지만 있는 힘을 다해 이를 억눌렀다. 이질적인 군대들을 한 팀으로 유지하기 위해서였다. 승리의 공은 부하들에게 돌렸다. 역사적으로 유명한—하지만 보내지는 않은—메시지를 보면 그가 실패를 자신의 과오로 돌릴 준비가 되어 있는 사람이라는 것을 알 수 있다. 노르망디 상륙 작전이 실패할 경우 언론에 보내려 한 메시지였다. "저희의 상륙 작전이 (…) 실패했습니다. (…) 그리고 저는 후퇴 명령을 내렸습니다. 공격 시점과 지점에 대한 제 결정은 가장 신뢰할 만한 가용 정보들에 기초한 것이었습니다. 육군, 해군, 공군 모두 엄청난 용기로 이번 작전에 헌신했습니다. 이 작전에 어떤 잘못이나 실수가 있었다면 그것은 모두 저 혼자만의 것입니다."

절제하고 통제하는 아이젠하워의 삶에는 불리한 면도 있었다. 그는 비전을 가진 사람이 아니었다. 창의적으로 사고하는 사람도 아니었다. 전쟁 시기에는 탁월한 전략가가 아니었고, 대통령으로 재직할 때도 흑인 평등을 요구한 민권 운동이라든가 매카시즘의 위험 등 당대에 역사적으로 중대한 의미를 지녔던 사건들을 제대로 인식하지 못했다. 그는 추상적인 사고에 능하지 않았다. 조지 마셜 장군이 애국심을 문제 삼는 공격을 받을 때, 아이젠하워는 부끄럽게 처신하며 아무런 보호막도 되어 주지 못했다. 그는 이 일을 두고두고 후회하며 수치스러워했다. 그리고 항상 인위적으로 자신의 감정을 억제했기 때문에 따뜻한 마음을 내보여야 할 때 냉정한 태도를 고수하기 일쑤였고, 기사도 정신을 발휘해 낭만적으로 처신해야 할 시점에도 무자비하고 실용적으로 굴 때가 많았다. 전쟁이 끝난 후 그가 정부情婦였던 케이 서머스비에게 한 행동은 혐오스러울 정도였다. 서머스비는 아이젠하워의 인생에서 가장 어려운 시기에 그를 돌보고 (아마도) 사랑한 여성이었다. 그는 그런 사람에게 작별 인사조차 제대로 할 기회를 주지 않았다. 어느 날 서머스비는 아이젠하워의 여행 동반자 명단에서 자기 이름이 빠진 것을 알아차렸다. 그리고 육군 공식 편지지에 타자로 친 냉정한 메모를 받았다. "내게 그토록 가치 있던 관계를 이렇게 특수한 방식으로 종료하게 되어 내가 개인적으로 많은 심적 고통을 겪고 있다는 것을 귀하도 이해하리라고 믿습니다. 그러나 이는 내가 제어할 수 없는 상황으로 인해 생긴 일입니다. (…) 때때로 메모를 보내 주기 바랍니다. 귀하가 어떻게 살고 있는지 항상 궁금해할 것입니다."[34] 아이젠하워는 자신의 감정을 억제하는 데 너무 능숙해져서 이런 순간에도 연민이나 감사의 감정을 완전히 눌러 버릴 수 있었던 것이다.

그도 가끔 자신의 단점을 인식할 때가 있었다. 자신의 영웅 조지 워싱턴에 대해 생각하면서 그는 이렇게 말했다. "주님이 대업에 대한 조지 워싱턴의 명확한 비전, 강한 목적의식, 그리고 진정으로 위대한 정신과 영혼을 내게도 내려 주셨으면 얼마나 좋을까 하는 절실한 마음이 들 때가 많다."[35]

그러나 어떤 사람들에게는 삶이 완벽한 학교의 기능을 한다. 그들에게 삶은 후일 요긴하게 쓰일 교훈을 정확하게 가르쳐 준다. 아이젠하워는 화려하게 주목을 끄는 사람이 결코 아니었다. 그런데 나이 들어 성숙해진 다음에는 현저하게 두드러진 두 가지 특징을 발견할 수 있었다. 가정 교육을 통해 배우고, 오랜 시간 동안 스스로 발전시킨 특징들이었다. 첫 번째 특징은 '제2의 자아'를 만들어 낸 점이다. 오늘날 우리는 자아의 확실성을 중시하는 풍토에서 살고 있다. '진정한 자아'만이 가장 자연스럽고 인위적이지 않은 거라고 믿는 경향이 있다. 다시 말해 우리에게는 각자 이 세상에 존재하는 진실한 방법이 있으며, 외적 압력에 굴하지 않고 진정한 내적 자아에 충실한 삶을 영위해야 한다고 믿는다는 뜻이다. 내적 본성과 외적 행동에 차이가 있는 인위적 삶을 사는 것은 기만적이고, 교활하고, 거짓된 것이라는 얘기다.

아이젠하워는 이와 다른 철학을 신봉했다. 그의 철학에 따르면 인위적인 것은 인간의 본성이다. 인간은 좋은 요소와 나쁜 요소가 뒤섞인 원자재에서 출발하지만 그 본성을 깎고 다듬고 억제하고 틀에 맞춰 가며 성장시켜야 하고, 이를 공개적으로 드러내기보다는 제어하는 게 더 좋다는 것이다. 개인의 성격이란 그렇게 길러진 산물이다. 진정한 자아란 본성을 기본으로 해서 스스로 만들어 낸 것이지, 처음에 주어진 본성 그 자체가 아니다.

아이젠하워는 진심을 드러내는 사람이 아니었다. 개인적인 감정은 숨겼다. 대신 그것들을 일기에 기록했고, 덕분에 통렬한 표현을 쓸 수도 있었다. 윌리엄 놀런드 상원의원에 대해서는 이렇게 썼다. "그로 말하자면 '당신 어떻게 그리 멍청할 수가 있지?'라는 질문에 대한 답을 찾지 못하게 만들 만한 인물이다." [36] 그러나 대중 앞에서 그는 상냥하고 낙관적이며 시골 소년 같은 매력을 지닌 모습으로 치장했다. 대통령 재임 시절, 그는 자신에게 주어진 역할을 수행하는 데 도움이 되면 실제보다 더 바보같이 보이는 것도 마다하지 않았고, 자신의 의도를 감출 수만 있다면 말문이 막힌 것처럼 행동하는 것도 주저하지 않았다. 어릴 때 분노를 누르는 법을 배웠듯이 커서는 자신의 야망과 능력을 숨기는 법을 배웠다. 술책이 뛰어난 아테네 지도자 테미스토클레스를 상당히 존경하는 등 고대 역사에 대해 꽤 많이 알고 있었지만 절대 그 사실을 드러내지 않았다. 다른 사람보다 더 똑똑해 보이거나 평균적인 미국인보다 어떤 식으로든 더 우월해 보이고 싶어 하지 않았다. 대신 그는 단순하고 많은 교육을 받지 않은 듯한 투박한 이미지를 길러 갔다. 대통령으로서 그는 복잡한 문제에 관한 회의를 주재하면서 명확하고 구체적인 행동 지침을 내리는 능력을 발휘했다. 그러나 바로 다음 순간 기자 회견장에 나서면 자신의 의도를 숨기기 위해 완전히 말을 흐리는 시늉을 하곤 했다. 어떨 때는 토론하고 있는 주제가 자신에게는 너무 어려운 척하기도 했다. "나같이 좀 모자란 사람한테는 너무 복잡한 문제예요."[37] 실제보다 더 바보 같아 보일 용의가 있었던 것이다.(바로 이 때문에 우리는 그가 뉴욕 사람이 아니라는 것을 안다.)

단순한 사람이라는 이미지는 전략적인 것이었다. 그가 죽은 후, 부통령이었던 리처드 닉슨은 이렇게 회고했다. "아이젠하워는 대부분의 사람들이 생각하는 것보다 훨씬 복잡하고, 좋은 의미에서 기만적인 사람이었다. 한 가지 사고방식에만 얽매이지 않았던 그는 문제 하나를 해결하는 데 두 가지, 세 가지, 때로는 네 가지 서로 다른 논리를 적용했다. (…) 그는 기민하고 편리한 사고의 소유자였다."[38] 아이젠하워는 포커 게임을 잘하기로 소문난 사람이기도 했다. 에번 토머스는 이렇게 썼다. "캔자스의 맑은 하늘처럼 열린 미소를 띤 그의 얼굴은 깊은 비밀을 감추고 있었다. 고결하지만 때로 속을 들여다볼 수 없었고, 겉으로 상냥한 모습을 보일 때도 안으로 부글부글 끓어오를 때가 많았다."[39]

한번은 기자회견 직전에 언론 담당 보좌관 짐 해거티가 대만 해협의 상황이 점점 더 미묘해지고 있다고 보고했다. 아이젠하워는 미소를 지으며 말했다. "걱정 말게나, 짐. 그 문제에 관한 질문이 나오면 그냥 모두 헷갈리게 해버릴 테니." 예상했던 대로 조지프 하슈라는 기자가 질문을 했다. 아이젠하워는 온화한 표정을 지으며 대답했다.

전쟁에 관해 내가 아는 것은 단 두 가지뿐입니다. 우선 전쟁에서 가장 변화무쌍한 요소는 날마다 드러나는 인간의 본성이고, 동시에 전쟁에서 유일하게 변하지 않는 것 또한 인간의 본성이라는 점입니다. 다음으로는 어떤 전쟁에서든 그 전쟁이 벌어진 방식과 수행된 방식에 놀라게 된다는 점입니다. (…) 따라서 그냥 기다려야 한다고 생각합니다. 그리고 대통령도 가끔 기도하는 마음으로 그렇게 기다리는 수밖에 없다는 결론을 내리는 날들이 있지요.[40]

기자 회견이 끝난 후 에번 토머스는 이렇게 썼다. "아이젠하워 본인도 자기 말을 상관에게 옮겨야 하는 러시아와 중국 통역관들이 얼마나 고생했을까 하고 농담을 했다."[41]

아이젠하워의 두 가지 상반된 성격으로 인해 사람들은 그를 진정으로 알기가 힘들었다. "아버지를 이해하려 하다니 참 안됐습니다." 존 아이젠하워가 에번 토머스에게 말했다. "저도 잘 모르거든요." 그가 세상을 떠난 후, 누군가 미망인 매미에게 남편을 정말 잘 알았는지 물었다. "누가 그럴 수 있었겠어요. 잘 모르겠네요."[42] 그녀가 대답했다. 그러나 아이젠하워는 자기억제를 통해 자신의 본능적 욕망을 제어하고 그의 상관과 역사가 내린 임무를 성공적으로 이행했다. 그는 외관상 단순하고 솔직한 것처럼 보였지만, 그 단순성은 정교한 예술품처럼 다듬어서 만들어 낸 것이었다.

## 중용의 미덕
—

아이젠하워가 인간적으로 성숙해지면서 무르익어 간 특징이 또 하나 있었다. 바로 중용의 미덕이었다.

중용은 일반적으로 오해를 많이 받는 덕목이다. 먼저 무엇이 중용이 아닌지부터 이야기하는 것이 중요하겠다. 중용은 단순히 두 가지 상반된 극단 사이의 중간 지점을 찾아서 기회주의적으로 자리를 잡는 것이 아니다. 그렇다고 개성 없는 침착성을 말하는 것도 아니다. 상반된 열정 혹은 대립되는 생각들을 갖지 않는 온화한 성격을 말하는 것도 아니다.

오히려 중용은 피할 수 없는 갈등의 존재를 인식하는 데 바탕을 두고 있다. 세상이 조화롭게 구성되어 있다고 믿는다면 중용을 필요로 하지 않는다. 자신이 가진 모든 특징들이 서로 쉽게 어울려 조화를 이룰 수 있다고 생각하면, 무엇을 제어하거나 조절할 필요 없이 마음껏 자아를 실현하고 성장할 수 있을 것이다. 모든 도덕적 가치가 동일한 방향을 가리키고 있다고 생각할 경우, 혹은 모든 정치적 목적이 한길을 똑바로 감으로써 동시에 성취될 수 있다고 생각할 경우 중용은 필요 없다. 그저 진실이 있는 쪽을 향해서 가능한 한 빨리 돌진하면 되는 것이다.

중용은 모든 것이 멋들어지게 맞아떨어지지 않는다는 개념에서 출발한다. 정치에서는 모두 합당하지만 상반되는 이해관계가 경쟁을 하게 되어 있다. 철학은 부분적인 진실을 담은 여러 생각들 사이의 긴장과 갈등을 통해 발전한다. 모두 가치 있지만 공존하기 힘든 특징들이 서로 투쟁하며 형성되는 것이 개인의 성격이다. 해리 클로는 『중용에 관하여On Moderation』라는 훌륭한 저서에서 이렇게 말한다. "우리에게 중용이 필요한 이유는 영혼이나 정신의 근본적인 분열에 있다." 예를 들어, 아이젠하워를 앞으로 나아가게 한 것은 열정이었지만, 그를 제어하고 감시한 것은 자기억제력이었다. 두 충동 모두 완전히 쓸모 없지도, 완전히 무해하지도 않은 것들이었다. 아이젠하워의 의분은 때로 그를 정의로운 방향으로 몰고 가기도 했지만, 또 간혹 그의 눈을 멀게 하기도 했다. 그는 자기억제력 덕분에 봉사하고 책무를 다하는 것이 가능했지만, 바로 그 덕목 때문에 냉담해지기도 했다.

중용의 미덕을 지닌 사람은 극도로 상반된 특성을 가진 사람이다. 따라서 애초에 양 극단의 성격, 이를테면 분노와 질서에 대한 욕구를 둘 다 엄청나게 갖고 있을 수도 있다. 일할 때는 아폴론처럼, 놀 때는 디오니소스처럼 행동한다. 굳건한 믿음과 깊은 의혹이, 아담 Ⅰ과 아담 Ⅱ가 공존하는 사람이다.

중용의 미덕을 가진 사람은 애초에 이렇듯 분열되고 상반된 성향을 갖고 있을 수 있지만, 일관성 있는 삶을 살기 위해서 일련의 균형과 비율을 찾아야만 한다. 중용의 미덕을 가진 사람은 안전 욕구와 위험 감수 욕구 사이의 균형, 자유와 제어 사이의 균형을 맞춰 항상 그 순간의 특정 상황에 필요한 임시방편을 찾기 위해 노력한다. 중용의 미덕을 가진 사람은 이런 갈등에 대한 궁극적 해결책을 가지고 있지 않다. 큰 문제는 특정 원칙이나 시각 하나만 고려해서 해결되지 않는다. 스스로를 관리하고 통제한다는 것은 폭풍우를 뚫고 항해하는 것과 비슷하다. 배가 우현으로 기울면 무게를 좌현으로 옮기고, 또 좌현으로 기울면 무게를 다시 우현으로 옮겨야 한다. 배의 균형을 유지하며 한쪽으로 기울지 않도록 상황에 따라 조정에 조정에 조정을 거듭해야 한다.

아이젠하워는 이 사실을 본능적으로 깨달았다. 두 번째 임기 때 어릴 적 친구 스위드에게 보낸 편지에서 그는 자기 생각을 이렇게 표현했다. "어쩌면 나는 바람과 파도에 이리저리 부딪히고 흔들리는 배 같기도 해. 잦은 침로 변경에도 여전히 배를 유지하고 앞으로 나아가며 대체로 본래 계획했던 항로에 머무는 배 말이야. 비록 느리고 고통스럽겠지만 계속해서 앞으로 나아가는 거지."[43]

클로가 말했듯이 중용의 미덕을 가진 사람은 모든 것을 다 가질 수 없다는 것을 잘 안다. 상반된 덕목들 사이의 긴장이 존재하기 때문에 한 가지 진실이나 가치에만 헌신하는 순수하고 완벽한 삶을 사는 것은 불가능하다는 사실을 받아들여야 한다. 중용의 미덕을 가진 사람은 공적인 삶에서 성취할 수 있는 열망이나 목표에는 한계가 있다는 것을 이해한다. 모든 상황에 존재하는 역설적인 요소 때문에 분명하고 궁극적인 해결책이 나올 수가 없다. 자유를 확대하려면 그 대가로 더 많은 것을 허용해야 한다. 반대로 자유를 제한함으로써만 많은 것들을 단속하고 억제할 수 있다. 이런 식의 절충과 타협은 피할 수 없는 것이다.

중용의 미덕을 가진 사람은 상반된 시각을 이해하고, 각각의 시각이 지닌 장점을 제대로 평가하기 위해 한 걸음 뒤로 물러날 줄 아는 억제력을 가질 수 있기를 원한다. 그들은 정치란 전통적으로 갈등의 연속이라는 것을 이해한다. 평등과 성취, 중앙집권과 지방분권, 질서와 자유, 공동체와 개인주의 간의 끊임없는 갈등이 존재하는 문화인 것이다. 중용의 미덕을 지닌 사람은 그러한 문제들에 대한 해결책을 찾으려 하지 않는다. 그 상황이 요구하는 것에 부합하는 균형을 이룰 수 있기를 바랄 뿐이다. 그들은 모든 시대에 황금률처럼 통하는 정책이 있다고 믿지 않는다(당연해 보이는 말이지만, 동서고금을 막론하고 이데올로그들이 반복적으로 무시하는 부분이다). 중용의 미덕을 가진 사람은 추상적인 계획을 신봉하지 않고, 인간 본성에 어긋나지 않으면서, 자신이 처한 상황이 허락하는 한도 내에서 세울 수 있는 계획을 선호한다.

그들은 막스 베버의 말을 빌리자면 따뜻한 열정과 냉철한 균형감각을 자신의 영혼 안에서 결합시킬 수 있을 만큼 충분히 단련되어 있기를 바랄 뿐이다. 그들은 목적에 대해서는 열정적이지만, 그것을 이루는 적절한 방법에 대해서는 심사숙고한다. 가장 이상적인 중용이란 생기 넘치는 영혼과 그것을 제어하고 길들이기에 적합한 인격을 가진 사람만이 얻을 수 있는 것이다. 이상적인 중용의 미덕을 지닌 사람은 광적인 열정에 대해 회의적이다. 자기 자신에 대해 회의적이기 때문이다. 또한 지나친 치열함과 단순함을 믿지 않는다. 정치에서는, 높은 곳을 더 높이기보다 낮은 곳을 더 낮게 만들고 마는 경우가 대부분이라는 것을 알고 있기 때문이다. 쉽게 말해 지도자들이 잘못했을 때 끼칠수 있는 피해가 그들이 잘했을 때 가져올 수 있는 혜택보다 더 크다는의미다. 따라서 신중함이 가장 적절한 태도이고, 한계를 인식하는 것이 지혜의 근본이다.

당시에는 물론이고 그 후로도 오랫동안 많은 사람들이 아이젠하워를 서부 개척 소설이나 좋아하는, 감정적으로 단순한 숙맥으로 생각했다. 그러나 그가 겪은 내적 갈등과 혼란이 더 잘 알려짐에 따라 역사학자들 사이에서 그에 대한 평가가 올라갔다. 특히 아이젠하워가 대통령직에서 물러나며 한 연설은 오늘날까지도 중용의 미덕을 보여 준 완벽한 모범으로 통한다.

그가 연설을 한 시점은 미국 정계, 그리고 심지어는 공적 도덕성 문제가 중요한 갈림길에 들어설 때였다. 1961년 1월 20일, 존 F. 케네디가 문화적 변화의 단초가 된 취임 연설을 했다. 케네디는 자신의 연설을 통해 역사가 새로운 방향으로 흘러갈 것임을 알리고 싶었다. 한 세대가 끝나고 다른 세대가 (그의 표현을 빌리자면) '새로이 시작'될 것이다. '새로운 시도'와 '새로운 법칙이 적용되는 세상'이 도래할 것이다. 그는 우리 앞에 무한한 가능성이 펼쳐져 있다고 주장했다. "지금 인류는 모든 형태의 빈곤을 척결할 수 있는 힘을 자신의 유한한 손에 쥐고 있습니다." 그는 이렇게 선언하고, 거리낌 없이 행동에 나설 것을 요청했다. "우리는 어떤 희생도 치를 수 있고, 어떤 짐도 질 수 있고, 어떤 곤경도 견뎌 낼 것입니다." 그는 청중들에게 문제를 견뎌 내는 데 그치지 말고 그 일을 끝내 버리자고 요구했다. "우리는 힘을 합쳐 별들을 탐험하고, 사막을 정복하고, 질병을 없앨 것입니다." 엄청난 자신감을 가진 사람에게서만 나올 수 있는 연설이었다. 그 연설은 전 세계 수백만 명에게 영감을 주었고, 이후 온갖 정치적 수사의 기조와 기준이 되었다.

그러나 케네디가 그 연설을 하기 3일 전, 아이젠하워는 사라져 가는 세계관을 대표하는 연설을 했다. 케네디가 무한한 가능성을 강조했다면, 아이젠하워는 자만심을 경계해야 한다고 경고했다. 케네디가 용기를 찬양했다면, 아이젠하워는 신중함을 강조했다. 케네디가 대담하게 걸음을 내디딜 것을 촉구한 데 반해 아이젠하워는 균형을 요구했다.

'균형balance'은 그의 연설문 전체에 걸쳐 반복적으로 등장한 단어였다. 경쟁 관계에 있는 여러 가지 우선순위 사이에서 균형을 잡아야 한다는 것을 강조하며 이렇게 말했다. "사적 영역의 경제와 공적 영역의 경제 사이의 균형, 치러야 하는 비용과 그로 인해 거둘 수 있으리라고 희망하는 혜택 사이의 균형, 명백히 필요한 것과 좀 더 마음 편히 원하는 것들 사이의 균형, 우리가 국가에 대해 필수적으로 요구하는 것들과 국가가 개인에게 부과하는 의무들 사이의 균형, 현재 취해야 하는 행동들과 미래의 복지 사이의 균형이 중요합니다. 훌륭한 판단이란 균형과 전진을 함께 추구하는 데서 나옵니다. 이것이 부족할 경우 결국 불균형과 좌절을 맛보게 될 것입니다."

아이젠하워는 국민들에게 단기적 해결책을 경계해야 한다고 경고하고 "많은 비용이 드는 엄청난 조치가 우리가 직면한 모든 문제를 기적적으로 해결할 것"이라고 믿으면 절대 안 된다고 강조했다. 그는 여러 가지 인간의 약점, 특히 근시안적이고 이기적으로 굴고 싶어 하는 약점을 극복해야 한다고 경고했다. 그는 국민들에게 "쉽고 편하다는 이유로 내일의 소중한 자원을 약탈해서 오늘만을 위해 살려는 충동을 피해 달라"고 주문했다. 자신의 아동기에 배웠던 검약함을 되살려 "우리 후손들의 물질적 자산을 저당 잡힐 경우, 그들의 정치적·영적 유산을 탕진할 위험이 커진다"고 국민들을 일깨웠다.

그는 또 잘 알려진 바와 같이 지나친 권력 집중에 대해 경고했다. 아무런 통제도 받지 않는 권력의 행사가 나라를 패망으로 이끌 수도 있다는 것이었다. 먼저 그는 군산복합체의 위험에 대해 경고하면서 "막대한 규모의 영구적인 군수산업이 탄생할 수 있다"고 말했다. 그는 또

'과학-테크놀로지 엘리트 집단'에 대한 경고도 잊지 않았다. 정부의 재정 지원을 등에 업은 강력한 전문가 집단이 시민들의 권력을 앗아가려는 유혹을 느낄 수 있다는 것이었다. 미국 건국의 아버지들처럼 아이젠하워는 사람들이 통제되지 않는 힘을 가졌을 경우 취할지도 모를 행동에 대한 불신에 기초해서 자신의 정치 철학을 세웠다. 그는 지도자들이 물려받은 것을 파괴하고 새로운 것을 창조하기보다 그것을 잘 지키는 역할을 할 때 얻을 것이 훨씬 더 많다는 점을 전달하고자 노력했다.

그것은 충동을 억제하라는 가르침을 받으며 자랐고, 삶을 살아가는 과정에서 깎이고 원만해진 사람만이 할 수 있는 연설이었다. 인간이 어떤 일을 할 능력을 갖고 있는지 목격한 사람, 가장 큰 적은 자기 자신이라는 걸 뼈저리게 느껴 본 사람만이 할 수 있는 연설이었다. 또한 섣불리 어떤 일에 돌입하기보다 서서히 의사결정 과정을 거치는 것이 더 낫다는 걸 알기에 자신의 보좌관들에게 "실수를 하더라도 천천히 하자"고 말하던 사람만이 할 수 있는 연설이었다. 그것은 수십 년 전부터 그의 어머니를 통해, 그리고 성장 과정을 통해 그에게 전해진 교훈이었다. 또한 자신을 드러내기보다 억제함으로써 질서 지워진 삶이었다.

무질서한 젊은 날을 딛고
빈민들의 어머니가 되다

———

도러시 데이

"씻지 않은 몸에서 나는 악취가 풍기는 곳에서 잠이 든다.
사생활이라고는 하나도 없다." 도러시는 일기에 그렇게 썼다.
"그러나 예수 그리스도는 구유에서 태어나셨고, 마구간은 쉬이 더러워지고
냄새 나는 곳이다. 성모님이 참을 수 있었다면, 나도 그러지 못할 이유가 없다."
도러시에게 있어서 "모든 의미 있는 행동에 의미가 생기는 것은
그것이 신의 섭리와 연관성이 있기 때문이었다."
누군가에게 입을 옷을 찾아 줄 때마다 그것은 기도하는 행위와 같았다.
그녀는 '자선을 베푼다는 개념'에 혐오감을 느꼈다. 가난한 사람을 폄하하고
무시하는 것이기 때문이다. 그녀에게 봉사 행위 하나하나는 가난한 사람을
섬기며 신을 섬기는 일이었고, 자신의 내적 필요를 충족하는 행위였다.
슈워츠에 따르면, 그녀는 다른 사람과 교감하고 신에게 가까이
다가가기 위해서는 가난을 포용해야 하며, 이를 위해서는
'빈곤을 개인적인 덕목으로 내면화할' 필요가 있다고 생각했다.
기도와 공동체 봉사를 분리하는 것은 봉사와 봉사를 통해
삶을 바꾸겠다는 목적의식을 분리하는 것이나 마찬가지였다.

1906년 4월 18일 당시 여덟 살이었던 도러시 데이Dorothy Day는 캘리포니아주 오클랜드에서 살고 있었다.

잠들기 전 그녀는 항상 그래 왔듯 기도를 했다. 가족들 중 유일하게 종교적이었던 그녀는 후에 자신이 "진절머리가 날 만큼 자랑스럽게 독실했다"고 썼다.[1] 수십 년 후 자신의 일기에서 밝혔듯이, 그녀는 늘 마음속에 영적 세계를 소유한 사람이었다.

땅이 흔들리기 시작했다. 지진이 시작되자, 아버지가 아이들 침실로 달려와 남동생 둘을 안고 현관문으로 뛰어갔다. 어머니는 도러시가 안고 있던 갓난 여동생을 낚아채 갔다. 부모들은 도러시가 스스로를 돌볼 수 있다고 생각한 것이 틀림없었다. 그녀는 매끈한 마룻바닥 위에서 앞뒤로 왔다갔다하는 철제 침대 위에 혼자 앉아 있었다. 샌프란시스코 지진이 발생했던 그날 밤 도러시는 신이 자신을 찾아왔다고 느꼈다. 그녀는 그날을 이렇게 회상했다. "땅은 사나운 바다가 되어 격렬하게 우리 집을 흔들어 댔다."[2] 옥상에 있던 물탱크에 담긴 물이 머리 위에서 출렁거리는 소리까지 들릴 정도였다. 그 느낌이 "엄청난 힘을 가진 신, 비인격적이며 무시무시한 신이라는 생각과 연결되었다. 손을 뻗쳐 그의 어린 양인 나를 잡아채는 것 같았다. 그러나 그것은 사랑의 손이 아니었다."[3]

지진이 지나가고 난 후 집은 엉망진창이 되었다. 바닥에는 깨진 접시와 책, 샹들리에, 그리고 무너진 천장과 굴뚝의 잔해로 가득했다. 도시 전체도 폐허가 되어서 일시적이긴 했지만 빈곤과 궁핍이 만연했다. 그러나 며칠 지나지 않아 지역 주민들은 힘을 모으기 시작했다. "위기가 계속되는 동안만큼은 사람들이 서로를 사랑했다." 그녀는 수십 년이 흐른 후 회고록에 이렇게 썼다. "사람들이 그리스도교적 연대감으로 한데 뭉친 듯했다. 어려운 상황에 처한 사람들이 얼마나 서로를 위하고, 아무런 잣대도 들이대지 않은 채 연민과 사랑을 베풀 수 있는지를 생각하게 해 준 계기였다."

폴 엘리는 "삶 전체가 그 에피소드에 예시되어 있었다"고 표현했다. 위기를 느끼고, 신이 가까이 있음을 감지하고, 빈곤을 인식하고, 외로우며 버려졌다는 느낌에 빠지면서도 다른 한편으로는 그 고독감이 사랑과 공동체 의식, 특히 도움을 절실히 필요로 하는 사람들과의 연대감 등으로 채워질 수 있다는 경험을 한 것이다.[4]

도러시 데이는 열정적이고 이상을 추구하는 성격을 타고났다. 조지 엘리엇의 소설 『미들마치Middlemarch』의 주인공 도러시아처럼 그녀는 천성적으로 이상적인 삶을 추구하고 싶어 했다. 그녀는 단순한 행복감이나 기분 좋은 상태, 우정이나 성취 등으로 얻을 수 있는 보통의 기쁨만으로 만족할 수가 없었다. 엘리엇이 말했듯 "그녀의 불꽃은 (일상적인 기쁨이 주는) 가벼운 연료는 금방 소진해 버리고, 내면으로부터 자양분을 얻어 모종의 무한한 만족감을 향해 치솟았다. 그것은 결코 피로나 권태를 허용치 않는 어떤 것, 자신을 넘어선 삶에 대한 황홀한 인식으로 자아에 대한 절망을 상쇄해 버리는 어떤 것을 향해 치솟는 불꽃이었다." 도러시에게는 영적 영웅이 필요했다. 자신을 희생할 수 있는 어떤 초월적인 목표를 원했던 것이다.

## 어린 시절의 십자군 원정
—

도러시의 아버지는 저널리스트였다. 그러나 그가 일하던 신문사의 인쇄공장이 지진 때 불타 버렸고, 그는 일자리를 잃었다. 전 재산이 폐허 속에 묻혔다. 도러시는 자신의 가족이 빈곤의 늪으로 침몰하는 치욕스러운 경험을 했다. 아버지는 가족과 함께 시카고로 이주해 소설을 집필했지만 결국 출판하지 못했다. 사람들과 거리를 두는 데다 의심이 많았던 그는 아이들을 허락 없이 집 밖에 나가지 못하게 했고 친구들을 집에 초대하지도 못하게 했다. 도러시는 일요일 저녁 가족 식사 때마다 음식 씹는 소리 말고는 아무것도 들을 수 없었던 음울한 침묵의 순간들을 기억했다. 그녀의 어머니는 최선을 다했지만 네 번이나 유산을 경험했고, 결국 어느 날 밤 히스테리 발작을 일으켜 집 안에 있던 접시를 모두 깨뜨렸다. 다음 날 정상으로 돌아온 그녀는 아이들에게 이렇게 설명했다. "더 이상 버틸 수가 없는 느낌이었어."

시카고에서 살면서 도러시는 자신의 가족이 주변의 다른 가족들보다 훨씬 더 애정 표현을 하지 않는다는 것을 알아차렸다. "우리는 손을 잡고 다니는 법이 없었다. 늘 내성적으로 굴었고 다른 사람들과 잘 어울리지 않았다. 이탈리아인, 폴란드인, 유대인들을 비롯한 그 밖의 친구들처럼 애정을 즉각적으로 자연스럽게 표현하는 사람들이 아니었다." 도러시는 교회에 가서 이웃 가족들과 함께 찬송가를 불렀다. 저녁이면 무릎을 꿇고 자신의 독실한 신앙심으로 여동생까지 괴롭혔다. "긴 기도로 여동생을 괴롭히곤 했다. 무릎이 아프고, 춥고, 온몸이 굳을 때까지 기도했다. 여동생은 제발 침대로 와서 이야기를 해 달라고 애원했다." 어느 날 그녀는 가장 친한 친구 메리 해링턴과 어떤 성인에 대해 이야기를 나눴다. 그녀는 나중에 회고록을 쓰면서 그날 이야기한 성인이 정확히 누구였는지는 생각해 내지 못했다. 하지만 "고귀한 열망에 대한 느낌, 그토록 고귀한 노력에 헌신하고 싶다는 욕망으로 심장이 터질 듯했던 느낌"만은 분명히 기억했다. 그녀는 계속해서 이렇게 썼다. "시편의 한 구절이 자꾸 생각났다. '주께서 내 마음을 넓히시오면 내가 주의 계명의 길로 달려가리이다.' 나는 영적 모험의 가능성을 감지하자 흥분이 됐고, 그것을 위해 본능적으로 노력하고자 하는 마음으로 가득했다."⁵

당시의 부모들은 자녀들을 즐겁게 해 줘야 한다는 생각을 하지 않았다. 도러시는 친구들과 보낸 행복한 시간들을 기억한다. 해변에서 놀고, 계곡에서 장어를 잡고, 늪 가장자리에 있는 버려진 오두막에 들락거리고, 상상 속의 세계를 만들고는 거기서 친구들과 영원히 살 수 있을 거라 생각하며 보낸 시간들 말이다. 그녀는 또 참을 수 없이 따분하게 보낸 나날들도 기억했다. 특히 여름방학은 최악이었다. 그녀는 집안일을 돕고 책을 읽으면서 지루함을 달래곤 했다. 찰스 디킨스, 에드거 앨런 포의 작품들, 그리고 토마스 아 켐피스의 『그리스도를 본받아 The Imitation of Christ』 등이 그때 읽은 책들이었다.

도러시는 사춘기에 접어들면서 성에 관한 호기심이 강해졌다. 그녀는 자신이 성적 경험에서 큰 즐거움을 얻는다는 것을 바로 알아차렸다. 그러나 동시에 그것이 위험하고 사악한 일이라는 걸 배웠다. 열다섯 살이었던 어느 날 오후 도러시는 어린 남동생과 공원에 나갔다. 아름다운 날씨였다. 세상은 생명으로 충만했고, 주변에 소년들도 있었을 것이다. 그녀는 당시 제일 친한 친구에게 쓴 편지에서 "가슴에 느껴졌던 못된 흥분감"에 대해 이야기하고 있다. 그러나 바로 다음 문장에서 그녀는 깐깐하게 스스로를 꾸짖는다. "사람들 간의 사랑에 대해 너무 많이 생각하는 것은 잘못된 일이야. 우리에게 일어나는 이 모든 감정과 열망들은 성적인 욕구에 불과해. 아마 우리 나이에는 그런 유혹에 넘어가기 더 쉽겠지만, 내 생각에는 순수하지 못한 욕구인 것 같아. 그런 것은 감각적인 쾌락인데, 신은 영적인 존재니까."

도러시 데이는 뛰어난 회고록 『고백The Long Loneliness』에서 이 편지를 길게 인용했다. 열다섯 살인 도러시는 계속 말을 잇는다. "내가 얼마나 약한 존재인지. 이런 말을 글로 쓰는 걸 자존심이 허락하지 않아. 이렇게 쓰고 있자니 얼굴이 빨개진다. 하지만 옛사랑이 모두 내게 돌아오는 느낌이야. 그건 육신의 욕정일 뿐이고, 그 모든 죄를 버리지 않는 한 하늘 왕국을 얻을 수 없다는 것을 알고 있어."

편지에는 조숙한 10대가 가질 만한 자기도취와 교과서적 독선이 모두 드러나 있다. 종교에 대한 기본적인 개념은 잡혀 있지만, 인류애나 은총에 관한 지식은 아직 설익은 상태인 것을 알 수 있다. 그럼에도 불구하고 열정적인 영적 야망이 꿈틀거리고 있는 것이 보인다. "어쩌면 책을 더 멀리하면 이 싱숭생숭함이 지나갈지도 모르겠어. 지금 도스토예프스키를 읽고 있거든." 그녀는 자신의 욕망과 싸우기로 결심한다. "죄를 상대로 한 어렵고 고된 투쟁을 거친 후에야, 그것을 극복한 후에야 우리는 은총으로 가득 찬 기쁨과 평화를 경험할 수 있어. (…) 내 죄를 극복하려면 너무나 많은 노력을 해야 할 것 같아. 항상 노력하고 있고, 늘 경계를 늦추지 않고 있고, 모든 육체적 감각을 극복해서 완전히 순수한 영적 존재가 되기 위한 노력과 기도를 멈추지 않고 있어."

도러시는 50대 들어서 출판한 『고백』에서 이 편지를 회고하며 그것이 "겉치레와 허영, 독실함으로 가득 차 있었다"고 고백한다. "당시 내가 가장 큰 관심을 가졌던 것, 영과 육체의 갈등에 관해 쓴 편지였다. 하지만 남의 눈을 의식하며 유식한 척하고 싶어 했던 것 같다."[6] 그러나 그 편지에는 그녀를 20세기에 가장 영향력 있는 종교적 인물이자 사회운동가로 만든 특징이 몇 가지 담겨 있었다. 순수에 대한 그녀의 열망, 치열한 자기비판 능력, 뭔가 고귀한 것에 헌신하고자 하는 욕망, 고난에 초점을 맞추고 쉽게 얻을 수 있는 단순한 쾌락을 전적으로 즐기기를 꺼리는 경향, 실패를 거듭하고 어려움을 겪을지라도 신이 결국 그 실패로부터 자신을 구원하리라는 신념 등이 나타나 있었던 것이다.

## 방황하는 삶

도러시 데이는 고등학교에서 장학금을 받고 대학에 진학하게 된 세 명의 학생 중 하나였다. 라틴어와 그리스어에서 탁월한 능력을 보인 덕이었다. 일리노이 주립대학에 입학한 그녀는 숙식비를 충당하기 위해 청소와 다림질을 하며 평범한 학교 생활을 했다. 그럼에도 뭔가 장대하고 영웅적인 삶으로 이어질지도 모른다는 희망으로 싫든 좋든 여러 활동에 적극적으로 참여했다. 3일 동안 아무것도 먹지 않은 경험에 관해 쓴 에세이를 갖고 작가 클럽에 가입했고, 사회당에 가입했으며, 신앙을 버리고 교회에 다니는 사람들을 불쾌하게 만들 만한 행동들을 일부러 하기 시작했다. 이제 달콤한 소녀 시절은 끝났고, 사회와의 전쟁을 시작할 때가 됐다고 생각했다.

일리노이 대학에서 1~2년을 지낸 후인 열여덟 살 때, 도러시는 대학 생활이 만족스럽지 않다는 결론을 내렸다. 그녀는 작가가 되기 위해 뉴욕으로 이사했다. 그리고 절박한 고독감에 시달리며 몇 달 동안 도시를 헤맸다. "700만 명이 사는 그 커다란 도시에서 단 한 명의 친구도 만들 수 없었다. 일자리도 없었고, 친구들과도 멀리 떨어져 있었다. 도시의 소음 한가운데서 느껴지는 침묵이 나를 압박했다. 나 자신의 침묵, 그리고 이야기할 상대가 아무도 없다는 느낌이 목구멍을 조여 올 만큼 나를 압도했다. 말로 옮기지 못한 생각들로 내 가슴이 무겁게 짓눌렸다. 눈물로 내 고독을 씻어 내고 싶었다."[7]

이 고독한 시기에 도러시는 뉴욕에서 목격한 빈곤에 분노했다. 시카고에서 봤던 빈곤과는 냄새부터 달랐다. "모두가 일종의 전향 혹은 개종과 비슷한 경험을 해야 한다." 그녀는 후에 이렇게 기술했다. "어떤 사상이나 사고방식, 욕망, 꿈, 비전으로의 전향을 겪어야 한다. 비전이 없으면 사람들은 말라 죽고 만다. 나는 10대 때 업튼 싱클레어의 『정글The Jungle』과 잭 런던의 『길The Road』을 읽고 생각의 전향을 겪었다.

가난하고 고통받는 사람들—세상의 모든 노동자들—에 대한 사랑, 그들과 늘 함께하고자 하는 욕망으로 전향한 것이다. 그것은 프롤레타리아에 대한 메시아적 사명이라는 신념으로의 전향이었다." 당시 러시아는 많은 사람들의 뇌리에서 떠나지 않는 주제였다. 러시아 출신 문호들이 영적 상상력의 테두리를 규정했고, 러시아 혁명은 젊은 급진주의자들의 미래에 대한 비전에 불을 붙였다. 대학에서 도러시의 가장 가까운 친구였던 레이나 시몬스는 그 미래의 일부가 되기 위해 모스크바로 이주했다가 몇 달 지나지 않아 병으로 사망했다. 1917년, 도러시는 러시아 혁명을 경축하는 시위에 참가했다. 그녀는 너무나 커다란 기쁨을 느꼈다. 민중의 승리가 손에 잡히는 듯했다.

도러시는 마침내 『더 콜The Call』이라는 급진주의 신문에서 주급 5달러짜리 일자리를 구했다. 그곳에서 그녀는 노동 분쟁과 공장 근로자들의 생활을 다루는 기사를 주로 썼다. 또 어느 날은 레온 트로츠키를 인터뷰하고 그다음 날에는 백만장자를 인터뷰했다. 신문사 생활은 치열했다. 그녀는 사건들에 휩쓸려 살았다. 각 사건들의 의미를 곱씹어 볼 기회도 없이 그저 그것들에 떠밀려 산 것이다.

그녀는 탐미주의자보다 활동가에 더 가까웠지만 그럼에도 보헤미안 같은 삶을 사는 사람들과 어울렸다. 비평가 맬컴 카울리, 시인 앨런 테이트, 소설가 존 더스 패서스 등이 거기에 속했다. 그리고 급진주의 작가 마이클 골드와도 깊은 우정을 맺었다. 두 사람은 이스트 강둑을 따라 산책하면서 읽은 책들과 각자의 꿈에 대해 이야기하며 몇 시간을 훌쩍 보내곤 했다. 골드는 간혹 히브리어나 이디시어로 된 즐거운 노래를 부르기도 했다. 도러시는 극작가 유진 오닐과도 친밀하고 플라토

닉한 관계를 유지했다. 두 사람은 고독, 종교, 죽음에 집착한다는 공통점을 가지고 있었다. 도러시의 전기를 쓴 짐 포리스트는 그녀가 종종 술에 취한 채 공포에 몸을 떠는 오닐을 침대에 눕히고 그가 잠들 때까지 안아 줬다고 전한다. 오닐이 그녀에게 잠자리를 같이하자고 했지만 그녀가 거절했다고 한다.

도러시는 노동자 계급을 대변하는 항의 시위를 벌이기도 했다. 그러나 그녀의 삶에서 가장 중요하고 극적인 드라마는 자신 안에서 벌어지고 있었다. 그녀는 심지어 이전보다 더 책을 탐독하게 되었는데, 특히 톨스토이와 도스토예프스키에 열렬히 빠져 있었다.

당시 사람들, 적어도 도러시와 주변 사람들이 소설 읽기를 얼마나 진지하게 여겼는지를 지금 다시 실감나게 설명하기는 어려운 일이다. 그들은 주요 작품들을 지혜 문학으로 읽었고, 뛰어난 예술가는 일종의 계시와 같이 전해지는 통찰력을 지녔다고 믿었으며, 책에서 보는 영웅적이고 깊이 있는 영혼들처럼 자신의 삶을 만들어 가야 한다고 믿었다. 도러시는 마치 자신의 모든 삶이 걸린 것처럼 책을 읽었다.

예술가를 예언자로, 소설을 계시록으로 받아들이는 사람은 이제 거의 없다. 오늘날 많은 사람들은 자신의 사고와 마음을 이해하기 위해 문학 대신 인지과학에 의존한다. 그러나 도러시는 도스토예프스키의 작품에서 "내 존재의 가장 깊은 곳까지 감동을 받는" 경험을 했다. "『죄와 벌』에서 젊은 창녀가 라스콜니코프에게 신약의 한 구절을 읽어 주면서 자신의 죄보다 더 심오한 죄를 느끼는 장면, 「정직한 도둑」 이야기와 『카라마조프가의 형제들』에 나오는 글귀들, 감옥에서 미챠가 전향하는 장면, 대심문관의 전설 등은 모두 내가 앞으로 나아가는 힘을 주었다." 그녀는 특히 "조시마 장로가 형제애로 귀결되는 신에 대한 사랑을 열렬하게 이야기하는 장면"에 끌렸다. "그가 사랑으로 전향한 이야기는 감동적이다. 그리고 그 책에서 그린 종교의 모습은 이후 내가 이어 간 삶과 큰 연관성이 있다."[8]

도러시는 그냥 러시아 소설을 읽는 데 그치지 않고, 그 내용을 실제 삶으로 옮기는 듯했다. 그녀는 엄청나게 술을 마셔 댔을 뿐 아니라 술집에 거의 붙어 살다시피 했다. 맬컴 카울리는 갱스터들이 그녀를 정말 좋아했다고 전한다. 젓가락처럼 깡마른 그녀의 체격으로 봐서는 믿기 힘든 일이었지만 갱스터들보다 더 술에 셌기 때문이다. 그녀는 또 요란하고 거친 삶이 가져다주는 비극도 맛봤다. 루이스 홀러데이라는 친구가 헤로인 과다 복용으로 그녀의 품에서 숨을 거둔 것이다.[9] 도러시는 회고록에서 냄새 나고 환기도 잘 안 되는 아파트들을 전전했던 이야기를 털어놓는다. 그러나 자기비판에 엄격했던 그녀조차도 너무 험한 부분은 슬쩍 넘어갔다. 성적으로 문란했던 부분은 '모색의 시간'이라 부르며 자세히 이야기하지 않고, "죄의 슬픔, 형언할 수 없는 죄의 황량함과 쓸쓸함"이라고 모호하게 묘사한다.[10]

1918년 봄, 치명적인 독감이 뉴욕시와 전 세계를 휩쓸자 도러시는 킹스 카운티 병원에 간호사로 자원했다.(1918년 3월부터 1920년 6월까지 5천만 명 이상이 이 독감으로 목숨을 잃었다.)[11] 그녀는 날마다 새벽 6시에 근무를 시작해 침대보를 갈고, 환자용 변기를 비우고, 주사를 놓고, 관장을 하고, 부인과 세정을 하면서 하루 12시간씩 일했다. 병원은 군대처럼 돌아갔다. 수간호사가 병실에 들어서면 모든 간호사들이 차려 자세를 취했다. "질서 있고 군기 잡힌 생활이 좋았다. 완전히 대조적이었던 그

때까지의 내 삶은 무질서하고 헛된 것처럼 느껴졌다." 그녀는 그렇게 회고했다. "병원에서 지냈던 그 해에 깨달은 것들 중 하나는 자신의 생활을 조직하고 스스로를 제어하는 것이 세상에서 가장 어려운 일에 속한다는 사실이었다."[12]

도러시는 병원에서 라이어널 모이스라는 신문기자를 만났다. 두 사람은 격정적이고 육체적인 관계를 맺었다. "당신은 단단해." 그녀는 그렇게 욕정에 가득 찬 편지를 쓰곤 했다. "당신과 사랑에 빠진 건 바로 당신이 단단하기 때문이야." 그녀는 임신을 했다. 모이스는 낙태를 하라고 했고, 그녀는 그렇게 했다.(이 사실도 회고록에는 빠져 있다.) 그가 그녀를 버린 후 어느 날 밤, 그녀는 자기 아파트에서 가스 파이프를 열고 자살을 기도했다. 그러나 너무 늦기 전에 이웃이 그녀를 발견했다.

회고록에서 그녀는 자신이 병원 일을 그만둔 이유가 그곳에서 일하면서 고통에 둔감해졌고, 글을 쓸 시간이 전혀 없어서였기 때문이라고 밝혔다. 그러나 자기보다 나이가 두 배나 많은 부자 버클리 토비와 결혼하기로 약속한 사실은 또 언급하지 않고 넘어갔다. 두 사람은 함께 유럽 여행을 했다. 여행이 끝난 후 그녀는 토비를 떠났다. 회고록에는 이 여행을 혼자 간 것처럼 묘사되어 있다. 유럽에 갈 기회를 잡기 위해 토비를 이용한 것이 부끄러워서였을 것이다. "내가 수치스럽게 느낀 일은 쓰고 싶지 않았어요." 그녀는 후에 저널리스트 드와이트 맥도널드에게 그렇게 말했다. "그 사람을 이용했다는 느낌이 들었고, 그것이 부끄러웠지요."[13]

그녀는 또 두 번 체포를 당한 경험도 있었다. 스무 살이었던 1917년, 그리고 스물다섯 살이었던 1922년의 일이다. 스무 살 때는 정치적 활동 때문에 연행됐다. 당시 그녀는 여성의 권리 신장을 위한 활동을 벌이고 있었다. 백악관 앞에서 여성 참정권을 요구하는 시위를 벌이다 가 다른 시위대들과 함께 연행된 그녀는 30일형을 선고받고 수감되었 다. 수감된 사람들은 단식투쟁을 시작했다. 그러나 허기에 시달리던 도러시는 얼마 지나지 않아 깊은 우울증에 빠졌다. 단식투쟁을 하는 동료들과의 연대감은 어느새 모든 것이 잘못되었으며 아무런 의미가 없다는 느낌으로 전환됐다. "대의명분에 대한 의식을 모두 잃고 말았 다. 급진주의자라는 느낌을 더 이상 가질 수가 없었다. 느낄 수 있는 거라곤 나를 둘러싼 어둠과 절망뿐이었다. (…) 인간의 노력은 모두 헛 되고, 우리는 속수무책으로 비참해질 수밖에 없으며, 결국 힘과 권력 이 승리하리라는 추악한 생각이 들었다. (…) 악이 승리했다. 나는 자기 기만과 자만심으로 가득 차 있고, 비현실적이고, 거짓되며, 멸시당하 고 벌을 받아 마땅한, 보잘것없는 미물이었다."[14]

감옥에서 그녀는 성서를 요청해 열심히 읽었다. 그러던 중 다른 수 감자들에게서 한 번에 6개월까지 독방에 감금되는 이들이 있다는 이 야기를 들었다. "이 상처는 절대 아물지 않을 것이다. 인간이 서로를 어떻게 취급할 수 있는지에 대한 이 추악한 인식이 내게 깊은 상처를 남겼다."[15]

당시 도러시는 불의에 맞서겠다는 태도를 취하고 있었지만, 의식을 넘어서는 어떤 초월적이고 체계화된 틀을 가지고 있지는 않았다. 그녀 는 당시에도 무의식적으로나마 믿음이 결여된 행동주의는 실패하고 말리라는 점을 느끼고 있었던 듯하다.

두 번째 수감 경험은 정서적으로 더 큰 상처를 남겼다. 도러시는 스키드 로에 있는 자기 아파트에서 마약 중독자 친구와 함께 살고 있었다.(노숙자나 부랑자들이 모여 사는 빈민 지역을 스키드 로Skid Row라고 부른다.—옮긴이) 그 아파트가 있는 건물에는 사창가와 급진주의 노동조합 IWW 회원들을 위한 숙소가 함께 있었다. 불온 분자들을 색출하기 위해 건물을 급습한 경찰은 도러시와 그녀의 친구를 창녀라고 생각했다. 경찰은 두 사람을 옷을 반쯤 걸친 상태로 거리에 세워 뒀다가 연행해서 유치장에 가뒀다.

도러시는 당시 사회를 휩쓸던 '빨갱이 히스테리'의 희생자였다. 그러나 그녀는 자신의 경솔함과 무책임함 때문에 일이 이렇게 되었다고도 느꼈다. 무분별한 삶에 대한 벌로 체포된 거라고 생각한 것이다. "앞으로 어떤 비난을 받더라도 그때 겪은 수치심, 후회, 자기비하보다 더 큰 고통을 안겨 줄 수 있는 것은 없으리라는 생각이 든다. 체포되고, 발각되고, 낙인 찍히고, 공공연하게 모욕당해서만이 아니라 그 모든 일을 당해도 싸다는 생각이 들었기 때문이다."[16]

이 사건들은 엄청난 자기반성과 비판을 하는 계기가 되었다. 도러시는 몇 년 후 그 시기를 회고하면서 자신의 문란했던 삶에 대한 어두운 시각을 드러냈다. 더 큰 무언가를 염두에 두지 않은 채 스스로 직접 무엇이 좋고 나쁜지를 규정하겠다고 시도한, 일종의 자만심 같은 것이 지배한 삶으로 본 것이다. "육체적 삶이야말로 바람직하고 건전한 삶이며, 다른 인간을 탄압하기 위해 만들어진 거라고 느낀 인간의 법에서 자유로운 삶이라 생각했다. 강한 사람은 스스로 법을 만들고, 자기 삶을 주도하며, 사실상 선과 악을 넘어서는 것 같았다. 무엇이 선이고 무엇이 악인가? 얼마간은 양심의 소리를 묻어 버리는 것이 그다지 어렵지 않았다. 만족한 육신은 그 자체가 법이었다."

그러나 도러시는 얄팍한 미혹, 격정적 연애, 육체적 만족, 이기심의
세상에만 빠져 있지는 않았다. 극단적 자기비판이 깊은 영적 허기에서
부터 샘솟고 있었다. 그녀는 이 허기를 '외로움loneliness'이라는 단어로
표현했다. 사람들은 대부분 이 단어를 듣고 고독을 떠올린다. 도러시
는 실제로 혼자였고, 그로 인해 고통을 느꼈다. 그러나 그녀는 이 단어
를 영적 고립을 묘사하는 데도 사용했다. 그녀는 모종의 초월적인 대
의나 존재 혹은 활동이 어딘가에 있고, 그것을 찾을 때까지 자신은 평
온을 찾지 못할 것이라는 느낌이 들었다. 피상적인 삶—쾌락, 성공,
심지어 봉사를 포함한—을 영위하는 것으로는 만족할 수 없었다. 성
스러운 무언가에 대한 깊고 온전한 헌신이 필요했던 것이다.

## 아이의 탄생

도러시는 소명을 찾아 이곳저곳에 자신을 내던지며 20대를 보냈다.
정계에 뛰어들어 숱한 시위와 운동에 참여하기도 했다. 그러나 만족스
럽지 않았다. 프랜시스 퍼킨스와 달리 그녀는 타협을 하고, 사리를 꾀
하고, 회색지대를 누비고, 더러운 손도 잡아야 하는 정계에 맞지 않았
다. 그녀에게는 내적으로 헌신하고, 자신을 버리고, 순수한 무언가에
완전히 몸을 던질 수 있는 장이 필요했다. 그녀는 자신의 초기 사회운
동을 비판적으로 회고했다. "가난한 사람들을 사랑하고 섬기겠다는
내 마음이 얼마나 진실된 것이었는지 모르겠다. (…) 시위에 참여하고,
감옥에 가고, 글을 쓰고, 다른 사람에게 영향을 주고, 세상에 내 자취

를 남기고 싶었다. 그 모든 것에 얼마나 많은 야망과 사리사욕이 들어 있었는지."[17]

　그런 다음 그녀는 문학에 몸을 던졌다. 『열한 번째 처녀The Eleventh Virgin』라는 제목으로 자신의 무질서했던 젊은 시절을 묘사한 소설을 집필했다. 뉴욕의 한 출판사에서 이 책을 출간하기로 결정했고, 할리우드의 한 영화사에서는 5000달러에 영화화하자고 제안했다.[18] 그러나 이런 식의 문학 작품은 그녀의 갈망을 해소해 주지 못했다. 게다가 그녀는 나중에 이 책을 부끄러워하기까지 했다. 시중에 팔려 나간 모든 책을 되살까 하는 생각도 들었다.

　그녀는 낭만적인 사랑을 통해서라면 자신의 갈망을 해소할 수 있을지도 모른다고 생각했다. 포스터 배터햄이라는 남자와 사랑에 빠진 그녀는 결혼도 하지 않은 채 동거에 들어갔다. 소설 인세로 구입한 스태튼 섬의 집이 그들의 보금자리가 되었다. 그녀는 『고백』에서 포스터를 낭만적으로 묘사하며 영국계 생물학자이자 무정부주의자라고 소개했다. 사실은 그보다 더 평범했다. 포스터는 공장에서 측정기를 만들었다. 노스캐롤라이나에서 자란 그는 조지아 공대를 졸업했고, 급진주의 정치에 관심이 있었다.[19] 그러나 그에 대한 도러시의 사랑만큼은 거짓이 아니었다. 그녀는 그의 신념을 사랑했고, 그 신념에 고집스러울 만큼 천착하는 모습을 사랑했으며, 자연에 대한 깊은 애정을 사랑했다. 근본적인 부분에서는 서로 상충된다는 것이 분명해진 뒤에도 그녀는 그에게 결혼해 달라고 애원했다. 도러시는 여전히 열정적이며 성적인 여자였고, 그에 대한 그녀의 욕망도 거짓이 아니었다. "당신에 대한 내 욕망은 즐겁다기보다 고통스러운 감정이야." 그녀가 세상을 떠난 후 공개된 편지에는 이렇게 쓰여 있었다. "이 세상 그 어떤 것보다 당신을 원하는 이 마음은 절박한 굶주림 같아. 당신을 다시 볼 때까지는 살아도 사는 것이 아니야." 두 사람이 떨어져 있던 때인 1925년 9월 21일, 그녀는 이런 편지를 썼다. "예쁜 잠옷을 만들었어. 레이스가 많이 달린 이국적인 잠옷이야. 그리고 속옷도 새로 몇 개 마련했는데 당신이 좋아할 게 틀림없어. 날마다 당신 생각만 하고 밤마다 당신 꿈을 꿔. 내 꿈이 멀리 날아가 당신에게 미칠 수 있다면 당신도 잠을 이루지 못할 텐데."

두 사람이 스태튼 섬에서 은둔생활을 하며 책을 읽고, 정담을 나누고, 사랑을 꽃피운 이야기를 읽다 보면 그들 역시 사랑에 빠진 다른 젊은 커플들과 다르지 않다는 인상을 받게 된다. 셀던 배너컨의 표현을 빌리자면 '빛나는 장벽'으로 세상과 담을 쌓고 그 안에 꾸민 정원에서 자신들의 사랑을 순수하게 지키고 싶어 한 것이다. 그러나 도러시의 갈망은 궁극적으로 그 빛나는 장벽 안에 갇혀 있을 수 없었다. 둘이서 해변을 따라 오래도록 산책하던 어느 날, 그녀는 자신이 다른 무언가를 더 원한다는 걸 느꼈다. 무엇보다 그녀는 아이를 가지고 싶었다. 아이가 없는 집은 텅 빈 것처럼 느껴졌다. 스물여덟 살이 된 1925년, 그녀는 임신했다는 걸 알고 뛸 듯이 기뻐했다. 그러나 포스터는 생각이 달랐다. 급진주의적 현대인임을 자처하던 그는 이 세상에 인간을 더 태어나게 하는 것이 옳지 않다고 생각했다. 그는 결혼이라는 부르주아적 제도도 부정했기 때문에 그녀와의 결혼에도 동의할 리가 없었다.

도러시는 아이를 가졌을 때, 문득 출산에 대해 묘사한 글들을 대부분 남자들이 썼다는 걸 깨달았다. 그녀는 이 상황을 바로잡아야겠다고 결심했다. 출산 직후, 그녀는 자신의 경험을 바탕으로 한 에세이를 썼고, 그 글은 『뉴 매시즈New Masses』에 실렸다. 그녀는 출산 그 자체의 육체적 투쟁을 생생하게 묘사했다.

지진과 화염이 온몸을 휩쓸고 지나갔다. 내 마음은 전쟁터였고, 수천 명이 끔찍한 죽음을 맞았다. 내 모든 것을 휩쓰는 천재지변의 포효 사이로 의사의 중얼거림이 들렸고, 나는 간호사의 대답을 머릿속으로 중얼거렸다. 눈부시게 빛나는 감사의 순간, 나는 천상이 가까워졌음을 알았다.

딸 태머가 태어난 후 그녀는 감사함으로 가득 찼다. "아무리 위대한 책을 썼다 하더라도, 아무리 훌륭한 교향곡을 작곡했다 하더라도, 아무리 아름다운 그림을 그렸다 하더라도, 아무리 정교한 조각품을 만들었다 하더라도 내 아이를 품에 안은 그 순간의 기쁨보다 크지 않았으리라." 그녀는 누군가에게 감사해야 할 필요를 느꼈다. "내 아이가 태어난 후 자주 느낀 그 홍수와 같은 사랑과 기쁨을 감당할 수 있는 인간은 없을 것이다. 이로써 숭배하고 사랑하고자 하는 욕구가 생겨났다."[20]

그러나 누구에게 감사해야 할 것인가? 누구를 숭배해야 하는가? 그녀는 신이 현존하며 모든 곳에 깃들어 있다는 것을 느꼈다. 특히 오래 산책을 할 때, 자기도 모르게 기도를 드리고 있을 때 그런 느낌이 강하게 밀려들었다. 무릎을 꿇고 기도하지는 않았지만, 산책을 하면서 감사와 찬양과 순종의 말들이 자기도 모르게 튀어나왔다. 비참한 기분으로 시작한 산책이 날아갈 듯한 기분으로 끝나는 일이 잦아졌다.

도러시는 신이 존재하는지의 여부에 대한 해답을 찾은 것이 아니었다. 그저 단순히 자신을 넘어선 존재를 인식하게 된 것이다. 자신의 의지와 상관없이 삶을 구체화하는 중요한 무언가가 있다는 믿음에 스스로를 맡기기 시작한 것이다. 급진주의자로서의 삶이 주장하고 힘을 행사하는 삶, 역사를 이끌고자 하는 욕구로 이루어진 삶이었다면, 이제는 순종하는 삶으로 전환하고 있었던 것이다. 자신을 신에게 맡긴 것이다. 훗날 그녀는 이를 다음과 같이 묘사했다. "나는 숭배, 경배, 감사, 흠모가 이 생애에서 인간이 할 수 있는 가장 숭고한 행위라는 것을 깨닫게 되었다."[21] 그녀는 아이의 탄생을 계기로 마음을 걷잡을 수 없는 사람에서 중심이 잡힌 사람으로, 행복하지 않은 보헤미안에서 소명을 찾은 여성으로 변모하기 시작했다.

도러시는 자신의 믿음을 분출할 뚜렷한 출구를 가지고 있지 않았다. 교회에도 나가지 않았다. 신학 체계나 전통적인 종교적 교의가 그녀에게는 편치가 않았다. 그럼에도 신에게 사로잡혔다는 느낌이 들었다. "어떻게 신이 없을 수 있어?" 그녀가 포스터에게 물었다. "아름다운 것들이 이렇게도 많은데."

그녀는 가톨릭 교회에 관심을 가지기 시작했다. 가톨릭의 역사나 교황의 권위, 혹은 가톨릭 교회가 취하고 있는 정치적·사회적 입장 때문이 아니었다. 그녀는 가톨릭 신학에 대해 아는 것이 전혀 없었고, 그저 교회 그 자체는 시대에 역행할 뿐 아니라 정치적 반동 세력이라는 것만 알고 있었다. 그녀를 잡아 끈 것은 교리나 신학이 아니라 사람이었다. 자신이 그때까지 대하고 봉사해 왔던 가톨릭 이민자들 말이다. 그들의 가난함, 존엄성, 공동체 정신, 그리고 곤경에 빠진 사람들을 대하는 관대함이 그녀를 잡아 끌었다. 그녀의 친구들은 신을 섬기는 데 종교 단체가 필요한 것은 아니라고 말했다. 더군다나 가톨릭처럼 시대착오적인 교회는 더욱 아니라고 말했다. 그러나 그녀는 급진주의자로서의 경험에 비추어 볼 때 고통을 받는 사람들과 가능한 한 가까운 관계를 맺고, 그들과 걸음을 같이해야 한다는 것을 알고 있었다. 그러기 위해서는 그들이 다니는 교회에 나가야만 했다.

도러시는 많은 도시 빈민층 가족들의 생활이 가톨릭 교회를 중심으로 돌아가고 있다는 사실에 주목했다. 가톨릭 교회가 그들의 신뢰를 얻는 데 성공한 것이다. 사람들은 일요일과 성축일, 그리고 기쁜 일과 슬픈 일이 있을 때 교회로 몰려들었다. 도러시는 가톨릭 신앙이 그와 같은 방식으로 자기 자신과 딸의 삶에도 일정한 구조와 체계를 제공해 주기를 희망했다. "우리는 모두 질서를 갈망한다. 욥기를 보면 지옥은 질서가 부재한 곳으로 묘사되고 있다. 나는 교회에 '속하는 것'이 [테머의] 삶에 질서를 가져다주리라고 느꼈다. 내 삶에는 부족한 그 질서 말이다."[22]

성인이 되어 갖게 된 신앙은 그녀가 10대에 경험했던 것보다 훨씬 따뜻하고 기쁨에 넘쳤다. 그녀는 아빌라의 성 테레사에게 특히 끌렸다. 16세기 스페인의 신비주의자이자 수녀였던 성 테레사의 일생은 도러시의 삶과 비슷한 부분이 많았다. 몹시 영적이었던 어린 시절, 자신의 죄를 깨달은 후 느낀 공포심, 때때로 신의 존재를 느끼고 성적 환희라고도 묘사할 수 있을 만한 기쁨을 느낀 점, 인간의 제도를 개혁하고 가난한 사람들을 돕겠다는 치열한 욕망 등이 모두 그러했다.

테레사는 금욕적인 생활을 했다. 잘 때도 양모 담요를 한 겹 이상 덮지 않았다. 그녀가 살던 수녀원에는 여러 방들 중 하나에 있던 난로 말고는 난방 기구가 전혀 없었다. 그녀는 기도와 참회로 하루를 채웠다. 그러나 그녀는 밝은 영혼을 지닌 사람이기도 했다. 도러시는 성 테레사가 수녀원에 들어간 날 밝은 빨간색 드레스를 입었던 것이 정말 좋았다고 말했다. 어느 날 테레사가 캐스터네츠를 꺼내 들고 춤을 춰서 수녀들을 깜짝 놀라게 한 사건도 너무 좋았다. 테레사는 수녀원장이 된 후, 수녀들이 우울해질 때면 스테이크를 식탁에 올리라고 주방에 말해 두었다. 테레사는 삶이란 "불편한 여인숙에서 지내는 하룻밤"과 같기 때문에, 그 경험을 조금이라도 더 즐겁게 할 수 있는 것이면 뭐든 하는 것이 낫다고 말했다.

도러시는 가톨릭 신자가 되어 가고 있었지만, 교회에 나가거나 교리를 실천하는 것과는 아직 거리가 멀었다. 그러던 어느 날 그녀는 길을 걸어가던 수녀 한 명을 만났고, 어떻게 해야 할지 가르쳐 달라고 물었다. 그 수녀는 도러시가 가톨릭 교리에 대해 너무도 무지한 데 놀라 그녀를 질책했다. 하지만 이내 따뜻한 마음으로 환대하며 그녀를 교회로 맞아들였다. 도러시는 매주 미사에 참석하기 시작했고, 가고 싶지 않은 날에도 빠지지 않았다. 그녀는 자기 자신에게 물었다. '교회와 자유의지 중 내가 더 좋아하는 것은 무엇일까?' 그녀는 일요일 아침에 신문을 읽으며 시간을 보내는 것이 더 기분 좋은 일이기는 하지만, 자신은 자유의지보다 교회를 더 선호한다고 결론 내렸다.

신에게 다가간다는 것은 결국 포스터와 헤어져야 함을 의미했다. 그는 과학적이고, 무신론적이며, 실증주의적인 사람이었다. 그는 유물론적 세계관을 자기 목숨이라도 걸린 듯 신봉했고, 도러시가 마침내 신이 창조한 세상에 대해 치열한 믿음을 보였듯, 그 역시 자신의 신념을 치열하게 고수했다.

두 사람이 완전히 헤어지기까지는 오랜 시간이 걸렸고, 많은 고통이 따랐다. 어느 날, 포스터는 밥을 먹다가 도러시에게 질문을 던졌다. 그녀의 급진주의 성향 친구들이 하던 질문과 같았다. "정신 나간 거 아니야?" "교회처럼 시대착오적이고 낡은 곳에 당신을 밀어 넣으려는 작자가 대체 누구야?" "당신을 이런 식으로 더럽히는 그 비밀스러운 인물이 누구야?"

도러시는 그의 질문 뒤에서 느껴지는 열정과 힘에 놀랐다. 마침내 그녀는 조용히 말했다. "그분은 바로 예수님이야. 나를 가톨릭 교회로 밀고 있는 분은 바로 예수 그리스도인 것 같아."[23]

포스터는 얼굴이 새하얗게 질리고 말문이 막혔다. 움직이지도 않았다. 그는 그냥 거기 앉아서 그녀를 노려보기만 했다. 그녀의 말에 대답하지도, 고개를 끄덕이거나 가로젓지도 않았다. 그러다가 그는 식탁 위에 두 손을 모아 쥐었다. 도러시에게는 소년들이 선생님에게 자신이 착한 학생이라는 인상을 주고 싶을 때 하는 몸짓처럼 보였다. 그 자세로 몇 초 동안 앉아 있던 포스터는 모아 쥔 두 손을 높이 올렸다가 식탁을 내리쳤고, 컵과 접시들이 덜그럭거렸다. 도러시는 그가 이성을 잃고 그 두 손으로 자기를 때릴까 봐 겁이 났다. 그러나 그는 그렇게 하지 않았다. 그는 자리에서 일어나 그녀에게 정신이 이상해졌다고 말했다. 그러고는 식탁 주변을 한 바퀴 돈 다음 집에서 나갔다.[24]

이런 일을 겪으면서도 두 사람의 사랑이나 욕정은 식지 않았다. 도러시는 포스터에게 결혼을 해서 태머에게 진정한 아버지를 만들어 주자고 애원했다. 신앙을 위해 사실상 포스터를 포기한 후에도 그녀는 그에게 편지를 썼다. "매일 밤 당신 꿈을 꿔. 당신 팔을 베고 누워 당신의 입맞춤을 느끼는 꿈이지. 너무나 괴롭지만 한편으로는 너무나 달콤한 꿈. 당신을 이 세상 무엇보다도 사랑하지만 믿음을 저버릴 수는 없어. 옳다고 믿는 대로 행동하지 않으면 너무나 괴롭기 때문에."[25]

포스터에 대한 사랑은 역설적이게도 신앙에 마음을 여는 계기가 되었다. 그에 대한 사랑이 그녀의 껍질을 깼고, 뒤이어 가슴속의 부드럽고 약한 부분이 다른 사랑에 노출된 것이다. 결국 그녀에게 사랑의 모델을 제공하게 된 셈이다. 도러시는 자신이 "육체적인 동시에 영적인, 온전한 사랑을 통해 신을 알게 됐다"고 말했다.[26] 이것은 그녀가 10대 소녀 시절 한쪽에는 육체적 사랑을 다른 한쪽에는 영적인 사랑을 두고 세상을 양분했던 것보다 훨씬 더 성숙해진 이해였다.


## 고난의 여정

―

전향은 즐거움이라고는 전혀 없는 지루한 과정이었다. 도러시는 그녀답게 모든 것을 어렵게 만들어 자기 자신을 괴롭혔다. 그녀는 매 순간 자신을 비판했고, 자기의 동기와 행동에 의혹을 제기했다. 그녀는 급진주의자였던 이전의 모습과 신앙인이라는 새로운 삶이 요구하는 모습 사이에서 갈등을 겪었다. 어느 날 그녀는 우체국에 가다가 자신의 믿음에 대해 마음 가득 경멸감이 차오르는 것을 느꼈다. '너 정말 만족감에 정신을 못 차리는구나. 넌 생물에 불과해. 암소나 마찬가지야. 너에게 기도란 민중의 아편과 같아.' 그녀는 그 말을 머릿속으로 계속 되뇌었다. '민중의 아편.' 그러나 계속 걸어가며 논리적으로 생각을 가다듬었다. 그녀는 고통을 피하기 위해 기도하는 것이 아니었다. 행복하기 때문에 하는 기도였고, 그 행복감에 대해 신에게 감사드리고 싶어서 하는 기도였다.[27]

1927년 7월, 태머가 세례를 받았다. 세례를 받은 후 파티가 벌어졌고, 포스터는 직접 잡은 바닷가재를 가지고 왔다. 그러나 그는 도러시와 말다툼을 했고, 이 모든 것은 그저 우상숭배일 뿐이라는 말을 내뱉고는 떠나 버렸다.

도러시는 1927년 12월 28일 공식적으로 가톨릭 신자가 되었다. 그렇다고 그 순간이 그녀에게 위안이 되지는 않았다. "내게는 평화도, 기쁨도, 내가 옳은 일을 하고 있다는 확신도 없었다. 그것은 그저 꼭 해치워야만 하는 어떤 것, 이를테면 통과의례 같은 것이었다." [28] 성찬식, 세례성사, 고해성사, 성체성사 등 의식을 거치는 동안 그녀는 자신이 위선자라는 느낌을 받았다. 그녀는 무릎을 꿇고 그 과정을 냉정하게 치러 냈다. 하지만 누군가 자기를 볼까 두려웠다. 가난한 사람들을 배신하고 역사의 패배자 편에 서는 것은 아닌지, 온통 자본과 권력과 엘리트들의 편만 있는 곳으로 전향하는 것은 아닌지 두려웠다. '확신해?' 그녀는 자신에게 물었다. '이건 또 무슨 가식일까? 지금 하고 있는 짓이 대체 무엇일까?'

늘 자기비판적이었던 도러시는 그 후로 몇 달, 몇 년 동안 자신의 믿음이 충분히 깊고 실질적인지 계속 자문했다. "가톨릭교도가 된 이후로 내가 한 일이 얼마나 작고 보잘것없는지 생각했다. 얼마나 자기중심적인지, 얼마나 자의식이 강한지, 얼마나 공동체 의식이 부족했는지! 나의 형제들이 자신이 아니라 다른 이들을 위해 투쟁하는 것을 지켜보면서, 조용히 기도하고 독서하며 지낸 여름과 자기침잠의 시간들이 죄처럼 느껴졌다."[29]

종교를 선택함으로써 그녀는 몹시 고된 여정을 택한 셈이 됐다. 사람들은 종교가 삶을 좀 더 편안하게 만들고, 전지전능하며 우리를 사랑하는 아버지의 존재로 위안을 얻는다고들 한다. 그러나 그것은 도러시가 경험한 것과 거리가 멀었다. 그녀에게 종교는 힘겨운 자기갈등의 경험이었다. 그것은 조셉 솔로베이치크가 『할라킥 맨Halakhic Man』의 유명한 주석에서 묘사한 자기갈등과 비슷하다. 다음은 『할라킥 맨』 주석의 요약본이다.

종교적 경험은 평온하고, 질서 정연하고, 부드럽고 섬세하다는 것이 널리 통용되는 이데올로기다. 종교는 쓰라린 영혼을 적셔 줄 마법의 시냇물이요, 불안한 마음을 달래 줄 고요한 연못이라는 것이다. "들에서 돌아와 심히 피곤한"(창세기 25:29) 자들, 삶이라는 전장이자 전투에서 돌아온 자들, 의혹과 두려움, 모순과 논박으로 가득찬 속세에서 돌아온 자들이 갓난아기가 어머니에게 그러듯 종교에 매달려 그 품에서 '머리를 쉬고, 저버린 기도의 보금자리'를 찾고, 그곳에서 실망과 시련에 대한 위안을 얻는다. 이런 루소적인 이데올로기는 낭만주의 운동 초기부터 마지막까지 그 전체를 관통하고 (비극적이게도) 현대 인류의 의식에까지 그 족적을 남겨 왔다. 따라서 종교 공동체를 대표하는 이들은 종교를 눈부시게 화려한 색채, 시적

이상향, 단순하고 꾸밈없는 영역, 완전함, 평온함 등으로 묘사하는 경향이 있다. 이 이데올로기는 본질적으로 잘못됐으며 기만적인 것이다. 종교적 의식은 인간이 경험하는 것들 중 가장 심오하고 고양된 경험이자, 가장 깊은 곳까지 관통하고 가장 높은 곳까지 미치는, 결코 단순하지도 편안하지도 않은 경험이다.

오히려 그 경험은 엄청나게 복잡하고 엄격하고 고통스럽다. 그 복잡성을 알게 됐을 때 비로소 위대함도 알게 될 것이다. 호모 렐리기오수스homo religiosus(종교적 인간)의 의식은 자신에게 쓰디쓴 비난을 날리면서도 그 즉시 후회로 가득 차고, 자신의 욕망과 갈망을 지나치리만큼 혹독하게 평가하면서도 그것들에 몸을 푹 담그고, 자신의 태도나 사고방식을 폄하하고 비방하면서도 그 영향력에서 벗어나지 못한다. 그것은 심적 비상과 추락, 긍정과 부정, 자기부정과 자화자찬의 모순이 공존하는 영적 위기의 상태다. 애초에 종교는 절망에 빠진 절박한 사람들을 위한 은총과 자비의 피난처도, 짓밟힌 마음을 적실 마법의 시냇물도 아니다. 오히려 위기와 고통과 고뇌를 모두 가진 인간의 의식을 흐르는 격렬하고 시끄러운 급류다.

종교적 여정을 시작할 즈음 도러시는 사랑에 빠진 세 명의 여성을 만났다. 그런데 그들은 결혼할 남자들과 잠자리를 가지고 싶은 게 분명한데도 그렇게 하지 않았다. 그녀는 그들의 자제력을 목격하고 "가톨릭이 풍요롭고 실제적이며 아주 흥미로운 것"이라고 느끼기 시작했다. "나는 그들이 도덕적 문제와 씨름하는 것을 지켜봤다. 그들은 삶의 기본이 되는 원칙을 가지고 있었고, 그 때문에 내 눈에는 그들이 숭고해 보였다."[30]

도러시는 날마다 미사에 참여했다. 그러기 위해서는 동틀 무렵에 일어나야만 했다. 그리고 수도원의 일과에 따라 기도를 했다. 그녀는 또 매일 시간을 내어 성서를 읽고, 묵주 기도를 하는 등 종교적 규율을 지켰으며, 금식도 하고 고해성사도 했다.

이 의식들은 마치 연주자가 음계 연습을 하듯 일상적인 일이 되어 버릴 수도 있었다. 그러나 도러시는 이 일상들이 지루할지라도 꼭 필요한 것이라고 느꼈다. "교회의 의식, 특히 주의 만찬이라고 부르는 성체성사가 없었다면, 나는 종교 생활을 계속하지 못했을 게 틀림없다. (…) 항상 필요에 의해서 혹은 기쁨이나 감사의 자세로 그 의식에 다가가는 것은 아니다. 38년 동안 거의 날마다 성찬식에 참여했으니 일상적으로 늘 하던 일이라고 고백할 수도 있겠다. 그러나 그것은 날마다 음식을 먹는 것과 같은 일상이다."[31]

이러한 일상은 그녀의 삶에 영적 중심을 만들어 주었다. 산산이 부서진 이전의 삶에서 이제는 중심이 있고 통합된 삶으로 옮겨 간 것이다.

## 가톨릭 노동자 운동
—

도러시는 이제 30대 초반이 되었다. 대공황이 엄청난 타격을 가하고 있었다. 1933년, 그녀는 『가톨릭 워커The Catholic Worker』라는 신문을 창간했다. 사람들이 더 쉽게 선한 삶을 살 수 있는 사회를 만드는 것을 목표로 프롤레타리아 계급을 결집하고 가톨릭 사회교리를 적용하기 위한 것이었다. 『가톨릭 워커』는 단순한 신문이 아니라 로어 맨해튼의 판잣집 같은 사무실에서 모두 무료로 일하는 사회운동이었다. 3년이 채 지나지 않아 이 신문은 15만 명의 구독자를 확보했고, 전국 500개 교구에 배포되고 있었다.[32]

『가톨릭 워커』는 무료 급식소를 운영해서 매일 아침 최대 1500명에 게 식사를 제공했다. 또한 궁핍한 사람들이 임시로 묵어 갈 수 있는 거 처를 후원했다. 1935년부터 1938년까지 이 시설들에서 숙식을 제공 한 날들을 모두 합치면 5만 박에 달했다. 미국 전역과 영국에서 도러 시와 동료들이 직접 운영하거나 그들의 영향을 받아 마련된 임시 숙소 만도 30개가 넘었다. 그들은 또 캘리포니아에서 미시간, 뉴저지에 이 르기까지 농업 공동체를 직접 조직하거나 영향을 줬다. 이 모든 것은 인간 실존에 드리워진 외로움을 치유하기 위해 공동체를 세우려는 노 력의 일환이었다.

도러시에게 있어서 분리는 죄였다. 그것이 신으로부터의 분리든, 사 람들 간의 분리든 말이다. 반면 통합은 성스러운 것이었다. 그것은 사 람들과 영적인 것들 사이의 융합이다. 『가톨릭 워커』는 많은 것을 융 합해 냈다. 그것은 신문인 동시에 구호 활동을 위한 사회운동 조직이 었다. 종교 출판물이었지만 동시에 경제적 변화를 지지했다. 내적인 삶에 관한 신문이었지만 동시에 정치적 급진주의 정신을 담았다. 이 신문을 통해 부자와 가난한 사람들이 소통했다. 신학과 경제학, 물질 적 관심과 영적 관심, 육체와 영혼을 결합시켰다.

도러시는 급진주의를 고집하면서 사회 문제를 뿌리부터 파헤치고 싶어 했다. 비록 신문은 '가톨릭'을 표방했지만, 그녀는 인격주의 철학 을 포용해서 신의 형상으로 창조된 각 개인의 존엄성을 확인하고자 했다. 인격주의자였던 도러시는 '큰' 것에 대한 의혹을 가지고 있었다. 그것이 큰 정부든 큰 회사든 말이다. 큰 독지가에 대해서도 의혹을 가졌다. 그녀는 동료들에게 끊임없이 '작은' 상태를 유지하라고 촉구했다. 자신이 사는 곳에서, 바로 자기 주변에 있는 작고 구체적인 요구를 가지고 일을 시작하라는 것이었다. 일터에서 긴장을 완화할 수 있도록 돕고, 바로 앞에 있는 사람이 먹을 것을 해결할 수 있도록 도와라. 인격주의는 우리에게 단순한 삶을 살고, 형제자매들이 필요로 하는 것을 돌보고, 그들이 경험하는 행복과 고통을 함께 나눌 의무가 있다는 입장이다. 인격주의자는 전인적 인간으로서 자신을 바쳐 또 다른 전인적 인간을 돕는다. 이는 작은 공동체 내에서 긴밀한 접촉을 통해서만 이루어질 수 있다.

도러시는 1980년 11월 29일 숨을 거둘 때까지 신문을 발행하고, 가난한 이들과 정신장애 환우들에게 수프와 빵을 나눠 주면서 가톨릭 일꾼으로 여생을 보냈다. 그동안 11권의 책과 1천 개가 넘는 기사를 썼다. 봉사 활동은 지루하고 단조로웠다. 컴퓨터와 복사기가 나오기 전이라 직원들은 매달 수십만 개에 달하는 주소를 타자로 쳐서 구독자들에게 신문을 배송했다. 또 기자들은 직접 거리에 나가서 신문을 팔았다. 도러시는 가난한 사람들을 돌보는 것만으로는 충분하지 않다고 느꼈다. "그들과 같이 살고, 그들의 고통을 나눠야 한다. 사생활을 포기해야 하고, 육체는 물론 정신적·영적 안락도 포기해야만 한다."[33] 그녀는 자기 집에서 편안히 지내다가 빈민을 위한 임시 숙소에 찾아가는 식으로 살지 않았다. 임시 숙소에서 자신이 돕는 사람들과 함께 생활했다.

일은 쉴 새 없이 밀어닥쳤다. 끊임없이 커피와 수프를 나눠 주고, 운영비를 마련하고, 신문에 실을 기사를 써야만 했다. "아침으로 마른 빵을 두껍게 잘라서 한 조각 먹고, 아주 맛없는 커피를 조금 마셨다." 도러시는 어느 날 일기에 그렇게 적었다. "편지 열두 통을 구술해 받아쓰게 했다. 머리가 안개 속을 헤매는 느낌이다. 계단을 오를 힘도 없다. 스스로 오늘은 좀 누워 있어야겠다고 처방을 내린 날이지만, 모든 잘못은 다 내 마음에 있는 거라는 생각을 떨칠 수 없다. 나는 불쾌한 무질서, 소음, 사람들로 둘러싸여 있다. 내적으로 고독하고 빈곤한 정신을 유지할 수 없다."[34]

우리는 성인들 혹은 그들처럼 사는 사람들을 고도로 영적인 영역에 사는 천상의 존재처럼 여기곤 한다. 그러나 사실 그들은 우리들보다 훨씬 더 천상과는 거리가 먼 환경에서 살 때가 많다. 그들은 이 땅에 더 철저히 발을 딛고 살고, 주변 사람들의 지저분하고 현실적인 문제에 더 온전히 몸을 던지며 산다. 도러시와 그녀의 동료들은 추운 방에서 잠을 잤다. 입고 있는 옷은 기부받은 것이었다. 월급도 받지 않았다. 그녀는 온통 교리와는 거리가 먼 생각에 정신이 팔려 있었다. 어떻게 이런저런 재정 위기를 넘길 것인지, 앞에 있는 이 사람을 어떻게 치료받게 할 것인지 궁리하는 것만으로도 바빴다. 그녀가 1934년에 쓴 일기에 묘사된 하루 일과를 보면 종교적인 것과 세속적인 것이 뒤섞여 있다는 것을 알 수 있다. 아침에 일어나서 미사를 보고, 직원들이 먹을 아침 식사를 만들고, 편지에 답장을 하고, 회계 일을 보고, 글을 좀 읽고, 영감을 주는 메시지를 써서 등사판으로 복사해 나눠 준다. 그러고 나면 임시 직원이 들어와서 열두 살 난 소녀가 견진성사 때 입을 옷을 달라고 한다. 이번에는 개종한 사람이 와서 자신이 쓴 종교적 글을 보여 주고, 뒤이어 파시스트가 찾아와서 그 집에 묵고 있는 사람들 사이에 증오심을 불러일으킨다. 그다음에는 미술학도가 시에나의 성 카타리나를 그린 그림 몇 장을 들고 찾아온다. 그 뒤로도 일은 계속 이어진다.

이 분위기는 독일의 의료 선교사 알베르트 슈바이처가 아프리카 정글에 세운 병원에서 벌어진 일을 묘사한 것과 흡사하다. 그는 병원에서 일할 사람들로 이상주의자들은 뽑지 않았고, 세상에 자신이 얼마나 많은 것을 주고 있는지를 과도하게 의식하는 사람들도 뽑지 않았다. 또 '뭔가 특별한 일을 하겠다'고 나선 사람들도 고용하지 않았다. 그는 허튼 생각 없이 현실적인 태도로 해야 할 일을 꾸준히 할 사람들을 원했다. "비범한 일을 해내는 것이 아니라 마땅히 해야 할 일을 한다고 생각하고, 영웅심 없이 냉철한 열정으로 주어진 임무를 수행하는 사람들이야말로 세상이 필요로 하는 영적 개척자들이다."[35]

도러시는 원래 사교적인 사람이 아니었다. 약간 고고하고 종종 혼자 있기를 열망하는 작가적 기질을 가지고 있었다. 그러나 그녀는 날마다 거의 하루 종일 강제로라도 사람들과 함께 시간을 보냈다. 그녀가 봉사한 사람들 중 대다수가 정신 질환을 가지고 있거나 알코올 중독자들이었다. 말다툼이 끊이지 않았다. 임시 숙소에 온 손님들은 무례하고 불쾌하고 입버릇이 나쁜 사람들이 많았다. 그럼에도 그녀는 억지로라도 테이블에 앉아서 자기 앞에 앉아 있는 바로 그 사람에게 정신을 집중했다. 그 사람이 술에 취해 횡설수설하는 경우도 있었지만, 그녀는 존중하는 태도로 앉아서 그 말을 경청했다.

그녀는 항상 공책을 가지고 다니면서 시간이 조금이라도 나면 글을 썼다. 일기를 쓰기도 하고, 칼럼, 에세이, 그리고 다른 신문에 게재할 기사들을 끊임없이 써 내려갔다. 다른 사람들의 죄는 자기 자신의 더 큰 죄를 돌아보는 계기가 되었다. 어느 날 그녀는 일기에 이렇게 썼다. "술에 취한 죄, 그리고 그로 인해 짓게 되는 모든 죄들은 추하고 끔찍하다는 게 너무도 명백하다. 바로 그 이유 때문에 이 가련한 죄인들은 더 큰 불행을 느낀다. 따라서 우리가 그들을 판단하거나 비난하지 않는 것이 더욱 중요하다. 신의 눈에는 눈에 띄지 않는 미묘한 죄가 훨씬 더 클 것이 분명하다. 우리는 모든 노력을 다해 더욱더 사랑하려 해야 하고, 사랑으로 서로에게 매달리려 해야 한다. 그들은 우리의 더 끔찍한 죄들을 보여 주려는 것이니, 우리는 진정으로 회개하고 그 죄들을 혐오해야 할 것이다."[36]

그녀는 자신이 선한 일을 한다는 이유로 영적으로 자만하거나 독선적이 되는 것을 경계했다. "어떨 때는 나 자신에게 제동을 걸어야 할 때가 있다." 그녀는 그렇게 썼다. "이 사람에서 저 사람으로 급히 누비고 다니면서 연달아 수프를 나눠 주고 빵을 건네며 배고픈 사람들이 전하는 감사의 소리가 내 귀를 가득 채우도록 허락하는 나 자신을 발견하곤 한다. 내 귀는 다른 사람들의 배만큼 허기질 때가 있다. 감사의 말을 듣는 즐거움을 찾는 허기 말이다."[37] 도로시는 모퉁이를 돌 때마다 자만심이라는 죄를 만나게 되고, 빈민자들을 위한 숙소에도 수많은 모퉁이가 있다고 믿었다. 다른 사람을 돕는다는 것은 커다란 유혹 속에서 사는 일이다.

## 시련이라는 두려운 선물

—

젊은 시절 도러시는 말하자면 도스토예프스키적 삶을 살았다. 신에게 사로잡혀 있을 때마저도 그녀의 삶은 술과 무질서로 가득 차 있었다. 그러나 폴 엘리가 지적하듯 그녀는 내적으로 도스토예프스키적인 사람이 아니었다. 오히려 톨스토이적인 사람이었다. 그녀는 꼼짝없이 갇혀 상황에 따라 고통을 받아야 하는 짐승이 아니었다. 그녀는 고통을 적극적으로 선택했다. 발자국을 뗄 때마다 대부분의 사람들이 안락함과 편안함—경제학자들은 자기 이익 추구라고 하고 심리학자들은 행복이라고 말하는 상태—을 선택할 상황에서 그녀는 성스러움에 대한 자신의 염원을 만족시키기 위해 불편함과 어려움이 가득한 다른 길을 추구했다. 그녀는 그저 커다란 영향을 끼치기 위해 비영리 단체에서 일하기로 한 것이 아니었다. 비록 희생과 고통이 따를지라도 복음과 일치하는 삶을 추구하기 위해서였다.

대부분의 사람들은 미래를 생각할 때 지금보다 더 행복한 삶을 살수 있으리라는 꿈을 꾼다. 그러나 다음 현상에 주목해 보자. 사람들은 자신을 형성해 온 중요한 사건을 회상할 때, 대부분 행복한 순간을 이야기하지 않는다. 가장 의미 있는 시기는 대개 시련을 겪었을 때다. 우리는 행복을 추구하긴 하지만 시련을 통해서 성장했다고 느끼는 것이다.

도러시는 깊이를 얻기 위해 고통을 추구했다는 점에서 평범하지 않았으며, 심지어는 삐딱하기까지 했다. 그녀는 우리가 깊이 있다고 부르는 사람들은 거의 항상 시련의 시기를 거쳤으며, 때로는 여러 차례 그런 경험을 한 이들이라는 점을 깨달은 듯하다. 이는 우리 대부분이 느끼는 것과 다르지 않다. 그러나 그녀는 고통스런 상황을 일부러 찾아 나서는 것 같았으며, 단순하고 세속적인 행복을 가져다주는 평범한 삶의 기쁨을 피하는 듯했다. 도덕적 영웅심을 발휘할 기회, 역경을 감내하면서 다른 이들을 도울 기회를 찾곤 했던 것이다.

대부분의 사람들에게 시련은 본질적으로 숭고한 것이 아니다. 실패가 때로 실패로 끝날 뿐인 것처럼(제2의 스티브 잡스를 낳는 게 아니라), 시련은 때로 파괴적일 뿐이다. 가능한 한 빨리 벗어나고 치유해야 하는 일이 되는 것이다. 시련은 그 이상의 거대한 목적과 연결되어 있지 않을 때 사람들을 쪼그라들게 하고, 때로 완전히 파괴해 버리기도 한다. 시련이 더 큰 과정의 일부라는 사실을 이해하지 못하면 의혹과 허무, 절망에 빠지게 된다.

그러나 어떤 사람들은 시련을 더 큰 구도의 무언가와 연결할 줄 안다. 그들은 고통받는 다른 모든 사람들과의 연대 안에서 자신의 고통을 바라볼 줄 안다. 이를 통해 그들은 확실히 더 나은 사람이 된다. 차이를 만드는 것은 시련 그 자체가 아니라 그것을 어떻게 경험하는가에 있다. 프랭클린 루스벨트가 소아마비를 앓은 다음 더 심오하고 공감을 불러일으키는 사람이 되어서 돌아온 것을 상기해 보자. 육체적, 사회적 시련을 거치면서 사람들은 외부인의 시각으로 볼 줄 알게 되고, 다른 사람늘이 무엇을 견뎌 내며 살고 있는지를 깨닫게 되기도 한다.

시련은 무엇보다도 내면 깊숙한 곳으로 우리를 끌어들인다. 신학자 폴 틸리히는 시련을 견뎌 낸 사람들은 삶의 일상적인 분주함 이면으로 들어가 그동안 믿어 왔던 자기 자신의 모습이 실은 자기가 아니라는 사실을 알게 된다고 말했다. 말하자면 위대한 음악을 작곡하는 데 따르는 고통이나 사랑하는 사람을 잃고 느끼는 깊은 슬픔은 사람들이 스스로 영혼의 밑바닥이라고 여기는 곳까지 무너뜨려 그 아래 있던 텅빈 공간을 드러내며, 그 텅 빈 공간의 바닥을 또다시 깨뜨려 더 깊은 곳의 공간을 드러내기를 반복한다. 시련을 겪는 사람은 이전에 알지 못했던 바닥으로 계속해서 떨어지는 것이다.

시련은 지금까지 감춰져 있던 오래된 상처를 다시 드러낸다. 억눌려 있던 끔찍한 경험들과 지난날 저지른 수치스러운 잘못들이 표면으로 떠오른다. 어떤 이들은 이를 계기로 영혼의 밑바닥을 고통스러울 정도로 면밀하게 살펴보는 데 박차를 가한다. 하지만 이 과정은 진실에 점점 더 가까워진다는 기분 좋은 느낌도 준다. 시련이 주는 쾌감은 피상적인 일상의 뒷면을 파고들어 근본적인 것에 접근한다는 느낌에서 나온다. 이는 현대 심리학자들이 말하는 '우울증적 현실주의depressive realism', 다시 말해 사물을 정확하게 있는 그대로 보는 능력을 만들어 낸다. 또한 이는 모든 점에 있어서 스스로를 단순화하는 방식의 일환으로 자기 자신에게 말하는 것들, 이를테면 마음의 위안을 주는 자기 합리화라든가 스스로를 다독이는 말들을 산산조각 내 버린다.

따라서 시련은 사람들로 하여금 자신의 한계, 그리고 자기가 제어할 수 있는 일과 없는 일을 더 정확히 파악할 수 있게 해 준다. 이렇게 더 심오한 차원, 고독한 자기반성의 차원으로 내던져진 사람들은 거기서 벌어지는 일들을 자기 마음대로 결정할 수 없다는 사실을 받아들이지 않을 수 없다.

사랑과 마찬가지로 시련은 자신을 마음대로 통제할 수 있다는 환상을 여지없이 깨뜨린다. 고통받는 사람은 아픔이 느껴지는 것을 마음대로 멈출 수 없고, 죽거나 떠나간 사람에 대한 그리움을 자기 뜻대로 멈출 수도 없다. 그러다가 평온을 되찾기 시작하고, 슬픔이 가라앉는 순간에도 그 안도감이 어디서 오는 것인지 알지 못한다. 치유의 과정 또한 개인이 제어할 수 있는 한계를 넘어선 자연의 한 부분 혹은 신성한 과정인 것처럼 느껴진다. 분투의 문화 속에서 사는 사람들, 다시 말해 무엇이든 노력하고 분발하고 장악해야 얻을 수 있는 아담 I의 세계에 사는 사람들에게 고통과 시련은 기대고 의지하는 법을 가르쳐 준다. 시련은 삶이 예측 불가능하고, 모든 것은 노력으로 제어 가능하다는 생각이 환상에 불과하다는 것을 가르친다.

이상하게도 시련은 감사하는 마음을 가르친다. 평상시에 우리는 사랑을 자기만족적인 이유로 받아들이지만(나는 사랑받을 가치가 있는 사람이야), 고통받고 있을 때는 자신에게 사랑받을 자격이 얼마나 없는지, 그것이 사실 얼마나 감사해야 할 일인지를 깨닫게 된다. 또한 자만심에 빠진 순간에는 남에게 부채감을 느끼고 싶어 하지 않지만, 초라해진 순간에는 자신에게 다른 사람의 애정과 관심을 받을 자격이 없다는 것을 알게 된다.

이런 상황에 처한 사람들은 자신이 뭔가 더 큰 섭리에 휩쓸려 간다는 느낌을 받는다. 에이브러햄 링컨은 평생 우울증에 시달렸고, 거기에 더해 남북전쟁을 치러야 하는 시련을 감수해야 했다. 그러나 그 결과 신의 섭리가 자신의 삶을 좌우하고 있으며, 자신은 초월적인 임무를 수행하는 데 쓰이는 작은 도구에 불과하다는 생각을 하게 됐다.

시련의 한가운데 있는 사람들은 바로 이 시점에 자신에게 내려진 소명을 느끼기 시작한다. 그들에게는 상황을 완전히 제어할 수 있는 힘이 없다. 하지만 완전히 무력한 것도 아니다. 그들이 처한 고통의 방향을 결정할 수는 없지만, 그것에 대응하는 방식으로 참여할 수는 있다. 사람들은 종종 현명하게 대응해야 한다는 도덕적 책임감을 강하게 느낀다. 시련이 처음 시작되었을 때는 이렇게 묻는다. "왜 하필 나일까?" "왜 이토록 악한 일이 벌어지는 걸까?" 그러나 얼마 지나지 않아 이렇게 묻는 편이 더 적절하다는 걸 깨닫는다. "내가 고통과 맞닥뜨리게 된다면, 내가 악한 일의 희생자가 된다면 어떻게 해야 할까?"

이렇듯 시련에 적절하게 대응하고자 하는 사람들은 자신이 개인적 행복을 추구하는 단계보다 훨씬 더 깊은 단계에 도달했음을 느낀다. 그들은 결코 이런 식으로 말하지 않는다. "흠, 난 아이를 잃어서 엄청난 고통과 싸우고 있어. 이런저런 파티에 가서 즐겁게 놀아야겠어. 그렇게 내 쾌락의 몫을 채워서 균형을 유지해야만 해."

쾌락은 아이를 잃는 것과 같은 시련에 대한 올바른 대처법이 아니다. 그보다는 성스러움으로 대처해야 한다. 순전히 종교적인 의미의 성스러움을 말하는 것이 아니다. 고통을 도덕적 이야기의 일부로 본다는 의미이고, 나쁜 경험을 성스러운 경험으로 전환함으로써 벌충하고 만회하고자 한다는 의미이며, 희생적인 봉사로 더 큰 공동체와의 연대, 영원한 도덕적 요구와의 연대를 모색한다는 의미다. 아이를 잃은 부모가 자선 재단을 만들어서, 죽은 아이가 한 번도 만나 보지 못한 수많은 사람들의 삶에 영향을 준다. 시련은 우리의 유한성을 상기하게 만들고, 삶을 가능한 한 가장 넓은 범위로 연결해서 바라보게 만든다. 그리고 바로 거기에 성스러움이 있는 것이다.

시련으로부터의 회복은 질병으로부터의 회복과 다르다. 많은 사람들이 치유가 아닌 변화를 경험한다. 그들은 개인적 효용의 논리를 돌파하고 나아가 역설적으로 행동한다. 종종 고통의 원인이 되는 사랑의 언약 같은 것들로부터 뒷걸음질치기보다 오히려 거기에 더 깊이 몸을 던진다. 최악의 경험을 하고 너무도 깊은 상처를 남기게 될지라도 자신의 약한 부분을 더 많이 드러내고 치유의 힘이 있는 사랑에 몸을 맡기는 사람들이 있다. 그들은 일, 사랑하는 사람들, 그리고 수많은 약속과 책임들에 더 깊이, 더 감사하는 마음으로 자기 자신을 던진다.

이렇게 해서 시련은 두려운 선물이 된다. 판에 박힌 의미의 행복이나 선물과는 완전히 다른 선물이다. 일상적인 선물이 즐거움을 안겨 준다면, 시련이라는 선물은 인격을 닦게 해 준다.

## 봉사하는 삶

수십 년의 세월이 흐르면서 도로시 데이의 모범적인 삶은 사회에 영향을 미치기 시작했다. 그녀는 단순히 가톨릭 사회교리를 설파하는 투사가 아니었다. 그보다는 구체적인 삶의 모범을 보여 주었기 때문에 젊은 가톨릭 세대들에게 영감을 줄 수 있었다. 가톨릭 사회교리는 모든 삶은 똑같이 존엄하며 마약에 절은 노숙자들의 영혼이든 훌륭한 우등생의 영혼이든 동등한 가치를 지니고 있다는 생각에 기본을 두고 있다. 또한 신이 가난한 자들에 대한 특별한 사랑을 지니고 있다는 데 기본을 두고 있다. 이사야서 58장 5절부터 7절까지의 메시지를 압축한 가톨릭 사회교리도 이와 맥을 같이한다. "진정한 숭배는 가난하고 억눌린 자들을 돌보고 정의롭게 대하는 데 있다." 이 교리는 인류가 모두 한 가족이라는 점을 강조한다. 따라서 신의 종들은 서로 연대해 공동체 안에서 살아야 한다. 도러시는 이런 원칙에 입각해서 단체들을 조직했다.

『고백』은 1952년에 출간됐다. 출간 당시에도 많이 팔려 나갔고, 지금껏 절판되지 않고 있다. 도러시의 업적이 널리 알려지면서 그녀가 관계하는 임시 빈민 숙소에도 수많은 숭배자들이 몰려들었고, 그것 자체가 영적 도전이 되었다. "우리가 하는 일이 너무나 놀랍다고 말하는 사람들의 얘기를 듣는 데 지쳤다. 우리가 이곳에서 보내는 대부분의 시간은 그들이 생각하는 것만큼 놀랍지 않다. 우리는 과로하는 데다 피곤함과 짜증을 느낄 때가 많다. 그럴 때 누군가 무례한 말이라도 하면 인내심이 바닥 나서 폭발 직전이 되곤 한다."[38] 그럼에도 그녀는 자신과 동료들이 사람들의 찬사 때문에 나쁜 영향을 받을까 두려웠다. 그녀는 또 사람들의 이런 관심 때문에 더 외로움을 느꼈다.

거의 항상 사람들에게 둘러싸여 있던 도러시는 자신이 사랑하는 이들로부터 고립된다는 느낌을 많이 받았다. 도러시의 가족들은 가톨릭 신앙에 마음을 빼앗긴 그녀로부터 점점 멀어졌다. 포스터가 떠난 이후 그녀는 다른 어떤 남성도 사랑하지 않았고, 여생을 내내 독신으로 살았다. "아침에 일어나면서 그가 내 가슴에 얼굴을 묻고 어깨에 팔을 두를 때의 느낌을 더 이상 갈구하지 않게 되기까지 몇 년이 걸렸다. 큰 상실감이 자리 잡았다. 그것이 내가 지불해야 하는 대가였다."[39] 그녀가 왜 그런 대가를 치러야 한다고 느꼈는지, 왜 외로움을 견디고 정절을 지켜야만 한다고 느꼈는지 확실치 않지만, 그녀는 그것을 견뎌

냈다.

도러시는 빈민용 임시 숙소에서 살며 장기간의 순회 강연을 다녀야
했기 때문에 딸 태머와도 떨어져 지내야만 했다. "몇 시간이나 잠들지
못하고 뒤척였다." 1940년 일기의 한 대목이다. "태머가 너무나도 그
립다. 밤에는 그 애 생각에 너무 슬퍼지지만 낮에는 좀 더 행복한 기억
을 떠올리며 그리워하게 된다. 밤에는 눕자마자 슬픔과 절망에 휩싸이
곤 한다. 마치 슬픔과 쓰라림과 고통을 주는 형틀에 오른 느낌이다. 그
러다가 아침이 오면 믿음과 사랑을 실천할 수 있을 정도의 힘을 되찾
고, 평화와 기쁨 속에서 하루를 보낸다."[40]

그녀는 남편 없이 혼자 아이를 키우면서 다양하고 과중한 사회 생활
을 했다. 집을 떠나 있는 동안에는 그녀 대신 여러 사람들이 차례로 태
머를 돌봤다. 그녀는 자신이 엄마로서 실패했다는 느낌이 자주 들었
다. 태머는 어릴 적에 '가톨릭 워커' 가족들과 어울려 자라다가 좀 더
큰 후에는 기숙학교에 다녔다. 태머는 열여섯 살 되던 해에 『가톨릭 워
커』에서 자원봉사를 하던 데이비드 헤네시라는 청년과 사랑에 빠졌
다. 도러시는 태머가 결혼하기에는 너무 어리다고 말했다. 그녀는 태
머에게 1년 동안 데이비드에게 편지를 쓰지 말라고 했으며, 그에게서
오는 편지는 뜯지도 말고 바로 돌려보내라고 명령했다. 그리고 데이비
드에게는 태머에게서 떠날 것을 종용하는 편지를 써서 보냈는데, 그는
편지를 열어 보지도 않고 돌려보냈다.

하지만 태머와 데이비드는 둘의 관계를 잘 지켜 냈고, 결국 태머가
열여덟 살 되던 해인 1944년 4월 19일에 도러시의 축복을 받으며 결
혼했다. 두 사람은 펜실베이니아주 이스턴에 있는 농장으로 이주했고,

거기서 도러시의 품에 안겨 주게 될 아홉 명의 손주들 중 첫아이를 출산했다. 태머와 데이비드는 1961년까지 결혼 생활을 하다가 이혼했다. 데이비드는 오랫동안 일자리를 찾지 못했고, 정신질환으로 고생했다. 태머는 결국 스태튼 섬 근처의 '가톨릭 워커' 농장 근처로 다시 이주했다. 사람들은 태머가 온화하고 따뜻한 사람이었지만 그녀의 어머니가 씨름했던 것과 같은 영적 갈구에 매달리지는 않았다고 기억한다. 태머는 사람들을 있는 그대로 받아들이고 무조건적으로 사랑했다. 태머는 2008년 뉴햄프셔에서 82세를 일기로 타계했다. 태머는 평생을 사회복지운동에 헌신했지만, 어머니와는 거의 같이 지내지 못했다.

## 공동체에서 답을 찾다

도러시는 성인이 된 후 대부분의 시간 동안 상반된 요구와 소명들 사이에서 갈등을 겪었다. 가끔은 심지어 신문에서 손을 뗄 생각까지도 했다. "『가톨릭 워커』에서 세상을 너무 많이 대하게 된다. 세상은 고통받고 있고, 죽어 가고 있다. 하지만 나는 『가톨릭 워커』에서 고통을 받지도 죽어 가고 있지도 않다. 그저 그에 관해 글을 쓰거나 이야기하고 있을 뿐이다."[41] 그녀는 또 보이지 않는 존재가 될 생각도 했다. 교회 바로 옆에 방 하나를 얻어 병원 간병인으로 일하며 사는 삶 말이다. "도시의 고독 안에서 가난한 사람들과 함께 일하며, 기도하는 것을 배우고, 일하고, 고통받고, 침묵을 지키는 삶을 원했다."

결국 그녀는 떠나지 않기로 결심했다. 그녀는 신문을 중심으로 빈민임시 숙소, 농촌 생활 공동체 등 일련의 공동체들을 형성했다. 그 공동체들은 그녀에게 가족이자 기쁨을 주는 원천이었다.

그녀는 1950년에 쓴 한 칼럼에서 이렇게 말했다. "글을 쓴다는 것은 공동체적 행위다. 그것은 글 쓰는 이가 읽는 이에게 편안함을 주고, 위안을 주고, 도움을 주고, 조언을 할 수 있을 뿐 아니라 읽는 이에게 같은 일을 요청할 수도 있는 편지와 같다. 글쓰기는 서로에 대한 사랑과 염려를 표현하는 행위다." [42]

도러시는 혼자 있고 싶어 하는 성격과 타인과의 연대를 갈구하는 성격이라는 분열된 자아와 씨름하면서 이 주제를 반복적으로 언급한다. "이 생에서 찾을 수 있는 유일한 해답, 우리가 모두 느낄 수밖에 없는 외로움에 대한 유일한 해답은 공동체다." 그녀는 계속해서 이렇게 썼다. "함께 생활하고, 함께 일하고, 함께 나누고, 신을 사랑하고, 형제를 사랑하고, 공동체 안에서 형제와 가까이 사는 것만이 그분(신)에 대한 우리의 사랑을 보여 줄 수 있는 유일한 길이다." [43] 『고백』의 마지막 부분에서 그녀는 감사의 마음으로 가득 찬 채 이렇게 외친다.

어미 자격이 없는 나 같은 사람이 아이들과 함께 즐거워하는 어머니의 기쁨을 느끼곤 한다. 항상 기뻐하는 것, 기뻐해야 할 의무를 잊지 않는 것은 쉬운 일이 아니다. 혹자는 가톨릭 워커의 가장 중요한 부분이 빈곤이라고 말한다. 또 가톨릭 워커의 가장 중요한 부분이 공동체라고 말하는 사람들도 있다. 우리는 더 이상 혼자가 아니다. 그러나 가장 중요하고 궁극적인 단어는 사랑이다. 간혹 그것이 조시마 장로님의 말씀처럼 가혹하고 끔찍한 것이 되기도 하고, 사랑에 대한 우리의 믿음이 불길 속에서 시험받을 때도 있다.

서로를 사랑하지 않고서는 신을 사랑할 수 없다. 그리고 사랑하기 위해서는 서로를 알아야만 한다. 우리는 빵을 나누며 주님을 알게 되고, 빵을 나누며 서로를 알게 된다. 우리는 더 이상 혼자가 아니다. 천국이 성찬이라면, 이 땅의 삶도 성찬이다. 비록 빵 껍질밖에 가진 것이 없더라도 연대감이 있다면 성찬이다.[44]

겉으로만 보면 도러시가 했던 일이 요즘 젊은이들의 사회봉사 활동과 비슷한 것이라는 인상을 받을 수도 있다. 수프를 나눠 주고 잠자리를 마련해 주는 일 말이다. 그러나 실제 그녀의 삶은 요즘 선행을 하는 사람들의 삶과는 매우 다른 토대와 방향에 기초해 있었다.

가톨릭 워커 운동은 가난한 사람들의 고통을 덜기 위한 것으로 여겨졌다. 그러나 그것은 이 운동의 주 목적도, 조직의 구성 원칙도 아니었다. 주된 개념은 그리스도교인들이 정말로 복음의 원칙과 사랑으로 가득한 삶을 영위했을 때 세상이 어떤 모습을 보이게 될지 모델을 제공하자는 것이었다. 가난한 사람을 돕는 것뿐 아니라 봉사하는 사람들의 불완전함을 다루는 것도 목표 중 하나였다. "씻지 않은 몸에서 나는 악취가 풍기는 곳에서 잠이 든다. 사생활이라고는 하나도 없다." 도러시는 일기에 그렇게 썼다. "그러나 예수 그리스도는 구유에서 태어나셨고, 마구간은 쉬이 더러워지고 냄새 나는 곳이다. 성모님이 참을 수 있었다면, 나도 그러지 못할 이유가 없다."[45]

저널리스트 이샤이 슈워츠가 썼듯이, 도러시에게 있어서 "모든 의미 있는 행동에 의미가 생기는 것은 그것이 신의 섭리와 연관성이 있기 때문이었다." 누군가에게 입을 옷을 찾아 줄 때마다 그것은 기도하는 행위와 같았다. 그녀는 '자선을 베푼다는 개념'에 혐오감을 느꼈다. 가난한 사람을 폄하하고 무시하는 것이기 때문이다. 그녀에게 봉사 행위 하나하나는 가난한 사람을 섬기며 신을 섬기는 일이었고, 자신의 내적 필요를 충족하는 행위였다. 슈워츠에 따르면, 그녀는 다른 사람과 교감하고 신에게 가까이 다가가기 위해서는 가난을 포용해야 하며, 이를 위해서는 '빈곤을 개인적인 덕목으로 내면화할' 필요가 있다고 생각했다. 기도와 공동체 봉사를 분리하는 것은 봉사와 봉사를 통해 삶을 바꾸겠다는 목적의식을 분리하는 것이나 마찬가지였다.

도러시 데이의 일기를 읽는 사람이라면 누구나 그녀가 견뎌야 했던 외로움, 시련, 고통 때문에 진지해지지 않을 수가 없다. 신이 진정으로 이렇게 커다란 시련을 요구한 것일까? 그녀는 세상에서 찾을 수 있는 단순한 기쁨을 너무 많이 포기한 것이 아닐까? 어떻게 보면 그런 것 같기도 하다. 그러나 달리 보면 그녀의 일기와 글에 지나치게 기대서 만들어진 잘못된 인상이라는 생각도 든다. 다른 사람들처럼 그녀의 기분도 일상생활을 할 때보다 일기를 쓸 때 더 어두워지곤 했다. 행복할 때는 일기를 쓰지 않았다. 자신을 행복하게 만드는 일들을 하느라 바빴기 때문이다. 뭔가를 곱씹을 때, 고통의 원인이 무언지를 생각하고자 할 때 일기를 쓰곤 했다.

일기는 고뇌에 찬 모습을 그리고 있지만, 사람들의 입을 통해 전해지는 도러시의 이미지는 항상 아이들과 친한 친구, 그녀를 존경하는 사람들, 그리고 가까운 공동체에 둘러싸인 모습이다. 그녀를 존경하는 사람 중 하나인 메리 라스럽은 이렇게 전한다. "그녀는 친밀한 우정을 나눌 무한한 역량을 지닌 사람이었다. 친구들과 맺은 우정은 모두 특별하고 유일무이했다. 그녀는 그런 친구가 엄청나게 많았다. 그녀를 사랑하고 그녀가 사랑한 사람들 말이다."[46]

또 음악과 세상의 감각적인 것들에 대한 그녀의 치열한 사랑을 기억하는 사람도 많다. 캐슬린 조던의 말을 들어 보자. "도러시는 아름다운 것에 대한 깊은 이해가 있는 사람이었다. (…) 한번은 그녀가 오페라를 감상하고 있는데 끼어든 적이 있다[도러시는 라디오에서 흘러나오는 메트로폴리탄 오페라를 듣고 있었다]. 방에 걸어 들어간 나는 거의 황홀경에 빠진 그녀를 목격했다. 그 장면은 그녀에게 제대로 된 기도가 어떤 의미인지를 배울 수 있는 기회였다. (…) 도러시는 이렇게 말하곤 했다. '도스토예프스키의 말을 기억해야 해. 아름다움이 세상을 구할 거라고 했잖아.' 그 말의 의미를 그녀에게서 찾을 수 있었다. 도러시는 자연과 초자연을 구분하지 않았다."[47]

## 고통받는 사람과 함께한다는 것

1960년은 도러시가 포스터 배터햄과 이별한 지 30년 넘게 지난 시점이었다. 포스터는 이 시점까지 대부분의 시간을 나네트라는 순진하고 매력 있는 여성과 함께 살았다. 그런데 그는 나네트가 암에 걸리자 도러시를 다시 찾아왔다. 죽음을 맞는 나네트 곁을 지켜 달라고 부탁하기 위해서였다. 도러시는 물론 두 번 생각할 것도 없이 그 요청을 받아들였다. 그 후 몇 달 동안 그녀는 스태튼 섬에서 날마다 많은 시간을 나네트와 함께 보냈다. "나네트가 오늘은 특히 어려운 시간을 보냈다." 그녀는 일기에 그렇게 썼다. "심적인 스트레스뿐 아니라 온몸의 통증이 하루 종일 그녀를 괴롭혔다. 오늘은 그냥 누워서 서럽게 울기만 했다. 나는 그녀를 위로하기가 너무 어렵다고 말했고, 고통 앞에서는 그저 침묵을 지킬 수밖에 없다고 고백했다. 그러자 그녀는 쓸쓸하게 대답했다. '그렇겠죠. 죽음의 침묵.' 나는 묵주 기도를 올리겠다고 말했다."[48]

도러시는 다른 사람들이 트라우마를 겪을 때 사려 깊은 사람들이 취하는 태도를 보였다. 우리는 모두 트라우마를 견디고 있는 사람들을 위로해야 할 때가 있다. 대부분 그런 상황에서 어떻게 반응해야 할지 잘 모르지만, 그걸 잘 아는 사람들도 있다. 그들은 우선 그저 그 자리에 모습을 드러낸다. 자기존재를 그 자리에 두는 것 자체가 돌보는 일이다. 다음으로 그들은 비교를 하지 않는다. 사려 깊은 사람들은 각 개인의 시련이 유일무이한 경험이라는 것을 이해하며 따라서 다른 사람의 시련과 비교하지 말아야 한다는 점을 알고 있다. 그런 다음 그들이 하는 일은 매우 실질적인 것들이다. 점심을 차리고, 방을 청소하고, 수건을 세탁한다. 마지막으로 그들은 지금 벌어지고 있는 상황을 애써 축소하려 하지 않는다. 달콤하고 거짓된 감정으로 안심시키려 하지 않는다. 지금 받는 고통이 결국은 잘되기 위한 것이라고 말하지 않는다. 그들은 불행 속에서 한 가닥 희망을 찾으려 하지 않는다. 그들은 현명한 사람들이 비극과 트라우마 앞에 섰을 때 취하는 행동을 한다. 바로 소극적 행동주의를 실천하는 것이다. 그들은 풀 수 없는 문제를 해결하기 위해 부산을 떨지 않는다. 사려 깊은 사람은 고통받는 사람이 스스로 존엄성을 잃지 않고 그 과정을 거쳐 갈 수 있도록 배려한다. 고통받는 사람이 스스로 지금 벌어지고 있는 일의 의미를 찾도록 하는 것이다. 그들은 실질적이고, 인간적이고, 단순하고, 직접적으로 그저 고통과 어둠의 밤을 함께 새운다.

반면 포스터는 그 시련을 거치면서 내내 끔찍하게 대처했다. 그는 도러시를 비롯한 여러 간병인들에게 나네트를 맡겨 두고 도망쳐 다녔다. "포스터는 상태가 말이 아니다." 도러시는 일기에 그렇게 썼다. "나네트와 함께 시간을 보내는 것을 완전히 거부하고 있다. 나네트도 하루 종일 상태가 말이 아니었다. 다리가 심하게 붓고, 배도 부풀어 올랐다. 저녁 늦게는 미칠 것 같다면서 계속 소리를 질렀다."[49]

도러시는 나네트와 고통을 나누면서, 포스터에 대한 분노와 맞서 싸웠다. "그를 참아 내기가 어렵다. 계속 나네트를 버리고 도망가는 것도, 그의 자기연민도, 계속 훌쩍거리며 울어 대는 것도 견디기 힘들다. 그걸 극복하기 위해 싸워야 한다. 병과 죽음에 대한 공포가 너무도 크다."

1960년 1월 7일, 나네트는 세례를 받고 싶다고 했다. 그다음 날 그녀는 숨을 거두었다. 도러시는 그녀의 마지막 시간들을 이렇게 기억한다. "오늘 아침 8시 45분 나네트는 이틀 간의 긴 고통 끝에 숨을 거뒀다. 십자가를 지는 것도 이렇게 고통스럽지는 않을 것 같다고 그녀는 말했다. 자기 팔을 보여 주면서 집단 수용소에 갇힌 포로들이 아마도 이런 고통을 겪었을 거라고도 했다. 그녀는 약간의 출혈을 일으킨 후 평화롭게 잠들었다. 약간 미소를 띤 차분하고 평화로운 얼굴이었다."

## 고요한 절정의 순간

—

1960년대 말 급진주의가 나타날 무렵, 도러시는 평화운동을 비롯해 당대의 다양한 정치 분야에서 활발히 활동했다. 그러나 그녀는 삶에 대한 근본적인 접근법에 있어서는 다른 급진주의자들과 완전히 다른 성향을 보였다. 급진주의자들이 해방, 자유, 자율을 외친 데 반해 그녀는 순종, 섬김, 자기포기를 역설했다. 그녀는 성적 개방성과 방만한 도덕성을 참지 못했다. 젊은이들이 성찬용 포도주를 낼 때 작은 종이컵을 쓰고 싶어 하자 불쾌감을 느꼈다. 반문화 운동의 정신에 동의하지 않았던 그녀는 반항적인 젊은이들의 모든 면이 불만스러웠다. "이 모든 반항 정신을 대하다 보면 순종을 염원하게 된다. 순종에 굶주리고 목말라진다."

1969년 도러시는 교회 울타리 밖에서 공동체를 건설하려는 사람들의 의견에 동의하지 않는다는 취지의 글을 썼다. 그녀는 늘 가톨릭 교회의 결함을 잘 알고 있었지만, 일정한 체계와 틀이 필요하다는 점도 이해하고 있었다. 그녀 주변의 급진주의자들은 교회의 결함만을 보고 모든 것을 버리고 싶어 했다. "마치 사춘기 청소년들이 자기 부모가 오류를 저지르기 쉬운 사람이라는 걸 알게 되자마자 너무 충격을 받아서 가정이라는 제도를 저버리고 그들만의 '공동체'로 가출하려는 것 같은 느낌이다. (…) 그들을 '나이 어린 성인young adults'이라고 부르지만, 내게는 사춘기에나 어울릴 법한 낭만적인 환상을 하나도 버리지 못한 채 뒤늦은 사춘기를 치르는 것처럼 보인다."

빈민 임시 숙소 내 역기능을 제대로 목격한 그 시기 동안 도러시는 좀 더 현실적이 되었다. "낭만주의는 참을 수가 없어요." 그녀는 한 인터뷰에서 고백했다. "나는 종교적 현실주의를 원합니다." 그녀가 주변에서 목격한 사회운동들은 너무도 안이하고 스스로에게 너그러웠다. 반면 그녀는 공동체 봉사와 믿음의 실천을 위해 포스터와 헤어지고, 가족들로부터도 고립되는 끔찍한 대가를 치러야 했다. "내게 그리스도는 은전 30냥에 살 수 있는 것이 아니었다. 내 심장에 흐르는 피로 대가를 치러야만 했다. 제값을 내지 않으면 안 되는 일이었다."

도러시 주변에서는 모두들 자연과 자연인을 찬양하고 있었지만, 그녀는 자연인이란 타락한 존재이며, 자연적인 욕구를 억제해야만 구원받을 수 있다고 믿었다. "성장하기 위해서는 가지치기를 해야 한다." 그녀는 그렇게 썼다. "이 가지치기는 자연적인 인간을 아프게 한다. 그러나 타락한 존재가 깨끗해지려면, 그리스도를 받아들이고 새로운 인간이 되려면 이런저런 아픔은 피할 수가 없다. 우리의 아둔함과 무기력함에도 불구하고 영적인 삶 안에서 성장을 한다는 사실은 생각만 해도 기쁘지 않을 수 없다."

'반문화counterculture'라는 단어는 1960년대 후반에 많이 사용되었다. 그러나 도러시야말로 진정한 의미의 반문화에 충실하게 살았다. 그녀의 가치관은 당시 주류 문화에서 중시하는 덕목들—상업주의, 성공에 대한 숭배—과 어긋날 뿐 아니라 대중 매체에서 곧잘 칭송하던 우드스톡 페스티벌 식의 반문화 정신, 이를테면 도덕률로부터 해방된 개인과 '각자 나름대로 하고 싶은 일을 하는 것'에 강하게 초점을 맞추는 반율법주의antinomianism와도 전혀 맞지 않았다. 우드스톡 페스티벌은 피상적으로 말하자면 주류 문화의 가치관에 반항하자는 것이었다. 그러나 그 후 수십 년에 걸쳐 밝혀졌듯 이 운동도 결국 '빅 미'의 또 다른 버전이었을 뿐이었다. 자본주의와 우드스톡은 모두 자아의 해방, 자아의 표현에 관한 것이다. 상업주의 사회에서 우리는 쇼핑을 하고 '라이프스타일'을 만드는 것으로 자아를 드러낸다. 우드스톡 문화에서는 구속을 벗어던져 버리고 스스로를 찬양하는 것으로 자아를 드러낸다. 상업주의적 부르주아 문화가 1960년대 보헤미안 문화와 융합될 수 있었던 것은 두 문화가 모두 개인의 해방을 선호했고, 얼마나 자기만족을 이룰 수 있느냐가 삶의 척도라고 사람들을 부추겼기 때문이다.

이와 대조적으로 도러시의 삶은 자아를 포기하고, 궁극적으로 자아를 초월하기 위한 것이었다. 그녀는 삶의 막바지에 이르기 전에 간혹 텔레비전 토크쇼에 출연하곤 했다. 거기서 그녀는 단순하고 명쾌하며, 대단히 감정을 억제하는 모습을 보여 줬다. 그녀는 『고백』을 비롯한 여러 저술을 통해 일종의 공개적 고해를 함으로써 사람들의 마음을 사로잡았다. 그녀는 프랜시스 퍼킨스나 드와이트 아이젠하워와 달리 자신의 내적인 삶을 공개하는 것을 주저하지 않았다. 말을 삼가는 신중함과는 완전히 반대되는 모습이었다. 그러나 그녀의 고해에 깔린 전제는 단순한 자기표출이 아니라, 길게 보면 우리의 문제가 모두 같다는 생각에 기초한 것이었다. 이샤이 슈워츠는 이렇게 썼다. "고해는 특정한 예를 통해 보편적 진리를 드러내는 기능을 한다. 내적 성찰과 사제와의 대화를 통해 참회하는 사람은 자신의 경험을 통해 스스로의 삶을 초월한다. 따라서 고해는 공적인 도덕적 목적을 가진 사적인 도덕적 행위다. 사적인 선택과 결정을 돌아봄으로써 인류의 문제와 투쟁을 더잘 이해하게 된다. 각자의 선택과 투쟁하는 수십 억의 개인이 모인 것이 바로 인류이기 때문이다." 도러시의 고해는 신학적인 것이기도 했다. 자신과 인류를 이해하려는 시도는 사실 신을 이해하려는 노력이었다.

그녀는 완전한 영적 평온함과 자기만족을 성취하지는 못했다. 숨을 거두던 날, 그녀의 일기 마지막 장에 카드 한 장이 끼워져 있었다. 시리아인 성 에프라임의 참회 기도가 적힌 카드였다. "오, 내 생명의 주인이신 주여, 제 영혼에서 게으름과 비겁함, 권력에 대한 욕망, 부질없는 말을 거두어 가시옵소서. 그리고 주님의 종인 제 영혼에 순결함과 겸손, 인내, 사랑을 주시옵소서."

그러나 도러시는 평생에 걸쳐 자신의 내적 구조를 차근차근 쌓아 올렸다. 그녀는 다른 사람들을 위해 일하면서 이전에는 없었던 일종의 견실한 안정감이 생겼고, 마지막에는 감사하는 마음을 얻었다. 자신의 묘비에 새겨질 문구로 그녀가 고른 말은 DEO GRATIAS(하느님께 감사를)였다. 말년에 그녀는 하버드에서 아동심리학을 연구하던 로버트 콜스를 만났고, 두 사람은 막역한 벗이 되었다. "이제 금방 끝날 거예요." 그녀가 콜스에게 말했다. 그러고는 자신의 삶을 글로 요약하려 했던 순간에 대해 묘사했다. 계속 글을 써 온 사람이니 자신의 비망록을 쓰는 것은 자연스러운 일이었을 것이다. 그녀는 어느 날 책상에 앉아 그 비슷한 것을 썼다고 말하면서, 콜스에게 무슨 일이 있었는지 설명했다.

과거 일을 회상하려고 애썼어요. 주님이 내게 주신 이 삶을 기억하려고 노력했지요. 며칠 전 나는 "삶을 기억하다"라고 써 내려갔어요. 그러고는 내 인생을 요약하려고 했지요. 말하자면 가장 중요했던 것을 쓰려 한 거예요. 그런데 할 수가 없었어요. 난 그냥 자리에 앉아서 우리 주님과, 수백 년 전 주님이 이 땅을 방문하셨던 것에 대해서만 계속 생각했지요. 그러다가 나 자신에게 말했어요. 내 삶에서 그토록 오랫동안 마음속에 그분을 간직했다는 게 얼마나 운이 좋은가!

콜스는 이렇게 썼다. "그 말을 하는 그녀의 목소리가 조금 울컥했고, 다음 순간 눈시울이 약간 젖어 드는 듯했다. 그러나 그녀는 금방 자기가 얼마나 톨스토이를 사랑하는지 이야기하기 시작하면서 화제를 바꾸고 말았다."[50] 고요한 절정의 순간이었다. 모든 업적과 희생, 그리고 글을 쓰며 세상을 바꾸려고 한 그 모든 노력 후에 마침내 폭풍이 잦아들고 위대한 고요함이 찾아온 순간이었다. 아담 I이 아담 II 앞에 몸을 눕히고, 고독이 끝난다. 평생에 걸친 자기비판과 투쟁의 절정에는 감사함이 있었다.

# 역사상 가장 위대한
# 군인이 된 문제아

—————

조지 캐틀렛 마셜

2차 대전 당시 활약한 장군들 중에는 맥아더와 패튼처럼

드라마틱한 성격을 지닌 사람들도 있었다. 그러나 마셜과 아이젠하워를

비롯한 대부분의 장군들은 극적인 분위기를 만들어 내는 걸 좋아하지 않았다.

마셜은 소리를 지르며 테이블을 쳐 대는 장군들을 경멸했다.

그는 또 단순하고 수수한 군복을 좋아했다.

오늘날 장군들이 즐겨 입는 장식적인 군복, 그러니까 자기 가슴이

무슨 광고판이라도 되는 것처럼 각종 훈장을 잔뜩 단 군복은 입지 않았다.

이 기간 동안 마셜은 엄청난 명성을 쌓았다.

CBS 종군기자 에릭 세버레이드의 보도는 당시 분위기를 잘 보여 준다.

"몸집이 크고 수수한 느낌을 주는 이 사내는 눈부신 지적 능력의

소유자인 동시에 비범한 천재, 진실한 그리스도교 성인을 연상시킨다.

그가 내뿜는 제어된 힘의 분위기는 그 앞에 선 누구라도

약해지는 느낌을 받게 만든다.

임무에 대한 그의 사심 없는 헌신은 공적 압박이나

사적 우정의 영향으로부터도 자유로웠다."

조지 캐틀렛 마셜George Catlett Marshall은
1880년에 태어나 펜실베이니아주 유니언타운에서 자라났다. 유니언
타운은 인구 3500명 정도의 작은 석탄 도시였으며, 당시 산업화로 막
변화를 겪고 있었다. 조지가 태어났을 때 서른다섯 살이었던 그의 아
버지는 성공한 사업가로, 유니언타운에서 얼마간 영향력을 지닌 인물
로서 입지를 굳혀 왔다. 그는 자신의 오래된 남부 가문에 대해 긍지를
가졌고, 대법관 존 마셜이 먼 친척인 것도 자랑거리였다. 집에서 영주
처럼 군림하던 그의 아버지는 딱딱하고 말수가 적었다.

그러나 마셜의 아버지는 중년에 접어들면서 석탄 사업을 팔고 버지
니아주의 루레이 동굴 근처 부동산 사업에 투자했다가 금방 파산하고
말았다. 20년에 걸쳐 쌓아 올린 부를 한순간에 날린 것이다. 그 후 그
는 집에 틀어박혀 가문의 족보를 만드는 데 시간을 바쳤다. 그때부터
집안이 기울기 시작했다. 훗날 조지 마셜은 호텔 부엌에 가서 개밥거
리라고 핑계를 대고 음식 찌꺼기를 얻어 와 스튜를 끓여 먹곤 했다고
회고했다. 그는 "고통스럽고 치욕스러운" 일이었고, "어린 시절을 얼
룩지게 한 어두운 그림자"였다고 말했다.[1]

마셜은 영리하고 빛나는 소년은 아니었다. 아홉 살 되던 해에 그의 아버지는 그를 지역 공립학교에 등록했다. 마셜은 교육관 리 스미스 선생과의 인터뷰를 통해 수준에 맞게 배치될 예정이었다. 스미스 선생은 마셜에게 지적 수준과 학업 준비 상태를 가늠할 수 있는 일련의 질문들을 던졌다. 그러나 마셜은 대답하지 못했다. 아버지가 지켜보는 가운데 그는 말을 더듬고, 머뭇거리고, 몸을 꼬았다. 미 육군을 이끌어 2차 대전을 치르고, 국무장관을 역임하고, 노벨 평화상을 수상한 후에도 마셜은 자기가 공개적으로 아버지를 실망시켰던 그 고통스러운 사건을 기억했다. 마셜은 아버지가 수치심으로 "엄청나게 타격을 받았다"고 회상했다.[2]

그는 공부에 뒤처졌다. 사람들 앞에서 발표하는 것에 대한 공포, 다른 학생들의 웃음거리가 되는 것에 대한 커다란 두려움, 그리고 안쓰러울 정도로 남을 의식하는 성격 때문에 결국 더 실수를 하고 수치스러운 경험을 하는 악순환이 반복됐다. "학교를 좋아하지 않았다." 그는 나중에 그렇게 회고했다. "사실을 말하자면 나는 열등생조차 되지 못했다. 그냥 학생이 아니었고, 성적은 형편없었다."[3] 그는 점점 말썽꾸러기 문제아가 되어 갔다. 동생 마리가 마셜에게 '지진아'라고 한 날 밤에는 그녀의 침대에서 개구리가 나왔다. 자기가 싫어하는 손님들이 집에 오면 풍선으로 물 폭탄을 만들어 지붕 위에서 그들 머리 위로 떨어뜨리곤 했다. 그러나 그는 기발하고 재간이 많은 아이이기도 했다. 이를테면 자기가 직접 만든 뗏목에 여학생들을 실어 계곡을 건너게 해주는 작은 사업을 벌이기도 했다.[4]

초등학교를 졸업한 후, 마셜은 자신이 가장 좋아하던 형 스튜어트를 따라 버지니아 사관학교에 진학하고 싶어 했다. 그는 당시 형이 보인 비정한 반응을 자신의 전기 작가 포러스트 포그와의 인터뷰에서 회고했다.

내가 버지니아 사관학교에 보내 달라고 애원하고 있던 시기에 스튜어트와 어머니의 대화를 우연히 엿듣게 됐다. 그는 내가 집안에 먹칠을 할 거라며 사관학교에 보내지 말라고 어머니를 설득하고 있었다. 사실 그 일이 선생님의 구박이나 아버지의 압력 등 어떤 것보다 나에게 더 큰 영향을 끼쳤다. 그 순간 형이 틀렸다는 것을 증명해 보이겠다고 결심했다. 결국 나는 형보다 더 나은 성적을 냈다. 그렇게 해 본 건 그때가 처음이었고, 나는 많은 것을 배웠다. 그 대화를 들었을 때 성공에 대한 절박함이 생겼고, 이는 내 커리어에 심리적으로 영향을 끼쳤다.[5]

이것은 커다란 성공을 거둔 겸손한 사람들 사이에서 공통적으로 발견되는 성향이다. 그들이 특히 영리하거나 재능이 많은 것은 아니다. 자수성가한 백만장자들의 대학 평균 성적은 B학점을 간신히 넘기는 정도다. 그러나 그들은 삶의 중대한 시점에 누군가로부터 뭔가를 하기에는 너무 모자라다는 이야기를 듣고 그 사람이 틀렸다는 것을 증명하기 위해 노력하기 시작한다.

마셜이 가족의 온기나 지지를 전혀 못 받은 것은 아니다. 아버지는 끊임없이 마셜에게 실망했지만, 어머니는 칭찬하고 기뻐하며, 무조건적인 사랑과 지원을 베풀었다. 그녀는 마셜을 대학에 보내기 위해 집

안의 마지막 부동산들을 모두 팔았다. 심지어 자신이 살 집을 지으려 했던 유니언타운의 땅까지 팔았다.[6] 마셜은 또 학교와 집에서 느꼈던 수치심 덕분에 자신이 타고난 재능 때문에 성공한 게 아니라는 것을 잘 알고 있었다. 그에게 성공은 꾸준한 노력과 자기훈련을 통해서 얻을 수 있는 것이었다. 버지니아 사관학교에 진학한 마셜은(입학 시험을 보지 않고 그를 받은 듯하다) 그곳의 생활방식과 훈련 패턴이 자신의 취향에 딱 맞는다는 사실을 깨달았다.

1897년 버지니아 사관학교에 입학한 그는 그곳의 남부 식 전통에 곧바로 매력을 느꼈다. 버지니아 사관학교에는 몇몇 오래된 전통을 합쳐 만든 도덕적 문화가 있었다. 봉사와 예절에 대한 기사도적 헌신, 감정적 자기억제에 대한 금욕주의적 맹세, 명예를 중시하는 고전적인 전통 등이 그것이었다. 학교는 남부 기사도 정신의 기억들로 가득 차 있었다. 남북전쟁 참전 장군이자 이 학교에서 교수를 지낸 스톤월 잭슨, 1864년 5월 15일 뉴마켓 전투에서 북부군을 물리치기 위해 나선 열다섯 살 소년들을 비롯한 241명의 생도들, 이상적인 인물의 전형으로 여겨지곤 하는 남부군 장군 로버트 리의 숨결이 느껴지는 곳이었다.

버지니아 사관학교는 마셜에게 영웅을 마음속에 품고, 영웅의 좋은 점을 가능한 한 모두 따라 하고, 영웅을 기준 삼아 스스로를 판단할 수 있는 능력과 존경심을 가르쳤다. 얼마 전 영웅 신화를 깎아 내리려는 움직임이 대규모로 벌어졌다. 지금도 미국에서는 '불경스럽다 irreverent'는 표현이 큰 칭찬처럼 사용될 때가 많다. 그러나 마셜이 성장기를 보낸 세상에서는 숭배하고 존경하는 마음을 일구려는 경향이 훨씬 강했다. 고대 로마 영웅들의 삶을 다룬 플루타르코스의 작품들은 뛰어난 인물들의 이야기가 후손들의 야망을 견인하는 데 이바지할 것이라는 전제로 쓰여졌다. 토마스 아퀴나스는 좋은 삶을 살기 위해서는 자기 자신보다 모범이 되는 예에 더 초점을 맞추고 가능한 한 그들의 행위를 모방할 필요가 있다고 주장했다. 철학자 알프레드 노스 화이트헤드는 다음과 같이 주장했다. "도덕 교육이란 끊임없이 위대함을 목격하게 하지 않으면 불가능한 일이다." 1943년 리처드 윈 리빙스턴은 이렇게 썼다. "우리는 나약한 성격 때문에 도덕적으로 실패한다고 생각하기 쉽다. 그러나 실은 적절한 이상이나 모범을 가지지 못한 탓에 실패하는 경우가 더 많다. 우리는 다른 사람에게서, 그리고 간혹 자기 자신에게서 용기, 근면성, 끈기의 부족을 감지하고 그것이 결국 패배로 이어지는 것을 목격하곤 한다. 그러나 우리는 더 미묘하지만 더 파괴적인 단점을 보지 못할 때가 많다. 즉 우리의 기준이 잘못되었다는 사실, 무엇이 좋은 것인지 배우지 못했다는 사실을 간과하는 것이다."[7]

옛 교사들은 과거의 영웅들, 나이 많은 어른들, 자신의 삶에서 만나는 리더들을 경외하는 습관을 가르침으로써 위대함이란 어떤 것인지 알려 줬을 뿐 아니라 존경하는 능력을 기를 수 있게 해 줬다. 적절한 행동은 무엇이 옳은지를 아는 것만으로 할 수 있는 것이 아니다. 옳은 행동을 하고자 하는 동기를 갖는 것, 좋은 일을 하고 싶게 만드는 감정을 갖는 것이 중요하다.

학교 수업은 페리클레스, 아우구스투스, 유다 마카베오, 조지 워싱턴, 잔 다르크, 돌리 매디슨 등 역사의 귀감이 되는 인물들에 관한 이야기―가끔은 사실이 아니거나 미화된 이야기들도 포함해서―로 가득했다. 제임스 데이비슨 헌터는 인격을 완성하는 데 종교적 신념이 필요하지는 않다고 썼다. "그러나 인격을 완성하기 위해서는 성스러움을 만들어 내는 진리, 도덕적 공동체 안에서 제도화된 습관으로 강화되고 우리의 의식과 삶 안에 권위 있는 현존으로서 깃들어 있는 진리에 대한 확신이 필요하다. 따라서 인격은 편의에 따라 형성되는 것도, 서둘러 습득되는 것도 아니다. 바로 이런 이유로 쇠렌 키르케고르가 인격을 '새겨지는 것', 깊게 에칭되는 것이라고 한 것이 분명하다."[8]

버지니아 사관학교는 학업 면에서 중간쯤 되는 곳이었고, 마셜은 그 가운데서도 성적이 우수한 학생은 아니었다. 그러나 그곳은 성스럽다고 여겨지는 영웅들을 높이 세우는 분위기였다. 그리고 제도화된 자기 훈련 습관을 확실히 가르치는 곳이기도 했다. 마셜은 성인이 된 후 대부분의 기간 동안 모든 면에서 가능한 한 완벽에 가까워지고 싶은 강한 욕망을 보였다. 요즘 흔히들 하는 조언과는 정반대로, 마셜은 '별거 아닌 일'에도 애를 태웠다.

버지니아 사관학교에서는 또 금욕을 가르쳤다. 더 큰 즐거움을 위해 작은 쾌락을 포기할 줄 아는 능력 말이다. 버지니아 사관학교는 좋은 환경에서 자란 젊은이들이 더 강해지기 위해 가는 곳이었고, 집에서 즐기던 안락함을 포기하고, 삶과 분투할 자격을 갖추는 데 필요한 굳건함을 획득하는 곳이었다. 마셜은 이 금욕적인 문화와 엄격함에 젖어 들었다. 1학년 학생들은 커다란 기숙사 창문을 활짝 열고 자야 해서 겨울이면 눈에 덮인 채 잠에서 깨기 일쑤였다.

버지니아 사관학교에 도착하기 일주일 전, 마셜은 장티푸스에 걸려서 다른 훈련생도들보다 일주일 늦게 학교에 갔다. 안 그래도 1학년

생활은 힘겨운 법인데, 그는 창백한 안색과 북쪽 억양 때문에 선배들에게 원치 않는 주목을 받게 되었다. '양키 쥐'라고 불렸고, 남들보다 상대적으로 납작한 코 때문에 '퍼그'라는 별명도 함께 얻었다. '쥐' 마셜의 일과는 다른 사람이 원치 않는 화장실 청소 등 잡일로 채워졌다. 그는 당시를 회상하면서 자기가 받은 대우에 대해 반항하거나 화를 낼 생각이 들지 않았다고 말했다. "내 생각에는 다른 녀석들보다 그런 일에 더 철학적인 태도를 가졌던 것 같다. 그것이 현실이었고, 유일한 방법은 최선을 다해 현실을 받아들이는 것뿐이었다." [9]

쥐라는 별명을 달게 된 초기에 벌어진 한 신고식에서 마셜은 바닥에 난 구멍에 박아 놓은 총검 위에 쪼그리고 앉아 있어야만 했다. 이 고통스러운 기합은 '영원히 앉은 자세'라고 불리는 통과의례였다. 선배들이 지켜보는 동안 그는 총검 끝에 주저앉지 않으려고 안간힘을 썼다. 그러다가 마침내 더 이상 견딜 수 없을 지경이 되면서 쓰러졌다. 똑바로 주저앉지 않고 옆으로 쓰러졌기 때문에 깊기는 하지만 회복 가능한 상처를 오른쪽 엉덩이에 입었다. 이렇게 가혹한 신고식은 당시의 기준으로 봐도 규칙에 어긋나는 일이었다. 선배들은 그를 황급히 의무실로 데려갔고, 그의 입에서 무슨 말이 나올지 두려워했다. 그러나 마셜은 자기를 괴롭힌 사람들을 일러바치지 않았고, 침묵을 지킨 대가로 학생들 사이에서 신뢰를 얻었다. 그와 함께 학교를 다닌 한 사람은 당시를 이렇게 회고했다. "그 사건이 마무리되어 갈 즈음에는 아무도 그의 억양에 신경 쓰지 않게 되었다. 도저히 알아들을 수 없게 이야기한다 해도 용인되었을 것이다. 완전히 우리 편으로 인정을 받은 것이다." [10]

마셜은 버지니아 사관학교에서도 성적이 좋지 않았다. 그러나 훈련,

정돈, 조직력, 정밀성, 자제력, 리더십 등에서 두각을 나타냈다. 그는 바른 자세를 유지했고, 꼿꼿하게 몸을 세웠으며, 올바르고 분명하게 경례했고, 늘 시선을 똑바로 유지했으며, 잘 다려진 옷을 입었다. 그렇게 그는 외적으로도 완벽하게 규율 잡힌 모습을 갖췄고, 내적 제어력이 우러나와 겉으로 드러나는 몸가짐을 하게 됐다. 그는 1학년 때인가 2학년 때인가에 축구 경기를 하다가 오른쪽 팔 인대가 심하게 파열됐는데도 의사에게 보이기를 거부한 적이 있다. 부상은 (2년에 걸쳐서) 저절로 치유가 되긴 했다.[11] 버지니아 사관학교의 하루는 윗사람에 대한 무수한 경례로 이루어진다고 해도 과언이 아니다. 마셜은 팔꿈치 위쪽 팔을 들어올릴 때마다 통증을 느꼈을 테니 아마 2년 내내 고통을 받았을 것이다.

요즘은 이렇게 풀 먹인 듯 빡빡한 행동규범은 인기가 없다. 우리는 자연스럽고 편안한 방식으로 행동하며, 인위적으로 보이는 것을 두려워한다. 그러나 마셜이 몸담고 있던 군대 세계에서는 위대한 개인이란 태어나는 것이 아니라 만들어지는 것, 특히 훈련을 통해서 만들어지는 것이라고 믿었을 것이다. 이 세계에서 변화는 밖에서 안으로 진행되는 것이다. 반복된 훈련을 통해 스스로를 통제할 줄 알게 되고, 정중하게 표현함으로써 공손해지게 되며, 두려움에 맞서 싸움으로써 용기를 기르게 되고, 얼굴 표정을 컨트롤함으로써 진지한 태도를 기르게 된다. 행동을 함으로써 덕목이 뒤따라오게 하는 것이다.

이 모든 것은 행동과 감정을 분리하기 위한 것, 즉 일시적 감정의 위력을 줄이기 위한 것이다. 두려움을 느낄지도 모르지만 그에 따라 행동하지 않을 수는 있다. 단것을 먹고 싶을지도 모르지만 사탕을 먹고 싶은 욕구를 억누를 수는 있다. 금욕주의 사상에서는 감정을 신뢰하기보다 의심하고 봐야 할 때가 더 많다고 주장한다. 감정은 능력을 마비시킨다. 따라서 욕망을 믿으면 안 된다. 분노를 믿지 마라. 심지어 슬픔이나 비탄의 감정도 신뢰할 수 없다. 이 모든 감정들은 불을 다루듯 해야 한다. 엄격하게 조절하면 유용하지만, 제어하지 못하면 엄청난 파괴력을 지니기 때문이다.

금욕주의적 이상을 지닌 사람들은 예의범절이라는 방화벽으로 끊임없이 감정을 조절하려 한다. 같은 이유에서 엄격한 빅토리아 시대의 격식이 만들어졌다. 그들은 자신이 취약해지는 것을 막기 위해 감정 표현을 끊임없이 단속했다. 따라서 서로를 부르는 정교하고 형식적인 방식을 갖고 있었다. 이런 종류의 사람들은—마셜도 평생 이 범주에서 벗어나지 않았다—의도적으로 엄격하게 굴며 극적인 방식으로 말하거나 행동하지 않으려 한다. 마셜은 나폴레옹이나 히틀러의 연극적인 태도, 심지어 함께 일했던 더글러스 맥아더와 조지 패튼의 과장됨까지도 경멸했다.

마셜의 전기 작가 중 한 명은 이렇게 썼다. "이 패기 있는 사내는 늘 섬세하지만은 않은 방법으로 자신의 기질을 수없이 담금질하며 자기 억제력을 키워 갔다. 결국 그는 자신의 욕망에 그러한 제어 장치들을 부과했고, 일단 그 제어 장치들을 맞닥뜨리고 나면 거의 어떤 것도 용납하지 않을 수 있도록 만들었다." [12]

마셜은 재미있지도, 감정적으로 다채롭지도, 혹은 자기성찰에 능하지도 않은 사람이었다. 그는 일기 쓰기를 거부했다. 일기를 쓰다 보면 자기 자신, 자신의 명성, 혹은 후세 사람들이 자기를 어떻게 볼지 염려

하는 데 초점을 맞추게 될까 봐 두려워서였다. 1942년 마셜은 로버트 리의 전기 작가 더글러스 사우설 프리먼에게 전쟁에서는 "이기는 일"에 객관적으로 집중할 필요가 있는데 일기를 쓰다 보면 무의식적으로 "결정을 내리는 데 주저하거나 자기기만에" 빠지게 될지도 모른다고 말했다.[13] 그는 자서전도 쓰지 않았다. 『새터데이 이브닝 포스트The Saturday Evening Post』지가 자서전을 쓰면 선인세로 100만 달러를 주겠다고 제안했지만 그는 사양했다. 자기 자신이나 다른 장군들을 부끄럽게 만들고 싶지 않았기 때문이다.[14]

버지니아 사관학교의 훈련 목적은 절제된 힘을 사용하는 법을 가르치는 것이었다. 힘이 개인의 기질을 증폭시킨다는 개념을 바탕에 둔 것이었다. 힘이 생기면 무례한 사람은 더 무례해지고, 지배력을 행사하려는 사람은 더욱 강압적이고 통제적이게 된다. 지위가 높아질수록 정직한 조언을 하거나 못마땅한 성향을 제어해 주는 사람이 줄어들게 마련이다. 따라서 감정 억제를 포함해 늘 절제하는 습관을 어려서부터 기르는 것이 좋다. "버지니아 사관학교에서 배운 것은 억제력과 규율을 몸에 새기듯 체득한 것이었다." 그는 나중에 회고했다.

버지니아 사관학교에서 보낸 마지막 해에 그는 제1생도대장이라는 직함을 얻었다. 생도들 중 가장 높은 지위였다. 그는 그곳에 다니는 4년 내내 벌점을 한 번도 받지 않고 졸업했다. 그리고 평생 그의 이미지로 고정이 될 꾸밈없고 당당한 존재감을 갖게 됐다. 그는 군대 생활과 관련된 모든 분야에서 우수했고, 급우들 중 의심할 여지 없는 리더였다.

버지니아 사관학교의 학장 존 와이즈는 추천서에서 이 학교 특유의 어투로 마셜을 칭찬했다. 마셜은 "몇 년에 걸쳐 이 공장에서 생산한 것 중 제일 품질이 좋은 화약 재료 중 하나다."[15]

마셜은 놀라울 정도로 어린 나이에 군인들이라면 대부분 숭상하는 질서정연한 두뇌와 마음을 구축했다. 키케로는 『투스쿨룸 대화Tusculan Disputations』에서 이렇게 말한 바 있다. "자제력을 가지고 일관되게 평정심을 유지하고, 내적인 만족감을 찾고, 곤경에 처해도 무너지지 않고, 어떤 공포에도 흔들리지 않고, 갈급한 욕구에 애태우지 않고, 격렬하고 헛된 흥분에 사로잡혀 평정심을 잃지 않는 사람은 그가 누구든 상관없이 우리가 찾고 있는 현자다. 그 사람은 행복한 사람이다."

## 직분에 최선을 다한 군 생활

성공한 사람들은 처음 일을 배우기 시작할 때 늘 흥미로운 순간을 맞는다. 마셜에게도 버지니아 군사학교에 다닐 때 그런 순간이 찾아왔다.

미 육군에 들어가기 위해서는 정치적 지원이 필요했다. 그는 워싱턴에 가서 아무 약속도 없이 백악관 문을 두드렸다. 어찌어찌해서 2층까지 올라간 그에게 안내원은 이렇게 불쑥 찾아와서 대통령을 만날 수는 없다고 말했다. 그러나 그는 단체 방문자들 틈에 끼어 대통령 집무실로 들어가는 데 성공했고, 그들이 방에서 나간 후 매킨리 대통령에게 자신이 백악관에 온 이유를 설명했다. 이후 매킨리가 개입을 했는지는 분명치 않지만, 마셜은 1901년 육군 입대 시험 응시를 허락받았고, 1902년 임명장을 받았다.

아이젠하워처럼 마셜도 대기만성형이었다. 다른 사람들을 보좌하며 프로 정신을 가지고 일했지만 눈부신 상승을 이루지는 못했다. 그가 너무도 귀중한 보좌관이었기 때문에 어떨 때는 상관들이 그가 진급하지 못하도록 방해할 때도 있었다. "마셜 중령은 참모 업무에 가장 적절하다." 한 장군은 그렇게 썼다. "이 분야에서 그가 보이는 능력은 교육에 관련된 것이든 훈련에 관련된 것이든 현재 군 내에서 견줄 자가 있으리라고 보지 않는다."[16] 그는 군 생활의 배경이 되는 지루한 업무들, 특히 병참 업무를 수행하는 데 너무도 천재적이어서 일선으로 나가지 못했다. 마셜은 1차 대전이 끝나던 서른아홉 살까지도 임시 중령 계급에 머물면서 전투 지휘 경험이 있는 더 젊은 후배들에게 추월당하고 있었다. 그는 매번 실망스러운 진급 소식이 들릴 때마다 큰 고통을 느꼈다.

그러나 그는 천천히 능력과 기술을 습득하고 있었다. 포트 레벤워스에서 대학원 과정을 이수하는 동안 마셜은 독학을 하면서 그때까지의 부끄러운 학업 성적을 보완했다. 그는 필리핀과 미국 남부에서 중서부로 돌아다니면서 공병 장교, 병참 장교, 군수 장교, 매점 장교 등 그다지 눈에 띄지 않는 참모 장교를 지냈다. 하루하루가 일상적인 업무와 소소한 성과들이 반복되며 지나갔다. 그러나 이때 쌓은 세심한 주의력과 끈기는 나중에 큰 도움이 됐다. 그는 후에 이렇게 말했다. "진정으로 위대한 지도자는 모든 난관을 극복한다. 군사 작전과 전투는 극복해야 하는 일련의 기나긴 난관들에 지나지 않는다."[17]

그는 자존심을 더 나은 방향으로 승화시키려 노력했다. "상관의 정책에 동의하지 않을수록 그걸 수행해 내는 방향으로 가기 위해 더 많은 에너지를 쏟아야 한다." 전기 작가들이 그의 삶을 이 잡듯 뒤진 다음 가장 놀란 것은 그에게서 명백한 도덕적 실패의 순간을 찾을 수 없었다는 점이다. 물론 그는 잘못된 결정을 많이 했다. 그러나 그는 바람을 피우거나, 친구를 배반하거나, 터무니없는 거짓말을 하거나, 자기 자신이나 다른 사람의 기대를 저버린 적이 없었다.

비록 진급은 되지 않았지만, 마셜은 전설적인 조직력과 행정력으로 명성을 날리기 시작했다. 화려한 군 생활과는 거리가 있는 분야였다. 1912년 그는 미국 내에서 1만 7천 명에 달하는 장교와 사병들의 기동 작전을 조직했다. 한편 1914년 필리핀에서 이루어진 군사 작전 훈련에서는 4800명의 공격군을 지휘해서 방어군을 전략적으로 마비시키고 승리를 거두었다.

1차 대전 중 그는 프랑스로 파견된 미 원정군AEF 1사단 참모총장의 보좌관직을 수행했다. 미 육군이 유럽에 파견한 첫 사단이었다. 알려진 바와 달리 마셜은 당시 참전한 대다수 미군들보다 더 많은 전투를 목격했고, 수많은 총알과 포탄과 가스 공격을 피해 다녀야 했다. 그의 임무는 전선의 보급 상황과 위치, 병사들의 사기를 본부에 알리는 일이었다. 그는 프랑스 최전선이나 그 인근에서 참호를 들락거리며 병사들을 점검하고, 그들에게 절실히 필요한 것이 무엇인지를 메모하며 대부분의 시간을 보냈다.

마셜은 본부로 안전하게 돌아오면 그 즉시 참모총장에게 상황 보고를 하고, 바로 전선으로 갈 병력과 전선에서 돌아올 병력을 위한 대규모 병참 계획을 세우기 시작했다. 그중 한 작전에서 그는 전선의 한 지점에서 다른 지점으로 병사 60만 명과 90만 톤에 달하는 보급품의 이동을 조직하기도 했다. 그것은 1차 대전 중 가장 복잡한 병참 작전이었고, 마셜은 전설적인 수행 능력으로 인해 잠시나마 '마술사'라는 별명을 얻기도 했다.

1917년 10월, 마셜은 미군 고위 지휘관 중 하나인 존 '블랙잭' 퍼싱 장군의 방문을 받았다. 퍼싱은 부대의 훈련 상태와 작전 수행 능력이 형편없다며 호되게 질책했고, 마셜의 직속 상관인 윌리엄 사이버트 장군과 이틀 전에 도착한 사이버트의 수석 보좌관을 나무랐다. 당시 대위였던 마셜은 자신이 '희생 플레이'라고 부르는 작전을 수행할 때가 됐다고 판단했다. 그는 앞으로 나서서 장군에게 상황을 설명하려 했다. 그러나 이미 화가 날 대로 난 장군은 마셜에게 조용히 하라고 명령한 뒤 몸을 돌렸다. 그때 마셜은 자기 커리어에 종지부를 찍을 수도 있는 행동을 했다. 퍼싱의 팔에 손을 대고 떠나려는 것을 말린 것이다. 그는 퍼싱이 이끄는 본부의 실책, 군수품 부족, 잘못된 부대 배치, 수송 차량 부족, 그리고 간과하면 안 될 수많은 기타 장애와 관련된 사실을 폭풍처럼 쏟아내면서 자신을 압도하는 이 늙은 장군에게 격렬한 반론을 제기했다.

모두들 마셜의 방약무인함에 놀란 채 서 있었고, 긴 침묵이 흘렀다. 퍼싱은 가늘게 뜬 눈으로 마셜을 바라보다가 변명하듯 말했다. "글쎄, 자네도 우리가 처한 문제를 이해해야만 하네."

마셜은 바로 대꾸했다. "네, 장군님. 하지만 저희는 그런 문제를 매일, 그것도 수없이 겪을 뿐 아니라 그 모든 문제들을 밤이 새기 전에 해결해야만 합니다."

퍼싱은 아무 말도 하지 않고 화난 몸짓으로 방을 나섰다. 마셜의 동료들은 그에게 고맙다고 하면서도 이제 그의 군 생활은 끝났다고들 말했다. 그러나 퍼싱은 그 젊은 장교를 기억해서 데려다 썼고, 그의 가장 중요한 멘토가 됐다.

마셜은 쇼몽의 참모 본부로 그를 부르는 편지를 받고 충격을 받았다. 그는 전투 지휘를 할 수 있는 자리로 진급하기를 염원했다. 그러나 그는 즉시 짐을 싼 뒤 1년 이상 알아 왔던 사람들과 작별 인사를 했다. 마셜은 전쟁 보고서들 사이에 이때의 기록을 남겼는데, 평소의 그답지 않게 이별을 감정적으로 묘사했다.

프랑스에서 1년 이상 그토록 가깝게 지내던 사람들에게 작별 인사를 하면서 평정심을 유지하기는 쉽지 않았다. 그곳에 갇혀 지내다시피 하는 동안 함께 경험한 시련과 고난은 우리 모두를 가까이 동여매는 역할을 했다. 지금도 그들이 샤토의 널찍한 문간에 모여 서 있는 모습이 눈에 선하다. 캐딜락에 오르는 내게 건넨 그들의 친근한 농담과 애정 어린 작별 인사는 내 마음에 깊은 인상을 남겼다. 차가 떠나면서 나는 우리가 언제 어디서 다시 만날지 상상하기조차 두려웠다.[18]

불과 엿새 후 1사단은 독일군의 후퇴로 이어진 대반격 작전에 동참했고, 작전 개시 72시간 내에 그 문간에 서 있던 사람들 대부분을 포함해 1사단 야전 장교 전원, 대대장, 중위 네 명이 전사하거나 부상을 당했다.

1918년, 프랑스에서 그는 준장으로 진급하기 직전까지 갔다. 그러나 전쟁이 끝났고, 그가 첫 별을 달기까지는 18년이라는 긴 세월이 다시 흘러야 했다. 귀국한 마셜은 워싱턴으로 가 퍼싱 휘하에서 일하며 5

년 동안 문서 작업을 했다. 그는 상관들을 정성껏 보좌했지만 정작 진급은 별로 하지 못했다. 그 긴 세월 동안 마셜은 자신의 직분에 최선을 다하며 그가 속한 기관인 미 육군을 위해 봉사했다.

## 조직과 제도를 중시하다

요즘에는 조직과 제도를 중시하는 사고방식을 가진 사람을 만나기 어렵다. 지금은 조직과 제도에 대해 불안해하는 시대이며, 사람들은 큰 조직을 불신하는 경향이 있다. 제도의 실패를 목격해 온 까닭도 있고, 부분적으로는 개인을 최우선시하는 빅 미의 시대에 살고 있기 때문이기도 하다. 우리는 각자 원하는 방향으로 나아갈 자유, 각자 선택한 방식대로 살아갈 자유를 중시하는 경향이 있고, 모종의 관료주의나 조직에 따르느라 개인의 정체성을 잃고 싶어 하지 않는다. 우리는 필요에 따라 이 조직에서 저 조직으로 갈아타면서 개인의 삶을 가장 풍요롭고 충만하게 이끄는 데 목적이 있다고 생각하곤 한다. 자기창조적인 행위 속에서, 우리가 만들어 내고 기여하는 일들 속에서, 끝없는 선택지 속에서 의미를 발견할 수 있다고 믿는 것이다.

조직에 순응해서 주체성을 상실한 인간이 되고 싶어 하는 사람은 없다. 우리는 벤처 기업가, 기존 질서를 교란하는 사람, 반항아를 좋아한다. 제도를 끊임없이 개혁하고 수선하려는 사람은 별다른 명망을 누리지 못한다. 젊은이들은 서로 긴밀하게 연결된 NGO들과 사회적 기업들 같은 수많은 소규모 집단들끼리 모여 커다란 문제를 해결할 수 있다고 생각하도록 길러졌다. 위계적인 대형 조직들은 공룡일 뿐이다.

이러한 사고방식은 조직과 제도의 쇠퇴에 힘을 더했다. 편집자 티나 브라운이 말했듯, 모든 사람이 고정관념을 깨라는 말을 이렇게 많이 들었으니 이제는 그 고정관념 자체가 쇠퇴할 때도 되지 않았는가.

마셜처럼 조직과 제도를 중시하는 성향의 사람들은 이와 아주 다른 사고방식을 가지고 있고, 그 사고방식은 현재와는 다른 역사 의식에서 출발한다. 이 사고방식에서는 가장 주된 현실을 사회로 본다. 사회는 세대를 초월해 오랜 시간 존재해 온 수많은 조직과 제도의 조합이다. 개인은 아무것도 없는 들판에서 아무런 사회적 배경도 없이 태어나는 것이 아니다. 개인은 군인, 성직자, 다양한 과학 분야 종사자, 농부, 건설업자, 경찰, 교수 등 여러 직종을 포함해 오랫동안 지속되어 온 조직과 제도의 조합 안에서 태어난다.

삶은 아무것도 없는 들판에서 길을 찾아 돌아다니는 것과는 다르다. 우리가 태어나기 전부터 이 땅에 뿌리 내리고 있었고, 우리가 죽은 후에도 계속 존재할 몇몇 제도에 몸을 맡긴 채 살아간다. 선조들의 선물을 받아들이고, 그들이 남긴 제도를 보존하고 개선해서 더 나은 상태로 다음 세대에게 물려줄 책임을 지는 것이다.

각 제도는 나름의 규칙과 의무와 훌륭한 기준을 가지고 있다. 저널리즘 분야에서 기자들은 자신이 보도하는 상대로부터 정신적 거리를 유지하는 습관을 가지도록 요구받는다. 과학자들은 그들이 사용하는 특정 방법으로 한 번에 한 걸음씩 지식을 발전시키고 증명해야 한다. 교사들은 학생들을 모두 평등하게 대하고 그들의 성장을 위해 많은 시간을 투자한다. 우리가 몸담은 제도들에 스스로를 종속시키는 과정을 통해 우리는 우리가 된다. 제도 안에 있는 관습들이 영혼에 질서를 부여해서 좋은 사람이 되는 것을 더 쉽게 만든다. 그 관습들은 오랜 시간에 걸쳐 증명된 길을 따라 행동하도록 부드럽게 인도한다. 제도 안에 있는 관습들을 실행에 옮김으로써 우리는 혼자가 아니라 시간을 초월한 공동체의 일원이 된다.

제도를 중시하는 사람은 이렇게 넓은 시각을 가지고 있기 때문에 우리 이전에 살았던 사람들과 그들로부터 물려받아 우리가 잠시 맡아 두게 된 규칙들을 깊이 존중한다. 어떤 직업이나 제도가 갖고 있는 규칙들은 무언가를 해내는 최선의 방법을 가르쳐주는 실용적인 조언 같은 것이 아니다. 규칙은 그것을 실행에 옮기는 사람의 정체성과 깊이 얽혀 있다. 교사가 가르치는 일과 맺는 관계, 운동선수가 자신의 종목과 맺는 관계, 의사가 의료 행위에 대해 갖는 책임 등은 심적 손실이 심적이익보다 더 커진다고 해서 쉽게 저버릴 수 있는 개인적 선택이 아니다. 그것들은 삶의 형태를 결정하고, 삶을 정의하는 약속들이다. 천직을 찾는 것과 마찬가지로 이 약속들도 한 사람의 일생을 초월하는 무언가에 대한 헌신이다.

개인의 사회적 기능은 그 사람이 누구인지를 정의한다. 한 사람이 조직이나 제도와 맺는 약속은 계약과도 같다. 후세에 물려줘야 할 유산이자 되갚아야 할 빚인 것이다.

가령 목수로서 해내는 기술적 임무들에는 당장의 작업을 초월하는 깊은 의미가 녹아들어 있다. 조직이나 제도에서 무엇을 얻기보다 거기에 더 많은 것을 투입해야 하는 시간이 오래 이어지기도 한다. 그러나 그렇게 무언가를 보탬으로써 우리는 일련의 충족감을 주는 책임을 느끼게 되며 세상 안에서 확고한 위치를 얻게 된다. 또한 그 과정에서 자신의 도취적 자아를 깊이 감추고, 거기서 나오는 불안감과 끊임없는 요구를 잠재우는 법을 알게 된다.

마셜은 자신의 삶을 자신이 속한 조직의 필요에 맞췄다. 20세기를 지나온 인물들 중 마셜만큼 큰 존경을 받은 사람도 드물다. 심지어 그가 살아 있을 때도, 그리고 그를 잘 아는 사람들 사이에서도 그에 대한 존경심은 대단했다. 하지만 그와 함께 있으면서 완전히 편안한 느낌을 가진 사람도 드물다. 거기에는 아이젠하워도 포함된다. 마셜의 완벽한 극기와 자제력은 사람들에게 냉담하다는 인상을 줬다. 그는 군복을 입고 있는 동안 단 한번도 긴장을 풀거나 속내를 털어놓지 않았으며, 어떤 상황에서도 평정심과 침착성을 잃지 않았다.

## 사랑과 죽음

—

마셜에게도 사생활은 있었다. 하지만 그의 사생활은 공적 역할과 완전히 분리되어 있었다. 요즘 사람들은 일거리를 집에 가져오기도 하고, 일터로 돌아가서는 개인 휴대전화로 이메일을 보내기도 한다. 그러나 마셜에게 사생활과 공적 생활은 서로 다른 감정과 행동 양식을 가진 완전히 분리된 세계였다. 집은 무정한 세상에서 유일한 안식처였다. 마셜의 가정 생활 중심에는 아내 릴리가 있었다.

조지 마셜은 버지니아 사관학교 졸업반 시절 엘리자베스 카터 콜스에게 구애를 시작했다. 엘리자베스의 친구들은 그녀를 릴리라고 불렀다. 두 사람은 마차를 타고 긴 드라이브를 즐겼고, 그는 그녀와 시간을 보내기 위해 퇴학당할 위험을 무릅쓰고 교정 밖으로 몰래 빠져나가곤 했다. 마셜은 릴리보다 여섯 살 어렸고, 그의 동급생들과 선배들―그의 형 스튜어트도 포함해서―중에도 그녀의 마음을 사로잡으려 최선을 다하는 사람들이 몇몇 있었다. 그녀는 가무잡잡한 피부의 굉장한 미녀였으며, 렉싱턴의 여신으로 통했다. 마셜은 후일 이렇게 회상했다. "열렬히 사랑에 빠졌지요." 그리고 그 사랑은 영원했다.[19]

두 사람은 1902년 마셜이 졸업을 하자마자 결혼했다. 마셜은 그녀를 아내로 맞이하게 된 것을 굉장한 행운으로 여겼고, 그 감사의 마음을 평생 간직했다. 릴리에 대한 그의 태도는 변함없는 마음과 지극한 배려라고 묘사할 수 있겠다. 결혼한 지 얼마 안 돼서 그는 릴리가 갑상선 문제 때문에 심장이 극도로 약하다는 것을 알게 되었다. 평생 동안 거의 환자에 가깝게 대해야 하는 상태였다. 따라서 아이를 가지는 위험을 감수할 수가 없었다. 너무 무리를 하면 갑자기 죽을 수도 있는 위험이 항상 도사리고 있었다. 그러나 아내에 대한 마셜의 헌신과 감사의 마음은 오히려 더 깊어졌다.

마셜은 그녀를 돌보는 것을 즐거워했다. 작은 깜짝 선물이나 이벤트, 칭찬, 위로 등을 아끼지 않았고, 항상 세심한 곳까지 크게 신경을 썼다. 위층에 자수 바구니를 놓고 와도 절대 일어나서 직접 가져오도록 놔두지 않았다. 마셜은 숙녀를 모시는 기사처럼 행동했다. 릴리는 가끔 이런 그의 태도를 재미있어하며 놀리곤 했다. 사실 그녀는 마셜이 생각했던 것보다 더 강하고 많은 일을 할 수 있었지만, 그녀를 돌보는 것 자체가 그에게는 큰 즐거움이었다. 1927년, 릴리가 쉰세 살 되던 해에 심장병이 더 악화됐다. 그녀는 월터 리드 병원에 실려 가서 8월 22일 수술을 받았다. 그녀는 느리지만 꾸준히 회복되었다. 마셜은 평소와 마찬가지로 모든 면에서 완벽히 그녀를 수발했고, 릴리는 회복을 하는 듯했다. 9월 15일, 그녀는 다음 날 퇴원을 해도 좋다는 말을 들었고, 병상에 앉아서 어머니에게 보낼 메모를 적고 있었다. 그러나 '조지'라는 단어를 쓰고는 앞으로 몸이 고꾸라지더니 숨을 거두고 말았다. 의사들은 그녀가 집에 돌아간다는 사실 때문에 흥분을 해서 맥박이 빨라지고 불규칙해진 것이 사인이라고 말했다.

마셜은 그 순간 워싱턴의 육군대학에서 강의를 하고 있었다. 수위가 수업 중에 들어와 전화를 받아야 한다고 전했다. 두 사람은 작은 사무실로 갔다. 마셜은 수화기를 들고 잠시 저쪽에서 하는 말을 듣다가 책상 위에 엎드려 팔에 머리를 묻었다. 수위는 자기가 도울 수 있는 일이 있는지 물었다. 마셜은 격식을 갖춰 대답했다. "아니요, 스록모턴 씨. 오늘 여기 오기로 되어 있던 제 아내가 방금 죽었다는 이야기를 들었습니다."

격식을 차린 그의 말과 수위의 이름까지 기억한 침착성(마셜은 이름을 잘 기억하지 못했다)은 한순간도 늦추지 않는 그의 감정적 억제력과 자제력을 보여 주는 완벽한 예다.

마셜은 아내의 죽음으로 큰 충격에 빠졌다. 집 전체를 그녀의 사진으로 가득 채워서 어느 방 어느 곳에 가더라도 그녀가 자신을 쳐다보는 것처럼 만들었다. 릴리는 사랑스러운 아내였을 뿐 아니라 그가 가장 믿는, 그리고 비밀을 털어놓을 수 있는 유일한 친구였다. 그녀만이 유일하게 그가 지고 있던 짐의 무게를 엿볼 수 있는 특권을 누렸고, 그가 그 짐을 견뎌 낼 수 있도록 도울 수 있었다. 갑자기, 너무도 가혹하게 그는 홀로 떠도는 신세가 되어 버렸다.

아내와 세 딸을 잃은 경험이 있는 퍼싱 장군이 위문 카드를 보냈다. 마셜은 릴리가 절박하게 그립다고 답장을 했다. "26년 동안 극도로 친밀했던 동반 관계, 아주 어렸을 적 이후로 처음 알게 된 그런 친밀한 관계를 잃은 후, 앞으로의 삶에 적응해 보려고 아무리 노력을 해도 소용이 없습니다. 클럽 활동을 열심히 해 왔다거나, 취미 삼아 한 운동 말고 다른 데서 사람들과 친밀한 우정을 나눠 왔다거나, 집중력을 요하는 군사 작전이나 긴급한 임무 같은 게 있었다면 조금 더 잘 적응할 수 있었을지도 모르겠습니다. 그러나 결국 길을 찾게 되겠지요."[20]

릴리의 죽음은 마셜을 변화시켰다. 전에는 무뚝뚝했던 그가 누그러지면서 사람들과 대화를 많이 하기 시작했다. 마치 외로운 시간을 채우기 위해 손님들을 더 오래 머물게 하고 싶어 하는 것처럼 보였다. 시간이 흐르면서 그의 편지는 더 사려 깊어졌고, 동정심이나 연민도 더 잘 드러내는 쪽으로 변했다. 그는 군대에 헌신적이었고, 일 때문에 눈코 뜰 새 없이 바빴던 기간이 몇 번 있긴 했지만, 그렇다고 해서 절대 일 중독자는 아니었다. 자신의 건강을 해치지 않기 위해 그는 늦은 오후가 되면 일을 멈추고 정원을 돌보거나 승마 혹은 산책을 했다. 또한 시간이 허락할 때마다 자신의 부관들에게도 그렇게 하라고 장려하고, 심지어 명령하기까지 했다.

## 사적인 영역과 공적인 영역의 한계

—

마셜은 자신의 사생활을 중시하는 사람이었다. 이 말은 요즘 대부분의 사람들보다 사적인 영역과 공적인 영역 사이의 한계, 자신이 친밀하다고 여기는 사람들과 그렇지 않은 사람들 사이의 한계를 더 명확히 그었다는 뜻이다. 그는 자신이 신뢰하고 애정을 느끼는 가까운 사람들에게는 위트 있는 대화 상대가 되기도 하고, 오랜 시간 재미있는 이야기를 늘어놓는 것도 꺼리지 않았다. 그러나 그 외의 많은 사람들 사이에서는 예의 바르고 약간은 내성적인 듯한 매력을 지닌 사람으로 통했다. 그가 사람들을 성이 아닌 이름으로 부르는 경우는 거의 없었다.

이런 사생활 규칙은 페이스북과 인스타그램 시대에 통용되는 개념과 다르다. 프랜시스 퍼킨스가 고수한 것과 유사한 이 규칙은 오래도록 상호 관계를 맺고 신뢰를 쌓은 다음에야 친밀한 영역으로 서서히 서로를 받아들여야 한다는 개념에 바탕을 두고 있다. 이 규칙에 따르면 사생활에 속하는 내용을 온라인으로 바로 공유하거나 다른 사람과 대화 중에 꺼내 놓는 것은 있을 수 없는 일이다. 트위트로 널리 알릴 일이 아닌 것이다.

마셜의 공손한 사회적 태도는 그의 공손한 내적 세계와 일치한다. 프랑스 철학자 앙드레 콩트 스퐁빌은 공손함이 위대한 덕목의 전제 조건이라고 주장했다. "도덕성은 영혼의 공손함, 내적 삶의 예법, 임무에 대한 규칙과 같다."[21] 다른 사람을 배려하는 행동은 일련의 연습을 통해서 익혀지는 것이다.

마셜은 한결같이 남을 배려했지만, 격식을 차리는 태도 때문에 친구를 쉽게 사귀지는 못했다. 그는 험담을 극도로 싫어했고, 음담패설에는 눈을 찌푸렸다. 그는 아이젠하워가 특별한 재능을 보이는 분야였던 남자들과의 수다스러운 모임을 즐기지 않았다.

일찌감치 마셜의 전기를 발표한 윌리엄 프라이는 다음과 같이 썼다.

마셜은 절제되고 자기훈련이 잘된 사람들 가운데 하나였다. 이런 사람들은 자신의 내면 깊숙한 곳에서 동기부여와 보상을 받으며, 많은 사람들의 격려나 갈채를 필요로 하지 않는다. 이들은 또 지독하리만치 혼자인 경우가 많다. 많은 사람들과 생각이나 감정을 공유하며 느낄 수 있는 해방감을 갖지 못한다. 이렇게 자족적인 성향에도 불구하고 그들은 완성되지 않은 존재들이다. 그중 운이 좋은 사람들은 한 명 혹은 두 명 정도 영혼의 동반자를 만나 자신을 완성하기도 한다. 그러나 보통 절대 두 명을 넘어서지는 않아서, 심장은 사랑하는 사람에게, 두뇌는 친구에게만 연다.[22]

## 조직 개혁에 앞장서다
—

마셜은 마침내 자신의 에너지를 모두 쏟을 수 있는 임무를 맡고 아내를 잃은 슬픔에서 잠시나마 벗어날 수 있었다. 그해 말, 그는 조지아주의 포트 베닝에서 보병학교 프로그램을 이끌어 달라는 요청을 받았다. 그는 보수적인 태도를 지니고 있었지만, 일할 때 전통을 고집하는 사람은 아니었다. 오히려 군대가 일을 처리할 때 보이는 숨막히는 전통주의적 방식을 극복하려는 노력을 평생에 걸쳐 밀어붙인 사람이었다. 포트 베닝에서 4년을 지내는 동안 그는 장교 훈련 방법에 혁명적 변화를 가져왔다. 2차 대전에 참전한 주요 장교들 중 상당수가 포트 베닝을 거쳐 갔기 때문에 미 육군을 혁명적으로 변화시켰다고도 할 수 있다.

그가 취임했을 때 물려받은 교육 계획은 전투 시 장교들이 아군 부대는 물론 적군 부대의 위치까지 완벽하게 파악하고 있다는 말도 안 되는 가정을 바탕으로 만들어진 것이었다. 그는 훈련생들에게 지도를 주지 않거나, 오래되어 맞지 않는 지도를 주고 작전 훈련에 내보내기도 했다. 실전에서는 지도가 없거나, 있다 하더라도 아무 쓸모가 없는 경우가 많다는 조언도 함께 했다. 그는 또 '어떤' 결정을 내리느냐와 마찬가지로 '언제' 결정을 내리느냐가 중요한 문제라는 점을 가르쳤다. 제때 내린 평범한 결정이 너무 늦게 내린 완벽한 결정보다 더 낫다는 교훈도 줬다. 마셜이 오기 전까지는 교수들이 미리 쓴 강의록을 학생들 앞에서 읽어 내려가곤 했다. 마셜은 그런 관행을 금지시켰다. 그는 또 보급 시스템 매뉴얼을 120쪽에서 12쪽으로 줄여 시민을 훈련시켜 군에 편입시키기 쉽게 만들었고, 명령 계통 하부의 실무자들에게 재량권을 더 많이 주었다.

그런 성공과 개혁조차도 그의 진급을 돕지는 못했다. 미 육군에는 나름의 연공서열제가 있었기 때문이다. 그러나 1930년대 말로 접어들면서 파시스트의 위협이 더욱 두드러지게 되자 개인의 능력을 더 중요시하는 분위기가 형성되기 시작했다. 결국 마셜은 여러 번의 고속 진급을 한 끝에, 자기보다 연공서열이 높지만 존경을 덜 받는 선배들을 앞질러 권력의 중심인 워싱턴에 이르렀다.

## 겸손한 영웅

1938년, 프랭클린 루스벨트는 군비 증강에 대한 전략을 마련하기 위해 내각 회의를 소집했다. 루스벨트는 다음 전쟁의 경우 육군이 아닌

공군과 해군력으로 판가름이 날 것이라고 주장했다. 그는 동의를 구하기 위해 방을 한 바퀴 돌았고, 대부분 동의 의사를 내비쳤다. 그는 마지막으로 신임 참모부장인 마셜을 바라보며 물었다. "조지, 자네도 그렇게 생각하지 않나?"

"죄송합니다만 각하, 저는 전혀 그렇게 생각하지 않습니다." 마셜은 지상군이 필요한 이유를 피력했다. 루스벨트는 놀란 표정을 짓고 회의를 중단했다. 그가 마셜을 자기 멋대로 성이 아닌 이름으로 부른 건 그때가 마지막이었다.

1939년, 루스벨트는 참모총장 자리에 새로운 사람을 임명해야 했다. 미군 전체를 통솔하는, 군에서 가장 높은 자리였다. 마셜은 당시 연공서열로 34번째였지만 결국 휴 드럼과 함께 최종 후보에 올랐다. 드럼은 재능 있는 장군이었지만 약간 허세가 있었다. 그는 참모총장 자리에 오르기 위해 활발한 운동을 벌였다. 그를 공개적으로 지지하는 일련의 서신들을 준비시켰고, 언론에도 자신에 대한 긍정적인 기사를 싣게끔 영향력을 행사했다. 마셜은 홍보 운동을 벌이기를 거부했고, 다른 사람들이 그를 대신해 운동하려는 것조차도 못하게 했다. 그러나 그는 백악관의 중요한 친구들을 가지고 있었다. 그중 가장 중요한 인물은 해리 홉킨스로, 뉴딜 정책을 고안한 사람이자 루스벨트의 측근이었다. 루스벨트는 마셜과 개인적으로 전혀 가깝지 않았지만 결국 그를 선택했다.

전쟁은 실수와 좌절의 연속이다. 2차 대전 초기, 마셜은 능력 없는 사람들을 직책에서 무자비하게 몰아내야 한다는 것을 알았다. 이때 그는 캐서린 터퍼 브라운과 재혼한 상태였다. 전직 여배우로 강한 성격과 우아한 매너를 가졌고, 마셜 곁을 변함없이 지킨 동반자가 된 여성이다. "감정이라는 사치를 누릴 여유가 없어." 그가 아내에게 말했다. "나에게는 냉정한 논리밖에 허용되지 않아. 감정은 다른 사람들을 위한 거야. 나는 화를 내는 사치를 누릴 여유가 없어. 그러면 모든 게 무너지고 말 거야. 너무 진이 빠지는 일이야. 머리를 맑게 유지해야만 해. 지친 것처럼 보이면 안 돼."[23]

해임은 무자비했다. 마셜은 수백 명 동료들의 커리어에 종지부를 찍었다. "그는 한때 가까운 친구였어요. 그런데 남편을 완전히 망쳐 버렸어요." 한 고위 장교의 아내가 남편이 한직으로 내몰린 후 한 말이다.[24] 어느 날 저녁, 마셜은 캐서린에게 이렇게 말했다. "'노'라고 말하기도 이제 지쳐. 그럴 때마다 내 몸과 영혼이 닳는 느낌이야." 마셜은 전쟁의 먹구름이 몰려오고 있는 상황에서 조직을 재편하며 이렇게 말했다. "사람들에게 당신은 실패했다고 말하는 것이 쉽지가 않아. (…) 어렵고 곤란한 일을 해야만 하는 상황들이나 문제들과 씨름하느라 하루가 다 가."[25]

전형적인 마셜의 모습은 1944년 런던에서 열린 기자회견을 통해 엿볼 수 있다. 그는 손에 종이 한 장 들지 않은 채 회견장으로 들어가서 기자들에게 질문하라고 한 뒤 조용히 그들의 말을 들었다. 마셜은 서른 개가 넘는 질문을 모두 들은 다음 전쟁 상황을 자세히 설명했고, 더 큰 비전과 전략적 목표, 기술적인 세부 사항에 대해 이야기했다. 몇 문장마다 여러 기자들과 번갈아 눈을 맞추며 말을 잇는 것도 잊지 않았다. 그는 40분을 그렇게 이어 간 후 기자들에게 시간을 내줘서 고맙다고 말하며 연설을 마쳤다.

2차 대전 당시 활약한 장군들 중에는 맥아더와 패튼처럼 드라마틱한 성격을 지닌 사람들도 있었다. 그러나 마셜과 아이젠하워를 비롯한 대부분의 장군들은 극적인 분위기를 만들어 내는 걸 좋아하지 않았다. 그들은 정확하고 치밀한 조직력을 지닌 사람들이었지, 화려한 쇼맨십을 자랑하는 유형은 아니었다. 마셜은 소리를 지르며 테이블을 쳐 대는 장군들을 경멸했다. 그는 또 단순하고 수수한 군복을 좋아했다. 오늘날 장군들이 즐겨 입는 장식적인 군복, 그러니까 자기 가슴이 무슨 광고판이라도 되는 것처럼 각종 훈장을 잔뜩 단 군복은 입지 않았다.

이 기간 동안 마셜은 엄청난 명성을 쌓았다. CBS 종군기자 에릭 세버레이드의 보도는 당시 분위기를 잘 보여 준다. "몸집이 크고 수수한 느낌을 주는 이 사내는 눈부신 지적 능력의 소유자인 동시에 비범한 천재, 진실한 그리스도교 성인을 연상시킨다. 그가 내뿜는 제어된 힘의 분위기는 그 앞에 선 누구라도 약해지는 느낌을 받게 만든다. 임무에 대한 그의 사심 없는 헌신은 공적 압박이나 사적 우정의 영향으로부터도 자유로웠다."[26] 하원의장 샘 레이번은 미국 내에서 그 누구도 마셜만큼 의회에 큰 영향력을 가진 사람은 없다고 말했다. "우리 앞에는 지금 자기가 보는 대로 진실을 말하는 사람이 있습니다." 트루먼 대통령 밑에서 국무장관을 지낸 딘 애치슨도 이렇게 말했다. "모든 사람이 마셜 장군을 기억할 때 떠올리는 것은 그의 엄청난 진실성입니다."

마셜은 그 진실성 때문에 사람들에게서 즉시 호감을 사는 인물이 아니었고, 정치판에 대해서는 군인다운 냉소적 태도를 견지했다. 그는 북아프리카 공격 작전 계획이 준비됐다고 보고하기 위해 루스벨트 대통령을 만났을 때 느낀 혐오감에 대해 말하기도 했다. 대통령은 기도

하듯 손을 모아 쥐고는 말했다. "제발 선거 전에 실행해 주시오." [27] 후일 마셜의 참모부장 톰 핸디는 인터뷰에서 그때 상황을 설명했다.

마셜 장군이 쉬운 사람이었는지 말해 봐야 소용없는 일입니다. 결코 쉬운 사람이 아니었기 때문입니다. 지독히도 융통성 없이 굴 때도 많았습니다. 그러나 그는 엄청난 영향력과 힘, 특히 미국 의회와 영국에 커다란 영향력을 지니고 있었습니다. 제 생각엔 루스벨트 대통령도 이 점을 부러워했던 것 같습니다. 그 힘의 바탕에는 마셜에게 비밀스럽고 이기적인 동기가 전혀 없다는 것을 모두가 알고 있다는 사실이 깔려 있었습니다. 영국은 그가 미국이나 영국에 유리한 일을 하려는 것이 아니라 최선의 방법으로 전쟁에서 이기려 한다는 것을 이해했습니다. 미국 의회에서도 그가 말할 때는 아무런 정치적 의도 없이 솔직한 의견을 피력한다는 것을 잘 알고 있었습니다. [28]

마셜의 모든 면을 너무도 잘 드러내 주는 순간이 전쟁 중에 찾아왔다. 연합군은 프랑스를 탈환하기 위한 오버로드 작전을 준비하고 있었지만 총지휘를 할 사람을 아직 임명하지 못한 상태였다. 마셜은 내심 무척 그 임무를 맡고 싶어 했고, 전반적으로 가장 적합한 인물이라는 인정도 받고 있었다. 역사상 가장 야심 찬 군 작전 중 하나였던 오버로드 작전은 누가 지휘권을 맡든 대의를 위해 엄청난 봉사를 해야 하는 것이었고, 그 결과에 따라 역사에 길이 남을 일이었다. 처칠과 스탈린 등 연합군의 다른 지도자들은 마셜에게 그가 임명될 것이라고 말했다. 아이젠하워도 당연히 마셜이 임명될 것이라고 생각했다. 루스벨트는 마셜이 요구하면 그를 임명해야 한다는 것을 알고 있었다. 충분히 자격이 있었고, 평판도 아주 좋았다.

그러나 루스벨트는 마셜이 워싱턴에 머물며 가까이에서 자신을 보좌하기를 원했다. 하지만 그가 오버로드 지휘를 맡으면 런던으로 가야만 했다. 루스벨트는 또 그의 엄격한 성격도 걱정이 됐다. 오버로드 작전을 성공적으로 완수하려면 정치적 연맹도 맺어야 하고, 그럴 때는 온화한 성격이 도움이 될 것이라는 추측 때문이었다. 의견이 분분해졌다. 상원의원 몇몇은 마셜이 워싱턴에 필요한 사람이기 때문에 오버로드 작전 지휘권을 주면 안 된다고 주장했다. 퍼싱 장군은 병원 침상에 누운 채로 루스벨트 대통령에게 마셜을 임명하라고 청원했다.

여전히 모든 사람들은 마셜이 그 직책을 맡을 것이라고 생각했다. 1943년 11월, 북아프리카에 있던 아이젠하워를 방문한 루스벨트는 이렇게까지 이야기했다. "자네와 나는 남북전쟁 말기에 참모총장이 누구였는지 알지만 우리 둘 말고 그걸 아는 사람은 거의 아무도 없지. (…) 지금부터 50년쯤 세월이 흐른 뒤에 조지 마셜이 누구인지 아무도 모를 거라는 생각은 하고 싶지도 않아. 그게 조지한테 오버로드 작전 통수권을 주고 싶은 이유 중 하나일세. 위대한 장군으로 역사에 이름을 남길 자격이 있는 사람이지 않은가."

그러나 루스벨트는 여전히 찜찜해했다. 후일 그는 이렇게 말했다. "이기는 팀을 가지고 장난치는 건 위험한 일이다."[29] 그는 해리 홉킨스를 보내 마셜이 이번 임명에 대해 어떻게 생각하는지 가늠해 보라고 시켰다. 마셜은 넘어가지 않았다. 그는 홉킨스에게 지금까지 명예롭게 복무했으며, 더 이상 어떤 것도 요구하지 않을 거라고 말했다. 그리고 이렇게 덧붙였다. "대통령이 어떤 결정을 하더라도 기꺼이 따르겠습니다."[30] 수십 년이 흐른 후 마셜은 포러스트 포그와 한 인터뷰에서 자신의 행동을 이렇게 설명했다. "어떤 식으로든 대통령을 난처하게 만들지 않겠다고 결심했어요. 이 문제를 처리하는 데 있어서 [나라의] 이익에 가장 부합하는 쪽으로 결정할 수 있도록 아무 부담도 주지 않아야 한다고 생각했지요. (…) 다른 전쟁에서 자주 일어나는 일들, 즉 나라의 이익보다 개인의 감정을 더 고려해서 결정을 내리는 일을 피하고 싶다는 내 생각은 거짓이 전혀 없는 진심이었습니다."[31]

1943년 12월 6일, 루스벨트가 마셜을 사무실로 불렀다. 루스벨트는 몇 분 동안 별로 중요하지 않은 일들에 대해 이야기하면서 어색하게 변죽을 울렸다. 그러다가 마셜에게 그 일을 원하는지 물었다. 마셜이 그냥 간단히 '예스'라고 했으면 아마도 오버로드 작전 통수권을 쥐게 됐을 것이다. 그러나 마셜은 절대 루스벨트가 원하는 반응을 보이지 않았다. 그는 루스벨트에게 최선의 선택을 하라고만 말했다. 그리고 대통령의 결정에 자신의 사적 감정이 절대 영향을 주면 안 된다고 주장했다. 그는 반복해서 어떤 식으로든 자신의 의사를 밝히기를 거부했다.

루스벨트가 그를 바라봤다. "흠, 사실 자네가 워싱턴에 있지 않다고 생각하면 밤에 편히 잘 수 없을 것 같네." 긴 침묵이 흘렀다. 루스벨트가 덧붙였다. "그러면 아이젠하워로 하겠네."[32]

마셜은 내심 크게 절망했을 것이다. 설상가상으로 루스벨트는 마셜에게 이 결정을 연합군에게 전보로 알리라고 지시했다. 참모총장으로서 마셜은 그 명령을 직접 써야 하는 입장이었다. "아이젠하워 장군을

'오버로드' 작전 사령관으로 즉각 임명한다는 결정이 내려졌다." 그는 이 쪽지를 간직했다가 아이젠하워에게 보내는 너그러움을 보였다. "아이젠하워, 이 쪽지를 기념으로 간직하고 싶어 하지 않을까 생각했네. 어제 최종 회의가 끝나면서 내가 서둘러 휘갈겨 쓴 메모에 대통령이 바로 사인을 한 것이네. G.C.M."[33]

마셜의 인생에서 직업적으로 가장 큰 실망이었고, 절실히 원하는 것을 표현하기를 거부했기 때문에 벌어진 일이었다. 그러나 물론, 그것은 그가 살면서 고수해 온 원칙이기도 했다.

유럽에서 전쟁이 끝났을 때 개선장군으로서 워싱턴에 금의환향한 사람은 마셜이 아니라 아이젠하워였다. 그럼에도 마셜은 자랑스러운 마음을 감출 수 없었다. 존 아이젠하워는 아버지가 워싱턴으로 돌아온 날의 장면을 회고하면서 이렇게 말했다. "그날 마셜 장군이 완전히 긴장을 푼 모습을 봤다. 아버지 뒤에 서서 사진기자들의 플래시 세례를 피하면서도, 아버지와 어머니에게 다정하고 자애로운 표정으로 활짝 웃어 보였다. 그날만큼은 그의 행동에서 냉정하고 침착하던 평상시 조지 마셜의 모습을 찾아볼 수 없었다. 그러다가 그는 뒷배경으로 물러나, 워싱턴 거리를 누비는 카퍼레이드와 펜타곤 방문 등 하루 일정 내내 아버지가 주인공이 되도록 배려했다."[34]

처칠은 개인적으로 마셜에게 보낸 편지에서 이렇게 말했다. "위대한 군대를 지휘할 운이 따르지 않은 것 같군요. 귀하는 그 군대를 만들고, 조직하고, 고무하는 데 그쳐야만 했던 모양입니다."[35] 자기 손으로 진급시킨 사람의 빛에 가린 마셜은 '승리를 조직한 사람'으로만 기억되게 됐다.

## 마지막까지 책무를 다하다

―

마셜은 전쟁이 끝난 후 여러 차례 은퇴하려 했다. 그리고 1945년 11월 26일, 펜타곤에서 간소한 은퇴식을 열고 참모총장직에서 물러날 수 있었다. 그는 아내 캐서린과 함께 도도나 매너로 차를 몰고 갔다. 버지니아주 리스버그에 사 둔 두 사람만의 집이었다.(도도나 매너Dodona Manor 는 오늘날 마셜 하우스Marshall House로 불린다. 도도나는 제우스의 신탁을 받들던 고대 그리스의 성역 이름에서 따온 것이다.—옮긴이) 두 사람은 앞으로 즐길 한가로운 은퇴 생활을 꿈꾸며 햇빛 가득한 앞마당으로 걸어 들어갔다. 캐서린은 저녁 식사 전에 잠깐 쉬기 위해 2층으로 올라가다가 아래층에서 전화 벨이 울리는 소리를 들었다. 한 시간 후에 아래층으로 내려온 그녀는 남편이 잿빛이 된 얼굴로 소파에 누워 라디오를 듣고 있는 것을 발견했다. 라디오에서는 주중국 미국 대사가 지금 막 사임했고 조지 마셜이 대통령의 요청을 수락해서 그 자리에 임명됐다는 소식이 들려오고 있었다. 아까 왔던 전화가 즉시 중국으로 떠나 달라는 트루먼 대통령의 전화였던 것이다. "오, 조지." 그녀가 말했다. "어떻게 그럴 수가 있어?"[36]

중국 대사직은 정말 보람없는 일이었다. 그러나 마셜과 캐서린은 중국에서 14개월 동안 중국 국민당과 공산당 사이의 피할 수 없는 내전을 막아 보려고 계속 협상을 벌였다. 큰일을 맡아서 거의 처음으로 실패를 경험한 후 미국으로 돌아오던 비행기 안에서 이제 예순일곱 살이 된 마셜은 다시 한 번 대통령의 요청을 받는다. 이번에는 국무 장관을 맡아 달라는 주문이었다. 마셜은 요청을 수락하고 전화를 끊었다.[37] 새

자리에서 그는 마셜 플랜을 세웠다. 그의 이름이 역사에 길이 남기를 바랐던 루스벨트 대통령의 소원이 이루어진 셈이다. 사실 마셜 자신은 '유럽 복구 계획'이라는 공식 명칭만을 사용했지만 말이다.

그 후로도 마셜에게는 미국 적십자 회장, 국방부 장관, 엘리자베스 2세 대관식 미국 대표단장 등 다른 임무들이 주어졌다. 그 과정에서 노벨상 수상의 영광도 누리고, 매카시 진영이 그를 상대로 벌인 인신 공격의 씁쓸함도 맛보는 굴곡을 겪었다. 마셜은 매번 새로운 자리에 임명될 때마다 자신이 마땅히 해야 할 의무라는 강한 이끌림을 느꼈다. 그는 옳은 결정도 했고, 그릇된 판단—이를테면 이스라엘 국가 건설 반대—도 했다. 그는 원치 않는 직책을 계속해서 수락했다.

이 세상에 태어나면서부터 살아 있다는 것 자체가 축복이라고 여기며 부채감을 가지고 사는 사람들이 간혹 있다. 그들은 세대 간에 전달되는 유산의 존재를 감지할 줄 안다. 우리 앞에 살다 간 사람들이 남긴 것들, 선조들에게 진 빚, 시간을 초월해서 존재하는 도덕적 책임에 대한 의무감 등을 느끼는 것이다.

이런 태도를 가장 순수하게 잘 표현한 예가 있다. 남북전쟁 당시 병사였던 설리번 벌루가 제1차 불 런 전투가 벌어지기 전날 밤에 아내에게 보낸 편지다. 고아로 자란 벌루는 아버지 없이 성장해야 하는 고통이 무엇인지 잘 알고 있었다. 그럼에도 그는 아내에게 쓴 편지에서 선조에게 진 빚을 갚기 위해서는 목숨을 바칠 각오가 되어 있다고 말했다.

내 조국을 위해 전장에서 쓰러져야만 한다면 나는 그럴 준비가 되어 있소. (…) 이 정부의 승리에 미국 문명의 운명이 달려 있고, 독립 운동을 위해 피 흘리며 고통받았던 선조들에게 진 빚이 무겁다는 것을 알고 있기 때문이오. 나는 이 정부를 유지하고, 선조들에게 진 빚을 갚을 수만 있다면 이 생의 모든 기쁨을 포기할 용의가 진정으로 있소.

그러나 내 사랑하는 아내여, 내가 이 생의 기쁨을 포기하면 당신의 기쁨도 거의 모두 앗아 간다는 것, 그리고 그 자리에 염려와 슬픔으로 가득 찬 삶을 남긴다는 것을 알고 있소. 오래도록 고아원에서 쓸쓸한 경험을 맛본 내가 똑같은 경험을 내 사랑하는 아이들에게 줄 수밖에 없다는 것도 알고 있소. 내가 목표로 삼은 기치가 당당하고 차분하게 나부끼는 가운데, 그대 내 사랑하는 아내와 아이들에 대한 무한한 사랑이 조국에 대한 내 사랑과 다툼을 벌이게 된다면―치열하게 갈등해야 하고, 비록 무용한 일이겠지만―너무 나약하고 불명예스러운 일인 걸까?

세라, 당신에 대한 내 사랑은 불멸의 사랑이라오. 나와 당신을 연결하는 끈은 전지전능하신 주님만이 끊을 수 있는 것이오. 그러나 조국에 대한 사랑이 강풍처럼 나를 휩쓸고 쇠사슬처럼 내 몸을 묶어 전장으로 이끌고 있소. (…) 내가 신의 섭리를 바랄 자격이 그다지 없는 사람이라는 것은 잘 알지만 무언가가 내 귀에 속삭이는 소리가 들리오. 내가 무사히 사랑하는 사람들에게 돌아갈 수 있으리라는 속삭임 말이오. 어쩌면 우리 에드거의 기도가 바람에 날려 들려오는 것일 수도 있겠지. 하지만 만약 그러지 못한다면, 사랑하는 세라, 내가 당신을 얼마나 사랑하는지 잊지 마오. 전장에서 내 마지막 숨결이 입술을 떠날 때 그대의 이름을 부를 것이오.

물론 벌루는 그다음 날 불 런 전투에 참가했고 전사했다. 마셜과 마찬가지로 그도 공동체와 나라를 위한 임무를 저버리고는 성취감을 느낄 수 없는 사람이었다.

우리는 자신이 원하는 일을 실현하는 데 있어서 좌절하지 않는 것이 행복이라고 정의하고, 개인의 행복을 크게 강조하는 사회에 살고 있다. 그러나 오래된 도덕적 전통은 쉽게 사라지지 않는다. 그 전통은 몇 세기에 걸쳐 흘러 내려오며 새로운 상황에서 새로운 사람들에게 영감을 준다. 마셜은 비행기와 핵폭탄의 시대에 살았지만 많은 부분 고대 그리스와 로마의 도덕적 전통에서 영향을 받았다. 그의 도덕 관념은 용기와 명예를 강조하는 호메로스와 도덕적 규율을 강조하는 스토아 철학자들에게 힘입었다. 그러나 더 나이가 들면서는 고대 아테네인 페리클레스의 영향도 엿볼 수 있다. 페리클레스는 소위 고결하고 위대한 리더십을 몸소 실천한 인물이었다.

고대 그리스 황금기의 고결한 지도자 페리클레스는 자신이 가진 덕목을 높이, 그러나 정확히 평가했다. 그는 주변에 있는 대부분의 사람들과 자신을 다른 범주로 구분했다. 자신이 남다른 행운을 타고났다는 것을 이해한 것이다. 그런 이해가 사람들과의 관계를 어렵게 만들었다. 그래서 몇몇 가까운 친구들을 제외하고는 대부분의 사람들에게 외롭고, 고고하고, 내성적이고, 위엄 있다는 인상을 줬다. 그는 사람들에게 제한적으로 친절함이나 호의를 보이긴 했지만, 절대 자신의 감정이나 생각이나 두려움을 완전히 내보여 주지는 않았다.[38] 그는 자신의 취약한 부분을 감췄고, 다른 사람에게 의지해야 될지도 모른다는 생각을 혐오했다. 로버트 포크너가 『위대함을 옹호함The Case for Greatness』에서 말했듯이 그는 다른 사람과 힘을 합치고, 팀플레이를 하고, 조직 안에 소속되는 사람이 아니었다. "그는 아무 일에나 힘을 보태지 않는다. 특히 자신이 누군가를 보조해야 하는 역할을 맡아야 한다면 더욱 그렇다. 호혜적인 관계에도 능하지 않다."[39] 그는 호의를 베푸는 것은 좋아했지만 호의를 받는 것은 수치스러워했다. 그는 아리스토텔레스의 말을 빌리자면 "다른 사람들의 눈에 들기 위한 방향으로 자신의 삶을 이끌 능력이 없었다."[40]

고결한 지도자는 보통의 사회적 관계들을 가지고 있지 않다. 그에게서는 슬픔의 흔적이 느껴진다. 크나큰 야망을 지닌 채, 숭고한 목적을 위해 인간적 교우 관계를 포기하는 사람들에게서 나타나는 슬픔이다. 그는 스스로에게 실없는 행동을 하도록 용납하지 않으며, 단순한 행복감이나 자유로움도 허락하지 않는다. 그는 대리석과 같다.

고결한 지도자는 자신의 본성으로 국민들에게 커다란 혜택을 주는 일을 하라는 소명을 받는다. 그는 자신에게 높은 기준을 부과하고 공적 기능을 행하는 데 스스로를 헌신한다. 고결한 지도자의 큰 그릇은 공적·정치적 삶을 통해서만 드러날 수 있다. 정치와 전쟁만이 최고의 희생정신을 불러일으키고 최고의 재능을 이끌어 낼 만큼 충분히 규모가 크고, 충분히 경쟁적이고, 충분히 중대한 무대다. 이 정의에 따르면, 일상적인 비즈니스나 사적인 삶의 영역에 홀로 피신해 있는 사람은 공적 영역에 뛰어드는 사람보다 중요성이 떨어질 수밖에 없다.

페리클레스의 시대로 접어들면서 위대한 영혼을 지닌 지도자들은 견실함과 냉철함을 항상 유지해야만 했다. 그들은 성미가 불 같은 호메로스적 영웅들보다 신중하고 자제력이 강해야만 했다. 무엇보다도 그들은 엄청난 규모로 공공의 이익을 제공할 수 있어야만 했다. 또한 그들은 위급한 시기에 국민을 구하고, 새로운 시대의 요구에 맞춰 사회를 변혁할 줄 알아야 했다.

위대한 영혼을 가진 사람들은 선량한 사람이 아닐 수도 있다. 항상 친절하고, 연민에 넘치고, 사려 깊고, 유쾌한 사람이 아닐 수도 있다. 그러나 그들은 위대하다. 그들이 큰 명예를 얻게 된다면 그것은 그만한 가치가 있는 사람이기 때문이다. 그들은 다른 종류의 행복을 얻는다. 그것은 고대 그리스 사상을 널리 알린 이디스 해밀턴이 정의한 바와 같이 "삶이 준 기회 안에서 탁월한 길을 따라가며 꼭 필요한 힘을 발휘함으로써" 얻을 수 있는 행복이다.

## 위대한 죽음
—

1958년, 마셜은 얼굴에 생긴 낭종을 제거하기 위해 월터 리드 병원에 입원했다. 문병을 온 대녀代女 로즈 윌슨은 그가 갑자기 너무 늙어 보여서 깜짝 놀랐다.

"이제는 과거를 되돌아볼 시간이 아주 많구나." 마셜은 어릴 적 유니언타운에서 아버지와 썰매를 타던 이야기를 하며 그렇게 말했다. "마셜 대장님." 그녀가 답했다. "할아버지가 얼마나 대단한 아들을 가졌는지 알기 전에 돌아가셔서 너무 애석해요. 정말 자랑스러워하셨을 텐데요."

"그렇게 생각하니?" 마셜이 대답했다. "아버지가 나를 괜찮게 생각하실 거라고 믿고 싶구나."

마셜은 점점 약해져 갔다. 전 세계가 장군의 병에 안타까움을 표했다. 처칠, 드골 장군, 마오쩌둥, 장제스, 스탈린, 아이젠하워, 티토 원수, 몽고메리 육군 원수 등으로부터 쾌유를 비는 메시지가 날아들었다.[41] 일반인들에게서도 수천 통의 편지가 쏟아져 들어왔다. 아이젠하워 대통령은 세 번이나 문병을 왔고, 트루먼도 방문을 했다. 당시 여든네 살이었던 윈스턴 처칠까지 문병을 왔다. 그러나 마셜은 이미 혼수상태에 빠진 후였고, 처칠은 문간에 서서 자신이 한때 알았던 사람의 자그마한 몸을 바라보며 눈물을 흘릴 수밖에 없었다.

마셜은 1959년 10월 16일 세상을 떠났다. 여든 번째 생일을 맞이하기 직전이었다. 그의 참모부장이었던 톰 핸디 장군이 언젠가 그의 장례식 문제에 대해 물은 적이 있었다. 그러자 마셜은 그의 말을 자른 다음 이렇게 답했다. "그 걱정은 할 필요 없네. 필요한 지시사항은 이미 다 남겨 놨으니까."[42] 그가 죽은 후 그 지시사항이 공개됐다. 실로 놀라운 내용이었다. "간소하게 매장해 달라. 조국을 영예롭게 섬긴 평범한 미군 장교와 다름없이. 수선 떨지 말고. 거창한 의식 같은 것도 금지. 장례식은 짧게. 장례식 손님은 가족들만. 무엇보다도 조용히 장례식을 치르도록."[43]

마셜의 엄명에 따라 국장은 거행되지 않았다. 미 국회의사당 로툰다에 안치되지도 않았다. 그의 시신은 워싱턴 국립 대성당의 베들레헴 예배당에 안치되어 24시간 친지들이 조의를 표할 수 있도록 했다. 장례식에 참석한 사람은 가족과 몇몇 동료들, 그리고 그의 이발사 니콜

라스 토탈로뿐이었다. 토탈로는 전쟁 중에 카이로, 테헤란, 포츠담에서 그의 머리를 깎았을 뿐 아니라 후에는 펜타곤에서도 그의 이발을 전담했다.[44] 마셜의 장례식은 버지니아주 알링턴의 포트 마이어에서 간소하게 치러졌다. 일반 기도서의 표준 매장 절차에 따라 이뤄진 장례식이었다.

# 내면의 악과 맞선
# 비폭력 인권운동가

필립 랜돌프와 베이어드 러스틴

필립 랜돌프와 베이어드 러스틴의 이야기는

결함 있는 사람들이 어떻게 타락한 세상에서 힘을 행사하는지를 보여 준다.

두 사람은 사회적·개인적 죄에 대한 의식을 바탕으로 한 세계관을 공유했다.

인간 삶의 곳곳에 어둠이 핏줄처럼 퍼져 있다는 생각 말이다.

랜돌프는 즉각적으로, 러스틴은 평생에 걸쳐

내면의 혼란스러운 충동을 제어하기 위한 내적 구조를 만드는 법을 배웠다.

또한 두 사람은 자신을 희생하고, 최악의 성향으로부터 거리를 두는

쪽으로 삶의 방향을 잡음으로써 죄와 간접적으로 싸우는 법도 배웠다.

그들은 이 모든 것을 극도로 위엄 있는 태도로 해냈다. 그러나 바로 그

세계관을 바탕으로 그들은 외적인 전략에서는 공격적인 태도를 취했다.

그들은 극적인 변화란 그것이 필요해질 때

달콤한 설득으로 성취할 수 있는 게 아니라는 것을 알고 있었다.

사회적 죄를 씻기 위해서는 문을 부술 듯이 두드려 대는 사람들이 필요하다.

그러나 동시에 그들은 자신이 이렇듯

대담하게 행동할 자격이 없다는 것을 자각하고 있는 사람들이어야 한다.

〈커맨드 퍼포먼스〉가 방송되던 때 가
장 유명했던 인권운동 지도자는 필립 랜돌프A. Philip Randolph였다. 랜돌
프는 가두 시위를 조직하고 촉구했음은 물론 대통령과도 면담한 흑인
지도자였으며, 그의 명성과 도덕적 권위는 인권운동의 방향을 형성하
는 데 지대한 영향을 끼쳤다.

랜돌프는 1899년 플로리다 잭슨빌 근처에서 태어났다. 그의 아버지
는 흑인 감리교 감독 교회 목사였지만 교회에서 받는 돈이 너무 적어
재단 일, 푸줏간 일 등으로 벌이를 했고, 어머니는 재봉사로 일하며 살
림을 꾸렸다.

종교를 갖지 않았던 랜돌프는 이렇게 회상한다. "아버지는 인종주
의적 교리를 설파했다. 항상 교회 신도들의 사회적 상황에 대해 이야
기했고, 그들에게 흑인 감리교 감독 교회가 미국 최초의 전투적인 흑
인 단체라고 강조했다."[1] 랜돌프의 아버지는 또 두 아들들을 데리고
흑인들이 주최하는 정치 집회에 참석했고, 성공한 동료 흑인들에게 자
신의 아이들을 소개했다. 그리고 역사에 이름을 남긴 흑인 역할 모델
들, 예를 들어 크리스퍼스 애틱스, 냇 터너, 프레더릭 더글러스 등에

대해 되풀이해서 이야기해 줬다.

랜돌프의 가족은 가난했지만 품위를 잃지 않았다. 집은 항상 티끌 하나 없이 말끔히 정돈되어 있었고, 가족들은 전통적인 예의범절과 규율과 에티켓을 지켰다. 랜돌프의 부모는 늘 완벽한 발성으로 말을 했고, 아들들에게도 각 음절을 모두 정확하게 발음하라고 가르쳤다. 그래서 그는 평생 동안 'responsibility(책임)' 같은 단어를 길고 위풍당당하게 '리-스판스-어-빌-리-티'라고 발음했다.

그들은 치욕스러운 인종차별을 당하면서도 가족이 처한 물질적 상황과 어긋나는 도덕적으로 정제되고, 신사적인 행동 규범을 고수했다. 전기 작가 저비스 앤더슨은 랜돌프의 아버지에 대해 이렇게 설명했다. "간단히 말하자면 자력으로 신사가 된 사람이었다. 정중함, 겸손함, 품위라는 가치를 통해 인도받고, 종교적·사회적 봉사를 통해 영감을 받으며, 존엄성이라는 개념에 전적으로 헌신하는 사람이었다."[2]

랜돌프는 학교에 다닐 때 두 명의 뉴잉글랜드 출신 백인 여교사에게서 배웠다. 혜택을 받지 못하는 흑인 어린이들을 가르치기 위해 남부로 내려온 사람들이었다. 랜돌프는 후일 그들을 가리켜 "역사상 가장 훌륭한 선생님 두 분"이라고 회고했다. 그는 릴리 휘트니 선생님에게서 라틴어와 수학을, 메리 네프 선생님에게서 일반 문학과 극문학을 배웠다. 키가 크고 운동 신경이 뛰어났던 랜돌프는 야구에 탁월한 재능을 보였지만, 다른 한편으로는 이후 오래도록 이어진 셰익스피어와 극문학에 대한 애정을 키워 갔다. 랜돌프는 아내가 삶의 마지막 10년 동안 휠체어에만 앉아서 지내게 되었을 때 날마다 셰익스피어를 읽어 줬다.

대부분의 사람들은 자신이 처한 상황에 따라 만들어진다. 그러나 랜돌프와 그의 부모 및 선생님들은 주변 세상보다 좀 더 고양되고, 좀 더 격식 있고, 좀 더 위엄을 갖춘 방식으로 행동함으로써 주어진 상황을 뛰어넘는 도덕적 환경을 만들었다. 랜돌프는 평생에 걸쳐 올바르고 곧은 몸가짐을 유지했다. 동료이자 노조 지도자였던 델럼스는 이렇게 회고한다. "랜돌프는 똑바로 앉고 똑바로 걷도록 배운 사람이었다. 그가 어디에 비스듬히 기대거나 뒤로 몸을 젖히고 있는 것을 본 적이 없었다. 아무리 유쾌한 상황이라 하더라도 그는 어떤가 하고 돌아보면 어김없이 등에 판자라도 댄 듯 똑바로 앉아 있었다."[3]

　그의 목소리는 부드럽고, 깊고, 잔잔했다. 그리고 사람들이 말하길 그의 억양은 보스턴 상류층과 서인도 제도의 말투를 섞어 놓은 것 같았다고 한다. 그는 성서를 읽는 듯한 운율로 말했고, verily(참으로), vouchsafe(제공하다) 같은 구식 표현을 즐겨 썼다.[4]

　랜돌프는 끊임없는 자제력을 가지고 도덕적으로 나태해지거나 느슨해지려는 경향에 맞서 싸웠다. 그것이 개인적 품행에 관련된 사소한 행동이건, 욕망의 절제와 관련된 중요한 행동이건 말이다. 랜돌프의 참모들은 그가 여행하는 동안 육탄공세를 벌이는 여성들을 보고 놀랐고, 또 그가 그녀들로부터 부드럽게 벗어나는 것을 보고 놀랐다. "저 남자보다 여자들의 애원과 구애를 더 많이 받아 본 사람은 아마도 없을 겁니다." 델럼스가 전기 작가에게 말했다. "그 여자들은 겁탈 말고는 모든 방법을 썼어요. 웹스터랑 나는 우리가 대장 뒤를 따라다니면서 남은 여자들을 처리하는 게 좋겠다며 농담하곤 했지요. 얼마나 아름다운 여성들이었는지 몰라요. (…) 여행지를 떠나올 때마다 맥이 빠지곤 했어요. 여자들이 그의 호텔 방으로 올라와서 술 한잔 하자고 조르는 것부터 해서 온갖 술수를 쓰는 걸 다 봤거든요. 그러면 랜돌프가 대답하곤 했지요. '미안해요, 너무 피곤하군요. 아주 힘든 날이었어요. 이제 그만 가서 자는 게 좋겠습니다.' 가끔은 내가 '대장, 농담하세요?' 하고 묻기도 했어요."[5]

랜돌프는 자신을 노출시키는 것을 좋아하지 않았다. 글을 쓸 때는 강하고 논쟁적일 때도 있었지만, 그 외에는 다른 사람을 비평하는 일이 별로 없었다. 랜돌프의 격식을 갖춘 행동 때문에 사람들은 그를 잘 안다고 느끼지 못할 때가 많았다. 심지어 가장 가까운 동료 가운데 하나였던 베이어드 러스틴까지도 그를 '미스터 랜돌프'라고 불렀을 정도다. 그는 돈에 관심이 없었고, 개인적 사치와 호사를 누리게 되면 도덕적으로 부패하게 된다는 의구심을 가지고 있었다. 나이가 들고 전 세계적인 명성을 누릴 때에도 그는 날마다 버스를 타고 퇴근했다. 어느 날 그는 살고 있던 건물의 복도에서 강도를 만났다. 강도들은 그의 몸에서 1달러 25센트 외에 시계나 보석 같은 것을 전혀 찾지 못했다. 랜돌프는 몇몇 기부자들이 그가 좀 더 편안히 살 수 있도록 돈을 마련하겠다고 나서자 그들을 말리며 이렇게 말했다. "내게 돈이 하나도 없을 뿐 아니라 앞으로도 생길 전망이 없다는 걸 잘 아시리라 믿습니다. 하지만 나와 내 가족들을 위해 돈을 마련하려는 움직임이 벌어지는 건 생각하기도 싫습니다. 가난하게 살 운명인 사람들이 있는데, 나도 그런 사람들 가운데 하나지요. 그것에 대해 어떤 연민도 느끼지 않습니다."[6]

랜돌프의 이런 특징들, 다시 말해 청렴결백함, 말을 삼가고 격식을 갖추는 모습, 그리고 무엇보다도 그의 존엄성으로 인해 그를 모욕하는 것은 불가능했다. 그의 반응과 내적 상태를 결정하는 것은 자기 자신이었을 뿐 외부로부터 오는 인종차별적인 대우도 아니었고 심지어 후에 그를 따라다니던 경탄과 칭찬의 소리들도 아니었다. 랜돌프의 의미는 인권운동을 어떻게 이끌어야 하는지에 관한 역할 모델을 만들었다는 데 있었다. 그는 강한 자제력을 물씬 풍겼고, 조지 마셜처럼 가는 곳마다 자신을 존경하고 사랑하는 사람들을 만들었다. "그를 한 번도 만나 보지 못한 사람들로 하여금 필립 랜돌프가 금세기 미국인 중 가장 위대한 사람이라고 믿도록 만들기는 어려운 일이다." 칼럼니스트 머리 켐프턴은 그렇게 썼다. "그러나 그를 일단 만나 본 사람에게 그렇지 않다고 믿도록 만드는 것은 더 어려운 일이다."

## 투철한 공공정신

랜돌프가 삶에서 직면한 가장 큰 도전들은 이런 것들이었다. 어떻게 하면 불완전한 사람들을 데려다 변화를 이끌어 낼 세력으로 조직화할 수 있을까? 어떻게 하면 권력으로 인해 타락하지 않으면서 힘을 축적할 수 있을까? 20세기의 가장 숭고한 활동 중 하나인 인권운동을 하는 와중에도 랜돌프와 같은 지도자들은 자기회의에 휩싸이기 일쑤였다. 불의에 맞서 싸우면서도 여전히 큰 잘못을 저지를 수 있다는 느낌을 떨쳐 버릴 수 없었기 때문에 스스로 해이해지거나 죄를 짓게 될까 봐 경계를 늦추지 않았다.

인권운동 지도자들이 출애굽기에 매료되고 거기서 큰 배움을 얻는 데는 다 이유가 있다. 출애굽기에 나오는 이스라엘 민족은 분열되고, 근시안적이고, 성급했다. 그들을 이끈 모세는 온순하고, 소극적이고, 술을 좋아해서 스스로 이 임무를 수행할 자격이 없다고 느꼈다. 인권 운동 지도자들은 모세가 씨름해야 했던 것과 비슷한, 풀기 어려운 딜레마에 봉착해 있었다. 바로 열정과 인내심, 권위와 권력의 공유, 뚜렷한 목표의식과 자기회의감을 어떻게 조화시킬 수 있을까 하는 문제였다.[7]

해결책은 특정 종류의 공공정신을 갖는 것이었다. 오늘날 우리가 '공공정신이 있다'고 표현할 때, 그것은 보통 청원서에 서명을 받고, 시위를 주도하고, 공익을 위해 자신의 의견을 피력하는 것을 의미한다. 그러나 예전에는 더 큰 합의를 도출하고, 다양한 사람들을 한데 묶기 위해 자신의 열정과 의견을 절제하는 것을 뜻했다. 우리는 공공정신을 자기주장의 피력이라고 생각하지만, 역사적으로는 자신을 억제하고 제어하는 것을 의미했다. 과묵하고 때로 냉담했던 조지 워싱턴은 바로 이런 공공정신의 전형이었다.[8] 랜돌프 역시 공공정신의 좋은 예다. 그는 정치적 급진주의와 개인적 전통주의를 조합한 사람이었다.

랜돌프의 보좌관들은 그의 변함없는 공손함에 진력이 나기도 했다. "간혹 그의 예의범절이 방해가 된다고 느낄 때가 있었어요." 베이어드 러스틴이 머리 켐프턴에게 말했다. "한번은 내가 그 문제로 불만을 터뜨리자 랜돌프가 이렇게 말하더군요. '베이어드, 우리는 모든 사람을 포용하는 좋은 예절을 갖춰야만 하네. 지금이야말로 좋은 예절을 배워야 할 때야. 이 모든 걸 다 끝내고 나면 그게 꼭 필요해질 테니까. 우리가 이긴 다음 좋은 예절이란 무엇인지 보여 줘야 하거든.'"[9]

## 우아한 급진주의자

—

랜돌프의 커리어는 플로리다에서 뉴욕의 할렘으로 이주하면서 시작됐다. 그는 트라이앵글 공장 화재로부터 한 달 후인 1911년 4월에 뉴욕에 도착했다. 연극계에서 활동을 시작했고, 뛰어난 발성법과 존재감을 바탕으로 좋은 셰익스피어 배우, 즉 고전 연극 배우가 되기 직전에 이른 듯했다. 그러나 부모의 완강한 반대로 배우의 길은 접었다. 그는 잠깐 시티 칼리지에 다니면서 카를 마르크스의 저서를 탐독했다. 그는 인종문제를 다루는 다수 잡지의 창간을 도왔고, 이를 통해 마르크스주의를 흑인 사회에 소개했다. 한 사설에서 그는 러시아 혁명을 '20세기 최고의 업적'이라고 말했다. 전쟁은 군수 산업을 비롯한 기타 산업 자본가들의 이익에만 도움이 된다고 믿고 미국이 1차 대전에 개입하는 것을 반대했다. 또 마커스 가비의 '백 투 아프리카Back-to-Africa' 운동에 대항해서 싸웠다. 그 와중에 익명의 적이 랜돌프에게 협박 편지와 함께 사람의 손을 잘라서 보낸 적도 있었다.

선동법 위반 혐의로 체포되던 시기에 그의 사생활은 훨씬 부르주아적이고 강직해졌다. 그는 잘 알려진 할렘 지역 가문 출신의 우아한 여성과 결혼을 했다. 일요일 오후면 두 사람은 산책을 하곤 했다. 그때 사람들은 각반, 지팡이, 부토니에르, 스패츠, 색다른 모자 등으로 가장 멋진 차림을 하고 레녹스가나 135번가를 거닐며 이웃들과 인사를 나누고 안부를 전하곤 했다.

1920년대 초부터 랜돌프는 노동단체 조직에 관여하기 시작했다. 그는 웨이터, 웨이트리스 등을 비롯해 불만을 품은 사람들을 모아 대여섯 개의 소규모 노조 결성을 도왔다. 1925년 6월, 랜돌프는 풀먼 기차 짐꾼들 몇 명으로부터 노조 결성을 도와 달라는 부탁을 받았다. 그들은 카리스마를 지닌 교육받은 지도자를 찾고 있었다. 풀먼은 최고급 침대차를 제작해 철도회사에 대여해 주는 기업이었다. 풀먼 기차를 타는 승객들은 제복을 갖춰 입은 흑인 직원들이 구두를 닦아 주고, 침대보를 갈아 주고, 음식을 가져다주는 서비스를 즐겼다. 남북전쟁이 끝난 후, 풀먼의 창립자 조지 풀먼은 해방된 노예들을 채용했다. 명령을 잘 따르는 온순한 노동력이라는 생각에서였다. 풀먼의 짐꾼들은 이미 1909년부터 노조 결성을 시도했지만 항상 회사 측의 방해로 실패하고 말았다.

랜돌프는 그 도전을 받아들였고, 그 후로 12년 동안 짐꾼 노동조합을 결성하고, 회사로부터 여러 양보를 받아 내기 위해 갖은 노력을 기울였다. 그는 전국을 돌아다니며 짐꾼들에게 노조에 가입해 달라고 설득했다. 당시는 노조 활동의 낌새만 보여도 해고를 당하거나 몰매를 맞는 분위기였다. 랜돌프의 가장 중요한 도구는 그의 매너였다. 한 노조원은 이렇게 회상한다. "그는 상대방을 휘어잡는다. 그에게서 빠져나오려면 아무것도 느끼지 못하는 목석 같아야만 할 것이다. 그 옆에 있으면 사도들이 그리스도에게서 느꼈을 법한 감정에 사로잡힌다. 그 순간에는 실감하지 못할 수도 있지만, 나중에 집으로 돌아와서 그의 말을 다시 생각해 보면 그를 따르지 않을 수 없게 된다. 다른 도리가 없다."[10]

일은 느리게 진전됐지만 그 후 4년 사이에 노조는 거의 7천 명의 조합원을 자랑하게 됐다. 랜돌프는 그가 회사를 비판하면 여전히 회사에 충성심을 느끼는 일반 직원들은 듣기 싫어한다는 것을 깨달았다. 그들은 자본주의에 대한 일반적인 비판에도 공감하지 않았다. 그래서 전략을 바꿨다. 그는 노조가 인간의 존엄성을 지키기 위한 것이라고 설득하기 시작했다. 랜돌프는 또 자신의 명분에 동조하는 백인들이 보내는 기부금을 모두 거부하기로 결정했다. 흑인들의 손으로 직접 조직해 승리를 거두고 싶었던 것이다.

그러다가 대공황이 들이닥쳤고, 사측이 반격을 시작해 파업에 찬성하는 직원은 해고하거나 해고 위협을 했다. 1932년이 되자 노조원 수가 771명으로 줄어들었다. 9개 도시에서 노조 지부의 문을 닫아야만 했다. 랜돌프와 본부 직원들은 월세를 내지 못해 사무실에서 쫓겨났다. 주급 10달러를 받던 랜돌프는 아무것도 받지 못하게 됐다. 항상 세련되고 깔끔한 옷차림이었던 그는 이제 닳고 해진 옷만 입고 다녔다. 캔자스시티에서부터 잭슨빌까지 전국에 걸쳐 노조 활동가들에 대한 폭력이 자행됐다. 1930년, 오클랜드의 한 노조원 대드 무어는 죽기 한 달 전 결의에 찬 편지를 썼다.

나는 이제 벽까지 몰려 있다. 그러나 죽기 전에는 여기서 한 치도 물러서지 않을 것이다. 나는 지금 나 자신을 위해서가 아니라 1만 2천 명의 짐꾼과 하녀들 그리고 그들의 자녀들을 위해 싸우고 있다. (…) 아사 직전까지도 가 봤지만 생각을 바꾸지 않겠다. 밤이 가면 새벽이 오듯 우리는 이길 것이다. 지역의 모든 동료들에게 주님을 따르듯 랜돌프 씨를 따르라고 말하라.[11]

## 비폭력 저항

흑인계 언론과 교회는 노조가 지나치게 공격적이라는 이유로 등을 돌렸다. 뉴욕 시장 피오렐로 라 과디아는 랜돌프에게 연봉 7000달러의 일자리를 제안했지만 그는 이를 거절했다.

1933년 프랭클린 루스벨트가 대통령에 당선되고 노동법이 바뀌면서 변화의 흐름이 일었다. 여전히 기업의 간부들은 흑인 짐꾼들이나 그들의 대표자들과 동등한 자격으로 테이블에 앉아 노동 분쟁 해결을 위한 협상을 벌여야 한다는 생각에 적응하기 어려워했다. 따라서 노조 대표들과 사측이 시카고의 한 공간에서 만나 협상을 시작한 것은 1935년 7월에 이르러서였다. 그리고 이로부터 2년이 흐른 뒤에야 마침내 협상안이 나왔다. 사측은 월별 노동 시간을 400시간에서 240시간으로 줄이고 총 급여 예산을 연간 125만 달러 인상하는 데 합의했다. 이 협상안으로 20세기 사상 가장 길고 치열했던 노동 분쟁이 해결됐다.

이즈음 랜돌프는 이미 미국에서 가장 유명한 흑인 지도자로 이름을 떨치고 있었다. 젊은 시절 추종했던 마르크스주의와 단호히 결별을 선언한 그는 그 후 몇 년 동안 노동 운동 현장에서 소련이 주도하는 조직들을 추방하기 위해 격렬한 싸움을 벌였다. 1940년대 초, 미국이 2차 대전 참전을 위한 모병으로 어수선한 가운데 흑인 공동체는 또 다른 불평등으로 억압받고 있었다. 군수 공장에서 비행기, 탱크, 배 등을 만들기 위해 대규모로 노동자들을 고용하고 있었지만 흑인은 채용하려 하지 않았던 것이다.

1941년 1월 15일, 랜돌프는 이 차별이 계속되도록 허용된다면 워싱턴을 향해 대규모 시위 행진을 벌여야 한다는 성명을 발표하면서 이렇게 선언했다. "우리 충성스러운 검둥이 미국 시민들은 조국을 위해 일하고 싸울 권리를 요구한다." 그는 '워싱턴을 향한 행진 위원회 March on Washington Committee'를 만들고 국회의사당을 향한 시위 행렬에 적어도 1만 명에서 2~3만 명까지 흑인 군중을 모을 수 있을 것이라고 추산했다.

대규모 시위 가능성은 미 정부 지도자들을 놀라게 했다. 루스벨트는 랜돌프에게 백악관으로 와서 회의를 하자고 요청했다.

"안녕하신가, 필." 랜돌프를 만난 대통령이 말했다. "하버드 몇 년 졸업생인가?"

"저는 하버드에 간 적이 없습니다, 각하." 랜돌프가 대답했다.

"자네가 하버드 졸업생이라고 확신했는데 아니군. 그건 그렇고, 자네와 나는 인류와 사회 정의에 큰 관심을 가지고 있다는 의미에서 같은 종류이지 않은가?"

"맞습니다, 각하."

루스벨트는 농담과 정치 관련 일화들을 길게 늘어놓았다. 그러나 결국 랜돌프는 대통령의 말을 끊었다.

"각하, 시간이 계속 흐르고 있습니다. 각하는 굉장히 바쁘신 것으로 알고 있습니다. 저희가 각하와 이야기하고 싶은 것은 방위 산업에서 흑인들이 일자리를 얻지 못하고 있는 문제에 관해서입니다."

루스벨트는 기업체 사장들에게 전화해서 흑인들을 고용하라고 이야기해 보겠다고 말했다.

"그 정도로는 부족합니다." 랜돌프가 대답했다. "뭔가 구체적인 것이 필요합니다. (…) 저희는 대통령 각하가 행정 명령을 내려 그 공장들에서 흑인들이 일하는 것을 의무화해야 한다고 생각합니다."

"필, 내가 그렇게 할 수 없다는 건 자네도 잘 알 걸세. 자네를 위해 행정 명령을 내리면 자기들을 위해서도 그렇게 해 달라고 요청하는 단체들이 줄을 잇지 않겠나. 어찌 됐든 이번 시위를 취소하기 전에는 아무것도 할 수가 없네. 이런 문제는 강압적으로 해결할 수 있는 게 아니지."

"죄송합니다, 대통령 각하. 시위를 취소할 수는 없습니다." 랜돌프는 약간 과장해서 10만 명의 시위대를 결집할 거라고 장담했다.

"워싱턴에 흑인 10만 명을 모이게 할 수는 없어." 루스벨트가 놀라서 말했다. "사상자가 생길 걸세."

랜돌프는 굽히지 않았다. 교착 상태가 계속되자 결국 배석했던 라과디아 시장이 끼어들었다. "랜돌프 씨가 시위를 취소하지 않을 거라는 점은 명백한 것 같습니다. 그러니 뭔가 해결책을 찾는 것이 좋을 듯합니다."[12] 예정된 시위가 6일 앞으로 다가온 날, 루스벨트는 방위 산업에서 차별을 금하는 행정 명령 8802에 서명을 했다. 랜돌프는 이 시위를 군대 내 차별 금지 등 다른 목적을 이루는 데도 이용하고 싶어 했던 여러 인권운동 지도자들의 반대를 무릅쓰고 시위를 취소했다.

전쟁이 끝난 후, 랜돌프는 노동자 권리 보장과 인종차별 철폐를 위해 더 광범위한 활동을 벌였다. 그의 위대한 힘은 항상 그랬던 것처럼 누가 봐도 명백한 도덕적 진실성, 카리스마, 그리고 대의를 위해 봉사하는 청렴결백성에서 나왔다. 그러나 그는 세심한 행정가는 아니었다.

랜돌프는 하나의 대의에 모든 에너지를 집중하는 것이 어려웠다. 그에게 영감을 받고 모여든 사람들의 감탄과 존경이 조직의 효율을 떨어뜨릴 때도 있었다. "랜돌프 씨에 대한 지도자 숭배 분위기는 조직의 건전성을 위협할 정도고, 이는 특히 총본부 안에서 두드러진다." 1941년 '워싱턴을 향한 행진'의 조직 과정을 관찰한 외부 분석가가 말했다. "지도자 숭배가 행동을 마비시키고 현명한 정책 수행을 방해한다."[13]

그럼에도 랜돌프는 인권운동에 중대한 공헌을 하나 더 하게 된다. 그는 1940년대와 1950년대에 인권운동의 목표 달성 전략으로 비폭력 저항을 주장한 사람 중 하나였다. 마하트마 간디와 초기 노동운동 전략 일부에서 영향을 받은 그는 1948년 '군대 내 인종차별 철폐를 위한 비폭력 시민 불복종 연맹'의 결성을 도왔다.[14] 대결과 다툼보다 교육과 화해를 옹호했던 대부분의 기존 인권 단체들과 달리 랜돌프는 식당 점거 농성이나 '기도 시위' 등을 지지했다. 그는 1948년 상원 군사 위원회에서 이렇게 발언했다. "무저항이 우리의 무기가 될 것입니다. (⋯) 우리는 폭력을 흡수하고, 테러리즘을 흡수하고, 우리 행동에 따르는 모든 결과를 받아들일 용의가 있습니다."

비폭력 전략을 성공시키기 위해서는 랜돌프가 평생 실천해 온 것과 같은 치열한 자기억제와 포기가 필요했다. 그리고 랜돌프와 영향을 주고받은 보좌관 중 하나인 베이어드 러스틴은 자신의 멘토보다 수십 년 나이가 어렸지만 많은 부분에서 비슷한 성향을 가지고 있었다.

## 러스틴의 시민 불복종

—

베이어드 러스틴Bayard Rustin은 펜실베이니아주 웨스트 체스터의 조부모 밑에서 성장했다. 그는 소년기를 지난 다음에야 이전까지 누나라고 생각했던 여성이 실은 어머니였다는 사실을 알게 됐다. 알코올 중독자였던 아버지가 같은 도시에 살기는 했지만 러스틴의 삶에서 거의 아무런 역할도 하지 않았다.

러스틴은 할아버지를 이렇게 기억했다. "어디서도 그렇게 바른 태도를 지닌 사람을 볼 수가 없었다. 할아버지가 불친절하고 몰인정했던 순간을 한 번이라도 기억하는 사람은 아무도 없다." 그의 할머니는 퀘이커 교도로 성장했고, 카운티에서 고등학교 교육을 받은 최초의 흑인 여성 중 하나였다. 그녀는 러스틴에게 침착성, 존엄성, 그리고 끊임없는 자기억제의 중요성을 가르쳤다. 그녀가 가장 좋아하는 말은 이것이었다. "분노를 터뜨리는 건 할 짓이 아니야." 그의 어머니 또한 여름 성경학교를 운영했다. 러스틴이 날마다 출석했던 그 성경학교에서는 출애굽기를 크게 다뤘다. "할머니는 흑인 해방 문제에 관해서는 마태, 마가, 누가, 요한과 같은 복음서보다 유대인들의 경험에서 더 배울 것이 많다고 철석같이 믿으셨다."[15] 러스틴은 그렇게 말했다.

고등학교 시절 러스틴은 운동을 잘했고 시를 썼다. 랜돌프처럼 그도 아주 정확한, 거의 영국 억양처럼 들리는 발음을 구사해서 그를 처음 본 사람은 콧대가 높다는 인상을 받기도 했다. 그의 급우들은 러스틴이 지나치게 점잖은 것을 가지고 놀려 댔다. 한 고등학교 동창은 이렇게 회고한다. "그는 성서의 시구나 브라우닝의 시를 읊어 대곤 했다.

태클을 해서 친구를 쓰러뜨린 다음 일어나서 시를 암송하는 녀석이었다."[16] 러스틴은 1학년 때 40년 만에 최초로 그 고등학교에서 웅변상을 받은 흑인이 되었다. 졸업반이 됐을 때는 카운티 대표 미식축구팀에 뽑혔고, 졸업생 대표로 답사를 낭송했다. 러스틴은 오페라, 특히 모차르트와 바흐의 작품들 그리고 한스 피츠너의 〈팔레스트리나Palestrina〉를 사랑했고, 조지 산타야나의 소설 『마지막 청교도The Last Puritan』는 그가 제일 좋아하는 책 가운데 하나였다. 그는 또 혼자서 윌 듀랜트와 아리엘 듀랜트가 쓴 『문명 이야기The Story of Civilization』를 읽었다. 그는 그 책이 "그냥 코를 뻥 뚫어 주는 무언가를 들이마신 느낌, 머리 안에서 그런 느낌이 들게 해 주는 책"이라고 말했다.[17]

러스틴은 오하이오의 윌버포스 대학으로 진학했다가 펜실베이니아의 체니 주립대학으로 옮겼다. 대학에 다니는 동안 그는 자신이 동성애자라는 사실을 깨달았지만, 그것이 그다지 격한 감정적 혼란을 일으키지는 않았다. 그는 관용적인 분위기의 집안에서 자라났고, 평생 동성애자라는 사실을 거의 숨기지 않고 살았다. 그러나 그 때문에 뉴욕으로 이주하기는 했다. 적어도 언더그라운드에라도 동성애자 문화가 있고, 좀 더 수용적인 태도가 있는 곳이 뉴욕이었기 때문이다.

할렘에 입성한 그는 동시에 여러 가지 일을 시작했다. 좌파 조직에 합류했고, 랜돌프의 '워싱턴을 향한 행진' 조직 위원회에서 자원봉사를 했다. 그는 또 '그리스도교 평화주의 기구Christian pacifist organization', '화해를 위한 펠로우십Fellowship of Reconciliation' 등에 가담했고, 인권운동의 떠오르는 별로 빠르게 두각을 나타냈다. 러스틴에게 평화주의는 하나의 생활방식이었다. 평화주의는 내적인 덕을 쌓는 길을 마련해 줄 뿐 아니라 사회적 변화를 위한 전략이기도 했다. 내적인 덕을 쌓는다는 것은 개인적 분노와 내면의 폭력적 성향을 억누르는 걸 의미했다. 러스틴은 이렇게 말하곤 했다. "세상에서 추악한 것을 줄이는 길은 내 안의 추함을 줄이는 것뿐이다."[18] 그는 또 후일 마틴 루터 킹에게 보낸 편지에 이렇게 썼다. 변화를 위한 전략으로서 "평화주의를 받치는 것은 두 개의 기둥입니다. 하나는 저항, 계속적인 무력 저항입니다. 악인들에게 계속 압력을 가해 어떤 여지도 주지 말아야 합니다. 다른 하나는 악한 의지에 대항하는 선한 의지를 세우는 것입니다. 이런 방식으로 비폭력 저항은 우리 내부의 무관심이나 냉담함과도 싸우는 힘이 됩니다."[19]

러스틴은 20대 후반 내내 '화해를 위한 펠로우십'을 위해 순회 강연을 하면서 전국의 청중을 휘어잡았다. 그는 끊임없이 시민 불복종을 실천에 옮겼고 얼마 지나지 않아 평화주의자들과 시민운동가들 사이에서 전설이 됐다. 1942년 내쉬빌에서 그는 버스 안의 백인석에 앉겠다고 고집했다. 버스 기사가 경찰을 불렀다. 경찰 넷이 달려와서 러스틴을 구타했지만, 그는 내내 수동적인 몸짓으로 간디와 같은 태도를 견지했다. 펠로우십의 회원인 데이비드 맥레이놀즈는 후에 이렇게 회고했다. "러스틴은 펠로우십에서 가장 인기 있는 강연자였을 뿐 아니라 전략적인 면에서 천재였다. 펠로우십은 그를 미국의 간디로 기르고 있었다."[20]

1943년 11월, 러스틴은 군대 소집 영장을 받았다. 그는 양심적 병역 거부자가 되어 시골의 강제 노동 수용소로 가느니 비협력자의 입장을 택해 감옥에 가기로 결정했다. 당시 연방 교도소에 복역 중인 죄수 6

명 중 1명이 양심수였다. 이들은 스스로를 평화주의와 인권운동의 특공대로 간주했다. 러스틴은 감옥에 갇혀서도 교도소의 인종분리 정책에 공격적인 저항을 했다. 그는 고집스럽게 식당의 백인 구역에서 밥을 먹었고, 자유 시간에도 감옥 내의 백인 구역에 가서 자리를 잡았다. 가끔은 그가 벌이는 소동 때문에 다른 죄수들과 부딪히기도 했다. 한 번은 백인 죄수 하나가 대걸레 자루로 그의 머리와 몸을 때리며 공격했다. 다시 한 번 그는 간디의 무저항주의 자세를 취했다. 그러고는 그저 같은 말만 반복했다. "당신은 나를 해칠 수 없어요." 결국 대걸레 자루가 부러졌다. 러스틴은 손목이 부러지고 머리에 여러 군데 멍이 들었다.

러스틴의 용감한 행적들에 대한 소문이 교도소 담을 넘어 언론과 활동가들 사이에까지 퍼져 나갔다. 제임스 베넷이 수장으로 있던 워싱턴의 연방 교도국 관리들은 러스틴을 알 카포네와 같은 급인 '악명 높은 범죄자'로 분류했다. 그의 전기 작가 존 데밀리오는 이렇게 썼다. "베넷은 28개월에 걸친 러스틴의 복역 기간 동안 그를 어떻게 처리해야 할지 지침을 달라는 부하들과 그를 어떻게 대우하는지 주시하던 러스틴의 지지자들에게서 날아드는 편지로 끊임없이 고통받았다."[21]

## 문란한 삶

---

러스틴은 영웅적으로 행동했지만 거기에는 간혹 오만과 분노가 묻어 있었고, 그가 믿는다고 공언한 신념 체계에서 어긋나는 무모한 행동을 할 때가 많았다. 1944년 10월 24일, 그는 징계 청문회에 자신의 행동

에 대해 사과하는 편지를 보낼 수밖에 없었다. "그런 식으로 이성을 잃고 무례하게 행동한 점을 부끄럽게 생각합니다."[22] 러스틴은 성생활에서도 무모하게 행동했다. 그는 레즈비언이나 게이가 사회적으로 인정받지 못하던 시절, 그러니까 동성애자로서의 삶은 비밀스럽게만 이루어지던 시절에 게이로 살았다. 그러나 쉼 없이 파트너를 찾으려는 러스틴의 성향은 그의 연인들조차 받아들이기 힘들어했다. 그가 복역 전과 후에 다녔던 순회 강연은 끊임없는 유혹의 장이기도 했다. 오랫동안 그와 사귄 파트너 중 한 명은 이렇게 불평하기도 했다. "어느 날 집에 돌아왔는데 그가 다른 사람과 침대에 있는 걸 발견하는 게 즐거운 일은 아니죠."[23] 교도소에서도 그는 자신의 성적 관심에 대해 노골적이었고, 다른 죄수들에게 펠라티오를 해 주다가 잡힌 것만도 여러 번이었다.

교도소 당국은 결국 그에 대한 징계 청문회를 열었다. 적어도 세 명의 수감자가 러스틴이 오럴 섹스를 하는 것을 목격했다고 증언했다. 러스틴은 처음에 모든 혐의를 완강하게 부인하면서 거짓말을 했다. 교도소 당국이 벌로 다른 죄수들과 분리된 별도 감방에 수감하겠다고 선언하자, 그는 회전 의자에 팔과 다리를 감고 간수들에게 저항하다가 결국 독방에 수감됐다.

이 소식이 전국의 활동가들 사이에 퍼져 나갔다. 러스틴의 지지자들 중 일부는 그가 동성애자였다는 사실에 마음이 상했지만, 그는 한 번도 그 사실을 숨긴 적이 없었다. 대부분의 사람들은 그의 성생활로 인해 그가 절도 있고 영웅적인 활동가로서 만들어 온 모범적인 이미지에 흠이 간 것 때문에 화가 났다. 그들이 함께한 운동은 평화롭고, 절제력 있고, 스스로를 정화할 줄 아는 지도자를 요구했다. 하지만 러스틴은 분노, 오만, 태만, 방종의 태도를 보였다. 펠로우십의 지도자이자 러스틴의 멘토였던 A. J. 머스트는 그에게 혹독한 편지를 보냈다.

자네는 심각한 비행을 저질렀네. 특히 지도자로 발돋움하고 있었고, 어떤 의미에서는 도덕적으로 우위에 서 있다는 인상을 주었던 사람이 저지른 행동이라 더욱 심각하군. 게다가 자네는 동료들과 가장 헌신적인 친구들을 포함해 모든 이들을 기만했네. (…) 자네가 자신의 본질을 직시하려면 아직 한참 더 시간이 흘러야 할 것 같군. 지나온 모습이나 지금의 모습이나 자네에게서는 존경할 만한 것이 하나도 없네. 그러니 자신의 본질을 직시하지 못하도록 방해하는 자네 안의 '모든 것'을 가차없이 내던져야 하네. 그 길만이 진정한 자네의 자아가, 불의 관문과 고통을 통해 완성되고 어린아이 같은 겸손함을 지닌 자아가 태어날 수 있네. (…) 시편 51편을 기억하겠지. "주님의 한결같은 사랑으로 내게 자비를 베풀어 주십시오. (…) 내 죄악을 말끔히 씻어 주시고, 내 죄를 깨끗이 없애 주십시오. (…) 주님께만, 오직 주님께만, 나는 죄를 지었습니다. 주님의 눈 앞에서 내가 악한 짓을 저질렀으니 (…) 아, 하느님, 내 속에 깨끗한 마음을 창도하여 주시고, 내 속을 견고한 심령으로 새롭게 하여 주십시오."[24]

머스트는 그 이후에 보낸 편지에서 자신이 꾸짖었던 것은 러스틴의 동성애적 성향이 아니라 문란함이었다는 것을 확실히 밝혔다. "규율과 형식이 없는 관계는 말할 수 없이 끔찍하고 천박한 것이네." 그는 누구보다도 자유로운 비전과 강력한 창조의 욕구를 가진 예술가가 가장 엄격하게 규율을 지키듯, 사랑에 빠진 사람도 "상대방을 이해하려 노력하고, 감정을 조절하고, 절제를 하기 위해서는" 자신의 충동을 길들일 줄 알아야만 한다고 말했다.

머스트는 계속해서 말한다. 문란한 관계는 "사랑을 곡해하고 부정하는 것일 뿐이네. 사랑이 깊은 감정을 의미한다면, 평범한 수준을 넘어선 이해를 의미한다면 (…) 생명력을 주고받는 것을 의미한다면 어떻게 그런 관계를 무수한 사람들과 맺을 수 있겠나?"

러스틴은 처음에 머스트의 혹독한 질책에 저항했지만, 몇 주 동안 독방에서 지낸 다음 결국 길고 절절한 답장을 보냈다.

우리의 인종차별 철폐 운동이 성공을 코앞에 두고 있다고 생각하자 제 행동은 발전하기를 멈췄습니다. (…) 그리고 저를 지도자로 만들어 준 흑인들의 신뢰를 남용했습니다. 저는 그들로 하여금 비폭력의 도덕적 기초에 의구심을 갖도록 만들었습니다. 전국의 친구들에게 실망과 상처를 줬습니다. (…) 저는 (우리 식으로 말하자면) 반역자입니다. 전투 중 아군의 위치를 고의로 노출한 대장과 다르지 않습니다. (…) 저는 '자만심'에 취해 있었습니다. 저는 제 힘과 제 시간과 제 에너지라는 관점, 그것들을 위대한 투쟁에 바친다는 관점으로만 생각해 왔습니다. 또한 제 목소리, 제 능력, 기꺼이 비폭력의 선봉에 나서고자 하는 제 의지의 관점으로만 생각해 왔습니다. 저는 주님이 주신 은총을 겸허히 받아들이지 않았습니다. (…) 이제 저는 그 태도가 먼저 오만과 자만으로, 그다음에는 나약함과 부자연스러움, 그리고 실패로 이어졌다는 것을 알게 되었습니다."[25]

몇 달 후, 러스틴은 간수 동행하에 죽음을 앞둔 할아버지를 만나러 집에 다녀와도 좋다는 허락을 받았다. 그는 집으로 가는 길에 동료 활동가이자 오랜 친구인 헬렌 위너모어를 만났다. 위너모어는 러스틴에게 사랑한다고 고백했고, 인생의 동반자가 되어 이성애적 관계 혹은 적어도 동성애를 감출 수 있는 관계를 맺음으로써 그가 일을 계속할 수 있게 해 주고 싶다고 말했다. 러스틴은 그의 오랜 동성 연인인 데이비스 플랫에게 쓴 편지에서 위너모어가 한 제안을 자기 식 표현으로 바꿔 요약했다.

당신이 대의에 봉사하기 위한 힘을 되찾기만 한다면 다른 사람들을 구제할 가능성도 막대해질 거라 믿기에, 그리고 당신에게 가장 시급한 욕구는 진정한 사랑, 진정한 이해와 신뢰라고 믿기에, 나는 빛과 어둠을 함께하고자 하는 염원으로 아무런 부끄러움 없이 당신에 대한 사랑을 전한다. 당신이 가지고 있는 장점이 살아나고 꽃필 수 있도록 내가 가진 모든 것을 주고 싶다. 사람은 자신에게 잠재되어 있는 장점을 알아차리고 창조주에게 영광을 돌려야 한다. 그녀는 요컨대 계속해서 이렇게 얘기했어. 베이어드, 이것이 당신에 대한 내 사랑이고, 나는 이 사랑을 단지 나 자신이나 당신만을 위해서가 아니라 모든 인류를 위해 기꺼이 바치고 싶다. 당신이 인종차별 철폐를 통해 말하고자 하는 것, 바로 그것으로 인해 모든 인류가 혜택을 볼 것이기 때문이다. 여기까지 말하고는 우리 둘 다 오랫동안 아

무 말도 하지 않았어.[26]

러스틴은 위너모어의 제안에 감동을 받았다. "지금껏 여자한테서 이렇듯 이타적인 사랑의 말을 들어 본 적이 없어. 이렇게 거짓 없고 순전한 선물을 받은 느낌을 가져 본 적도 없고." 그는 위너모어의 제안을 받아들이지 않았지만, 그것을 신의 계시라고 생각했다. 그녀와 나눈 대화에 대한 기억은 "거의 이해의 차원을 넘어서는 기쁨, 올바른 방향으로 인도하는 섬광, 새로운 희망 (…) 즉각적인 자기 재평가 (…) 가야만 한다는 걸 알고 있는 길을 밝혀 주는 한 줄기 빛"을 가져다주었다.[27]

러스틴은 자신의 평화주의 활동에 흠집을 낸 오만과 분노를 억제하겠다고 다짐했다. 그는 성생활에 대해서도 다시 생각하게 됐고, 자신의 문란함에 대한 머스트의 비판을 근본적으로 받아들였다. 그는 오랜 연인이었던 데이비스 플랫과의 관계를 발전시키는 데 노력을 기울였다. 그리고 한 사람과의 진정한 사랑의 관계가 욕정과 성적 문란을 막아 줄 유일한 방어벽이 되리라는 희망으로 그와 긴 모색의 편지를 여러 차례 주고받았다.

러스틴은 1946년 6월까지 복역했다. 그는 감옥에서 풀려나자마자 바로 인권운동에 뛰어들어 활동했다. 노스캐롤라이나에서 그와 동료 활동가들은 인종분리 버스의 앞 좌석에 앉았다가 거의 린치에 가까운 구타를 당했다. 펜실베이니아주 레딩에서 한 호텔 직원이 그에게 방을 주지 않으려 했을 때는 매니저로부터 사과를 받아 냈다. 그리고 워싱턴에서 루이스빌까지 가는 기차의 식당 칸에서 웨이터들이 그의 주문을 받으려 하지 않자 아침 시간부터 점심 시간까지 식당 칸 한가운데에 앉아 있었다.

필립 랜돌프가 시위를 취소하자 러스틴은 그의 멘토를 맹비난했다. 쟁점이 된 랜돌프의 성명이 "교묘하고 듣기 좋게 얼버무린 엉터리 같은 말"에 불과하다는 것이었다.[28] 하지만 그는 바로 자신의 행동에 수치심을 느꼈고, 그 후로 2년 동안 랜돌프를 피했다. 두 사람이 마침내 다시 만나게 되었을 때 러스틴은 "금방이라도 덮쳐 올 그의 분노를 기다리면서 너무 초조한 나머지 온몸이 떨렸다." 그러나 랜돌프는 그 일을 웃어넘겼고, 두 사람의 관계는 회복됐다.

러스틴은 전 세계를 돌며 순회 강연을 펼쳤고, 다시 스타가 됐다. 하지만 그는 가는 곳마다 남자들을 유혹했다. 결국 플랫은 두 사람이 같이 살던 아파트에서 그를 쫓아냈다. 러스틴은 1953년 강연 약속이 잡혀 있던 패서디나에서 새벽 3시가 조금 넘은 시간에 체포됐다. 차 안에서 두 명의 남성에게 오럴 섹스를 해 주다가 경찰들에게 적발되어 음란죄로 체포당한 것이다.

그는 60일형을 선고받았고, 이후 그의 명성은 다시는 완전히 회복되지 못했다. 그는 자신이 관여하던 조직들과 관계를 끊어야만 했다. 한 출판사의 홍보 담당자로 지원하기도 했지만 일자리를 얻지 못했다. 사회복지사는 그에게 병원 화장실과 복도를 청소하는 일을 구하라고 제안했다.

## 무대의 뒤편
—

어떤 이들은 스캔들을 겪은 후, 본래 있던 자리에서 다시 시작해 삶을 계속 이어 나간다. 또 어떤 이들은 모든 것을 벗어던진 다음 바닥에서부터 다시 시작한다. 러스틴은 결국 자신의 새로운 역할은 대의를 위해 봉사하는 것이지만 무대 뒤에서 해야 한다는 것을 이해했다.

러스틴은 천천히 인권운동에 다시 관여하기 시작했다. 그러나 이후 대부분의 시간을 스타 강사, 지도자, 조직자의 역할을 하는 대신 그늘에서, 무대 뒤에서 일했다. 그는 어떤 인정도 받으려 하지 않았고, 모든 영광을 자신의 친구이자 프로테제였던 마틴 루터 킹 주니어를 비롯한 다른 사람들에게 돌렸다. 러스틴은 킹의 연설문을 써 주고, 킹을 통해 자신의 생각을 전파하고, 킹을 노동운동 지도자들에게 소개하고, 킹에게 인권 문제뿐 아니라 경제 문제에 대해서도 이야기하라고 촉구했다. 러스틴은 또 킹에게 비폭력 투쟁과 간디의 철학을 가르치고, 그를 대신해서 연이어 여러 활동들을 조직했다. 러스틴은 몽고메리 버스 보이콧 운동에서 중요한 역할을 했다. 킹이 그 운동에 관한 책을 썼을 때, 러스틴은 자신의 역할에 대해 언급한 부분을 모두 빼 달라고 요청했다. 그는 이런저런 문제에 관한 공개 성명에 서명해 달라는 요청을 받으면 대부분 거절했다.

그러나 이렇게 무대 뒤에서 하는 역할도 위태롭기 그지없었다. 1960년, 목사이자 당시 뉴욕시 출신 의원이었던 애덤 클레이턴 파월은 킹과 러스틴이 어떤 전략적 문제에 관한 자신의 요구에 응하지 않을 경우 두 사람이 성관계를 가졌다는 혐의를 제기하겠다고 말했다. 랜돌프는 그 비난이 너무도 명백히 날조된 것이었기 때문에 킹에게 러스틴을 저버리지 말라고 강력하게 주장했다. 킹은 주저했다. 러스틴은 킹이 받아들이지 않을 것이라는 희망으로 남부 그리스도교 지도자 회의

Southern Christian Leadership Conference에서 맡고 있던 직책에서 사임했다. 그러나 킹은 재빨리 러스틴의 사임을 받아들였고 그는 크게 실망했다. 킹은 러스틴을 개인적으로도 멀리하기 시작했다. 더 이상 그에게 조언을 구하지 않았고, 가끔 무미건조한 메모를 보내 그를 멀리하겠다는 자신의 결정을 무마하려 했다.

1962년, 거의 무명이 된 러스틴은 쉰 살이 됐다. 모든 인권운동 지도자들 중에서 그의 곁을 가장 꾸준히 지킨 사람은 랜돌프였다. 어느 날 두 사람이 할렘에서 이야기를 나눌 때, 랜돌프가 2차 대전 당시 결국 실현되지 못했던 '워싱턴을 향한 행진'에 관해 회상하기 시작했다. 즉시 러스틴은 그 꿈을 완성할 때가 됐다고 느꼈다. 미국의 수도에서 '대규모 저항운동'을 조직할 때가 됐다고 생각한 것이다. 그는 남부지방에서 시작된 시위와 항의 운동들이 이미 구질서의 기초를 흔들기 시작했다고 믿었다. 존 F. 케네디의 당선으로 워싱턴 중앙정부가 다시힘을 얻은 터였다. 대규모 집단 투쟁으로 연방 규모의 반응을 끌어낼 시점이었다.

처음에 어번 리그Urban League나 NAACP 등 주요 인권운동 조직들은 냉소적이거나 완전히 비우호적인 태도를 보였다.(어번 리그는 뉴욕시에 거점을 둔 흑인 인권 조직이다. NAACP는 전미유색인종지위향상협의회를 말한다. 풀어 쓰면 National Association for the Advancement of Colored People이다.─옮긴이) 그들은 의회나 행정부를 불쾌하게 만들고 싶어 하지 않았다. 시위를 벌여 대립하면 자신들이 권력 내부로 진입할 가능성과 그 내부에서 영향력을 행사할 능력이 줄어들 거라고 여겼기 때문이다. 그에 더해 인권운동 진영 내부의 관점에도 오랫동안 기본적인 차이가 존재해 왔다. 관점의 차이는 단지 전략에 관한 논쟁으로만 이어진 것이 아니며, 도덕성과 인간 본성에 관한 견해에 이르기까지 그 뿌리가 깊었다.

데이비드 채플이 『희망의 돌A Stone of Hope』에서 주장했듯 현실적으로는 두 개의 인권운동이 존재했다. 하나는 북부에서 고등 교육을 받은 사람들이 주도하는 운동이었다. 이 진영에 속한 사람들은 역사와 인간 본성에 대해 낙관적 견해를 가지고 있는 편이었다. 그들은 이 문제에 대해 그다지 깊이 생각하지 않은 채, 역사란 점진적인 상승 곡선을 그리는 것이라고 인식했다. 더 많은 과학적·정신적 지식이 꾸준히 축적되고, 더 큰 번영이 꾸준히 성취되고, 개혁적 법안이 꾸준히 증가함에 따라 야만에서 문명으로 완만하게 상승해 간다고 믿은 것이다.

그들은 인종차별이 미국의 건국 이념을 너무도 명백히 위반하는 것이므로, 인권운동가들의 주된 임무는 이성과 인간 본성의 더 선한 측면에 호소하는 것이라고 믿었다. 또한 교육 수준이 높아지고, 의식이 깨이고, 풍요와 경제적 기회가 확산됨에 따라 더욱더 많은 사람들이 인종차별의 그릇됨과 인종분리의 부당함을 깨닫게 되고 모두 함께 일어나 맞서 싸우게 될 것이라고 믿었다. 교육, 번영, 사회 정의가 모두 함께 향상되리라고 믿은 것이다. 거기에는 좋은 것들은 모두 다 공존 가능하고 서로를 강화한다는 믿음이 깔려 있었다. 이 진영의 사람들은 대결보다 대화를, 공격보다 합의를, 정치적 힘보다 정중함을 더 믿었다.

채플은 이와 다른 진영이 존재하고, 그 진영은 성서의 선지자적 전통을 이어받은 세력이라고 주장한다. 킹과 러스틴을 포함한 이 진영의 지도자들은 예레미야서와 욥기를 인용한다. 그들은 이 세상에서 정의로운 사람들은 고통을 받고 불의를 저지르는 사람들은 번창한다고 주장한다. 옳다고 해서 꼭 승리를 거두는 것은 아니다. 인간은 그 존재의 근원에서부터 죄인이다. 자신에게 유리하면 불의도 정당화한다. 자신이 누리는 특권이 불의라는 걸 인정할 때조차도 그것을 포기하려 하지 않는다. 정의로운 대의의 편에 선 사람들마저도 자신의 정당함에 취해 타락할 수 있고, 이타적인 운동을 자신의 허영을 채우는 도구로 만들어 버릴 수 있다. 인간은 무엇이든 힘을 얻어서 타락할 수도 있고, 아무런 힘이 없어서 타락할 수도 있다.

킹은 사악함이 우주에 "만연해" 있다고 선언하고 "현실을 대면하기를 거부하는 피상적인 낙관주의자만이 이 명백한 사실을 보지 못한다"고 주장했다.[29] 현실주의 진영의 사람들은 대부분 남부의 종교적 배경을 가진 이들로 점진적이고 자연스러운 발전에 대한 북부 사람들의 신념을 경멸했다. "이런 종류의 낙관론은 여러 사건들에서 나타나는 잔인한 논리로 인해 완전히 신뢰를 잃었다." 킹은 계속해서 말했다. "지혜와 예절이 확고하게 발전하기는커녕 인간은 언제라도 급속히 퇴보할 가능성을 안고 산다. 그것은 단순히 동물의 수준으로 떨어지는 정도가 아니라 그 어떤 동물도 행동에 옮길 수 없는 계산된 잔인성을 보이는 수준으로까지 나빠질 수 있다."[30]

이 진영의 사람들은 낙관주의자들이 우상숭배를 하는 것이나 마찬가지라고 주장한다. 그들은 신이 아니라 인간을 숭배하고, 신을 숭배할 때조차도 그 신은 인간의 속성을 극단적인 형태로 가지고 있는 존재에 불과하다는 것이다. 그 결과 그들은 인간의 선의, 이상주의, 연민, 그리고 숭고한 의도를 과대평가한다. 그들은 스스로에게 너무 관대하고, 자신의 덕목에 너무 만족하며, 적의 의도에 대해 너무 순진하다.

랜돌프, 킹, 러스틴은 자신들의 투쟁에 대해 이렇듯 더 냉엄한 시각을 가졌다. 인종분리 정책을 지키려는 사람들은 그냥 앉아서 당하려 하지 않을 것이고, 선의를 가진 사람들도 자신한테 피해가 올 우려가 있으면 행동에 나서지 않으리라는 견해다. 인권운동 활동가조차도 그들 자신의 선의나 의지력에 완전히 의지할 수 없다. 그들 스스로 대의를 왜곡하는 경우가 자주 발생하기 때문이다. 앞으로 나아가기 위해서는 운동에 그냥 관여하는 정도가 아니라 자신의 행복과 만족감, 그리고 때로는 생명까지도 희생하는 완전한 헌신이 필요하다. 이런 태도는 물론 낙관적인 견해를 가진 세속적인 동지들은 따라올 수 없는 불타는 투지로 이어졌다. 채플은 이렇게 말한다. "인권운동 활동가들은 진보 진영에 결여되어 있지만 꼭 필요한 투지를 비진보적인 공급원으로부터 끌어냈다."[31] 성서적인 관점이 현실주의자들의 고통과 아픔을 막아 준 것은 아니었다. 하지만 고통과 아픔이란 불가피한 것이며 속죄와 구원을 가능케 하는 것이라는 점을 이해할 수 있게 해 주었다.

이러한 태도를 취한 결과, 선지자적 현실주의자들은 훨씬 더 공격적인 성향을 띠게 되었다. 그들은 죄 많은 인간의 본성으로 인해 교육, 의식 고취, 기회 확충만으로는 사람들을 변화시킬 수 없다는 생각을 당연시했다. 역사적 과정, 인간의 제도, 혹은 인간의 선의에 모든 신념을 거는 것은 잘못된 일이다. 러스틴이 말했듯 미국의 흑인들은 "교육과 문화를 통해 장기적 변화를 꾀하려는 중산층의 생각을 두려움과 불신으로" 바라봤다.[32]

그보다 변화는 끊임없는 압박과 강제를 통해서만 쟁취할 수 있다. 이 말은 성서적인 관점의 현실주의자들이 톨스토이적이라기보다 간디적인 사상을 가졌다는 의미다. 그들은 다른 뺨을 내주는 것, 혹은 우정과 사랑만으로 사람들의 마음을 바꿀 수 있다고 생각하지 않았다. 비폭력 전략 덕분에 그들은 영구적인 공세를 취할 수 있는 일련의 전술들을 마련하게 되었다. 끊임없는 항의 운동, 시위, 연좌농성 등 다양한 활동들을 통해 적들이 자신의 의지에 반하는 일들을 받아들일 수밖에 없게끔 만든 것이다. 비폭력은 성서적 현실주의자들로 하여금 적들의 사악함을 적극적으로 폭로하게 하고, 적들이 자신의 죄를 더욱 잔혹한 형태로 드러내게 함으로써 그 죄가 그들에게 불리하게 작용하도록 만들었다. 그들은 적들이 사악한 짓을 하게끔 만들었다. 그들 자신이 그 악을 기꺼이 흡수할 용의가 있었기 때문이다. 러스틴은 현재의 상황을 무너뜨리려면 극단적 행동이 필요하다는 생각을 지지했다. 그는 예수를 "사랑을 고집한 광신도로, 안정된 사회의 기둥을 온몸으로 받아 버린" 사람으로 봤다.[33] 그는 또 랜돌프가 말한 것처럼 "짐 크로 아메리카의 의식을 계속 뒤흔들고, 나 또한 뒤흔들려야 할 도덕적 의무감을 느낀다"고 했다.[34] (짐 크로는 19세기 초 토머스 라이스라는 백인이 흑인을 회화화하기 위해 만든 캐릭터다. 이후 짐 크로는 '니그로negro'를 뜻하는 경멸적인 표현이 되었다. 짐 크로는 점차 '흑백 분리와 차별'을 의미하는 말이 되었으며, 남북전쟁이 끝난 다음에는 남부 지역에서 노예 해방을 무력화하기 위해 '짐 크로 법'이라는 인종차별법을 만들기도 했다.—옮긴이)

이렇게 대결 국면의 한가운데에 있었고, 랜돌프와 러스틴을 비롯한 인권운동가들의 활동이 가장 활발한 순간이었음에도 그들은 자신들의 공격적 행동으로 인해 타락할 위험이 있다는 것을 잊지 않았다. 자기들에게 가장 유리한 순간에도 죄를 짓게 될 수 있다는 걸 인식하고 있었던 것이다. 대의가 정당하다는 이유로 독선의 죄에 빠질 수 있었고, 대의가 성공적으로 진척됨에 따라 잘난 체하는 죄에 빠질 가능성이 있었다. 또한 그룹과 그룹이 맞서면서 악의적이고 파벌적인 성향을 띠게 될 수 있었고, 추종자들을 동원하기 위한 선전 활동을 벌이면서 지나친 단순화와 교조주의로 흐를 수 있었으며, 그들의 이야기를 듣기 위해 모인 군중이 점점 많아짐에 따라 허영심에 빠질 위험이 도사리고 있었다. 나아가 그들의 가슴은 갈등이 더욱 심각해지고 적들에 대한 증오가 깊어짐에 따라 무감각해질 수 있었고, 권력에 가까워질수록 도덕적으로 타락한 선택을 해야만 할 수도 있었으며, 역사를 변화시키게 될수록 더욱 자만심에 빠질 수도 있었다.

성생활에 있어서 너무나 무절제했던 러스틴은 비폭력 운동을 그 수많은 타락에 맞서기 위한 자기절제의 수단으로 쓸 수 있다고 믿었다. 이 시각에서 보면 비폭력 시위는 보통의 다른 시위와 다르다. 가차없고 끊임없는 자기절제가 필요하기 때문이다. 간디주의에 입각해 항거하는 사람들은 인종 폭동에 가담해도 주먹 한 번 휘두르지 말아야 하고, 위험 앞에서도 침착성을 잃지 않고 의사를 전달할 줄 알아야 하며, 미움받아 마땅한 사람들을 사랑으로 대면할 줄 알아야 한다. 이를 위해서는 물리적인 절제력이 필요하다. 시위 행진을 벌일 때도 위험한 상황에 진입할 때는 천천히 신중함을 유지해야 하며, 주먹질과 발길질이 쏟아지면 팔로 머리를 감싸 안는 자세를 유지해야 한다. 감정적인 절제력도 필요하다. 적대적인 감정을 억누르고, 누구에게도 악의를 품지 않고, 모든 이에게 너그러운 마음가짐을 가져야 한다. 그리고 무엇보다도 고통을 흡수하는 능력이 필요하다. 킹이 말했듯, 너무나 오래 고통받아 온 사람들이 그 억압을 끝내기 위해서는 더 많은 고통을 더 견뎌 내야만 한다. "부당한 시련에는 보상이 따른다."[35]

비폭력의 길은 역설적이다. 약자는 고통을 감내함으로써 승리할 수 있다. 억압하는 자를 물리치길 바란다면 억압받는 자가 반격하지 않아야 한다. 정의의 편에 선 사람도 자신의 정의로움에 취해 타락할 수 있다.

바로 이것이 사방에서 타락한 세상을 보는 사람들이 찾은 반전의 논리다. 20세기 중반에 이러한 역설적 논리로 가장 이름을 떨친 사람이 라인홀드 니버다. 랜돌프, 러스틴, 킹 같은 사람들은 니버 식 사고방식을 가지고 있었으며, 그에게서 많은 영향을 받았다. 니버는 인간이 죄를 짓는 본성에서 헤어날 수 없는 존재이며 그 스스로가 짐이자 문제의 원인이라고 주장했다. 인간의 행동은 우리가 이해하기에는 너무나 큰 의미의 틀 안에서 일어난다. 우리는 자신이 한 일에서 비롯되는 기나긴 연쇄적 결과들을 이해할 수 없고, 심지어는 우리 자신의 충동의 근원마저도 이해할 수 없다. 니버는 현대인의 안이한 양심과 모든 방면에서의 도덕적 안주를 경계해야 한다고 주장했다. 그는 독자들에게 우리는 스스로 생각하는 것만큼 도덕적이지 않으며, 스스로 판단하는 것만큼 순수한 동기를 지니고 있지 않다고 일깨운다.

니버는 우리 자신의 결함과 타락을 인정하면서도, 동시에 악과 불의에 맞서 공격적인 행동을 취할 필요가 있다고 말한다. 그 과정에서 우리의 동기가 그다지 순수하지 않으며, 가까스로 손에 넣어 행사하기 시작한 권력 때문에 우리도 결국 타락하게 되리라는 사실을 인정하는 것이 중요하다.

"우리는 문명을 보존하기 위해 도덕적으로 위험한 행동을 취해야 하고, 앞으로도 계속 그래야 한다." 니버는 냉전이 한창일 때 이렇게 말했다. "우리는 힘을 행사해야 한다. 그러나 한 국가가 힘을 행사할 때 완벽히 객관적으로 행동할 수 있다고 믿어서는 안 되며, 힘의 행사를 정당화하는 정의를 타락시키는 특정 관심사와 열정에 안주해서도 안 된다."[36]

니버는 계속해서 이런 식으로 행동하려면 비둘기의 순진무구함과 뱀의 교활함을 갖춰야 한다고 말했다. 가장 큰 역설은 어느 투쟁에서나 "우리가 가장하는 것만큼 실제로 순진무구할 경우 도덕적 목표를 이룰 수 없다"는 사실이다.[37] 우리가 정말로 순진무구하기만 하다면 좋은 목적을 달성하는 데 필요한 방식으로 힘을 사용할 수가 없다. 그러나 자기회의에 기초한 전략을 채택하면 부분적 승리를 거둘 수 있다.

## 워싱턴을 향한 행진

러스틴과 랜돌프는 처음에는 '워싱턴을 향한 행진'이라는 아이디어를 중심으로 인권운동 지도자들을 모이게 하는 데 어려움을 겪었다. 그러나 1963년 봄, 앨라배마주 버밍햄에서 벌어진 폭력 시위 때문에 분위기가 변했다. 버밍햄 경찰들이 10대 소녀들에게 개를 풀고, 물대포를 쏘고, 소년들을 벽에다 내던지는 장면을 온 세상이 목격했다. 그 영상들이 퍼진 후 케네디 행정부는 인권보호법을 준비했고, 인권운동에 몸 담은 모든 사람들은 이제 미국의 수도에서 집단 항의 시위를 할 때가 왔다는 데 동의하게 됐다.

이 행진을 계획한 러스틴은 공식 위원장에 임명될 것으로 예상됐다. 그러나 중요한 회의에서 NAACP의 로이 윌킨스가 반대했다. "그 사람은 흠집이 너무 많아요." 킹은 흔들리는 모습을 보였고, 결국 랜돌프가 개입해서 자신이 직접 행진 위원장을 맡겠다고 말했다. 위원장으로서 부위원장 지명 권한을 얻은 랜돌프는 러스틴을 임명할 수 있었고, 그렇게 되면 러스틴이 직책만 빼고 모든 면에서 위원장으로 활동할 수 있었다. 윌킨스가 전략적으로 진 것이다.

러스틴은 교통 체계와 화장실 시설에서부터 참여 연사들에 이르기까지 모든 것을 세심하게 준비했다. 그는 워싱턴 D.C. 경찰들과의 충돌을 막기 위해 흑인 경찰들 중 그날 비번인 사람들을 모집해서 비폭력에 관한 훈련을 했다. 그들은 시위대를 둘러싸서 충돌을 방지하라는 임무를 부여받았다.

시위 2주일 전, 인종분리주의자인 스트롬 서먼드 상원의원은 상원 연단에 올라서서 러스틴을 변태 성욕자라고 공격했다. 그는 패서디나 경찰의 연행 기록을 의회 공식 기록에 올렸다. 존 데밀리오가 탁월한 전기인 『잃어버린 선지자Lost Prophet』에서 지적했듯, 러스틴은 본의 아니게 즉각적으로 미국에서 가장 유명한 동성애자가 됐다.

랜돌프는 곧바로 러스틴의 변호에 나섰다. "그리스도교적 도덕관이라는 장막으로 온몸을 휘감은 채 다른 인간을 박해하기 위해 인간의 존엄성, 사생활, 그리고 겸손에 관한 가장 기본적인 개념을 갈가리 찢어발기고 마는 사람들이 이 나라에 있다는 것에 큰 실망을 느낀다."[38] 시위가 2주밖에 남지 않은 시기였기 때문에 다른 인권운동 지도자들도 러스틴을 변호할 수밖에 없었다. 결국 서먼드가 러스틴에게 큰 은혜를 베푼 셈이 된 것이다.

행진 전 마지막 토요일, 러스틴은 철저히 제어된 공격을 감행하겠다는 자신의 방침을 요약한 최종 성명을 발표했다. 그는 성명에서 이렇게 선언했다. "질서 정연하나 굴종적이지 않을 것이고, 드높은 자존감이 있지만 오만하지 않을 것이며, 비폭력적이지만 용기가 부족하지는 않을 것이다."[39] 시위 당일, 랜돌프가 제일 먼저 연설에 나섰다. 존 루이스는 불같이 타오르는 공격적인 연설로 거대한 군중을 포효하게 만들었다. 마헬리아 잭슨이 노래를 불렀고, 킹은 "나에게는 꿈이 있습니다" 연설을 했다.

그는 연설을 오래된 흑인 영가의 후렴구로 마무리 지었다. "마침내 자유! 마침내 자유! 전능하신 주여, 감사합니다. 저희가 마침내 자유로워졌나이다!" 그런 다음 사회를 보던 러스틴이 랜돌프를 연단으로 불러 올려 다시 소개했다. 랜돌프는 군중들과 함께 투쟁을 계속해 나가겠다고 서약했다. "저는 승리를 쟁취할 때까지 쉬지 않을 것을 서약합니다. (…) 사회 정의를 통한 사회 평화를 이룰 때까지 개인적 희생에 구애받지 않고 온몸과 마음과 정신을 전적으로 바칠 것을 서약합니다."

행진이 끝난 후, 러스틴과 랜돌프는 서로를 찾았다. 러스틴은 당시를 이렇게 회고했다. "내가 그에게 말했다. '랜돌프 씨, 당신의 꿈이 현실이 된 것 같군요.' 그리고 그의 눈을 바라보니 눈물이 볼을 따라

홀러내리고 있었다. 그가 자신의 감정을 억제하지 못한 모습을 목격한 유일한 순간이었다."⁴⁰

러스틴은 그 후 여생 동안 나름의 길을 찾아 일했다. 남아프리카공화국의 인종차별 정책을 종식시키기 위해 힘을 보태고, 1968년 중대한 교원노조 파업이 벌어지는 동안 뉴욕시의 기존 인권 단체들에 단호한 반대 의사를 밝히기도 하고, 맬컴 X 같은 분리주의적 성향의 인물들에 반대하며 인종 통합의 이상을 변호하기도 했다. 러스틴은 노후에 월터 내글이라는 남성과 안정적인 관계를 맺으면서 개인적 평화를 찾았다. 그는 자신의 사생활에 대해 공개적으로 이야기해 본 적이 거의 없었다. 그러나 한 인터뷰에서 이렇게 말했다. "가장 중요한 사실은 오랜 세월에 걸친 방황과 탐색 끝에 드디어 한 사람과 굳건히 진행 중인 관계를 맺을 수 있게 되었다는 것입니다. 우리 두 사람은 모든 것에 공감하고, 모든 것을 공유할 수 있습니다. (…) 내게 맞는 사람을 찾기보다 짜릿한 섹스를 찾아 헤매는 데 오랜 시간을 보냈습니다."

필립 랜돌프와 베이어드 러스틴의 이야기는 결함 있는 사람들이 어떻게 타락한 세상에서 힘을 행사하는지를 보여 준다. 두 사람은 사회적·개인적 죄에 대한 의식을 바탕으로 한 세계관을 공유했다. 인간 삶의 곳곳에 어둠이 핏줄처럼 퍼져 있다는 생각 말이다. 랜돌프는 즉각적으로, 러스틴은 평생에 걸쳐 내면의 혼란스러운 충동을 제어하기 위한 내적 구조를 만드는 법을 배웠다. 또한 두 사람은 자신을 희생하고, 최악의 성향으로부터 거리를 두는 쪽으로 삶의 방향을 잡음으로써 죄와 간접적으로 싸우는 법도 배웠다. 그들은 이 모든 것을 극도로 위엄 있는 태도로 해냈다. 그러나 바로 그 세계관을 바탕으로 그들은 외적인 전략에서는 공격적인 태도를 취했다. 그들은 극적인 변화란 그것이 필요해질 때 달콤한 설득으로 성취할 수 있는 게 아니라는 것을 알고 있었다. 사회적 죄를 씻기 위해서는 문을 부술 듯이 두드려 대는 사람들이 필요하다. 그러나 동시에 그들은 자신이 이렇듯 대담하게 행동할 자격이 없다는 것을 자각하고 있는 사람들이어야 한다.

이것이 힘의 철학이다. 극도로 강한 확신과 극도로 강한 자기회의를 결합한 사람들의 힘의 철학 말이다.

# 사랑의 결핍에서 시작된
# 인간에 대한 사랑

---

조지 엘리엇

그녀는 초기 소설 『애덤 비드』에서 이렇게 말했다.

"세상에 선지자는 드물며, 숭고하리만치 아름다운 여성도 드물며,
영웅도 드물다. 그렇듯 희귀한 대상에 내 모든 사랑과 존경을 바칠 여유가 없다.
일상적으로 마주치는 나와 같은 사람들,
특히 수많은 사람들 중 내 앞에 있는 몇몇 사람들, 내가 얼굴을 알고,
내가 손을 만진 적이 있고, 내가 친절하고 예의 바르게 길을
비켜 줘야 하는 그 사람들을 위해 사랑과 존경의 감정을 쏟고 싶다."

그녀는 후기 작품이자 아마도 최고의 명작으로 기억될
『미들마치』를 겸손한 삶을 살아간 사람들에 대한 경탄으로 마감한다.

"그러나 그녀가 주변 사람들에게 미친 영향은 헤아릴 수 없을 만큼
널리 퍼져 있다. 세상의 선을 자라나게 하는 일은
어느 정도 역사에 남지 않는 보편적인 행위들에 달려 있다.
당신이나 내가 그렇게 나쁜 일을 겪지 않을 수 있었던
이유의 절반은 드러나지 않는 삶을 충실하게 살아낸 사람들 덕분이고,
나머지 절반은 아무도 찾지 않는 무덤에 묻힌 사람들 덕분이다."

　"삶이란 자신이 태어난 땅의 어느 보금자리에서 뿌리박고 사는 것이다. 그 땅과 마주하며 느끼는 살가운 유대감, 그 땅을 일구는 인간의 노동에서 느끼는 살가운 유대감, 그 땅의 소리와 그곳 사람들의 말씨에서 느끼는 살가운 유대감, 훗날 경험하게 될 더 넓은 세상 속에서도 그 옛집만큼은 여지없이 알아볼 수 있게 익숙한 각별함을 부여해 줄 그 무엇에서 느끼는 살가운 유대감, 그 유대감에서 피어난 애정이 어리는 곳, 바로 그곳에서 자리하고 사는 것이 인간의 삶이다."[1]

　조지 엘리엇George Eliot의 고향은 잉글랜드 중부의 워릭셔로, 별다를 것 없는 부드럽고 온화한 풍경을 지닌 곳이다. 그녀의 집에서는 완만하게 구릉을 따라 펼쳐진 오래된 농지와 새로 생긴 더러운 석탄 광산이 모두 보였다. 빅토리아 시대에 특히 치열했던 경제적 갈등이 눈앞에 펼쳐져 있었던 것이다. 그녀는 1819년 11월 22일 메리 앤 에번스Mary Anne Evans로 태어났다.

　그녀의 아버지는 애초에 목수였지만, 엄격한 자기관리와 기회를 포착하는 안목 덕분에 꽤 성공한 토지 관리인이 되었다. 그는 다른 사람들의 부동산을 관리해 주면서 적당히 돈을 모을 수 있었다. 엘리엇은 아버지를 많이 사랑했다. 그녀는 소설가가 된 후 훌륭한 인물들을 설정할 때 아버지가 가지고 있었던 특징들, 예를 들어 실용적 지식, 교육받지 않고 터득한 지혜, 일에 대한 헌신 같은 것들을 자주 적용했다. 엘리엇은 아버지가 세상을 떠난 후 그의 철테 안경을 간직했다. 예리한 시선과 세상에 대한 통찰력을 기억하기 위해서였다.

어머니 크리스티아나는 메리 앤의 성장기 대부분에 걸쳐 건강이 좋지 않았다. 메리 앤이 태어난 후 18개월 뒤에 그녀의 쌍둥이 남동생이 숨졌고, 크리스티아나는 아이를 기르는 데 필요한 물리적 노력을 줄이기 위해 살아남은 아이들을 기숙학교로 보냈다. 메리 앤은 어머니의 애정을 잃은 걸 무척 아파한 것 같다. 전기 작가 캐스린 휴스는 그녀가 "관심을 끌려는 행동과 스스로를 벌주는 행동을 짜증날 정도로 반복하는" 식으로 그 상처에 반응했다고 묘사했다.[2] 겉으로 보기에 그녀는 조숙하고, 의지가 강하며, 다소 다루기 힘든 데다 다른 아이들과 지내는 것보다 어른들과 어울리는 걸 더 편안해하는 여자아이인 것 같았다. 하지만 그녀는 심각한 결핍감을 가지고 있었다.

그녀는 애정에 굶주린 데다 언제 버려질지 모른다는 두려움에 시달리는 어린 소녀였고, 그런 만큼 자신의 관심을 온통 오빠 아이작에게 쏟아부었다. 그녀는 아이작이 방학 때 학교에서 돌아오면 졸졸 따라다니며 그의 생활에 대한 모든 것을 꼬치꼬치 캐묻곤 했다. 얼마간은 아이작이 메리 앤의 사랑에 화답했고, 둘은 '간혹' 초원과 시냇물에서 놀며 행복하기 그지없는 날을 보냈다. 그러나 아이작은 크면서 조랑말을 갖게 되었고, 이후 성가신 여동생은 그의 관심 밖으로 사라졌다. 메리 앤은 훌쩍거리며 혼자 남겨졌다. 이는 그녀가 서른 살이 될 때까지 삶을 지배한 패턴이었다. 그녀가 절박하게 사랑을 갈구하고, 거기에 완전히 질려 버린 남자들이 그 사랑을 거절하는 패턴 말이다. 그녀의 마지막 남편 존 크로스가 말했듯이 "그녀가 아주 어렸을 때부터 평생에 걸쳐 보여 온 도덕적 발달 과정에서 가장 두드러진 특징은 어떤 한 사람이 그녀에게 모든 것을 다 바쳐 헌신하고 그녀 역시 그에게 모든 것을 다 바치는 관계에 대한 절대적 욕구였다."[3]

1835년, 그녀의 어머니가 유방암으로 병상에 누웠다. 메리 앤은 다섯 살 때 어머니의 건강 문제로 기숙학교에 가야만 했고, 열여섯 살이 되었을 때는 같은 이유로 집에 돌아와야만 했다. 어머니가 마침내 병으로 쓰러졌을 때 그녀가 큰 슬픔을 겪었다는 기록은 없다. 그러나 그 일로 그녀의 정식 교육은 끝이 났고, 이후 집안일을 관리하는 역할을 했다. 아버지의 아내 역할을 대신해 주는 것과 다름없었다.

엘리엇은 『미들마치』의 유명한 서문에서 젊은 여성들이 느끼는 소명의 위기에 대해 이야기한다. 그녀는 젊은 여성들이 커다란 내적 열망, 자신의 에너지를 뭔가 본질적이고 영웅적이며 의미 있는 방향으로 쏟아붓고자 하는 정신적 열망을 경험한다고 썼다. 그들은 도덕적 상상력을 통해, 자신의 삶에서 영웅적이고 정의로운 무언가를 해내고자 하는 강렬한 충동을 통해 앞으로 나아간다. "내면으로부터 자양분을 얻는" 이 젊은 여성들은 "무한한 만족감을 줄 무엇"을 찾아, "피로감과 권태를 결코 정당화하지 않을 대상, 자아를 넘어서서 삶에 대한 환희에 찬 의식과 자기절망감을 화해시킬 어떤 대상"을 찾아 솟아오른다. 하지만 빅토리아 시대에는 이런 에너지를 쏟을 길이 극히 한정되어 있었다. 따라서 그들의 "사랑으로 가득한 심장의 두근거림과 이룰 수 없는 선을 향한 흐느낌은 떨리며 잦아들고, 길이 남을 어떤 성과나 업적으로 모아지지 못한 채 숱한 장애물들 사이에서 흩어져 버린다."

메리 앤을 추동해 나간 것은 바로 도덕적 열망과 영적 완벽주의였다. 그녀는 10대 후반과 20대 초반 무렵, 뭔가 종교에 미친 사람이 되어 있었다. 그녀는 사회 전체가 굉장한 종교적 혼란을 겪던 시기에 성년이 되었다. 과학의 발달로 인류 창조에 대한 교회의 설명에 균열이 나타나기 시작하던 때였다. 신에 대한 불신이 퍼지면서 도덕성에도 문제가 생기기 시작했다. 하지만 당시 많은 사람들은 신에 대한 의혹이 커질수록 엄격한 도덕적 계율에 더 치열하게 매달렸다. 종교적 믿음을 잃지 않은 사람들은 교회를 더 생기 있고, 영적인 곳으로 만들려는 노력을 기울였다. 존 헨리 뉴먼을 비롯해 옥스퍼드 운동의 주축이 된 사람들은 영국 성공회의 뿌리인 가톨릭 교리로 돌아가서 전통과 중세 시대의 의례에 대한 존경심을 되살리려 했다. 복음주의자들은 좀 더 은사적인 예배를 만들어 내고, 개인의 기도와 양심 그리고 개개인과 신의 직접적인 관계를 강조함으로써 신앙의 민주화를 가져왔다.

메리 앤은 10대 시절 이 종교적 열풍에 사로잡혔고, 아마도 자기중심적 미숙함 때문이었을 테지만 당시 종교가 가지고 있던 가장 융통성 없고 보기 싫은 면을 몸소 구현했다. 그녀의 믿음은 기쁨이나 인간적 연민보다는 자기도취적인 금욕에 훨씬 더 많은 비중을 두고 있었다. 그녀는 도덕적으로 진지한 사람은 상상의 세계가 아니라 실제 세계에 집중해야 한다고 생각한 나머지 더 이상 소설을 읽지 않았다. 또 포도주를 입에 대지 않겠다고 맹세하고는 자신이 집안일을 관리하는 총책임자라는 점을 내세워 주변 사람들에게도 금주를 강요했다. 그녀는 엄격한 청교도 스타일로 옷을 입었고, 한때 큰 기쁨의 원천이었던 음악도 예배에서만 허용될 수 있다고 생각했다. 사람들과 모일 때면 인간의 천박함을 비난하며 훌쩍거리기 일쑤였고, 한 친구에게 보낸 편지에는 어느 파티에서 "춤과 함께 나오는 숨막힐 듯한 소음 때문에 참된 그리스도교인으로서 청교도적 인격을 유지하기"가 불가능했다고 썼다.[4] 메리 앤은 머리가 아프다고 호소하며 히스테리 증상을 보였고, 앞으로 "의심스러운 인물의 초대"는 모두 거절하겠다고 맹세했다.

D. H. 로렌스는 이렇게 쓴 적이 있다. "이 모든 것을 시작한 것은 바로 조지 엘리엇이다. 행동을 내면으로 끌어들이기 시작한 것이 바로 그녀다." 메리 앤은 내적 고뇌, 투쟁, 체념으로 가득 찬 연극적이고 자기도취적인 생활로 10대 전체를 보냈다. 그녀는 모든 것을 주님께 헌납한 순교자와 같은 삶을 살고자 했다. 그러나 그녀는 그 경직된 틀에 맞지 않는 인간적이고 연약한 면은 모두 잘라 버리고 스스로를 인위적으로 좁은 틀에 맞추려 했다. 그녀의 행동은 가식으로 가득 차 있어서 성인이 되기보다 성인처럼 존경을 받는 데 더 관심이 있는 것처럼 보였다. 그녀가 이 시기에 보낸 편지들에서는 읽기 괴로울 만큼 허세로 가득 찬 자의식이 느껴진다. 이는 심지어 그녀가 초기에 쓴 형편없는 시들에서도 나타나는 특징이다. "오 성인! / 제가 감히 / 영광스럽고 은혜로운 그 이름을 / 제 것이라 하고 / 자신 있게 제 자리를 찾아 설 수 있을까요 / 그것이 성인들의 대열에서 가장 낮은 자리라 할지라도!" 전기작가 프레더릭 칼은 모든 사람이 동의하는 이 느낌을 잘 요약한다. "높은 지적 능력을 제외하면, 열아홉 살이 다 되어 가던 1838년의 메

리 앤은 정말이지 참기 힘든 사람이었던 듯하다."[5]

다행히도 호기심이 많은 그녀의 마음은 한곳에 그다지 오래 머물러 있지 않았다. 그녀는 스스로를 정확히 직시하지 않을 수 없을 만큼 영리한 사람이었다. "내가 가장 빠지기 쉬운 죄는 죄 중에서도 가장 파괴력 있는 죄, 다른 모든 죄를 낳는 죄라는 생각이 들어. 바로 야망, 동료 인간들에게서 존경을 받고자 하는, 채울 수 없는 욕망이야." 그녀는 한 편지에 이렇게 썼다. "바로 거기서 내 모든 행동이 나오는 것 같아."[6] 그녀는 자신이 공개적으로 정의로움을 드러내는 것은 그저 주의를 끌기 위한 것이라는 점을 어느 정도 이해하고 있었다. 게다가 그녀는 이렇게 스스로 부과한 정신적 구속에 갇혀 있기에는 호기심이 너무 강했다. 지식에 대한 허기가 너무 강했던 것이다. 따라서 독서의 범위를 협소하게 한정시킬 수 없었다.

메리 앤은 여전히 성서에 관한 책을 읽었지만, 동시에 이탈리아어와 독일어를 배웠고, 워즈워스와 괴테의 작품도 읽었다. 그녀의 독서 범위는 자신의 신앙과는 분명 들어맞지 않는 삶을 살았던 셸리와 바이런을 포함해 낭만주의 시들로까지 확장되었다.

얼마 지나지 않아 그녀는 과학 분야로까지 독서 범위를 넓혀 존 프링글 니콜의 『태양계의 현상과 질서The Phenomena and Order of the Solar System』, 그리고 다윈의 진화론에 영향을 준 찰스 라이엘의 『지질학 원리Principles of Geology』 등도 읽었다. 그리스도교인 저자들도 창조에 관한 성서의 묘사를 변호하기 위해 책들을 출간했다. 메리 앤은 그런 책들도 읽었지만 역효과를 내고 말았다. 과학의 새로운 발견들을 논박하기에는 너무 설득력이 없었기 때문이다. 결국 메리 앤의 점점 커져만 가는 의혹에 불을 지피는 결과만 낳았을 뿐이다.

그녀는 스물한 살이었던 1841년 자신에게 심대한 영향을 준 책 하나를 구입했다. 바로 찰스 헤널의 『그리스도교의 기원에 관한 탐구An Inquiry Concerning the Origin of Christianity』이다. 이 책에서 헤널은 복음서를 하나하나 분석해 사실로 인정할 수 있는 부분은 무엇이고, 훗날 윤색된 부분은 무엇인지를 밝혀내려 했다. 그는 예수가 하느님의 아들로 태어났다거나, 어떤 기적을 행했다거나, 부활했다는 증거는 충분치 않다고 결론 내렸다. 헤널은 예수가 "교활한 사제들과 잔인한 군인들의 손에 죽음으로써 순교한, 숭고한 정신을 가진 개혁가이자 현자"라고 결론 내렸다.[7]

이 시기의 대부분 동안 메리 앤의 주변에는 그녀가 읽고 있던 책과 관련해 토론을 벌일 만큼 지적 수준이 비슷한 사람이 없었다. 그녀는 자신의 상황을 묘사할 단어를 만들어 냈다. 바로 'non-impartitive'다. 정보를 받기는 하지만 대화를 통해 음미할 수가 없는 상태를 한탄해서 만든 단어였다.(정보를 전한다는 의미를 지닌 동사 impart에 부정을 나타내는 non과 형용사적 어미인 -tive를 붙여 만든 말이다. 번역하자면 '정보나 지식을 전달할 수 없는' 정도가 될 것이다.—옮긴이)

그러던 어느 날, 메리 앤은 헤널의 여동생 카라가 근처에 산다는 사실을 알게 됐다. 카라의 남편 찰스 브레이는 성공한 리본 상인으로 자신의 종교적 신념을 담은 『필요의 철학The Philosophy of Necessity』이라는 소책자를 쓰기도 했다. 우주는 신이 정한 변치 않는 규칙의 지배를 받지만, 신은 이 세상에서 능동적인 역할을 하고 있지 않다는 내용의 책이었다. 브레이는 인간의 의무란 신의 규칙을 발견하고 그에 따라 세상을 개선시키는 데 있다고 주장했다. 그는 사람들이 기도보다 사회 개혁 참여에 더 많은 시간을 들여야 한다고 믿었다. 브레이 부부는 영리하고, 지적이며, 관습에 얽매이지 않는 사색가들이었고, 그런 만큼 자유로운 삶을 살았다. 그들은 결혼 생활을 유지하고 있었지만, 찰스는 집안 요리사와의 사이에서 자녀를 여섯이나 두었고, 카라는 바이런 경의 친척인 에드워드 노엘과 아주 친밀하며 성적일 가능성이 있는 관계를 유지했다. 노엘은 그리스에 집과 사유지, 그리고 자녀 셋을 둔 사람이었다.

메리 앤은 친구를 통해 브레이 부부를 소개받았다. 어쩌면 그들을 정통 그리스도교 신앙으로 다시 인도하고자 하는 것이 목적이었을지 모르지만, 그것이 메리 앤의 의도였다면 전혀 효과가 없었다. 메리 앤이 그들과 친해졌을 때는 이미 그녀 자신도 신앙에서 멀어져 가고 있었다. 브레이 부부는 메리 앤이 자기들과 비슷한 부류라는 것을 한눈에 알아차렸다. 그녀는 마침내 지적으로 비슷한 수준의 사람들을 찾은 것이 반가워 그들과 점점 더 많이 시간을 보냈다. 브레이 부부가 메리 앤이 신앙을 포기하게 된 원인은 아니었지만 촉매 작용은 했다.

메리 앤은 점점 커져 가는 신앙에 대한 불신이 엄청난 문제를 일으키리라는 사실을 알고 있었다. 아버지는 물론이고 나머지 식구들과도 불화가 생길 것이고, 알고 지내던 상류사회 사람들도 대부분 등을 돌릴 것이 분명했다. 남편감을 찾는 것도 크게 어려워질 것이 뻔했다. 그녀가 살던 당시 사회에서 불가지론은 곧 사회적 매장을 의미했다. 그러나 메리 앤은 자신의 마음과 머리가 진실이라고 말하는 곳을 향해 용기 있게 전진했다. "나도 찬탈자들로부터 진리의 성묘를 되찾으려

는 영광스러운 십자군 원정대의 일원이 되고 싶어." 그녀는 친구에게 보낸 편지에 그렇게 썼다.[8]

이 문장에서 볼 수 있듯이 메리 앤은 그리스도교 신앙을 포기하기 직전에도 종교의 정신 자체는 포기하지 않고 있었다. 그리스도교 교리와 예수의 신성에 대한 믿음은 줄었지만, 신의 존재에 대해서는—특히 그 나이 때에는—전혀 의심하지 않았다. 그녀는 그리스도교를 현실적 근거에서 거부했다. 추상적이고 환상적인 것에 대한 경멸에서 나온 결정이었다. 이는 매우 광범위하고 철저한 독서를 통해 나온 결론이었지만, 메마른 이성만으로 냉담하게 도달한 것은 아니었다. 그보다는 삶을 너무도 현세적이고 소박한 열정으로 사랑했기에 이 세상이 또 다른 세상의 부차적인 존재라는, 다시 말해 이곳과 다른 법칙을 따르는 세상에 종속된 존재라는 개념을 받아들일 수 없어서였다. 그녀는 신에게 모든 것을 맡기기보다 자신의 도덕적 선택을 통해 선하고 엄격한 삶을 삶으로써 신의 은총을 받을 수 있다고 느끼게 됐다. 메리 앤은 이 철학을 바탕으로 자기 자신과 자신의 행동에 무거운 짐을 지웠다.

1842년 1월, 메리 앤은 아버지에게 더 이상 교회에 함께 가지 않겠다고 말했다. 한 전기 작가의 표현을 빌리자면, 당시 아버지는 차갑고 뚱한 분노로 반응했다. 그가 보기에 메리 앤의 결정은 신과 아버지를 거역하는 데서 그치는 것이 아니었다. 가족의 명예를 실추시키고 사회적으로 망신을 주는 짓이었다. 메리 앤이 교회에 가기를 거부한 후 첫 일요일, 그녀의 아버지는 교회에 갔지만 일기에는 간단하고 차가운 어조로 이렇게만 적었다. "메리 앤은 가지 않았다."

그다음 몇 주 동안은 메리 앤이 '성전'이라고 묘사한 갈등이 벌어졌다. 그녀는 아버지와 극도의 신경전을 벌였다. 아버지는 메리 앤과의 접촉을 끊었지만 다른 방법으로 그녀를 설득하려 했다. 친구들과 친척들을 동원해 신중을 기하기 위해서라도 교회에 나가는 게 어떻겠느냐고 설득하기 시작한 것이다. 그들은 이 길을 계속 고집할 경우 평생 가난하고, 배척당하고, 외롭게 살 것이라고 경고했다. 상당히 타당성 있는 예견이었지만 효과는 없었다. 그녀의 아버지는 또 성직자와 기타 지식이 풍부한 학자들을 동원해서 그리스도교가 진리라는 점을 이성으로 설득하려고도 해 봤다. 그러나 메리 앤은 그들이 인용하는 책들을 모두 빠짐없이 읽은 후였고, 모든 주장에 대한 반론이 준비된 상태였다.

마침내 그녀의 아버지는 이사를 하기로 했다. 메리 앤이 결혼할 가망 없이 살려 한다면, 좋은 남편감을 만나게 해 주려고 빌린 그 커다란 집은 더 이상 필요 없다는 논리였다.

메리 앤은 아버지에게 편지를 써서 대화의 창구를 다시 열려고 시도했다. 먼저 그녀는 자신이 왜 더 이상 그리스도교인으로 살 수 없는지를 설명했다. 그녀는 복음서를 "진실과 허구가 섞여 있는 역사서"로 생각한다고 밝혔다. "예수님 자신의 도덕적 가르침이라 생각되는 것은 너무도 소중하고 존경스럽게 여기지만, 예수님의 생애를 기초로 해서 쌓아 올린 교리 체계는 (…) 주님께 너무나 불명예스러운 것이고, 개인과 사회의 행복에 치명적으로 유해한 영향을 준다고 생각해요."

그녀는 해롭다고 생각하는 교리를 가르치는 곳에 가서 신을 숭배하는 것은 굉장히 위선적인 행동이라고 아버지에게 말했다. 그녀는 또 아버지와 계속 함께 살고 싶지만 만일 떠나라고 한다면 받아들이겠다며 이렇게 말했다. "아버지께서 원하신다면 즐거운 마음으로 떠날게요. 아버지가 지칠 줄 모르고 제게 베풀어 주신 애정과 친절에 깊이 감사하는 마음도 잊지 않을 거예요. 아버지께 뜻하지 않은 고통을 드리게 된 것에 대한 마땅한 벌로 제 미래를 위해 준비해 두신 것을 더 자격이 있다고 여기시는 다른 자녀에게 돌리셔도 아무런 불만 없이 달게 받아들일게요."

막 성인이 되었을 무렵, 메리 앤이 포기한 건 가족의 신앙만이 아니었다. 그녀는 집도, 유산도, 남편도, 아무런 보장도 없이 세상에 나설 마음의 준비가 되어 있었다. 그녀는 사랑한다는 말로 편지를 끝맺었다. "변호해 줄 사람이 아무도 없는 사람으로서 마지막으로 말할 기회를 주신다면 지금까지 아버지를 사랑한 것만큼 지금도 깊이 사랑한다는 것, 지금까지 창조주의 법에 순종하고 어떤 의무도 모두 따르겠다는 마음을 가졌던 것처럼 지금도 그 결의에는 변함이 없다는 것을 밝히고 싶어요. 이 모든 의식이 이 세상 모든 이가 저를 향해 눈살을 찌푸린다 해도 제가 쓰러지지 않도록 지지해 줄 거예요."

그토록 어린 여성이 썼다고 하기에는 너무 놀라운 이 편지에는 훗날 세상이 조지 엘리엇에게서 보게 될 여러 가지 특징이 드러나 있다. 치열한 지적 정직성, 자신의 양심이 시키는 대로 살고자 하는 열망, 사회적 압력에 맞선 놀라운 용기, 필요하지만 어려운 선택들을 함으로써 자신의 인격을 강화하고자 하는 욕망, 그러나 동시에 약간은 자기중심적이고 자신이 만들어 낸 멜로드라마의 주인공 역할을 하려는 성향, 자기 자신의 행동으로 사랑을 위험에 빠뜨리는 순간에도 사랑을 받고 싶어 하는 강렬한 열망 등이 그것이다.

몇 달이 흐른 후 두 사람은 타협을 했다. 메리 앤이 아버지와 함께 교회에는 가되, 아버지를 포함한 모든 사람은 그녀가 그리스도교인이 아니며 그 교리를 믿지 않는 사람이라는 것을 인정하기로 한 것이다.

조건부 항복인 것처럼 보이지만 꼭 그런 것만은 아니었다. 메리 앤의 아버지는 딸을 그렇게 거부하는 것이 잔인하다는 것을 깨달았다. 그래서 뜻을 굽혔다. 한편 메리 앤은 교회 참석 거부를 관통해 흐르는 것이 결국 자신을 과시하고 확대하려는 욕망이라는 사실을 자각하고는 후회하게 됐다. 마을 전체를 휩쓴 스캔들의 주인공이 자신이라는 사실을 속으로 기뻐했다는 걸 알게 된 것이다. 또 아버지에게 큰 고통을 준 것이 미안했다.

게다가 그녀는 비타협적 입장을 취한 자신의 방식에 뭔가 방종한 구석이 있다는 것을 알게 되었다. 그녀는 한 달도 되지 않아 친구에게 보낸 편지에서 "감정과 판단 모두 너무 성급했던 점"을 개탄했다. 후에 그녀는 약간의 세심함과 운영의 묘를 발휘해 피할 수도 있었던 아버지와의 충돌을 깊이 후회한다고 말했다. 그녀는 자신에게 분명 개인적 양심을 따라야 할 의무가 있긴 하지만, 공동체 구성원들이나 사회적 구조에 끼칠 영향을 고려해서 자신의 충동을 잠재워야 할 도덕적 의무도 있다고 결론지었다. 메리 앤 에번스가 소설가 조지 엘리엇으로 탈바꿈할 즈음 그녀는 이미 그런 식으로 사람들의 눈길을 끄는 행동을 극도로 싫어하는 인물이 되어 있었다. 중년의 조지 엘리엇은 사회 개선론자이자 점진주의자가 되어 있었고, 사람들과 사회는 갑작스러운 파열과 단절을 통해서가 아니라 점진적인 노력과 확장을 통해 개혁될 수 있다고 믿었다. 앞으로 살펴보게 될 텐데, 그녀는 자신의 확신에 따라 용감하고 급진적인 행동을 할 능력이 있었지만, 동시에 사회적 예의와 관습의 중요성도 믿었다. 그녀는 사회란 수많은 개인들의 의지를 제어함으로써, 그리고 각 개인을 공통의 도덕적 세계 안으로 끌어들여 통제함으로써 결속을 유지한다고 믿었다. 또한 사람들이 비타협적인 개인의 욕구를 바탕으로 행동할 경우 주변 사람들에게까지 이기심이 전염될 수 있다고 믿게 되었다. 그녀는 자신의 급진주의적 길을 품위와 체면을 지키는 방식으로 위장했다. 의식, 습관, 관습을 중시하는 용감한 자유사상가가 된 것이다. 아버지와 벌인 성전은 이 중요한 교훈을 얻는 계기가 되었다.

몇 달 지나지 않아 메리 앤과 아버지는 화해를 했다. 성전을 치른 지 7년 후 아버지가 세상을 떠났을 때 메리 앤이 쓴 편지를 보면 그녀가 아버지를 얼마나 사랑했는지, 그리고 정신적으로 아버지에게 얼마나 의지했는지 잘 드러나 있다. "아버지 없이 나는 무엇이 될 수 있을까? 마치 내 도덕적, 정신적 본성의 일부가 사라져 버린 느낌이야. 어젯밤에는 나를 정화하고 억제해 주던 아버지의 영향력이 없어진 탓에 세속적인 쾌락에 빠지고 사악해지는 끔찍한 환영을 봤어."

## 사랑에 대한 갈망

메리 앤은 지적인 면에서 성숙해졌다. 사춘기를 지나면서 엄청난 독서를 한 결과 지식의 깊이, 관찰 능력과 판단 능력에서 감탄할 만한 수준에 도달했다. 정신적 수준에서라면 자신의 삶에서 가장 중요한 여정을 떠날 준비가 되어 있었다. 자기도취적인 사춘기 소녀에서 다른 사람들의 감정을 이해하는 탁월한 능력을 지닌 성숙한 성인으로 변화할 준비 말이다.

그러나 그녀는 정서적인 면에서 완전히 엉망진창이었다. 스물두 살이 되었을 무렵 그녀의 친구들 사이에서 이런 농담이 돌 정도였다. 메리 앤은 그녀가 만난 모든 사람과 사랑에 빠진다는 것이었다. 이 관계들에는 일반적인 패턴이 있었다. 애정에 굶주린 그녀가 한 남자에게, 보통은 결혼을 했다거나 그 밖의 이유로 만날 수 없는 남자에게 자신을 던진다. 메리 앤과의 대화에 현혹된 남자들은 그녀의 관심에 화답한다. 남자의 지적 관심을 낭만적 사랑으로 착각한 그녀는 그 사랑이 내면의 공허감을 채워 주길 바라면서 감정적으로 휘말린다. 결국 남자가 그녀를 거절하거나, 도망가거나, 그의 아내가 메리 앤에게 썩 사라져 버리라고 으름장을 놓는 것으로 결론이 난다. 메리 앤은 눈물에 잠기고, 편두통에 시달린다.

메리 앤이 통상적인 의미에서 예쁘게 생겼더라면 그녀의 낭만적 시도가 더 성공적으로 끝났을지도 모른다. 그러나 당시 젊고 잘생긴 남자였던 헨리 제임스의 기록에 따르면 그녀는 "굉장히 못생긴, 눈을 떼지 못할 정도로 못생긴" 모습이었다. 많은 남자들이 그녀의 커다란 턱과 예쁘지 않은 말상 얼굴에 적응하지 못한 채 떠났다. 그러나 마침내 그녀의 내적 아름다움을 알아차린 멋진 사람들도 있었다. 1852년 영국을 방문한 미국인 세라 제인 리핀콧은 메리 앤의 대화가 그녀의 외모에 끼치는 영향을 이렇게 묘사했다. "미스 에번스는 무척 공격적으로 보이는 턱에 시선을 피하는 파란 눈까지 대단히 매력 없는 첫인상을 줬다. 코도 입도 턱도 모두 내 취향이 아니었다. 그러나 그녀가 점점 대화에 관심을 보이고 진지한 태도를 취하기 시작하면서, 그녀의 얼굴 안에서인지 밖에서인지 뭔가 굉장한 빛이 나는 것 같았고, 결국 그녀의 얼굴이 달라 보이기 시작했다. 드물게 띠는 그녀의 미소는 정말이지 말로는 묘사할 수 없는 달콤한 느낌을 준다."[9]

남자들이 오고, 메리 앤이 사랑에 빠지고, 남자들이 갔다. 음악 선생과, 작가 찰스 헤넬에게 흠뻑 빠졌고, 목사가 되기 위해 공부하던 존 시브리라는 젊은 남성에게 반한 적도 있다. 시브리는 그녀의 애정에 화답하지 못했지만, 그녀와 대화를 나눈 후 아무런 대안이 없었음에도 성직자가 되기를 포기했다.

나중에 그녀는 이미 결혼한 1.2미터 키의 중년 화가 프랑수아 달베르 뒤라드에게 무서울 정도로 치열하게 매달리기도 했다. 한번은 약 하루 동안 정말 독신인 남자에게 푹 빠진 적이 있었는데, 다음 날로 관심이 식고 말았다.

친구들이 그녀를 초대해서 자기 집에 묵게 했는데, 얼마 지나지 않아 그 집의 가장과 열정적인 관계를 맺곤 했다. 로버트 브래번트는 메리 앤보다 훨씬 나이가 많고 교양 있는 의사였는데, 그녀에게 자신의 서재를 사용하게 해 주었을 뿐 아니라 자기 가족과 함께 살자고 제안하기까지 했다. 얼마 지나지 않아 두 사람은 뗄 수 없는 관계가 됐다. "천국에서 사는 것 같아. 닥터 브래번트는 이 천국을 지키는 천사장이고." 그녀는 카라에게 쓴 편지에서 이렇게 고백했다. "그의 매력을 다 이야기하려면 세상의 모든 시간을 준다 해도 부족할 거야. 우리는 함께 읽고, 걷고, 이야기해. 아무리 같이 있어도 질리지 않는 사람이야." 그러나 얼마 지나지 않아 그의 아내가 단호한 태도를 취했다. 메리 앤이 떠나지 않으면 자기가 집을 나가겠다고 한 것이다. 메리 앤은 치욕스럽게 그 집에서 도망쳐 나와야 했다.

가장 이상하고 복잡한 사태가 벌어진 것은 존 채프먼의 집에서였다. 채프먼은 『웨스트민스터 리뷰Westminster Review』의 발행인이었는데, 나중에 메리 앤은 결국 이 잡지의 기사와 편집을 맡게 되기도 했다. 메리 앤이 채프먼의 집에 들어갔을 때 그에게는 이미 함께 살고 있는 아내와 정부가 있었다. 얼마 지나지 않아 세 여인은 채프먼의 애정을 얻기 위해 서로 경쟁하는 형국에 놓였다. 엘리엇의 전기를 쓴 프레더릭 칼이 말했듯 이 상황은 통속극의 요소를 모두 갖췄다. 이를테면 문을 쾅 닫고 들어간다거나, 둘이 남몰래 집을 빠져나가 산책을 한다거나, 감정이 상한다거나, 걸핏하면 운다거나, 서로 고함을 지르는 등 뻔한 장면들이 연출되는 것이다. 너무 조용한 날이다 싶으면, 채프먼이 한 여자의 연애 편지를 다른 여자에게 보여 줘서 드라마를 만들기도 했다. 그러다 결국 아내와 정부가 메리 앤에게 대항하기 위해 한편이 되었다. 다시 한번 그녀는 이 스캔들에 대해 수군거리는 소리를 뒤로하고 도망쳐야만 했다.

전기 작가들은 대부분 메리 앤이 어머니의 사랑을 받지 못해서 가슴 한가운데에 구멍이 생겼고, 평생 그 구멍을 채우려고 절박하게 몸부림 쳤다는 데 동의한다. 그러나 일종의 자기도취적 성향도 작용을 한 것 같다. 자신의 사랑에 대한 사랑, 자신의 숭고함에 대한 사랑, 자신의 치열한 열정에 대한 사랑 말이다. 그녀는 자신을 주인공으로 드라마를 만들고, 그 안에서 탐닉하고, 사람들의 관심을 즐기고, 자신의 감정적 깊이를 음미하고, 자신이 중요하다는 느낌을 만끽했다. 스스로를 이 세상의 중심으로 여기는 사람들은 자기 자신의 끔찍한, 그러나 동시에 감칠맛 나는 고통에 도취되는 경우가 간혹 있다. 자기 자신을 더 큰 우주의 일부이자, 더 긴 이야기의 한 부분일 뿐이라고 생각하는 사람들은 그렇지 않다.

그녀는 훗날 이렇게 썼다. "시인이 된다는 것은 그 어떤 미묘한 차이도 놓치지 않고 재빨리 포착해 내는 영혼의 소유자가 되는 것이다. 재빨리 감지해 내는 영혼의 안목은 섬세하게 질서 지워진 다양한 감정의 화음 위에서 노니는 손일 뿐이다. 지식이 순식간에 감정의 일부로 녹아들고, 감정이 불현듯 지식이라는 오르간으로 되살려지는 곳이 시인의 영혼이다." 메리 앤은 그런 영혼을 가지고 있었다. 그녀에게 감정과 행동과 생각은 모두 같은 것이었다. 그러나 그녀는 자신의 열정을 쏟아부을 사람이 없었고, 그 열정을 규율하고 형태 잡으려는 어떠한 노력도 하지 않았다.

## 주체적 행위 능력

1852년, 서른두 살이 된 메리 앤은 철학자 허버트 스펜서와 사랑에 빠졌다. 그때까지 만난 남자들 중 그녀와 지적 수준이 가장 가까운 사람이었다. 두 사람은 함께 극장에 갔고, 끊임없이 대화를 나눴다. 스펜서는 그녀와 함께 시간을 보내는 것을 좋아했지만, 자신의 자아도취적 성향과 그녀의 못생긴 외모를 극복하지 못했다. "육체적 끌림이 없었던 것이 결국 치명적이었다." 스펜서는 수십 년 후 그렇게 썼다. "내 이성의 판단은 그것을 강력하게 촉구하고 있었지만, 본능이 반응하지 않았다."

7월 무렵 메리 앤은 그에게 편지를 썼다. 애원하는 듯하면서도 대담한 편지였다. 그녀는 편지에서 이렇게 말했다. "저를 잘 아는 사람들이 예전에 이렇게 이야기한 적이 있습니다. 제 평생 누군가를 완전히 사랑하는 일이 생긴다 하더라도 결국 그 감정에 모든 것을 맡겨야 한다고 말이에요. 그들이 옳은 얘기를 했다는 걸 알게 됐어요." 그러고는 자기를 버리지 말아 달라고 부탁한다. "당신이 다른 누군가를 좋아하게 된다면 저는 죽어야 합니다. 그러나 그때까지는 당신을 제 곁에 두어야만 일을 하고 삶을 가치 있게 만들 용기를 낼 수 있어요. 당신은 아무것도 희생하지 않아도 됩니다. 항상 당신을 기쁘고 즐겁게 해 드릴 거고, 절대 성가시게 하지 않을 거예요. (…) 제가 아주 작은 것만으로도 만족할 수 있는 사람이란 걸 알게 되실 거예요. 그걸 잃을까 봐 두려워하는 마음으로부터 벗어날 수만 있다면 말이에요."

마지막으로, 그녀는 절정으로 치닫는다. "어떤 여자도 이런 편지를 쓴 적이 없을 거라 생각해요. 그러나 저는 부끄럽지 않아요. 상스러운 남자들과 천박한 여자들이 저를 어떻게 생각한다 해도, 저의 이성과 진정한 교양이 당신의 존중과 애정을 받을 가치가 있다고 생각하기 때문입니다."[10]

애원하는 듯한 연약함과 강한 주장이 섞여 있는 이 편지는 엘리엇의 삶에서 중요한 기점이 된다. 종잡을 수 없던 결핍의 시기를 지나, 그녀의 영혼에 강인함이 깃들기 시작했고 마침내 그녀가 자신의 존엄성을 선언할 능력을 갖추게 된 것이다. 엘리엇이 주체적 행위 능력을 갖게 된 순간이라고도 할 수 있겠다. 마침내 그녀가 공허감으로 인해 이리저리 휩쓸리기를 멈추고 자신의 내적 기준에 따라 살기 시작한 순간, 행동에 착수하고 자신의 삶을 추진해 갈 안정된 능력과 열정을 점차적으로 발전시켜 나가기 시작한 순간이었다.

편지는 그녀의 문제를 해결해 주지 못했다. 스펜서는 여전히 그녀를 거부했고, 그녀는 계속해서 불안해했으며 특히 글쓰기에 자신이 없었다. 그러나 그녀의 에너지가 깨어났다. 응집력이 더 커져 갔고, 간혹 놀랄 만한 용기를 보이기 시작했다.

많은 사람들의 경우, 놀라울 정도로 늦은 나이에 이러한 주체적 행위 능력이 생기는 순간을 맞이할 수도 있다. 한편 불리한 여건에 놓인 사람들 중에서 주체적 행위 능력이 결여된 경우를 목격하게 되기도 한다. 이들은 경제적 몰락, 상관의 전횡 등 전반적인 혼란에 너무 좌지우지된 나머지 무언가를 넣으면 예상된 결과를 산출할 수 있다는 생각에 대한 신뢰를 잃은 것이다. 그들의 삶을 개선할 프로그램을 제공할 수는 있지만, 자신의 운명을 스스로 제어할 수 있다는 확신을 가지고 있지 않기 때문에 그것으로부터 충분한 혜택을 누리지 못할 수도 있다.

좋은 여건에 놓인 사람들, 특히 혜택을 받고 자란 젊은이들 중에는 칭찬과 인정을 받기 위해서만 무엇을 하는 사람들이 있다. 그런 사람들은 활동적이고, 바쁘며, 잠을 못 자면서까지 일하는 경우에도 내적으로 소극적이며 상황을 스스로 제어하지 못한다고 느낄 때가 많다. 그들의 삶은 다른 사람의 기대와 외적 기준, 그리고 실은 자신에게 맞지 않는 성공의 정의에 따라 좌우된다.

주체적 행위 능력은 자동적으로 형성되는 것이 아니다. 진통과 노력을 거쳐 태어나야 하는 것이다. 자신감과 욕구만으로 행동하게 되는 것이 아니다. 내적으로 각인된 기준이 행동을 이끄는 것이다. 주체적 행위 능력을 가지게 되는 순간은 어느 때든 나타날 수 있고, 결코 나타나지 않을 수도 있다. 엘리엇은 스펜서와 함께하는 동안 감정적으로 주체적인 행위 능력의 징후가 나타나기 시작했다. 그러나 완숙 단계에 이르게 된 것은 조지 루이스를 만난 후였다.

## 단 하나의 진정한 사랑
—

조지 루이스에 대한 엘리엇의 사랑은 거의 항상 그녀의 관점에서 이야기되곤 한다. 그녀의 영혼에 일관성을 부여해 주고, 그녀가 자기애에 빠진 절박한 소녀에서 탈피할 수 있도록 해 주고, 그녀가 늘 갈망했던 사랑과 정서적 지지와 안정감을 준 위대한 열정으로 그려지는 것이다. 그러나 이 이야기는 루이스의 관점에서도 감동적으로 볼 수 있다. 두 사람의 사랑이 그가 파편화된 삶으로부터 온전한 삶으로 이행해 가는 여정에서 핵심 역할을 했기 때문이다.

루이스는 대대로 불안정한 집안 출신이었다. 희극 배우인 그의 할아버지는 결혼을 세 번 했다. 그의 아버지는 리버풀에서 한 여자와 결혼해 자녀를 넷 둔 다음, 그녀를 떠나 런던에서 다른 여자와 살림을 차린 뒤 아들을 셋 낳고 살다가 버뮤다로 떠나서 영영 돌아오지 않았다.

루이스는 상당히 가난한 환경에서 성장했고, 유럽으로 건너가 당시에는 영국에 거의 알려지지 않았던 스피노자와 콩트 같은 대륙 저자들의 책을 읽으며 독학했다. 런던으로 돌아온 그는 글을 써서 생계를 유지했다. 돈을 지불하는 사람에게는 어떤 주제라도 상관없이 글을 써

췄다. 전문화되고 진지한 글을 선호하기 시작한 시대에 그는 상당히 피상적이고 기능적인 작가로 무시당했다.

미국의 페미니스트 마거릿 풀러는 토머스 칼라일의 집에서 열린 파티에서 루이스를 만난 후 "프랑스 풍의 재치 있고 약간 경박한 느낌을 주는 남자로, 반짝이는 얄팍함을 지닌 사람"이라고 평했다. 대부분의 전기 작가들이 이러한 평가를 따르고 있다. 루이스를 약간 모험을 좋아하는 기회주의자이자 안이하고 얄팍하며 완전히 신뢰하기 힘든 작가로 묘사한 것이다.

전기 작가 캐스린 휴스는 더 호의적인 견해를 설득력 있게 풀어 냈다. 지나치게 심각하고 거만하게 구는 경향이 있는 사회에서 루이스는 재치 있고 활기 넘치는 사람이었다는 것이다. 그는 또 영국 것이 아니면 무조건 의심부터 하고 보던 사회에서 프랑스인과 독일인의 생활에 대해 상당히 잘 아는 사람이었다. 그는 사람들의 생각에 진정으로 관심이 있었고, 등한시되던 사상가들을 재조명하는 데 열정을 보였다. 엄격하고 보수적인 빅토리아 시대에 자유롭고 낭만적인 사고를 하는 사람이었던 것이다.

루이스의 못생긴 얼굴은 악명이 높았지만(런던에서 활동하던 주요 인물 중 조지 엘리엇보다 못생긴 유일한 사람이라고까지 알려졌다), 그에게는 여성들과 편안히 세심한 대화를 나눌 능력이 있었고, 이는 좋은 결과를 낳곤 했다. 그는 스물세 살 때 아그네스라는 이름의 아름다운 열아홉 살 여성과 결혼했다. 두 사람은 현대적이고 자유로운 사고에 기초한 결혼 생활을 했다. 첫 9년 동안은 대부분 서로에게 충실했고, 그 후로는 거의 그렇지 않았다. 아그네스는 손턴 헌트라는 남성과 오랫동안 지속된 혼외

관계를 유지했다. 루이스는 그녀가 헌트의 아이를 갖지 않는 것을 전제로 이 관계를 묵인했다. 그러나 아그네스가 헌트의 아이들을 갖게 되자 그는 아이들이 사생아라는 불명예스러운 낙인을 갖고 살게 하지 않기 위해 자기 아이들로 입양했다.

루이스가 메리 앤을 만났을 때, 그는 이미 아그네스와 같이 살고 있지 않았다(그러나 그는 언젠가 다시 그녀와 함께 살게 될 거라고 믿는 듯했고, 두 사람의 혼인 관계는 결국 그가 죽을 때까지 지속됐다). 당시 루이스는 그의 말을 빌리자면 "굉장히 음울하게 인생을 낭비하고 있던 때였다. 야망이라면 뭐든 다 포기하고 살았고, 하루 벌어 하루 먹는 식으로 근근이 지냈으며, 날마다 일상에서 겪는 사악함 이상은 견딜 수 없다는 생각을 하며 살았다."[11]

메리 앤 또한 외롭기는 마찬가지였지만, 그녀는 성숙해지고 있었다. 그녀는 카라 브레이에게 쓴 편지에서 이렇게 말했다. "내 문제는 순전히 정신적인 것들이야. 나 자신에 대한 불만과 아무것도 가치 있는 걸 성취할 수 없을 것 같은 절망감." 그녀는 마거릿 풀러가 처음 썼던 감정적 소회를 자신의 일기에 이용하기도 했다. "나는 늘 지적인 면에서 모두를 압도할 것이다. 하지만 삶이여! 삶이여! 오, 맙소사! 달콤한 인생은 절대 오지 않는 걸까?"[12]

그러나 30대 중반이 된 그녀는 이제 자기 자신에 대해 훨씬 덜 수선을 떨게 되었다. "어릴 적에는 자신이 가진 문제를 대단히 중대한 일이라고 여긴다. 세상은 우리가 삶의 드라마를 펼쳐 보이기만을 기다리는 무대라고 여기고, 방해를 받으면 입에 거품을 물고 큰소리로 불평할 권리가 있다고 생각한다. 나도 어릴 적엔 그런 짓을 참 많이 했다.

하지만 우리는 마침내 그런 것들이 오직 의식 안에서만 중요한 것일 뿐, 실제로는 한낮 장미꽃잎에 매달린 이슬 방울처럼 덧없이 사라지고 마는 것이라는 점을 이해하기 시작한다. 이는 과장된 감상주의에서 나온 것이 아니다. 내가 날마다 그 유용함을 알게 되는 단순한 성찰에서 오는 것일 뿐이다."[13]

루이스와 메리 앤은 1851년 10월 6일 한 서점에서 만났다. 이때 메리 앤은 런던으로 이사해 와 『웨스트민스터 리뷰』의 익명 기고가로(나중에는 마침내 편집자로) 일하고 있었다. 두 사람은 교류하는 그룹이 비슷했고, 둘 다 허버트 스펜서와 가까운 친구였다.

메리 앤은 처음에 그다지 큰 인상을 받지 못했다. 그러나 얼마 지나지 않아 친구들에게 보낸 편지에서는 루이스가 "다정하고 재미있는" 사람이란 걸 알게 됐다고 썼으며, "나도 모르게 호감이 가는 사람"이라고 말했다. 루이스도 새로 만난 이 여성의 가치를 이해하는 듯했다. 삶의 다른 모든 면에서는 생각이 오락가락하고 한곳에 진득하게 머물지 못하는 그였지만, 조지 엘리엇으로 다시 탄생할 이 여성에게는 완벽하게 안정감 있고 의지할 수 있는 존재가 되었다.

두 사람이 주고받은 편지는 한 장도 남아 있지 않다. 부분적으로는 그들이 편지를 많이 주고받지 않았기 때문이기도 하고(두 사람은 함께 보내는 시간이 많았다), 다른 한편으로는 그녀가 후세 전기 작가들이 자신의 사생활을 들춰 내는 걸 원치 않았기 때문이기도 하다. 그녀는 굳세고 당당한 자신의 소설 작품들 기저에 깔린 연약한 감성을 노출시키고 싶지 않았다. 따라서 우리는 두 사람의 사랑이 어떻게 발전했는지 자세히 알지 못한다. 그러나 루이스가 점점 메리 앤의 마음을 사로잡았다는 것은 알고 있다. 1853년 4월 16일 그녀가 쓴 편지에는 이렇게 쓰여 있다. "루이스 씨는 특히 친절하고 자상해. 사실 예전에는 그분에 대해 독설을 많이 퍼부어 대기도 했는데 이제는 상당히 괜찮은 분이라는 생각이 들어. 세상의 몇몇 사람들이 그렇듯, 보기보다 훨씬 좋은 사람 같아. 가볍고 경솔해 보이는 겉모습과 달리 따뜻한 마음과 양심을 지니고 있는 분이야."

어느 시점에 루이스가 자신의 파탄 난 결혼과 너저분한 사생활에 대해 고백했을 테고, 복잡한 삶의 방식에 익숙한 메리 앤은 전혀 놀라지 않았을 것이다. 두 사람은 사상에 관해서도 많은 이야기를 나누었을 것이다. 루이스와 메리 앤은 스피노자, 콩트, 괴테, 포이어바흐 등 같은 사상가들에 대해 관심을 갖고 있었다. 이즈음 메리 앤은 포이어바흐의 『그리스도교의 본질The Essence of Christianity』을 번역하고 있었다.

포이어바흐는 그리스도교에 대한 믿음을 잃은 시대이기는 하지만 이 종교가 지닌 도덕성과 윤리의 본질은 유지할 수 있으며, 그것은 사랑을 통해 이룰 수 있다고 주장했다. 그는 인류가 사랑하는 이와의 섹스와 사랑을 통해 초월적 상태를 성취할 수 있으며, 그들 본성 안에 있는 사악함도 물리칠 수 있다고 주장했다. 그는 이렇게 썼다.

이제 인간은 자신과 완벽한 존재 사이의 분리, 죄에 대한 고통스러운 인식, 자기존재의 무의미함에서 오는 미칠 것 같은 느낌으로부터 그 스스로를 어떻게 구해 낼 수 있을까? 죄라는 치명적인 고통을 어떻게 무디게 할 수 있을까? 방법은 이것밖에 없다. 사랑을 가장 높고 절대적인 힘이자 진리로 인식하고, 신을 하나의 법이자 이해력을 지닌 도덕적 존재로 여길 뿐 아니라 독자적인 인간 존재조차도 부드럽게 사랑하는 (다시 말해 개별 인간에게조차 연민을 지닌) 존재로 간주하는 것이다.[14]

메리 앤과 루이스는 사상을 매개로 사랑에 빠졌다. 두 사람은 서로 만나기 전에도 몇 년 동안 같은 작가들에게 매력을 느꼈고, 그 시기가 겹치는 경우도 종종 있었다. 그들은 중복되는 주제에 대해 글을 쓴 적도 많았다. 두 사람 모두 진리에 대해 진정으로 치열한 탐색을 해 왔고, 그들이 사실상 믿을 수 없었던 그리스도교를 대체할 도덕성의 근원은 인간의 사랑과 연민이라는 개념을 지지했다.

## 지적 사랑

메리 앤과 루이스의 마음이 정확히 어떤 정황에서 서로에 대한 사랑으로 달아올랐는지 알 수 있는 정보가 우리에게는 없다. 그러나 이와 비슷한 사랑에 빠진 사람들의 사례를 통해 접근해 볼 수는 있겠다. 이를 통해 메리 앤과 루이스가 틀림없이 느꼈을 법한 감정의 종류를 추측해 볼 수 있을 것이다. 이런 종류의 열정을 나눈 사례로 유명한 것 중 하나가 바로 영국 철학자 이사야 벌린과 러시아 시인 안나 아흐마토바의 사랑이었다. 이들 두 지성의 만남은 특히 극적이었다. 모든 것이 하룻밤 사이에 벌어졌기 때문이다.

그 일은 1945년 레닌그라드에서 일어났다. 벌린보다 스무 살이나 많았던 아흐마토바는 혁명 전에 활동한 위대한 시인이었다. 1925년 이후 소련에서는 그녀의 글이 출판되는 걸 단 한 건도 허용하지 않았다. 그녀의 첫 남편은 1921년에 무고한 누명을 쓰고 처형당했고, 그녀의 아들은 1938년 교도소에 수감됐다. 아흐마토바는 17개월 동안 아들이 갇힌 교도소 앞에 서서 그의 소식을 기다렸지만 헛된 일이었다.

벌린은 그녀에 대해서 아는 것이 거의 없었는데, 한 친구가 레닌그라드를 방문한 그에게 그녀를 만나게 해 주겠다고 제안했다. 친구를 따라 그녀의 아파트로 간 벌린은 여전히 아름답고 강한, 그러나 폭정과 전쟁으로 상처 입은 한 여성을 만났다. 처음에는 두 사람 모두 말을 아꼈다. 전쟁 경험과 영국 대학에 대해 이야기를 나누는 동안 여러 손님들이 오갔다.

자정 무렵, 그녀의 방 양쪽 끝에 앉아 있던 두 사람만 남게 되었다. 그녀는 자신의 소녀 시절, 그리고 결혼 생활과 남편의 처형에 대해 이야기했다. 그녀가 열정적으로 바이런의 『돈 후안Don Juan』을 암송하는데 감동한 벌린은 자신의 감정을 숨기기 위해 창문 쪽으로 고개를 돌려야만 했다. 그녀는 또 자신의 시도 암송하다가, 그 시 때문에 소련 당국이 자기 동료 중 한 명을 처형한 이야기를 하면서 울음을 터뜨리기도 했다.

새벽 4시 즈음 두 사람은 위대한 인물들에 대해 이야기하고 있었다. 푸시킨과 체호프에 대해서는 두 사람의 의견이 같았다. 다만 벌린은 투르게네프의 밝고 가벼운 지성을 좋아했고, 아흐마토바는 도스토예프스키의 어두운 치열함을 좋아했다.

두 사람의 이야기는 점점 더 깊어졌고, 마침내 영혼을 드러내기 시작했다. 아흐마토바는 고독하다고 고백했고, 자신의 열정을 표현하며 문학과 예술에 대해 이야기했다. 벌린은 화장실에 가고 싶었지만 두 사람 사이에 흐르는 이 마법 같은 분위기를 깨고 싶지 않았다. 두 사람은 읽은 책과 그 밖의 지식들에서 공통점이 많았고, 상대방이 무엇을 염원하는지 이해했다. 전기 작가 마이클 이그나티에프는 그날 밤 벌린이 "자신의 삶에서 겪었던 것 중 완벽한 예술이 가져다주는 고요함에 가장 근접한 경험을 했다"고 썼다. 마침내 그는 억지로 자리에서 일어나 자신이 묵고 있던 호텔로 돌아갔다. 오전 11시였다. 침대에 몸을 던진 그가 소리쳤다. "나는 사랑에 빠졌어. 사랑에 빠졌어."[15]

벌린과 아흐마토바가 함께 보낸 밤은 특정한 소통 방식이 가져다주는 이상의 극치를 보여 준다. 그것은 가장 주의를 기울일 가치가 있는 지식은 건조한 정보가 아니라 위대한 문화적 업적 안에 있음을, 다시 말해 인류가 물려받은 도덕적·정서적·실존적 지혜 안에 있음을 믿는 사람들 사이에서 벌어지는 소통의 형태다. 이는 지적 융화가 감정적 결합으로 변화하는 소통 방식이기도 하다. 벌린과 아흐마토바가 삶을 바꾸게 될 대화를 나눌 수 있었던 것은 두 사람 모두 책을 탐독했기 때문이었다. 그들은 사람이라면 누구나 삶을 치열하고 풍부하게 경험하는 방법과 미묘한 도덕적·정서적 판단을 내리는 방법을 가르치는 위대한 사상, 위대한 책들과 씨름해야 한다고 믿었다. 그들은 영적 야망이 컸다. 두 사람은 우리를 우리 자신보다 더 잘 이해하는 천재들이 쓴 문학의 언어를 공유하고 있었다.

그날 밤은 특정한 유대감이 형성되는 이상의 극치를 보여 준 날이기도 하다. 이런 사랑은 너무도 많은 우연에 의존한다. 따라서 일생에 한두 번 일어날까 말까 한 사건이다. 벌린과 아흐마토바는 모든 조각들이 놀라울 정도로 잘 맞아떨어지는 경험을 했다. 두 사람은 공통점이 많았고, 서로 너무도 조화로워서 모든 내적 방어기제가 하룻밤 새에 무너졌다.

그날 밤에 관해 아흐마토바가 쓴 시를 읽으면 두 사람이 잠자리를 함께했다는 인상을 받을 수도 있다. 그러나 이그나티에프에 따르면 그들은 거의 손끝도 닿지 않았다. 두 사람이 나눈 교감은 무엇보다도 지적·정서적·영적인 것이었고, 그 결과 우정과 사랑이 뒤섞인 감정을 일으켰다. 어깨를 나란히 한 채 세상을 마주 보는 것이 친구고, 서로를 마주 보고 사는 것이 연인이라면 벌린과 아흐마토바는 두 자세를 동시에 취한 듯했다. 두 사람은 서로에 대한 이해를 공유하고 늘려 갔다.

그날 밤은 벌린의 삶에서 가장 중요한 사건이 일어난 순간이었다. 당시 아흐마토바는 조작과 공포, 거짓의 체제 아래서 신음하며 소련에 발이 묶여 있었다. 소련 당국은 그녀가 영국 스파이와 어울렸다고 결론짓고, 그녀를 작가 연맹에서 추방했다. 그녀의 아들은 여전히 교도소에 수감 중이었다. 아흐마토바는 외롭고 쓸쓸한 처지가 됐지만 벌린의 방문에 대해서는 여전히 고마운 마음을 갖고 있었다. 그녀는 벌린에 대해 열정적으로 이야기했고, 그날 밤의 신비로운 마법에 대해 감동적인 글을 썼다.

루이스의 엘리엇에 대한 사랑에도 이와 비슷한 지적·정서적 치열함이 있었다. 그들 또한 사랑을 도덕적 힘으로 경험했다. 사람의 깊이를 더하고, 인간의 정신을 타인의 영혼을 중심으로 체계화하고 승화시켜 위대한 봉사와 헌신을 할 능력을 갖게 만드는 도덕적 힘 말이다.

사실 가장 열정적인 단계에 진입해 있는 사랑을 잘 살펴보면, 사랑이 영혼의 방향을 새롭게 설정하는 데 몇 가지 중요한 작용을 하는 경우가 많다는 것을 알 수 있다. 사랑은 무엇보다도 우리를 겸손하게 만든다. 사랑은 우리가 자기 자신마저도 제어할 수 없다는 것을 깨닫게 해 준다. 대부분의 문화와 문명에서 신화나 이야기에 등장하는 사랑은 외적인 힘, 즉 한 사람에게 밀려 들어와 그를 점령하는 신이나 악마로, 그의 내면에 있는 모든 것을 변화시키는 힘으로 묘사된다. 사랑은 아프로디테 아니면 큐피드다. 사랑은 기분 좋은 광기, 타오르는 불길, 천상의 광란으로 묘사된다. 우리는 사랑을 만드는 것이 아니라, 제어력을 상실한 채 사랑에 빠진다. 사랑은 원초적이면서도 자기 자신만의 고유한 경험이기도 하다. 황홀하면서도 겁이 나는 이 충격적인 힘 앞에서 우리는 그 무엇도 계획하거나 예정하거나 결정할 수 없다.

사랑은 내가 내 집의 주인이 아니라는 것을 일깨워 주는 점령군과 같다. 그것은 우리를 조금씩 정복해 들어와 우리의 에너지 수준과 수면 패턴과 대화의 주제를 재조정하고, 이 과정의 마지막에 이르러서는 성적 욕망의 대상과 관심의 초점마저도 바꿔 버린다. 사랑에 빠졌을 때는 사랑하는 사람에 대한 생각을 멈출 수 없다. 인파를 뚫고 걸어가면서도 몇 걸음 옮길 때마다 그이와 어렴풋이 닮은 모습을 발견하곤 한다. 감정이 오르락내리락 요동치고, 작은 일에도 고통을 느낀다. 그것이 십중팔구 사소하며 착각에 불과한 것일 수도 있다는 점을 알 때조차도 말이다. 사랑은 가장 강력한 군대다. 거기에 맞서 저항할 수 없게 만들기 때문이다. 사랑의 침략을 받은 사람들은 그 공격이 아직 절반밖에 진행되지 않은 상태에서도 한편으로는 두려움에 떨면서 다른 한편으로는 완전히 속수무책으로 패배하기를 간절히 바란다.

사랑은 항복이다. 우리는 가장 깊숙이 숨겨 뒀던 연약한 부분을 드러내고, 자기제어에 대한 환상을 포기하게 된다. 이 연약함과 버팀목을 갖고 싶다는 열망이 사소한 방식으로 모습을 드러낼 수도 있다. 엘리엇은 이렇게 썼다. "자신에게 내밀어진 튼튼한 팔에는 기묘하게 여성의 마음을 사로잡는 구석이 있다. 당장은 물리적으로 그런 도움이 필요하지 않은데도, 도움을 받을 수 있다는 느낌, 자기 것이 아니지만 동시에 자기 것이기도 한 그 힘의 존재가 끊임없이 상상 속의 욕망과 만나는 것이다."

사랑은 각자 자신의 연약한 부분을 기꺼이 드러낼 용의가 있느냐에 달려 있고, 그 연약한 부분은 사랑을 통해 더욱 취약해진다. 사랑은 각자가 꾸밈없이 자신을 드러내 보이고, 상대방도 서둘러 이에 화답하기 때문에 성립한다. 이탈리아의 소설가 체사레 파베세는 이렇게 말했다. "당신의 약한 부분을 드러내도 상대가 그것을 이용해 자신의 힘을 행사하려 하지 않는다면, 당신은 사랑을 받고 있는 것이다."

또 사랑은 자아를 세상의 중심에서 밀어낸다. 사랑은 우리가 본능적으로 타고난 자기애에서 벗어날 수 있도록 인도한다. 사랑은 자신보다 다른 사람이 더 선명히 보이게끔 만든다.

사랑에 빠진 사람은 자신이 그 순간 개인적인 행복을 추구한다고 생각할 수도 있다. 그러나 그것은 환상이다. 그는 사실 다른 사람과의 융합을 추구하고 있는 것이고, 그 융합이 자신의 행복에 반하는 것일지라도 그것을 택할 것이기 때문이다. 얄팍한 사람은 자기중심적인 자아에 갇혀 산다. 하지만 사랑에 빠진 사람은 궁극적 풍요가 자기 안에 있는 것이 아니라 외부에 있음을, 사랑하는 사람에게 있음을, 사랑하는 사람과 운명을 같이하는 것에 있음을 안다. 성공적인 결혼이란 50년에 걸친 대화로 감성과 이성이 융합되어 점점 더 가까워지는 과정이다. 사랑은 함께 미소 짓고 함께 눈물 흘리며 그 모습을 드러내고, 결국에 가서는 이런 말로 완성되는 것이다. "당신을 사랑하냐고요? 내가 바로 당신이에요."

많은 사람들이 사랑은 주는 것과 받는 것 사이의 구별을 없애 버린다는 사실에 주목해 왔다. 두 연인의 자아가 서로 엉키고 뒤섞이고 융합되어 있기 때문에 사랑하는 사람에게는 주는 것이 받는 것보다 더 달콤하다. 몽테뉴는 사랑에 빠진 사람이 선물을 받는 행위는 사실 사랑하는 사람에게 최고의 선물을 주는 것과 같다고 썼다. 사랑하는 사람에게 선물을 주는 기쁨을 경험할 기회를 제공했기 때문이다. 사랑하는 사람이 관대하다거나 이타적이라고 말하는 것은 의미가 없다. 격렬한 사랑에 빠진 사람이 연인에게 뭔가를 주는 것은 자신의 일부를 주는 것이기 때문이다.

몽테뉴는 우정에 관한 유명한 에세이에서 깊은 우정이나 사랑이 어떻게 자아의 경계를 다시 긋도록 하는지 묘사했다.

그런 우정은 그것 자체 외에 모델로 삼을 만한 게 없고, 비교 대상도 그것 자체밖에는 없다. 그것은 한 번, 두 번, 세 번, 네 번, 혹은 천 번의 특별한 배려로 이루어진 게 아니었다. 그것은 내 의지를 취해 상대의 의지 속으로 뛰어들어 나의 의지를 잃게 하고, 상대가 모든 의지를 취해 비슷한 열망과 충동을 가지고 나의 의지 속으로 뛰어들어 그의 의지를 잃게 만드는 것, 이 모든 것이 혼합된 신비로운 정수였다. 진정한 상실이라고 말할 수 있다. 우리 것이었던 것, 나의 것이나 그의 것이었던 것은 하나도 남지 않았기 때문이다.

또 사랑은 사람들의 마음에 시적 성향을 불어넣는다. 아담 I은 실용적인 계산에 따라 살면서 즐거운 경험을 최대화하고, 고통을 당하거나 취약해지지 않도록 경계하고, 제어력을 유지하고 싶어 한다. 아담 I은 삶을 독립적인 단위로 경험하길 원하고, 위험과 보상을 냉철하게 저울질하며 자신의 이익을 추구하기를 원한다. 아담 I은 비용과 편익을 면밀히 계획하고 계산한다. 그는 세상과 적당한 거리를 두고 싶어 한다. 그러나 사랑을 한다는 것은 정신을 약간 잃는다는 의미이고, 마법에 걸린 듯한 생각으로 고양된다는 것을 뜻한다.

사랑을 한다는 것은 이전까지 겪어 보지 못한 방식으로 수백 가지 작은 감정들을 연달아 경험하는 것이다. 마치 처음으로 삶의 또 다른 절반이 열린 듯한 느낌인데, 이때 감탄, 희망, 의혹, 가능성, 두려움, 희열, 질투, 상처를 비롯한 수많은 감정이 분출된다.

사랑은 결정하는 것이 아니라 굴복하는 것이다. 사랑은 대가를 계산하지 말고 불가해한 힘에 시적으로 굴복할 것을 요구한다. 사랑은 조건적 사고를 버리라고, 사랑을 측정하려 하지 말고 있는 힘을 다해 쏟아 내라고 요구한다. 사랑은 우리 눈에 결정을 형성해서 스탕달이 말했듯 사랑하는 사람이 반짝이는 보석처럼 일렁이게 만든다. 내가 사랑하는 그이는 다른 사람이 보지 못하는 마력을 지녔다. 사랑이 처음 싹텄던 곳은 다른 사람은 느끼지 못하는 성스러운 의미를 지닌 역사적 장소가 된다. 결정적인 첫 키스를 한 날, 결정적인 말들을 주고받은 날은 달력에서 성축일과 같은 아우라를 지닌다. 사랑에 빠진 사람의 감정은 산문으로는 포착할 수 없고 음악과 시, 눈길과 촉감으로만 표현할 수 있다. 연인들 사이에 오가는 말들은 너무나 실없고, 지나치게 장식적이어서 둘만의 비밀로 간직해야 한다. 밝은 대낮에 친구들 귀에 들어가면 정신 나간 말처럼 들릴 것이다.

우리는 우리에게 가장 유용할 것 같은 사람과 사랑에 빠지는 것이 아니다. 그는 가장 부유한 사람도, 가장 인기 있는 사람도, 가장 연줄이 많은 사람도, 가장 유망한 직업을 가진 사람도 아니다. 아담 II는 자신에게 내적 조화, 영감, 기쁨, 감정적 고양을 가져다준다는 이유만으로 다른 이들과 뚜렷이 구별되는 바로 그 사람에게 빠져든다. 바로 그가 그이고, 그녀가 그녀이기 때문이다. 게다가 사랑은 효율적인 경로, 확실한 해답을 추구하지 않는다. 무슨 별난 이유에서인지 사랑은 장애물을 먹고 더 강해지고, 신중하게 굴어서는 대개 쟁취할 수 없다. 사랑에 빠진 연인에게 두 사람이 함께 사는 건 그다지 행복하지 않을 테니 결혼에 대해서는 신중해져야 한다고 경고해 본 적이 있을 것이다. 그러나 사랑의 마법에 걸린 연인들에게는 다른 이들에게 불 보듯 뻔한 것도 보이지 않고, 설령 보인다 하더라도 마음을 바꾸지 않을 것이다. 함께 살면서 불행한 쪽이 떨어져 지내면서 행복한 쪽보다 낫기 때문이다. 그들은 사랑에 빠진 것이지 주식을 매입하는 것이 아니다. 따라서 약간의 사고력과 약간의 빛나는 감정이 뒤섞인 시적 성향이 그들의 결단을 이끈다. 사랑은 시적 욕구에 충실한 상태다. 그것은 논리와 계산보다 높으면서도 낮은 차원에 존재한다.

이런 방식으로 사랑은 영적인 자각 능력을 깨운다. 그것은 의식이 변형된 상태로, 강렬하고 압도적이지만 동시에 거품처럼 사라져 버린다. 이 상태에서는 많은 사람들이 인간의 차원을 넘어선, 말로 표현할 수 없는 불가사의를 자각하고 있음을 느끼는 신비로운 순간을 맞는 것 같다. 그들의 사랑은 순수한 사랑, 다시 말해 이런저런 특정 사람으로부터 분리된 사랑, 어떤 초월적 영역에서 뿜어져 나오는 사랑을 어렴풋하게나마 느끼게 한다. 이러한 느낌은 아주 잠깐 동안 경험할 수 있다. 강렬하면서도 금방 사라져 버리는 이 신비로운 경험은 우리가 분명히 알 수 있는 영역을 넘어선 무한을 엿보게 만든다.

크리스천 위먼은 자신의 명작 『내 환한 심연My Bright Abyss』에서 이렇게 쓰고 있다.

진정한 사랑에는—아이를 향한 엄마의 사랑, 아내를 향한 남편의 사랑, 친구에 대한 친구의 사랑—한결같이 움직이고자 하는 과도한 에너지가 들어 있다. 게다가 이 에너지는 한 사람에게서 다른 사람으로만 움직이는 것이 아니라 사랑하는 대상을 통해 다른 것으로도 움직이는 듯하다. ("지금 내가 아는 것은/그가 나를 더 사랑하면 할수록 나는 세상을 더 사랑하게 된다는 것뿐이다"—스펜서 리스.) 바로 이 때문에 진정한 사랑이 우리를 그토록 당황하게 만들고 압도하는 것이다. (우리가 단순히 사랑에 빠질 때만 그렇다는 뜻이 아니다. 실은 다른 형태의 사랑, 오래 지속되는 관계에 대해 이야기하는 것이다.) 사랑은 사랑 이상의 것이 되고자 한다. 그것은 우리 안에서 사랑 이상의 것이 되기 위해 부르짖는다."[16]

사랑은 종교적인 사람이든 아니든 우리가 아는 세상 너머에 있는 영역을 잠시라도 들여다볼 수 있는 기회를 제공한다. 그리고 사랑은 더 실질적인 의미에서 우리의 마음을 확장시킨다. 간절히 열망하는 이 행위는 어찌된 일인지 우리로 하여금 더 열린 마음, 더 자유로운 마음을 갖도록 한다. 사랑은 딱딱한 땅을 갈아 생명이 자라게 하는 쟁기다. 그것은 아담 Ⅰ이 의지하는 딱딱한 껍질을 깨서 열고, 아담 Ⅱ의 부드럽고 비옥한 흙을 드러낸다. 우리는 이런 현상을 늘 목격한다. 하나의 사랑이 또 하나의 사랑으로 이어지고, 하나의 사랑이 또 하나의 사랑을 품을 능력을 확대시키는 현상 말이다.

자기억제력은 근육과 같다. 하루 종일 자기억제력을 발휘하도록 요구받으면 결국 지쳐 버리게 되고, 저녁 즈음에는 동일한 자기억제력을 발휘할 힘이 충분히 남아 있지 않게 된다. 그러나 사랑은 정반대다. 사랑하면 할수록 더 많이 사랑할 수 있다. 사랑하는 아이가 하나 있는 사람은 둘째가 태어나고 셋째가 태어난다고 해서 그 아이를 덜 사랑하게 되지 않는다. 자기 마을을 사랑하는 사람이 나라를 덜 사랑하지는 않는다. 사랑은 쓸수록 늘어난다.

사랑은 이런 식으로 우리를 부드럽게 만든다. 우리는 모두 사랑에 빠지기 전까지는 평생 갑옷으로 무장한 채 냉담한 삶을 산 사람들을 알고 있다. 그러나 그들의 태도는 사랑이라는 달콤하고 연약한 동기부여를 통해 변화한다. 우리는 그들 등 뒤에서 사랑으로 얼굴이 빛난다고 수군거리곤 한다. 바닷가재의 껍질이 벗겨지고 속살이 드러난 것이다. 이로 인해 그들은 더욱 두려움에 떨게 되고, 더욱 상처 입기 쉬워지지만, 다른 한편으로는 더욱 친절해지고, 삶을 선물처럼 받아들일 줄 알게 된다. 이 주제와 관련해 필연적으로 언급해야 할 권위자 셰익스피어는 이렇게 썼다. "그대에게 주면 줄수록 내가 가진 것도 많아집니다. 둘 다 무한한 것이기에."[17]

마지막으로 사랑은 사람들로 하여금 봉사하고자 하는 마음을 불러일으킨다. 사랑이 자아의 연약한 부분을 파고들어 꾸밈없는 모습을 드러내게 만드는 하강기류를 타고 시작된다면, 마지막에는 상승기류를 타면서 그 임무를 마친다. 바로 봉사하고자 하는 커다란 에너지와 열망을 불러일으키는 것이다. 사랑에 빠진 사람은 작은 선물을 사고, 옆방에 있는 컵을 가져오고, 감기에 걸렸을 때 휴지를 가져다주고, 사랑하는 사람을 공항에서 데려오기 위해 교통체증을 뚫고 운전한다. 사랑은 밤마다 잠을 설치며 모유를 먹이고, 해마다 지칠 줄 모르고 자식을 보살핀다. 사랑은 전장에서 친구를 구하기 위해 내 목숨을 걸고, 포기하는 일이다. 사랑은 우리를 숭고하게 만들고, 변화시킨다. 사람들이 사랑에 빠졌을 때만큼 빈번하게 우리가 바라는 모습으로 살아가는 경우는 없다. 또한 사람들이 사랑에 빠졌을 때만큼 사리 추구의 논리에서 벗어나 날마다 다른 사람을 돌보며 무조건적 헌신을 드러낼 가능성이 높은 경우도 없다.

우리는 가끔 천 년의 사랑을 간직한 사람을 만나는 경험을 한다. 천년의 사랑을 가진 사람은 열정과 격동의 단계를 최대한 활용한 사람들이다. 몇 달 혹은 몇 년 동안 지속된 열정이 그들의 마음에 깊은 책임과 헌신을 새겨 넣은 것이다. 한때 그들이 그토록 뜨겁게 사랑했던 사람이나 대상을 이제는 따뜻하게, 그러나 꾸준하고 행복하게 흔들림 없이 사랑한다. 그들은 무언가 되돌려 받기를 원하기에 사랑한다는 식의 생각조차 하지 않는다. 그저 자연스럽고 당연하게 사랑을 준다. 그것은 선물처럼 주는 사랑이지, 주고받기 위한 사랑이 아니다.

이것이 바로 메리 앤 에번스를 향한 조지 루이스의 사랑이었다. 두 사람은 서로에 대한 사랑으로 변화했을 뿐 아니라 숭고해졌고, 특히 루이스는 여러모로 훨씬 더 숭고한 변화를 겪었다. 그는 그녀의 탁월한 재능을 기뻐했으며, 이를 북돋고, 이끌어 내고, 성장시켰다. 수천 통의 편지와 몸짓을 보내며, 그는 마음속에 자기 자신보다 그녀를 더 중심에 두고 있었다.

## 사랑의 결단
—

두 사람이 함께하기로 한 것은 인생을 바꾸는 심오한 결정이었다. 루이스가 아내 아그네스가 따로 살고 있고, 그녀가 다른 남자의 아이들을 가졌다 해도, 어쨌든 공식적으로는 결혼한 남자였다. 엘리엇과 루이스가 짝을 이룬다는 것은 세상의 눈으로 볼 때 뻔뻔하기 짝이 없는 간통을 저지르는 것이었다. 상류사회는 등을 돌릴 것이고, 가족들은 연을 끊을 것이다. 두 사람, 특히 엘리엇은 따돌림을 당할 것이 분명했다. 엘리엇의 전기 작가 프레더릭 칼이 말했듯 당시 "정부를 가진 남자는 바람둥이라고 불렸지만, 정부를 가진 여자는 창녀라고 불렸다."[18]

그럼에도 1852년에서 1853년으로 넘어가던 겨울, 엘리엇은 루이스가 영혼의 동반자라는 사실을 깨달은 듯하다. 1853년 봄, 두 사람은 함께하기 위해 사회와의 연을 끊는 것의 가능성을 생각하기 시작했다. 그해 4월, 루이스가 현기증과 두통, 이명을 호소하며 쓰러졌다. 엘리엇은 이 시기에 포이어바흐를 번역하고 있었다. 포이어바흐는 결혼의 진정한 의미가 법적 결합이 아니라 도덕적 결합에 있다고 주장했다. 이 문제에 관한 포이어바흐의 견해를 읽은 것이 엘리엇에게 도움이 되었다. 그녀는 루이스가 법적으로 결혼했으나 현재 별거 중인 아내보다 자신과 나누고 있는 사랑이 더 참되며 고귀한 것이라고 결론 내렸다.

궁극적으로 엘리엇은 자신이 맺고 있는 관계들 중 어떤 것이 가장 중요한지를 결정해야 하는 기로에 놓인 것이었고, 그녀는 다른 사회적 관계보다 사랑이 가장 중요하다고 결론 내렸다. 그녀는 후에 이렇게 썼다. "가볍고 쉽게 끊어지는 관계들은 이론적으로 원치 않을뿐더러 실질적으로 그걸 위해 살 수도 없다. 그런 관계에 만족하고 사는 여성들은 내가 한 것처럼 행동하지 않는다."

사람을 판단하는 데 남다른 능력을 지닌 엘리엇은 그 시점까지만 해도 자기에게 확실한 태도를 보이지 않고 있던 루이스를 신뢰하기로 결심했다. 한 편지에서 그녀는 이렇게 썼다. "내가 취한 행동들로 인해 치러야 할 대가가 얼마나 될지, 그리고 모든 친구를 잃는 사태를 화내거나 비통해하지 않고 감당할 준비가 되어 있는지 생각해 봤어. 내가 깊은 관계를 맺기로 결심한 그 사람에 대한 판단에는 실수가 없었어. 그이는 내가 그 모든 희생을 감당할 가치가 있는 사람이니까. 내 유일한 걱정거리는 그이가 제대로 된 평가를 받아야 한다는 사실뿐이야."

모든 사랑은 제한적이다. 하나를 선택하기 위해 다른 가능성들을 포기해야 하기 때문이다. 리언 위젤티어는 2008년 캐스 선스타인과 서맨사 파워의 결혼식 축사를 하며 이러한 부분을 가능한 한 잘 묘사하려 했다.

신랑과 신부는 사랑을 통해 행복의 국지성을 알게 된 사람들입니다. 사랑은 규모의 혁신, 중요도의 변혁을 의미합니다. 사랑은 사적이고 개별적인 것입니다. 사랑은 이 남자, 저 여자라는 특정 대상, 이 영혼, 저 육체라는 별개의 대상에 국한되어 있습니다. 사랑은 폭보다 깊이를, 저기보다 여기를, 그저 손을 뻗기보다 움켜쥐기를 선호합니다. (…) 사랑은 삶의 이력과 무관하고, 아니 무관해야 하고, 삶의 이력으로부터 아무런 영향을 받지 않고, 아니 받지 않는 것이어야 합니다. 그것으로부터 부드러우면서도 견고한 안식처를 제공해 주는 것이 사랑입니다. 해가 지고, 불이 꺼진 후, 한 사람의 악을 물리치게 도와주는 것, 혹은 한 사람의 수호천사를 맞이하게 도와주는 것이 오직 다른 한 사람의 심장, 다른 한 사람의 마음, 다른 한 사람의 얼굴일 때, 두 사람 중 주재자가 누구인지는 중요한 것이 아닙니다. 결혼하는 데 동의한다는 것은 자신의 진짜 모습이 알려지는 걸 허락한다는 의미이고, 이는 심상치 않은 전망입니다. 따라서 우리는 사랑이 자신에게서 느껴지는 평범한 인상을 고쳐 주기를, 자신에 대한 정확한 인식으로 인해 틀림없이 필요해질 너그러운 마음을 불러일으켜 주기를 기대합니다. 결혼은 드러내는 일입니다. 우리가 배우자에게 영웅이 될 수 있을지는 모르지만 우상으로 남을 수는 없습니다.

이 시기에 엘리엇은 격렬한 변화를 겪은 듯하다. 그녀는 자신의 삶이 돌이킬 수 없는 새로운 형태를 띠게 될 것이라는 점을 알고 있었다. 그리고 그때까지 자신의 삶은 일련의 잘못된 선택들에 바탕을 두고 있었고, 이제 하나의 진실된 선택에 모든 것을 걸 때가 되었다는 결론을 내린 것 같다. 그녀는 W. H. 오든의 유명한 시 「보기 전에 뛰어라Leap Before You Look」에 묘사되어 있는 것처럼 몸을 던진다.("Leap Before You Look"은 "Look before you leap"이라는 속담을 뒤집은 것이다. 직역하면 "뛰기 전에 살펴보라"로, 무슨 일을 실행할 때 신중하게 굴라는 뜻이다. 반대로 "Leap Before You Look"은 머뭇거리지 말고 당장 실행하라는 의미를 담고 있다.─옮긴이)

위험하다는 느낌이 사라져서는 안 되네
그 길은 분명 짧고 가파르지
비록 여기서는 완만해 보일지라도
원한다면 살펴보라, 하지만 그대 몸을 던져야 할 테지

강인한 정신의 남자들도 방심하면 감상적이 되고
어느 바보라도 지킬 수 있는 작은 규칙들을 어기지
그건 관습이 아니라 두려움이라네
사라져 버리곤 하는…

입을 권리를 고려한 옷가지라면
그저 실용적이기만 하거나 싸구려는 아니겠지
양처럼 살겠다고 동의하는 한
사라져 버리는 이들을 언급하지 않는 한…

천길 만길 깊은 고독이

우리가 누운 침대를 지탱하네, 오 그대여

그대를 사랑하지만, 그대 몸을 던져야 할 테지

안전해지고자 하는 우리의 꿈은 사라져 버려야 하네


1854년 7월 20일, 엘리엇은 런던 타워 근처 부두로 가서 벨기에의 안트베르펜으로 향하는 '레이븐스본'이라는 배에 몸을 실었다. 그녀와 루이스는 외국에 가서 새로운 삶을 시작할 계획이었다. 엘리엇은 몇몇 친구들에게 이러한 결정을 알리는 편지를 보내서 충격을 완화해 주려 했다. 두 사람은 이 여행을 시험적 동거 같은 것으로 간주했지만, 사실상 남은 삶을 함께하는 첫걸음을 뗀 것이었다. 두 사람 모두에게 이것은 엄청난 용기와 사랑에 대한 헌신을 보여 주는 행동이었다.


## 함께하는 삶


두 사람의 선택은 옳았다. 서로를 택함으로써 둘 다 삶의 구원을 받은 것이다. 엘리엇과 루이스는 유럽, 그중에서도 대부분 독일을 여행하며 시간을 보냈다. 독일에서 두 사람은 당대 내로라하는 작가와 지식인들의 환영을 받았다. 메리 앤은 공개적으로 루이스 부인으로서의 삶을 사는 것이 무척 좋았다. "날마다 더 행복해. 가정적인 생활이 점점 더 즐겁고 내게 보탬이 되는 느낌이야."[19]

그러나 런던에서는 두 사람의 관계에 대한 혹평 세례가 쏟아졌다. 이는 늘 엘리엇을 따라다니며 그녀의 사회 생활을 규정하게 될 터였다. 어떤 사람들은 남편 도둑, 가정 파괴범, 섹스광이라고 부르면서까

지 그녀를 최악으로 취급하는 걸 즐기는 듯했다. 그런가 하면 루이스
가 사실상 결혼 생활이 파탄 난 상태라는 점과 두 사람을 끌어당긴 것
이 사랑의 힘이라는 것은 이해하지만, 다른 사람들의 도덕까지 해이하
게 만들지 모른다는 우려에서 이 관계를 용납하지 않으려는 사람들도
있었다. 엘리엇을 골상학적으로 분석한 적이 있는 그녀의 옛 지인은
이렇게 선언하기도 했다. "이것은 보통 당황스럽고 고통스러운 일이
아니다. 혹시 미스 에번스의 가족력에 정신병이 있는지 알고 싶다. 그
녀와 같은 두뇌를 가진 사람이 그런 행동을 한다는 것은 내가 보기에
병적인 정신 이상이 아닌가 싶다."[20]

엘리엇은 자신의 선택에 대해 변함없이 확고한 태도를 보였다. 그녀
는 사람들에게 자신을 루이스 부인이라고 부르라고 고집했다. 루이스
와 함께하기로 한 자신의 결정은 비록 사회 통념에 반하는 행동이었지
만, 전통적인 결혼 제도와 형태는 신봉하고 있었기 때문이다. 어쩔 수
없는 상황으로 인해 극단적인 행동을 하기는 했지만, 도덕적·철학적
으로는 관습적인 것이 옳다고 믿은 것이다. 두 사람은 전통적인 남편
과 아내로 살았다. 그들은 서로를 보완하는 사이였다. 엘리엇은 우울
한 경향이 있었지만, 루이스는 사회적으로 밝고 재미있는 성향을 지녔
다. 두 사람은 함께 산책을 하고, 함께 일을 하고, 함께 책을 읽었다.
그들은 배타적이고, 열정적이며, 차분하면서도 자기완결적이었다. 엘
리엇은 후일 『애덤 비드Adam Bede』에서 이렇게 썼다. "두 사람의 영혼
이 삶을 함께하면서 느끼는 것, 그러니까 그 어떤 수고로움에도 서로
를 북돋아 주고, 그 어떤 슬픔에도 서로를 의지하고, 그 어떤 고통에도
서로를 보살피고, 마지막 이별의 순간에는 말할 수 없는 침묵의 기억

들을 함께 나누는 것보다 더 위대한 것이 있을까."

엘리엇은 루이스와의 관계 때문에 많은 친구를 잃었다. 가족들도 그녀와 연을 끊었다. 특히 오빠 아이작을 잃은 것이 고통스러웠다. 그러나 두 사람은 스캔들로 인해 자기 자신과 세상에 대한 더 깊은 통찰력을 얻었다. 그들은 모욕이나 인정의 징후를 살피면서 늘 긴장을 풀지 않았다. 사회적 관습을 거스르며 사는 것이었기 때문에 자신들의 행동에 더 깊은 주의를 기울였고, 더 조심스럽게 행동했다. 사람들의 적대감에서 받은 충격이 오히려 자극제가 된 것이다. 그 과정에서 두 사람은 사회가 어떻게 기능하는지를 민감하게 의식하게 됐다.

엘리엇은 늘 다른 사람들의 감정적 삶을 예민하고 섬세하게 관찰할 줄 알았다. 늘 책과 사상과 사람에 빠져 있었다. 사람들은 늘 그녀가 마치 마법의 힘을 가진 마녀처럼 무서울 정도의 통찰력이 있다고 느꼈다. 그런데 이제 그녀는 사고 과정이 더 질서정연해졌다. 스캔들을 일으킨 루이스와의 여행 이후 몇 달 동안 그녀는 마침내 자신의 뛰어난 재능을 받아들이려 애쓴 듯하다. 모든 것이 뚜렷한 세계관, 세상을 보는 안정된 시각으로 자리 잡기 시작했다. 어쩌면 그녀가 마침내 자신감을 가지고 세상을 대할 수 있게 된 것일 수도 있다. 그때까지 살아오면서 온갖 몸부림을 친 끝에 결국은 큰 문제 하나를 올바르게 해결해 낸 것이다. 그녀는 루이스에게 운을 걸었다. 그리고 무시무시한 대가를 치렀고, 호된 시련과 시험을 견뎌야 했다. 그러나 그녀는 천천히 저 반대편으로 빠져나올 수 있었다. 충만한 사랑이라는 보상만으로도 그런 대가를 치를 가치가 있었다. 『애덤 비드』에서 그녀가 썼듯이 "의심할 여지 없이 커다란 고통이 몇 년 동안 위용을 떨칠 수도 있다. 그러나 새로운 경외와 새로운 연민으로 충만한 영혼을 가지고 그 혹된 시련과 시험으로부터 빠져나올 수 있다."

## 소설가로 다시 태어나다
—

루이스는 오랫동안 엘리엇에게 소설을 써 보라고 권했다. 그녀가 소설에 맞는 줄거리를 생각해 낼 수 있을지는 확신이 서지 않았지만, 서술 능력과 인물의 성격 묘사 능력은 천재적이라는 것을 알고 있었다. 게다가 이들 부부는 늘 현금에 쪼들렸는데, 논픽션보다 픽션이 보수가 좋았다. 그는 그저 시도만이라도 해 보라고 설득했다. "당신은 이야기를 꼭 한번 써 봐야 해." 1856년 9월 어느 날 아침, 그녀는 소설 쓰기에 대한 공상에 빠져 있다가 문득 제목 하나를 떠올렸다. '에이머스 바턴 목사의 슬픈 운명The Sad Fortunes of the Reverend Amos Barton'이었다. 루이스는 즉시 열광적인 반응을 보이며 불쑥 말했다. "오, 정말 멋진 제목이야!"

일주일 후 그녀는 루이스에게 그동안 쓴 글의 첫 부분을 읽어 줬다. 그는 엘리엇이 천부적 재능을 지닌 작가라는 것을 즉시 알아차렸다. 엘리엇은 그날 일기에 이렇게 썼다. "우리 둘 다 그 글을 읽으면서 눈물을 흘렸다. 그리고 그가 내게 다가와 입을 맞추며 말했다. '내 생각에 당신은 재미보다 페이소스에 더 능한 것 같아.'" 두 사람 다 메리 앤이 성공적인 소설가가 되리라는 것을 깨달았다. 그녀는 조지 엘리엇이라는 이름을 쓰기로 했다. (당분간) 스캔들로 얼룩진 메리 앤이라는 정체를 숨기기 위해서였다. 루이스가 가장 확신하지 못했던 점은 그녀가 대화체를 잘 쓸 수 있을까 하는 것이었는데 실은 그녀의 재능이 가장 돋보이는 부분이었다. 루이스는 여전히 그녀가 이야기 안에서 사건과 흐름을 만들어 낼 수 있을까 의문스러워했지만, 다른 기술들은 모두 갖고 있다고 확신했다.

얼마 지나지 않아 루이스는 엘리엇의 고문, 매니저, 편집자, 홍보담당자, 정신분석가, 그리고 전반적인 상담가의 역할까지 모두 해내고 있었다. 그는 그녀의 재능이 자기보다 월등하다는 사실을 금방 이해했고, 자신은 그녀의 그늘에 가리게 될 것이라는 사실도 아무런 사심 없이 기쁘게 받아들였다.

1861년 엘리엇이 쓴 짧은 일기를 보면 소설의 줄거리를 개발하는 데 루이스가 얼마나 깊이 관여했는지를 알 수 있다. 그녀는 낮 동안 글을 쓴 다음, 그때까지 쓴 것을 루이스에게 읽어 주곤 했다. 몇 년에 걸친 그녀의 일기와 편지들로 볼 때, 루이스는 용기를 북돋아 주는 청중이었다. "내가 (…) 소설의 도입부를 읽어 줬더니 그가 굉장히 기뻐했다. (…) 여기까지 기록한 뒤 4장에서 쓴 부분까지를 조지에게 큰 소리로 읽어 줬더니, 그가 놀랍게도 완전히 인정해 주었다. (…) 내가 쓴 원고를 내 사랑, 사랑하는 남편에게 읽어 줬을 때 그는 울고 웃다가 내게 달려와서 입을 맞췄다. 그는 내게 남은 모든 것을 가능하게 해 준 최고의 축복이다. 내가 쓴 모든 원고에 대해 반응하고 평을 해 준다."

루이스는 여러 편집자들을 만나 협상을 벌이며 그녀의 소설을 팔 곳을 물색했다. 처음 몇 년 동안 그는 조지 엘리엇 소설의 진짜 저자가 익명으로 남기를 원하는 성직자 친구라고 거짓말을 했다. 또한 진실이 밝혀진 후에는 아내를 비판으로부터 보호했다. 당대 최고의 작가로 추앙을 받기 시작한 후에도, 그는 먼저 신문을 훑어보고 그녀에 대해 지나칠 만큼 찬사를 보내지 않은 글들은 모두 잘라 내서 버렸다. 루이스의 규칙은 단순했다. "좋든 나쁘든 사람들이 그녀의 책에 관해 말하는 것을 전하지 말자. (…) 그녀가 자신의 생각을 가능한 한 대중이 아니라 자신의 예술에 맞추게 하자."

## 고된 행복
—

조지와 메리 앤은 계속되는 병마와 우울증으로 고통을 받았지만, 둘이 함께 있는 생활은 대체로 행복했다. 두 사람이 함께한 기간에 쓴 편지와 일기들은 기쁨과 사랑에 대한 확신의 말들로 달아올라 있다. 1859년 루이스는 한 친구에게 보낸 편지에서 이렇게 고백하기도 했다. "스펜서에게 또 다른 빚을 진 게 있어. 사실 더 깊은 빚이지. 그를 통해 메리언을 알게 되었고—사실 그녀를 알게 되면서 사랑하지 않을 수 없었지—그 이후로 내 삶은 새로 태어났어. 내 번영과 행복은 모두 그녀 덕분이야. 그녀에게 신의 축복이 있기를!"(조지 엘리엇은 1851년에 메리 앤이라는 이름을 메리언Marian으로 바꾼 적이 있다.—옮긴이)

그로부터 6년 후 엘리엇은 이렇게 쓰고 있다. "우리는 서로에게서 그 어느 때보다 더 큰 행복감을 느낀다. 나는 사랑하는 남편이 내게 주는 완벽한 사랑이 너무도 고맙다. 그의 사랑은 좋을 때 나를 돕고, 나쁠 때 나를 제어해 주는 힘이다. 그가 내게 내린 최고의 축복이란 걸 더욱더 느끼게 된다."

엘리엇의 명작 『미들마치』는 대부분 불운한 결혼에 관한 이야기다.

그러나 엘리엇의 책들 중에는 그녀가 누렸던 행복한 결혼 생활과 부부 간의 깊은 우정을 언뜻 엿볼 수 있는 작품들도 있다. "나라면 누군가에게 그렇게 잔소리가 심한 여자를 좋아하지 못할 거야. 그런데 그게 좋은 남편의 조건 중 하나인 거 같아." 그녀의 작품 속 인물 중 하나는 그렇게 선언한다. 그녀는 또 친구에게 보낸 편지에서 이렇게 썼다. "날마다 더 행복해. 가정적인 생활이 점점 더 즐겁고 내게 보탬이 되는 느낌이야. 애정과 존중, 지적 공감이 깊어지고, 내 평생 처음으로 이렇게 말할 수 있게 됐어. '이 순간이 영원했으면, 너무도 아름다운 이 순간이.'"

엘리엇과 루이스는 행복했지만 완전히 만족스럽지는 않았다. 무엇보다 사건이 끊이지 않았다. 루이스가 이전의 혼인 관계에서 얻은 아들 중 하나가 불치병에 걸린 채 그들에게 왔고, 두 사람은 그가 죽을 때까지 간호했다. 또 두 사람은 건강상의 문제와 우울증에 자주 시달렸고, 그때마다 편두통과 현기증이 찾아왔다. 그러나 이 모든 어려움에도 불구하고, 스스로를 도덕적으로 단련하고자 하는 욕구, 더 깊고 현명한 사람이 되고자 하는 욕구가 두 사람을 밀고 나갔다. 엘리엇은 1857년에 쓴 글에서 기쁨과 야망이 뒤섞인 이 감정을 묘사했다. "정말 행복하다. 삶이 우리에게 줄 수 있는 최고의 축복을 누리는 행복이다. 내가 건강하게 활동할 수 있도록 자극하는, 완벽한 사랑과 공감의 본성 안에서 누리는 행복이다. 나는 또한 지난 세월 겪었던 끔찍한 고통, 부분적으로는 나 자신의 타고난 결함으로, 부분적으로는 외적 요인들로 겪어야만 했던 그 고통들이 내가 죽기 전에 할 수 있을지도 모를 특별한 일을 위한 준비였으리라는 느낌이 든다. 그건 축복받은 희망이자, 떨리는 마음으로 기뻐해야 할 일이다."

엘리엇은 이렇게 썼다. "모험은 밖에 있는 것이 아니라 우리 안에 있다."

나이가 들면서 그녀의 애정은 더 강해졌고, 젊은 날을 지배했던 자기중심주의로부터 영향을 덜 받게 되었다. 글을 쓴다는 것은 그녀에게 여전히 고통스러운 과정이었다. 매번 책을 낼 때마다 그녀는 불안과 우울에 빠져들었다. 절망하고, 희망을 되찾고, 다시 절망했다. 그녀가 지닌 작가로서의 천재성은 감정의 깊이가 그 누구보다 깊다는 데 있었을 뿐 아니라, 너무나 통찰력 있고 절제된 사고력을 가지고 있었기 때문이기도 했다. 그녀는 모든 것을 두루 겪고 느껴야 했다. 그리고 그 느낌을 관찰을 통한 사고로 세심하고 꼼꼼하게 전환시켜야 했다. 작품들은 아이를 낳는 듯한 산고 끝에 태어났다. 고통스럽고 지치는 경험이었다. 글을 쓰는 대부분의 사람들처럼 그녀도 이 일의 기본적인 불균형을 견뎌야만 했다. 작가들은 자신의 내밀하고 취약한 부분을 공유해야만 하는데, 정작 독자들은 멀리 있기 때문에 침묵만이 돌아오는 불균형 말이다.

엘리엇에게는 체계가 없었다. 오히려 반체계적인 사람이었다. 『플로스 강의 물방앗간The Mill on the Floss』에 썼듯이, 그녀는 "격언을 좋아하는 사람"을 경멸했다. "복잡한 우리 삶은 격언으로 포괄할 수 있는 것이 아니고, 그런 공식으로 우리 자신을 구속하는 것은 점점 커져 가는 통찰력과 연민에서 솟아 나오는 거룩한 충동과 영감을 억제하는 것이나 다름없기" 때문이었다.

그녀는 자신의 책을 통해 어떤 논리나 주장을 펼치려 하기보다는 독자들이 삶의 여러 다른 시기에 읽으면 그때마다 다른 교훈을 얻을 수 있는 세상을 만들어 내고 싶었다. 레베카 미드는 이렇게 썼다. "나는 『미들마치』가 내 인격을 단련시켜 준 것 같다. 그 소설은 내 경험과 내 시련의 일부가 됐다. 어려서 집을 떠나고 싶어 몸이 달아올랐을 때 『미들마치』는 내게 영감을 주었다. 그리고 중년이 된 지금은 집이라는 것이 내가 자라는 곳, 좁게 느껴질 만큼 너무 자라서 결국에는 떠나게 되는 곳이라는 것 말고 어떤 다른 의미를 갖는지를 암시해 준다."[21]

엘리엇은 자기만의 내적 풍경을 창조해 냈다. 그녀는 현실주의자였다. 숭고하고 영웅적인 것에는 관심이 없었다. 그녀는 평범하고 단조로운 세상을 그렸다. 그녀가 만들어 낸 인물들은 추상적이고 급진적인 개념을 주장하기 위해 지저분하고 복잡한 일상의 상황을 거부할 때면 꼭 실수를 범하곤 한다. 그들은 뿌리박은 영역 안에서 일할 때, 구체적인 습관 안에서 일할 때, 그들 지역과 가족의 특정 현실 안에서 일할 때 가장 번창한다. 엘리엇 자신도 추상적인 개념, 모호한 감정, 비약된 상상력, 혹은 다른 영역으로의 종교적 침잠 등으로 왜곡되지 않은 인물 그 자체, 대상 그 자체, 있는 그대로의 현실을 충실하고 면밀하게 살피는 것이 지혜의 시작이라고 믿었다.

그녀는 초기 소설 『애덤 비드』에서 이렇게 말했다. "세상에 선지자는 드물며, 숭고하리만치 아름다운 여성도 드물며, 영웅도 드물다. 그렇듯 희귀한 대상에 내 모든 사랑과 존경을 바칠 여유가 없다. 일상적으로 마주치는 나와 같은 사람들, 특히 수많은 사람들 중 내 앞에 있는 몇몇 사람들, 내가 얼굴을 알고, 내가 손을 만진 적이 있고, 내가 친절하고 예의 바르게 길을 비켜 줘야 하는 그 사람들을 위해 사랑과 존경의 감정을 쏟고 싶다."

그녀는 후기 작품이자 아마도 최고의 명작으로 기억될 『미들마치』
를 겸손한 삶을 살아간 사람들에 대한 경탄으로 마감한다. "그러나 그
녀가 주변 사람들에게 미친 영향은 헤아릴 수 없을 만큼 널리 퍼져 있
다. 세상의 선을 자라나게 하는 일은 어느 정도 역사에 남지 않는 보편
적인 행위들에 달려 있다. 당신이나 내가 그렇게 나쁜 일을 겪지 않을
수 있었던 이유의 절반은 드러나지 않는 삶을 충실하게 살아낸 사람들
덕분이고, 나머지 절반은 아무도 찾지 않는 무덤에 묻힌 사람들 덕분
이다."

엘리엇의 도덕적 세계관의 중심에는 공감과 연민이 자리 잡고 있다.
그녀는 자기 자신에게만 몰두한 사춘기를 보낸 후, 점차 타인의 마음
을 읽고, 다른 시각에서 그들을 관찰하고, 공감 어린 이해를 바탕으로
그들을 보는 놀라운 능력을 길렀다. 『미들마치』에서 말한 것처럼 그녀
는 "나와 같은 개별적 인간과 직접적인 공감을 나누는 뿌리 깊은 습관
을 통해 제어하지 않는 한, 우리의 도덕성을 잠식하지 못하게 할 보편
적 교리나 신조란 존재하지 않는다"고 믿었다.

엘리엇은 나이가 들면서 남의 말을 주의 깊게 경청하는 사람이 됐
다. 감정적인 치열함을 갖고 타인을 인식했기 때문에 그들의 삶과 관
련된 사실과 느낌들이 그녀의 기억에 깊이 각인됐다. 그녀는 아무것도
놓치지 않는 사람이었다. 그녀 자신은 행복한 결혼 생활을 하고 있었
지만, 일련의 불행한 결혼 생활을 다룬 위대한 명작을 남겼고, 구체적
이고 강렬하게 행복하지 않은 결혼 생활의 내면을 묘사할 수 있었다.

엘리엇은 『미들마치』에서 "모든 한계는 끝일 뿐 아니라 시작이기도

하다"라고 썼다. 그녀는 가장 공감이 가지 않는 등장인물에게도 공감과 연민을 느꼈다. 에드워드 캐소본 같은 인물이 대표적인 예다. 그는 따분하고 자기도취적인 탁상공론가인 데다가 자기가 생각하는 것보다 그다지 재능이 많지 않은 인물인데, 나중에는 이러한 사실을 서서히 깨닫게 된다. 그녀는 통찰력 있는 필치로 공감과 소통의 불능, 특히 가족 내에서 이러한 부분들이 불가능해질 경우 도덕적으로 가장 큰 독이 된다는 사실을 많은 작품에서 보여 줬다.

## 내적인 모험

엘리엇은 사회 개선론자였다. 그녀는 한꺼번에 완전히 탈바꿈하는 변화를 믿지 않았다. 대신 서서히, 꾸준하게, 구체적으로 전진하면서 어제보다 더 나은 하루하루를 꾸려 가야 한다고 믿었다. 역사의 전진과 마찬가지로 인격도 날마다 노력을 기울여 눈에 보이지 않을 만큼 조금씩 발전시키는 것이 최선이라고 생각한 것이다.

그녀의 작품들은 독자들의 내적 삶에 느리지만 꾸준한 영향을 줘서 공감 능력을 확장시키고, 타인을 이해하는 능력을 가다듬고, 경험의 폭을 좀 더 넓힐 수 있도록 하는 것을 목표로 삼았다. 그런 의미에서 엘리엇의 아버지, 그리고 그가 대변하는 겸손한 이상은 그녀의 마음속에서 평생 살아남았다고 할 수 있다. 『애덤 비드』에서 그녀는 동네에 사는 평범한 이웃을 찬양한다.

그들은 거의 대부분 비범한 재능을 가진 사람으로서가 아니라 자기 앞에 놓인 임무를 잘해내기 위한 양심과 기술을 갖고 애써 노력하는 정직한 사람으로서 조금씩 높은 곳을 향해 나아간다. 그들의 삶은 그들이 사는 동네를 벗어나는 곳까지 두드러진 영향을 주지는 못한다. 하지만 우리는 그들이 떠나간 후에도 한두 세대가 지날 때까지 잘 닦여 있는 길과 몇몇 건물들, 광물의 활용과 농사법의 개량, 교구 내 부패의 개혁 등 여러 일들과 관련해서 그들의 이름이 거론되는 경우를 만나게 된다.

『미들마치』에 등장하는 매력적인 인물 도러시아 브룩을 비롯해 그녀가 창조해 낸 수많은 인물들은 열렬한 도덕적 야심을 품고 성년기를 시작한다. 그들은 성 테레사처럼 위대한 선을 이루어 내길 원하지만, 그것이 무엇인지, 자신의 소명이 무엇인지, 그리고 어떻게 그것을 해낼지 전혀 알지 못한다. 그들은 모종의 순수한 이상, 멀리 있는 수평선에 시선을 고정한다. 엘리엇은 빅토리아 시대 사람이었고, 도덕적 향상에 대한 믿음도 있었다. 그러나 그녀는 자신의 소설을 통해 지나치게 숭고하고 비현실적인 도덕적 목표들을 비판했다. 그것들은 너무 추상적이고, 도러시아의 경우처럼 비현실적이고 망상적으로 되기가 쉽다. 가장 좋은 도덕적 향상은 '지금, 여기'라는 현실에 발을 확고히 딛고, 인류 전체보다는 이 사람 혹은 저 사람에 대한 정직한 감정에 따라 노력함으로써 이루어진다. 개별적인 것 안에 힘이 있으며, 보편적인 것은 미심쩍을 수밖에 없다는 것이다. 엘리엇에게 성스러움은 내세에 있는 것이 아니라 결혼 생활과 같은 평범한 일상 안에 내포되어 있는 것이었다. 우리를 구속하지만, 자기희생과 봉사를 할 수 있는 구체적인 기회를 날마다 가질 수 있게 해 주기 때문이다. 성스러움은 일을 통해서, 다시 말해 주어진 일들을 잘해내 매일의 임무를 완수함으로써 고취될 수 있다. 그녀는 도덕적 상상력—책임감, 봉사하고자 하는 욕구, 이기심을 억누르고자 하는 열의 등—을 구체적이고, 유용한 것으로 만들었다.

그녀는 우리가 다른 사람을 변화시키는 데 한계가 있으며, 스스로를 변화시키는 속도에도 한계가 있음을 알려 준다. 따라서 삶의 많은 부분을 인내하며 살아야만 한다. 서서히 사랑으로 상황을 개선하려 할 때도 타인의 약점과 자신의 죄를 견뎌 내야만 한다. 그녀는 『애덤 비드』에 이렇게 썼다. "우리 동료 인간들은 모두 다 그들 자체로 받아들여져야 한다. 그들의 코를 똑바로 펴 줄 수도, 그들의 지혜를 길러 줄 수도, 그들의 성향을 바꿔 줄 수도 없다. 우리 삶은 그들과 어우러져 지나가는 것이니, 반드시 인내하고, 동정하고, 사랑할 필요가 있다. 또한 우리는 대체로 못나고, 어리석고, 일관성 없는 이 사람들의 선한 행동을 훌륭하게 여길 줄 알아야 한다. 우리는 그들을 위해 가능한 모든 희망과 인내를 마음속에 간직해야 한다." 바로 이것이 그녀의 도덕성의 본질에 깃든 태도였다. 사실 말하기는 쉬워도 실행하기는 어려운 일이다. 그녀는 관대하고 수용적인 자세를 취하면서도, 엄격하고 진실되고 높은 기준을 추구하고자 했다. 그녀는 타인을 사랑했을 뿐 아니라 판단하기도 했다.

엘리엇의 작품과 가장 많이 결부되는 단어는 '성숙'이다. 버지니아 울프는 그녀의 작품들을 어른을 위한 문학이라고 일컬었다. 삶을 보다 고양된 관점에서 조망했을 뿐 아니라 아주 가까이에서도 지켜봤고, 또 좀 더 현명하고 관대한 관점으로 바라봤기 때문이다. "사람들은 가장 가까운 이웃을 위해 보여 줄 수 있는 용기를 제외한 모든 종류의 용기를 찬미한다"라고 쓴 그녀의 태도야말로 성숙한 감정의 전형을 보여 준다.[22]

베시 레이너 파크스라는 여성이 젊은 시절의 엘리엇을 만난 적이 있다. 파크스는 후일 친구에게 쓴 편지에서 당시까지 메리 앤 에번스라고 알려져 있던 그녀를 좋아하게 될지 잘 모르겠다고 말했다. "너나 내가 그녀를 친구로서 좋아하게 될 날이 올지 잘 모르겠어. 그녀에게서 받은 인상으로는 아직 높은 도덕적 이상을 가지고 있는 것 같지 않아. 물론 그 점만으로도 사랑을 받아야 하겠지. 그녀가 달라질 거라는 생각이 들어. 큰 천사들은 날개를 펴는 데 시간이 더 오래 걸리지만, 일단 날개를 펴면 보이지 않는 먼 곳까지 날아오르지. 그런데 미스 에번스는 날개가 아예 없거나, 내 생각에는 이 경우인 듯한데 이제 날개가 싹트기 시작하는 것 같아."[23]

메리 앤 에번스는 조지 엘리엇이 되기 위해 기나긴 여행을 했다. 자기중심적인 인간에서 너그러운 연민과 동정심을 지닌 사람으로 성장해야 했다. 그러나 그것은 만족감을 주는 성숙 과정이었다. 그녀는 발작적으로 일어나는 우울증과 자신의 글에 대한 불안감을 끝내 극복하지 못했다. 그러나 그녀는 스스로 '관용의 책무'라고 부른 것을 실천하기 위해 자기만의 방식으로 타인의 마음과 머릿속으로 들어가 느끼고 생각할 수 있었다. 그녀는 불명예를 딛고 일어나 삶의 막바지에 이르러 큰 천사로 칭송을 받았다.

그 기나긴 여행에서 가장 중요했던 사건은 조지 루이스를 향한 그녀의 사랑이었다. 그 사랑은 그녀를 안정시키고, 끌어올리고, 깊어지게 했다. 그녀의 작품들에 실린 헌사에 그 사랑의 결실이 고스란히 드러나 있다.

『애덤 비드』(1859): 사랑하는 남편 조지 헨리 루이스에게 이 작품을 바친다. 그의 사랑이 내 삶에 가져다준 행복이 없었다면 이 작품은 탄생할 수 없었을 것이다.

『플로스 강의 물방앗간』(1860): 사랑하는 남편 조지 헨리 루이스에게 그와 함께한 지 6년째에 쓴 세 번째 책을 바친다.

『로몰라』(1863): 남편의 완벽한 사랑에서 통찰력과 힘을 얻을 수 있는 최고의 원천을 찾은 아내가 헌신하는 마음으로 이 원고를 바친다.

『펠릭스 홀트』(1866): 사랑하는 남편에게 조지 엘리엇이. 그와 함께한 지 13년째. 자신의 불완전성을 갈수록 더 뼈저리게 느끼지만, 갈수록 더 깊어 가는 사랑에서 위로를 받는 아내가.

『스페인 집시』(1868): 내 사랑하는—날마다 더 사랑하게 되는—남편에게.

『미들마치』(1872): 사랑하는 남편 조지 헨리 루이스에게. 축복으로 가득한 우리의 지난 19년을 기리며.

# 세속을 탐하던 영혼,
# 신의 사랑 안에서 길을 찾다

아우구스티누스

모니카가 산 세상은

로마 제국이 유럽을 주도하고 합리주의 철학이 사고를 지배하는 곳이었다.

아우구스티누스는 순수한 합리주의에 대비되는 믿음, 세속적 야망에

대비되는 영적 엄격함을 설명할 때 자신의 어머니를 예로 들었다.

그는 주교가 되어 싸우고 설교하고 글 쓰고, 또 싸우고 논쟁하며

남은 삶을 살았다. 그는 젊은 시절 추구했던 불멸성을 손에 넣었다.

그러나 그 불멸성은 전혀 예상치 못한 방식으로 주어졌다.

그는 자신의 삶을 스스로 제어할 수 있다는 믿음으로 시작했다.

그러나 그 믿음을 포기해야만 했고,

스스로를 열고 내맡기는 낮은 자세를 취해야만 했다.

그렇게 후퇴를 한 후에야 은총을 받아들이고, 감사함을 느끼고,

위를 향해 솟아오를 수 있을 만큼 열린 사람이 되었다.

그의 삶은 전진-후퇴-전진의 모양새를 띠고 있다.

그것은 삶, 죽음, 부활이다.

의지하기 위해 스스로를 낮춘 후에야 비로소 헤아릴 수 없는 높이를 얻은 것이다.

아우구스티누스는 354년, 오늘날 알제리의 수크아라스에 해당하는 타가스테에서 태어났다. 그는 로마 제국 말기에 태어났고, 제국은 무너져 내리고 있었지만 여전히 영원할 것 같은 느낌을 주던 때였다. 그의 고향은 제국의 가장자리와 가까운, 해안에서 320킬로미터 정도 떨어진 곳에 자리 잡은 곳으로 로마의 이교도적 문화와 북아프리카의 열렬한 그리스도교 문화가 어지럽게 뒤섞여 있었다. 그는 삶의 전반기를 자신의 개인적 야망과 영적 본성 간의 갈등 속에서 살았다.

아우구스티누스의 아버지 파트리시우스는 타가스테의 하급 관리이자 세리였고, 그들은 중산층 정도의 생활을 했다. 파트리시우스는 물질적인 성향이 강하고 영적으로는 거의 무감각한 사람이었으며, 똑똑한 아들이 언젠가 자신은 해내지 못한 출세가도를 달리기를 바랐다. 어느 날 그는 당시 사춘기였던 아들을 공용 목욕탕에서 만났을 때 성기의 크기나 음모에 대한 외설적인 농담을 해서 상처를 줬다. 후일 아우구스티누스는 아버지를 멸시하는 듯한 말투로 이렇게 썼다. "그는 내게서 헛되고 무의미한 것들만 본다."

아우구스티누스의 어머니 모니카는 늘 역사학자들과 정신분석가들의 관심을 받아 왔다. 그녀는 교육을 받지 못한 솔직하고 세속적인 여성으로, 당시만 해도 조야한 초기 단계에 머물러 있어 무시당하던 그리스도교적 환경에서 자랐다. 그녀는 매일 아침 열심히 미사에 참석했고, 죽은 자들의 무덤 앞에서 밥을 먹었으며, 꿈이 예지와 안내의 역할을 한다고 믿었다. 그러나 동시에 그녀는 강한 성격을 지니고 있었고, 자신의 관점에 대해 입이 떡 벌어질 만큼 지칠 줄 모르는 확신을 갖고 있었다. 그녀는 자신이 속한 공동체에서 소문이나 뒷이야기에 휘둘리지 않는 강력하고 위엄 있는 중재자로서 영향력을 발휘했다. 최고의 전기 작가 피터 브라운이 말했듯 그녀는 무가치한 것을 신랄하게 일축하는 능력이 있었다.[1]

모니카는 집안의 모든 일을 관리했다. 남편에 대해서는 그가 부정을 저지를 경우 일이 끝나기를 기다렸다가 꾸짖는 식으로 잘못을 바로잡았다. 아들에 대한 사랑으로 말하자면, 그의 삶을 주도하려는 갈망이 너무 열렬한 나머지 때로 너무 탐욕스럽고 세속적인 모습을 보였다. 아우구스티누스도 인정했듯이, 그녀는 다른 어머니들보다 훨씬 더 아들을 자기 옆에 두고 지배하고 싶어 했다. 그녀는 결혼이라는 덫에 걸려들게 하려는 여자들을 조심하라는 경고도 잊지 않았다. 모니카는 아들의 영혼을 돌보는 데 자신의 삶을 집중했다. 아들이 그녀가 그리스도교를 믿는 방식대로 따라와 주면 맹목적인 사랑을 보였고, 거기서 벗어나면 울며불며 분노를 폭발시켰다. 아우구스티누스가 자신이 인정할 수 없는 철학 분파에 가담했을 때는 눈앞에 얼씬도 하지 말라며 내치기도 했다.

아우구스티누스는 이미 성공한 성인이 된 스물여덟 살 때에도 아프리카를 떠나는 배에 오르기 위해 어머니를 속여야만 했다. 그는 어머니에게 친구를 배웅하러 항구에 나간다고 말한 뒤, 정부와 아들을 데리고 배에 슬쩍 올라탔다. 배가 돛을 펴고 떠나는 순간, 그는 어머니가 항구에 서서 울음을 터뜨리며 미친 듯이 손짓하는 것을 지켜봤다. 그는 후일 이 모습을 "슬픔으로 광분한 듯한" 모습이었다고 묘사했다. 물론 모니카는 아들이 있는 유럽까지 쫓아와 그를 위해 기도하고, 정부를 쫓아내고, 열 살배기 상속녀와의 결혼을 주선하려 했다. 그렇게 하면 아들이 세례를 받도록 할 수 있으리라는 희망에서였다.

아우구스티누스는 어머니의 사랑에 깃든 강한 소유욕을 알고 있었지만, 그렇다고 그녀를 무시할 수는 없었다. 그는 한때 어머니의 인정을 받지 못할까 봐 두려워하는 예민한 소년이었다. 그러나 어른이 되어서는 어머니의 드높은 기상과 상식적인 지혜를 자랑스러워했다. 그는 어머니가 학자들이나 철학자들과 대화를 해도 뒤지지 않는다는 것을 알게 되었을 때 무척 기뻐했다. 자신의 고통을 자신보다 어머니가 더 아파한다는 것, 심지어 어머니 자신의 고통보다 더 아파한다는 것도 이해했다. "나에 대한 어머니의 사랑은 형언할 수가 없다. 그리고 내 영혼이 탄생의 아픔을 겪는 동안 어머니는 나를 육체적으로 출산할 때보다 이루 말할 수 없을 정도로 더 극심한 고통을 겪었다."[2] 이 모든 과정을 겪는 동안, 모니카는 아들을 치열하게 사랑했고, 그의 영혼을 지탱하는 힘이 되어 줬다. 겉으로는 고압적이고 가혹해 보였을지 모르지만, 아우구스티누스의 삶에서 가장 달콤했던 순간들은 어머니와 화해하고 영적으로 교감을 한 순간들이었다.

# 지적 야망
—

아우구스티누스는 병약해서 일곱 살 때는 가슴 통증을 동반한 중병을 앓았고, 중년이 됐을 때는 실제보다 더 나이 들어 보였다. 학창 시절, 그는 영특하고 섬세했지만, 학교 생활에 비협조적인 학생이었다. 교과 과정을 따분해했고, 훈육에 늘 사용됐던 체벌을 극도로 싫어했다. 그래서 그는 가능할 때마다 학교를 빼먹고 마을 경기장으로 가 이교도들의 곰 싸움과 수탉 싸움을 구경했다.

아우구스티누스는 어릴 적부터도 고전적인 세계와 유대-그리스도교적 세계 간의 갈등을 겪었다. 매슈 아널드가 『교양과 무질서Culture and Anarchy』에 썼듯이 헬레니즘의 핵심 사상은 의식의 자발성에 있는데 비해 그가 헤브라이즘이라고 부른 전통을 지배한 개념은 의식의 엄격함이었다.

이 말은 헬레니즘적 사고방식을 가진 사람은 사물을 있는 그대로 보기를 원하고, 세상에서 선하고 훌륭한 것들을 찾는 모험을 하고 싶어 한다는 뜻이다. 이 사고의 틀을 가진 사람은 유연하고 천진난만한 정신으로 세상에 접근한다. "자신의 무지를 없애는 것, 사물을 있는 그대로 보는 것, 그것들이 가지고 있는 아름다움을 있는 그대로 보는 것, 이것이야말로 헬레니즘이 인간의 본성 앞에 내놓은 매력적인 이상이다."[3] 헬레니즘의 정신은 "공기와 같은 편안함과 명확성, 광채를" 지니고 있다. 거기에는 "달콤함과 빛"이 가득 차 있다.

반면 헤브라이즘은 "보편적 질서에 대한 명확하고 중요한 단서를 포착해서 이를 관찰하고 연구하는 데 전례 없이 엄청난 치열함과 진지함을 갖고 천착한다."⁴ 따라서 헬레니즘적 사고방식을 가진 사람은 삶의 한 부분이라도 놓칠까 봐 두려워하며 실질적으로 자신의 삶을 이끄는 반면, 헤브라이즘적 사고방식을 가진 사람은 더 고귀한 진실에 초점을 맞추고, 불멸의 질서에 충성을 바친다. "자기극복과 헌신, 그리고 개인의 의지가 아닌 신의 의지를 따르고 순종하는 것이 이 전통의 근간을 이루는 개념이다."⁵

헤브라이즘적 사고방식을 가진 사람은 헬레니즘을 따르는 이와 달리 이 세상이 편치가 않다. 그는 자신의 죄, 완전함에 이르는 길을 막아서는 내면의 힘을 의식한다. 아널드가 말했듯 "도덕적 무력함으로 고통받는 세상에서 그리스도교는 영감과 계시에 따른 자기희생이라는 장엄한 광경을 제공했다. 아무것도 포기하지 않으려는 사람들에게 모든 것을 포기한 사람을 보여 준 것이다."⁶

아우구스티누스는 명목상으로는 반쯤 신격화된 황제들의 지배하에서 살았다. 그들은 이미 너무나 먼 곳에 있으며 경외해야 할 인물들로 자리매김한 지 오래였고, 궁중의 아첨꾼들에게 '영원한 승자', '세상을 다시 세우신 분' 등으로 칭송받고 있었다.⁷ 아우구스티누스는 스토아 철학을 배웠고, 그들의 이상적인 삶, 다시 말해 고요하게 감정을 억제하는 자족적 삶에 대해 배웠다. 그는 또한 베르길리우스와 키케로의 작품들을 암기했다. "내 귀는 이교도의 신화를 듣고 싶다는 열망으로 부어올라 있었다. 그리고 긁으면 긁을수록 더 가려워졌다." 그는 후일 이렇게 회고했다.⁸

아우구스티누스는 10대가 되면서 이미 촉망받는 젊은이로 명성을 날렸고, 후일 그 역시 이렇게 회고했다. "전도유망한 청년으로 불렸다." 그에 대한 소문이 지역 고관 로마니아누스의 귀에 들어갔고, 로마니아누스는 아우구스티누스의 교육을 후원하겠다고 약속한 뒤 그를 다른 지역에 있는 교육의 중심지로 보냈다. 아우구스티누스는 인정받고 칭송받기를 갈망했고, 후세의 입을 통해 영원히 회자되는 고전적 꿈을 이룰 수 있기를 희망했다.

열일곱 살이 된 아우구스티누스는 공부를 계속하기 위해 카르타고로 갔다. 그는 영적 회고록인 『고백록Confessions』에서 그 당시의 자신을 욕정에 사로잡힌 것처럼 묘사했다. "나는 카르타고로 갔다. 내 주위에서는 부도덕한 사랑의 가마솥이 부글부글 끓고 있었다." 아우구스티누스의 등장으로 상황이 좋아진 것은 하나도 없었다. 그는 자신이 격정적인 젊은이였고, 열정과 욕정, 질투와 욕망으로 피가 끓어오르고 있었다고 묘사했다.

나는 아직 사랑에 빠지지 않았다. 그러나 나는 사랑을 사랑했다. 그리고 내 욕구의 심연으로부터, 나는 나 자신을 증오했다. (…) 내가 가장 필요로 한 것은 사랑하고 사랑받는 것이었다. 그런데 나를 사랑하는 사람의 육체를 탐닉할 기회가 오자 (…) 나는 맹렬히 사랑에 뛰어들었고, 거기 사로잡히고 싶었다. (…) 나는 기꺼이 그 고통스러운 사슬로 나를 묶었고, 물론 말할 것도 없이 의심과 불안, 분노와 불화의 폭발로 이루어진 질투라는 시뻘건 쇠막대로 형벌을 받았다.

아우구스티누스는 관계를 유지하는 것이 역사상 가장 힘든 남자친구였던 듯하다. 그가 한 말은 정확했다. 그는 다른 인간을 사랑한 것이 아니라 사랑받을 가능성을 사랑했다. 모든 것이 자신에 관한 것이었다. 그리고 그는 회고록에서 자신의 무질서한 욕정이 어떻게 스스로를 먹고 자랐는지를 묘사했다. 나아가 『고백록』 8장에서 감정적 결핍에 얼마나 중독성이 있는지를 냉정하게 결론 내렸다.

나를 묶은 쇠사슬은 다른 사람이 아닌 바로 나 자신이 택한 것이었다. 적은 내 의지의 고삐를 쥐고 있었고, 사슬을 만들어 나를 포로로 잡았다. 열정은 왜곡된 의지의 결과다. 열정의 노예가 됨으로써 습관이 형성되고, 아무런 저항에 부딪히지 않는 습관은 욕구가 된다. 이런 연쇄반응을 통해 (…) 서로 꼬리에 꼬리를 무는 (…) 혹독한 결박이 나를 묶고 있었다.

아우구스티누스는 그 스스로가 분열되어 있다는 사실을 굉장히 직접적인 방식으로 대면하지 않을 수 없었다. 그는 세상의 얄팍한 즐거움을 추구했다. 그러나 다른 한편에서는 그런 욕망들을 경멸했다. 그의 욕망은 그가 가지고 있는 다른 능력들과 조화를 이루지 못했다. 그는 좀 더 순수한 방식의 삶을 상상했지만 거기에 도달할 수 없었다. 불안하고 중심을 잃은 상태였다.

아우구스티누스는 열에 들뜬 이 글에서 자신이 성노작석인 칼리굴라 같은 사람인 것처럼 쓰고 있다. 그리고 몇 세기에 걸쳐 『고백록』을 읽은 사람들은 그가 정말로 섹스에 관해서만 말하고 있다고 결론지었다. 사실 아우구스티누스가 얼마나 분방했는지는 확실치 않다. 이 기간 동안 아우구스티누스가 성취해 낸 것들을 살펴보면 그는 학구적이고, 책임감 있는 젊은이였던 듯하다. 그는 대학에서 탁월한 성적을 거두었다. 카르타고에서 교사가 된 후에는 점점 더 좋은 일자리로 옮기며 커리어를 발전시켜 갔다. 그러다가 그는 로마를 거쳐 결국 당시 진정한 권력의 중심이었던 밀라노의 발렌티니아누스 2세 궁정에 일자리를 얻었다. 그는 당시 관습대로 사실혼 관계의 아내를 두고 있었고, 그녀와 약 15년 동안 살았다. 또한 그녀와의 사이에서 아이 하나를 낳았고, 함께 사는 동안 부정을 저지르지 않았다. 그는 플라톤과 키케로를 연구했다. 그의 죄라면 대부분 연극을 보기 위해 극장에 간 것, 그리고 가끔 교회에서 본 여성을 한 번 더 쳐다본 것 정도였다. 전체적으로 볼 때 그는 로마 제국 후기의 평범한 엘리트였고, 현대식으로 말하자면 아이비리그 출신의 성공한 젊은이였다. 아담 I의 커리어 개념에 따르면, 아우구스티누스는 사회적 신분 상승을 위한 모범적인 궤도를 밟고 있었다.

젊은 시절 아우구스티누스는 마니교라는 엄격한 철학적 분파에 속해 있었다. 그것은 20세기 초 러시아에서 공산당에 가입하는 것과 비슷한 일이었다. 모든 것을 설명할 수 있는 진리를 발견했다고 믿는 똑똑하고 열정적인 젊은이들의 그룹에 가입하는 정도의 의미였다.

마니교도들은 세상이 빛의 왕국과 어둠의 왕국으로 나뉘어 있다고 믿었다. 그들은 선과 악 간에 영원한 갈등이 있고, 이 갈등 과정에서 선의 일부가 어둠에 갇혔다고 생각했다. 순수한 영혼이 유한한 생명을 지닌 육체에 갇힌 것이다.

논리적 체계로서 마니교는 몇 가지 이점이 있었다. 순수한 선의 편에 있는 신은 악에 대한 책임이 있다는 실낱 같은 의혹으로부터 보호

받는다.[9] 마니교는 개인이 저지른 악행에 대한 변명을 찾는 데도 유용하다. 악한 행동을 한 것은 내가 아니며, 어둠의 왕국이 나를 통해 작용한 것뿐이라는 것이다. 아우구스티누스는 이렇게 말했다. "죄의식을 초월할 수 있다는 것이 내 자만심에 기쁨을 줬다. 그리고 악행을 저지른 후에도 내가 그 일을 한 거라고 고백하지 않아도 돼서 좋았다." 끝으로, 마니교는 일단 그 전제를 받아들이고 나면 무척 엄격한 논리 체계를 가지고 있다. 우주의 모든 것이 정돈된 합리적 단계로 설명된다.

마니교도들은 자신이 다른 사람들보다 우월하다고 느끼기 쉬웠다. 게다가 그들은 함께 모여 즐거운 시간을 보냈다. 아우구스티누스는 그 분위기를 이렇게 기억했다. "대화와 웃음, 그리고 상호 존중의 분위기가 있었다. 아름다운 구절들로 가득 찬 책들을 함께 읽고, 익살맞은 농담을 주고받다가도 금방 진지하고 격렬하게 토론하고, 대체로 의견을 같이하다가도 가끔 반대 의견으로 지루함을 깨고, 번갈아 가며 서로 가르치기도 하고 배우기도 하고, 누군가가 오지 않으면 애석해하고 다시 돌아오면 기뻐하곤 했다."[10] 그들은 악한 것으로부터 스스로를 정화하기 위한 금욕주의도 실천했다. 순결을 지켰고, 특정 음식만 먹었으며, 육체적 접촉은 가능한 한 피했고, 그들을 위해 더러운 일들을 해 주는 '듣는 자'의(아우구스티누스는 여기에 속했다) 시중을 받았다.(마니교에는 '선택받은 자the elect'라 불리는 이들과 '듣는 자the hearer'라 불리는 이들이 있었다. 선택받은 자는 결혼을 하지 않고 육식을 금했다. 반면 듣는 자는 결혼을 하거나 정부를 둘 수 있었고, 고기를 먹거나 음주를 할 수 있었지만, 그러한 죄를 저지른 대가로 선택받은 자들을 위해 일하고 봉사해야 했다.—옮긴이)

고전적인 문화에서는 논쟁에서 이기고, 수사학적 기량을 과시하는 데 큰 의미를 뒀다. 감성보다 이성이 지배하는 삶을 살던 아우구스티누스는 마니교의 논리를 사용하면 논쟁에서 쉽게 이길 수 있다는 사실을 깨달았다. "나는 자신들의 신앙을 옹호하려 하지만 기술이 부족한 그리스도교인들과 논쟁해서 이기곤 했다. 내게 이롭고 도움이 되는 것 이상으로 말이다."[11]

## 내적 혼란
—

전체적으로 볼 때 아우구스티누스는 로마 제국에서 꿈꿀 법한 삶을 실현하며 살았다. 그러나 그는 행복하지 않았고, 내면이 산산조각 나 있는 느낌이었다. 그의 영적 에너지는 소속감을 잃고 헤매다가 힘을 잃고 증발해 버렸다. 아담 II로서 그의 삶은 엉망진창이었다. "이리저리 함부로 던져지는 느낌이었다." 그는 『고백록』에 그렇게 썼다. "나 자신을 모두 쏟아부었는데 사방팔방으로 흘러 가서 증발해 버리곤 했다."

아우구스티누스는 젊은 나이에 궁극적인 성공의 상징을 얻을 수 있었다. 황궁에서 연설할 기회를 얻은 것이다. 하지만 그는 자신이 무의미한 말을 파는 사람에 불과하다는 것을 깨달았다. 그는 거짓을 말하고 있었지만, 사람들은 그 거짓말을 솜씨 있게 꾸미는 한 그를 사랑할 터였다. 자신의 삶에서 진정으로 사랑할 수 있는 것이 아무것도 없었다. 가장 고귀한 형태로 헌신할 만한 가치가 있는 것이 없었다. "나는 내면의 양식을 빼앗긴 채 굶주려 있었다." 존경과 인정에 대한 갈구는 그를 기쁘게 하기는커녕 오히려 노예로 만들었다. 그는 타인의 경솔한 의견에 휘둘렸고, 아주 작은 비판에도 예민해졌으며, 항상 황금 사다리의 다음 단계로 오를 궁리만 했다. 겉만 번지르르한 악덕들을 정신없이 추구하다 보면 평온을 찾을 수 없었다.

아우구스티누스가 느꼈던 내면의 붕괴는 현대 사회에서도 필연적으로 나타나는 현상이다. 오늘날 많은 젊은이들이 뭔가 놓치고 사는 건 아닐까 하는 미칠 듯한 두려움에 시달린다. 세상은 그들에게 재미있고 멋진 일들을 남아돌 만큼 제공해 준다. 당연히 그들은 모든 기회를 잡고, 모든 경험을 맛보고자 하는 갈망을 품게 된다. 그들은 자기 앞에 놓인 좋은 것들을 모두 움켜쥐고 싶어 한다. 식료품점이나 슈퍼마켓에 있는 모든 물건들을 사고 싶다. 짜릿해 보이는 것은 뭐든 놓치게 될까 봐 걱정된다. 그러나 그중 아무것도 포기하려 하지 않다 보니, 한꺼번에 너무 많은 일을 하려다 무엇 하나 제대로 하지 못하는 우를 범하고 만다. 그보다 더 안 좋은 일은 이들이 모든 경험에 욕심을 내고, 오로지 자신에게만 초점을 맞추며 주인공이 되기만을 바라게 된다는 것이다. 이런 식으로 삶을 살다 보면 더 큰 목적을 위해 헌신하기보다 조심스럽게 여기저기 발을 걸치는 교활한 전략가가 되기 쉽다. 압도적인 성취감을 주는 단 하나의 일을 수락하기 위해 수백 가지 일들을 거부할 수 있는 능력을 잃고 마는 것이다.

아우구스티누스는 점점 고립되는 느낌이 늘었다. 삶을 자신에게 필요한 것과 결핍된 것을 중심으로 꾸려 나가면 다른 사람들은 내 욕망을 만족시키는 대상으로 전락한다. 모든 것이 차가운 도구로 변하는 것이다. 매춘부를 성적 만족을 채우기 위한 대상으로 취급하듯, 직장 동료는 커리어를 위한 인적 네트워크의 대상으로, 손님은 물건을 팔기 위한 대상으로, 배우자는 내게 사랑을 제공하게 할 대상으로 만든다.

우리는 성적 욕망을 지칭할 때 '욕정lust'이라는 단어를 쓰곤 한다. 그러나 이 단어의 더 넓고 적절한 의미는 '이기적 욕망'이다. 진정한 사랑을 품은 사람은 사랑하는 사람을 섬기는 데서 기쁨을 얻는다. 그러나 욕정은 받는 것에만 초점을 맞춘다. 욕정을 느끼는 사람은 다른 사람이 채워 주길 바라는 공허감을 갖고 있다. 그런 사람은 정말로 다른 사람을 섬기고 완전한 상호 관계를 맺고 싶어 하지 않기 때문에 내면의 감정적 공허감을 결코 채울 수 없다. 욕정은 공허감으로 시작해서 공허감으로 끝난다.

아우구스티누스는 자신보다 낮은 계층의 아내와 15년 동안 지속해 온 사실혼 관계를 "욕정에 가득 찬 사랑을 거래한 것일 뿐"이라고 묘사했다. 그럼에도 두 사람의 관계가 완전히 공허하지는 않았을 것이다. 아우구스티누스와 같이 치열한 감정을 가진 사람이 15년 동안 친밀하게 지낸 관계를 가볍게 여겼을 거라고 상상하기는 어렵다. 그는 둘 사이에서 낳은 아이를 사랑했다. 또한 '결혼이 좋은 점'이라는 글에서 아내의 변함없는 꾸준함에 대해 간접적인 찬사를 보내기도 했다. 모니카가 개입해서 그녀를 쫓아내고 아우구스티누스와 사회적으로 어울리는 계층의 부유한 상속녀와 결혼시키려 했을 때 그는 극심한 고통을 겪었던 듯하다. "그녀는 내 결혼의 장애물이었다. 나와 그토록 오래 살았던 여자가 내 곁에서 찢겨져 나갔다. 그녀와 엮여 있던 내 심장이 찢기고, 상처 입고, 피 흘린다."

아우구스티누스는 자신의 사회적 위상을 위해 그녀를 희생했다. 이름도 알려지지 않은 이 여성은 아들을 남겨 둔 채 아프리카로 돌아갔고, 거기서 평생 순결을 지키겠다는 맹세를 했다고 전해진다. 아우구스티누스의 공식적인 아내로 선택된 사람은 열 살밖에 되지 않아, 법적으로 결혼할 수 있는 나이에 두 살 못 미쳤다. 그래서 아우구스티누스는 그사이 자신의 욕망을 만족시키기 위해 또 다른 첩을 뒀다. 바로 이것이 당시 그가 모든 상황에서 취한 행동방식이었다. 사회적 지위와 성공을 위해서라면 희생을 요하는 책임이나 의무는 버린 것이다.

어느 날 밀라노의 거리를 걷던 그는 방금 밥을 배부르게 먹고 술까지 마신 것이 분명한 거지를 목격했다. 그 사람은 농담을 하며 유쾌한 기분을 즐기고 있었다. 아우구스티누스는 자신이 하루 종일 힘들게 일하며 고생했음에도 불안감에 휩싸여 있는 반면, 그런 일이라곤 하나도 하지 않은 거지가 자신보다 훨씬 더 행복하다는 사실을 깨달았다. 그는 자신이 너무 높은 목표를 세웠기 때문에 불행한 것일까 생각해 봤다. 아니었다. 그게 아니었다. 그는 그 거지와 다름없는 세속적인 쾌락을 추구하고 있었지만, 그중 아무것도 찾지 못했을 뿐이었다.

아우구스티누스는 20대 후반 무렵 완전히 고립된 생활을 했다. 그는 고된 삶을 살았지만 필요로 하는 자양분은 전혀 얻지 못하고 있었다. 또한 행복으로 이어지지 않는 욕망들을 품고 있었음에도 여전히 그것들을 좇고 있었다. 도대체 무슨 일이 벌어지고 있었던 것일까?

## 자기인식

아우구스티누스는 자신의 내면을 들여다보는 것으로 이 위기에 반응했다. 누군가가 자신의 자기중심적 성향에 몸서리치는 경험을 하게 될 경우 그 즉시 자신을 내려놓는 쪽으로 방향을 선회할 것이라고 보통 생각할 것이다. 그런 사람이 해 주는 조언은 단순할 것이다. 자신을 무시하라. 다른 사람에게 주의를 기울여라. 그러나 아우구스티누스가 실행한 첫 작업은 자신의 마음에 대해 거의 과학적이라고 할 정도의 탐구를 시작한 것이었다. 그때까지 서양 역사에서 자신의 정신을 그처럼 철저하게 파헤친 인물을 생각해 내기 힘들 정도다.

내면을 들여다본 그는 자신이 제어할 수 있는 범위 밖에 존재하는 광대한 우주를 봤다. 그는 이전까지 그 누구도 보지 못했던 깊이와 복잡성을 자신의 내면에서 발견했다. "하나의 영혼 안에서 노니는 다양한 힘들과 서로 다른 종류의 사랑을 누가 상세히 그려 낼 수 있겠는가. (…) 인간은 엄청난 깊이를 가진 존재다. 오, 주여, 당신께서는 인간의 머리카락 하나하나를 헤아리십니다. (…) 그러나 머리카락을 헤아리는 것은 인간의 감정, 심장의 떨림을 헤아리는 것보다 더 쉽습니다." 광대한 내적 세계는 오르내림이 많고 변화무쌍하다. 아우구스티누스는 아주 사소한 인식의 변화를 감지했고, 의식의 차원 밑에 있는 엄청난 심연을 느꼈다.

예를 들어, 아우구스티누스는 기억이라는 것에 매료됐다. 어떨 때는 아픈 기억이 아무런 자극 없이 갑자기 마음속에 떠오르곤 한다. 그는 시공을 초월할 수 있는 마음의 능력에 놀랐다. "어둠과 침묵 속에 있을 때조차도 내가 원하기만 한다면 기억 속에서 색깔을 떠올릴 수 있다. (…) 그렇다, 아무 냄새가 나지 않는데도 바이올렛과 백합의 향기를 식별할 수 있다."[12] 그는 기억의 광대한 영역이 경이로웠다.

기억의 힘은 위대하다. 실로 위대하다. 오 주여. 커다랗고 끝이 없는 공간. 기억의 깊이를 재 본 사람이 있을까? 이것이 정녕 내가 가진 힘이요, 내 본성에 속하는 능력일까? 나도 나의 전부를 이해할 수가 없다. 그러니 지나치게 일관되고 정연한 정신에는 기억 그 자체를 담아 낼 수 없다. 기억 그 자체를 담아 낼 수 없다면 그것은 어디에 있어야 할까? 그것은 안이 아니라 밖에 있는 것일까? 그렇다면 기억 그 자체를 파악하지 못하는 것은 또 어찌 된 일인가? 엄청난 경외감이 나를 놀라게 하고, 경탄케 한다.

아우구스티누스는 이 내적 탐구를 통해 적어도 두 가지 위대한 결론을 도출해 냈다. 먼저 그는 사람들이 훌륭한 자질을 가지고 태어났다 하더라도, 원죄가 그들의 욕망을 왜곡한다는 사실을 깨달았다. 그 시점까지 그는 명예나 지위 같은 것을 미치도록 원했다. 그를 행복하게 만들지 않는 것들이었음에도 계속 원했다.

그냥 내버려 둘 경우, 우리는 그릇된 것을 욕망하는 경우가 많다. 그것이 디저트가 됐든 밤늦게 문을 연 바가 됐든, 우리는 이것을 선택해야 한다는 걸 알면서도 저것을 선택할 때가 있다. 로마서에서 말한 것처럼 "내가 원하는 바 선은 하지 아니하고, 도리어 원치 아니하는 바 악은 행하는도다."

아우구스티누스는 골똘히 생각에 잠겼다. 자신의 의지조차 실행에 옮기지 못하고, 장기적으로 이익이 되는 게 무엇인지 알면서도 단기적 쾌락을 추구하고, 자신의 삶을 엉망으로 만드는 짓을 그토록 많이 하는 인간이 얼마나 불가해한 존재인지 생각한 것이다. 그리고 이는 사람의 문젯거리는 결국 자기 자신이라는 결론으로 이어졌다. 우리는 우리 자신을 불신으로 대해야 한다. "나는 내 숨겨진 부분이 무척 두렵다."[13] 아우구스티누스는 그렇게 썼다.

## 작고 하찮은 타락
—

아우구스티누스는 『고백록』에서 자신이 10대 때 벌인 쓸데없는 장난을 예로 들면서 이 현상을 설명한다. 열여섯 살 무렵의 따분했던 어느 날 저녁, 아우구스티누스와 그의 친구들은 근처 과수원에서 배를 훔치자고 작당을 했다. 배가 필요했던 것은 아니었다. 배고픈 것도 아니었다. 그곳 배가 특히 맛있는 것도 아니었다. 그저 장난으로 훔쳐서 재미 삼아 돼지들에게 던졌다.

아우구스티누스는 그때를 돌아보면서 자신이 한 행동이 얼마나 무의미하고 저속했는지를 깨닫고는 경악을 금치 못했다. "나는 뭔가 훔치고 싶은 욕망을 느꼈고, 그렇게 했다. 배고파서도, 가난해서도 아니었다. 항상 착한 일만 하는 것에 싫증이 나서, 제멋대로 나쁜 짓을 하는 쾌감을 맛보고 싶어서였다. (…) 아주 고약한 일이었고 나는 그게 너무 좋았다. 타락하는 게 좋았고, 잘못을 저지르는 게 좋았다. 나 자신이 결함 있는 존재였기 때문이 아니라, 그저 잘못된 행동을 하는 것이 좋았다. 창공에서 완벽한 나락으로 떨어지는 더러운 영혼. 치욕을 통해 무언가를 추구하는 것이 아니라, 치욕 자체를 추구했다."

『고백록』을 읽은 보통의 독자들은 왜 아우구스티누스가 어릴 적에 벌인 장난을 두고 이렇듯 흥분하는지를 궁금해했다. 나는 그날 밤 10

대 소년들이 훨씬 더 나쁜 짓, 이를테면 소녀를 괴롭혔다거나 그와 비슷한 짓을 저질렀는데, 그 대신 배를 훔쳤다고 써 놓은 것은 아닐까 생각하곤 했다. 그러나 아우구스티누스에게 있어서, 아무런 목적 없이 저지르는 그 사소한 범죄 행위는 일상의 타락을 보여 주는 것이었다. 우리는 자기만족적인 삶의 일부로서 이렇듯 사소한 악행들을 저지르고 산다.

그가 정말 지적하고 싶었던 것은 그릇된 사랑과 죄악을 자연스럽게 쫓는 성향이 인간의 본성 한가운데에 자리 잡고 있다는 점이었다. 사람들은 죄를 지을 뿐 아니라, 죄에 묘하게 매료된다. 우리는 유명인사가 말도 안 되는 스캔들에 휘말렸다는 소문을 들었는데 결국 그게 사실이 아니었다고 판명되면 조금 실망하곤 한다. 귀여운 아이들도 아무 할 일 없이 내버려두면 금세 말썽을 일으킬 방법을 찾아내곤 한다.(영국 작가 G. K. 체스터턴은 화창한 일요일 오후, 따분함을 참을 수 없게 된 아이들이 고양이를 괴롭히기 시작하는 것을 보면 죄악이 실재한다는 걸 알 수 있다고 말했다.)

심지어 동지애나 우정 같은 아름다운 관례도 더 고귀한 소명과 연결되지 않으면 왜곡될 수 있다. 배를 훔친 일화도 타락한 우정에 관한 이야기다. 아우구스티누스는 그날 밤 혼자 있었다면 아마도 그런 일을 저지르지 않았으리라는 점을 깨달았다. 그날 소년들이 그런 일을 벌인 것은 동지애를 나누고 싶은 욕망, 서로를 치켜세우고 싶은 욕망 때문이었다. 우리는 패거리에서 소외당하는 것이 두려워 다른 상황에서라면 양심에 꺼린다고 생각할 일을 할 때가 많다. 올바른 목표와 연결되지 않은 집단은 개개인보다 더 야만적일 수 있다.

# 신의 존재

—

아우구스티누스의 내적 탐험에서 비롯된 두 번째 중요한 관찰 결과는 인간의 정신이 그것 자체에만 깃들어 있는 것이 아니라 무한대로 뻗어 나간다는 것이었다. 그는 자기 안에서 타락과 부패만을 발견한 것이 아니었다. 완전함을 시사하는 그 무엇, 초월에 대한 느낌, 유한함을 넘어서 다른 차원으로까지 뻗어 있는 듯한 감정과 생각과 느낌도 찾아냈다. 이 부분에 대한 아우구스티누스의 태도를 제대로 포착하려면 이렇게 말하는 게 좋겠다. 처음 그의 사고는 물질 세계로 들어가 그것을 받아들이는 방향으로 작용했지만, 그다음에는 높이 솟아올라 그것을 초월해 버렸다고 말이다.

라인홀드 니버가 말했듯, 기억에 대한 아우구스티누스의 연구는 다음과 같은 깨달음으로 이어졌다. "인간의 영혼이 심원해지고 고귀해지면 영원에 이를 수 있으며, 이 수직적 차원은 보편적인 개념을 형성하는 데 필요한 합리적 능력보다 인간을 이해하는 데 더 중요하다."[14]

안으로 향한 길은 위로 향하게 되어 있다. 내면을 파고든 사람은 결국 자신이 신의 무한성을 향해 있다는 것을 알게 된다. 그는 신의 작은 피조물인 자신의 마음속에서조차 신의 본성과 영원한 창조를 느낀다. 몇 세기가 지난 후 영국의 작가 C. S. 루이스도 이와 관련된 발언을 한 적이 있다. "가장 깊은 고독 속에 자아로부터 벗어날 수 있는 길이 있으며, 가장 깊은 고독 속에서 순수하게 대상 그 자체를 보여 주는 무엇과 영적으로 교섭할 수 있다. 이는 어떤 감각 대상도 그것 자체와 동일시하기를 거부함으로써, 생물학적으로나 사회적으로 필요한 그 무엇도 그것 자체와 동일시하기를 거부함으로써, 상상할 수 있는 그 무엇도 그것 자체와 동일시하기를 거부함으로써, 정신의 어떤 상태도 그것 자체와 동일시하기를 거부함으로써 이루어질 수 있다." 우리는 모두 영원한 객관적 질서 안에 형성되어 있는 존재들이다. 우리의 삶은 거기에서 떼어내 개별적으로 이해할 수 없다. 배를 훔치고 싶은 욕망과 같은 죄는 과거로부터 샘솟아 인간의 본성으로, 개개인에게로 흘러 들어간 듯하다. 하지만 이와 동시에 성스러움에 대한 염원, 보다 높은 곳을 향하려는 노력, 선하고 의미 있는 삶을 살고자 하는 욕망도 보편적인 특성이다.

따라서 사람들은 오직 자신을 초월하는 힘을 볼 때에만 스스로를 이해할 수 있다고 결론 내릴 수 있다. 인간의 삶은 그것 자체를 넘어서는 무언기를 기리키고 있다. 아우구스디누스는 자신의 내면을 들여다보고, 어떤 보편적인 도덕적 감정과도 접촉하게 됐다. 그는 그와 동시에 자신이 완전성을 마음속에 그릴 수는 있지만, 그것이 자신의 힘으로 획득하기에는 너무나 먼 곳에 있다는 것을 자각했다. 더 고귀한 힘, 영원한 도덕적 질서가 있어야만 한다.

니버가 말했듯 "인간은 개별적이지만, 자족적인 존재는 아니다. 인간의 본성을 이루는 법칙은 삶의 원천이자 중심이 되는 신성함에 복종하는 삶들 간의 조화로운 관계로 이루어진 사랑이다. 인간이 삶의 중심과 원천을 자기 자신에게 놓으려 할 때 이 법칙은 훼손된다."

## 삶의 개혁

—

아우구스티누스는 자신의 삶을 개혁하기 시작했다. 마니교와 절연하는 것으로 그 첫걸음을 뗐다. 세상이 칼로 자르듯 순수한 선과 순수한 악의 세력으로 양분되어 있다는 것을 더 이상 진실로 받아들일 수 없게 됐기 때문이다. 대신 그는 선은 항상 악을 동반한다고 생각했다. 자신감에는 자만심이, 정직함에는 무자비함이, 용기에는 만용이 따르는 식으로 말이다. 윤리학자이자 신학자인 루이스 스메데스는 우리 내면 세계의 얼룩진 본성을 다음과 같이 기술하며 아우구스티누스적 사상을 드러냈다.

> 우리 내면의 삶이 밤과 낮처럼 구분되어, 한쪽은 순수한 빛만이, 다른 쪽은 칠흑 같은 어둠만이 존재하는 것은 아니다. 대부분의 경우 우리의 영혼은 그늘진 곳과 같다. 우리는 어둠이 빛을 차단하고, 내면에 그림자를 드리우는 경계에 살고 있다. (…) 우리가 늘 어디에서 빛이 끝나고 그림자가 시작되는지, 어디에서 그림자가 끝나고 어둠이 시작되는지 말할 수 있는 것은 아니다.[15]

아우구스티누스는 또 마니교도들이 자만심에 감염되었다고 믿게 됐다. 현실을 완전히 설명할 수 있다는 닫힌 모델이 그들의 허영심을 자극했고, 모든 것을 지적으로 정복했다는 환상을 심어 줬다. 그러나 바로 그 때문에 그들은 신비로움에 냉담했고, 복잡한 문제 앞에서, 그리고 아우구스티누스의 말을 빌리자면 "마음을 더 깊게 만드는" 감정들 앞에서 겸손해지기가 힘들었다. 그들에게 이성은 있었지만 지혜는 없었다.

아우구스티누스는 서로 다른 세상 사이에 매달려 있었다. 그는 진실된 삶을 살고 싶었다. 그러나 자신의 커리어, 성적 욕망, 그리고 세속적으로 추구하던 일들을 포기하고 싶지 않았다. 그는 기존의 방식을 적용해 더 좋은 결과를 내고 싶었다. 즉 야심에 찬 엘리트적 삶의 근간이 되었던 핵심적인 가정들을 사용하고 싶었던 것이다. 내 삶을 지배하는 것은 나다. 세상은 내가 원하는 대로 변형시킬 수 있을 만큼 가변적인 곳이다. 더 나은 삶을 살기 위해서는 더 열심히 일하고, 더 큰 정신력을 발휘하고, 더 나은 결정을 내리면 된다.

이것은 자신의 삶을 재편성하려는 대부분의 현대인들이 택하는 길과 크게 다르지 않다. 우리는 숙제나 학교 프로젝트를 해내는 자세로 이 문제에 임한다. 한 걸음 물러난 다음 『성공하는 사람들의 7가지 습관』과 같은 자기계발서를 읽는다. 우리는 자기조절을 더 잘할 수 있는 기술을 배운다. 심지어 신과의 관계를 정립하는 데도 승진이나 학위 과정을 준비할 때와 같은 방법으로 임한다. 이 문제를 극복하기 위해 특정 책을 읽고, 정기적으로 예배에 참석하고, 규칙적으로 기도를 드리거나 영적 과제를 수행하는 식으로 영적 규율을 실천한다.

## 자만심
—

그러나 결국 아우구스티누스는 서서히 자신을 개혁해 나가는 것은 불가능하다는 것을 깨달았다. 그는 기존의 방식으로는 좋은 삶을 살 수 없다고 결론 내렸다. 방법에 문제가 있었기 때문이다. 이전 생활의 결정적인 약점은 그가 삶의 여정을 스스로 조종해 나갈 수 있다는 믿음에 있었다. 하지만 우리가 자신의 삶을 스스로 지배한다고 믿는 한 우리는 진실에서 점점 더 멀어질 수밖에 없다.

애초에 우리는 혼자서는 좋은 삶으로 방향을 잡아 나갈 수 없다. 그럴 능력이 없기 때문이다. 정신은 너무나 광대한 미지의 우주라서 혼자 힘으로는 자신에 대해서조차 이해할 수가 없다. 우리의 감정은 너무도 변화무쌍하고 복잡해서 혼자 힘으로는 도저히 자신의 감정 생활을 정리할 수 없다. 우리의 식욕은 무한해서 혼자 힘으로는 도저히 만족시킬 수 없다. 자기기만의 힘은 너무도 강력해서 스스로에게 완전히 정직해지는 경우는 극히 드물다.

게다가 세상은 너무나 복잡하고 운명은 너무도 불확실하기에 내 운명의 주인이 될 수 있을 만큼 충분히 타인이나 주변 환경을 효과적으로 제어할 수 없다. 이성은 주변 세상을 정확히 이해하거나 장래에 닥칠 일을 예측하게 해 줄 지적 체계나 모델을 만들기에는 역부족이다. 우리의 정신력은 자신의 욕망을 성공적으로 감시할 만큼 강하지 못하다. 우리가 정말 그런 힘을 가졌다면 새해 결심을 늘 실천할 것이고, 다이어트에 늘 성공할 것이며, 지금처럼 서점에 자기계발서가 넘쳐 나지는 않을 것이다. 그런 책을 딱 한 권만 봐도 비법을 실행에 옮길 수 있을 것이다. 다시 말해 거기 나온 조언에 따라 삶의 문제를 해결해 버릴 테니 자기계발서 서가에 꽂힌 나머지 책들은 모두 쓸모 없어져 버릴 것이다. 자기계발서가 점점 더 많이 나온다는 것은 거의 효과가 없다는 증거이기도 하다.

아우구스티누스는 우리가 자기 힘으로 구원을 준비할 수 있다고 생각하면 오히려 구원에 이르지 못하도록 하는 죄를 더 크게 만들게 된다고 믿었다. 내가 내 삶의 주인이 될 수 있다고 믿는 것은 자만의 죄를 허용하는 것이다.

자부심 혹은 자만심을 뜻하는 'pride'란 무엇인가? 이 단어는 긍정적인 의미로 쓰일 때도 있다. 자신, 그리고 자신과 관련된 것들에 대해 좋은 느낌을 갖는다는 의미다. 이 단어를 부정적으로 사용할 때는 오만하고, 교만하고, 자기중심적이고, 자기과시적이고, 젠체하는 사람을 뜻한다. 그러나 이는 자만의 핵심이 아니다. 자만이라는 병의 증상 중 일부일 뿐이다.

다른 식으로 이 단어를 정의하자면, 일을 자신의 가치 척도로 여기고 성취를 중심으로 행복을 쌓아 가는 것을 말한다. 혼자 힘으로, 자신의 개인적 노력으로 자아실현을 할 수 있다고 믿는 것을 말한다.

자만심은 오만한 형태를 띠기도 한다. 도널드 트럼프 식의 젠체하는 오만함이다. 그런 사람은 자신의 우월성을 증명하는 가시적 증거를 다른 사람들이 보기를 원한다. 그는 VIP 대접을 받고 싶어 한다. 대화를 할 때 과시하고 잘난 척한다. 그는 다른 사람의 눈에서 자신의 우월성을 확인해야 한다. 그리고 이 우월감이 언젠가 자신에게 평화를 가져다줄 것이라고 믿는다.

익숙한 이야기다. 그러나 자존감이 낮은 사람들 중에도 자만심을 가진 사람이 있다. 그들은 자신의 잠재력에 합당하게 살지 못했다고 느끼며, 자신이 무가치하다고 생각한다. 또한 몸을 숨기거나 사라지길 원하고, 존재감을 상실한 채 혼자서 자신의 상처를 돌보고 싶어 한다.

우리는 이런 사람들을 자만과 잘 연결시키지 못하지만, 따져 보면 그 근원에서는 똑같은 병을 겪고 있는 것이다. 이들 또한 행복을 성취와 단단히 얽어매어 놓았기 때문이다. 다른 점이 있다면 이들은 자신에게 A⁺가 아니라 D⁻를 준다는 것뿐이다. 이들도 유아론적唯我論的인 성향이 있고 나름대로 자기중심적이지만, 단지 단정적으로 떠벌리기보다 자기연민에 빠져 고립된 방식을 취한다는 점에서만 차이가 있다.

자만의 핵을 이루고 있는 역설은 극도의 자기확신과 극도의 불안감이 결합되어 있는 경우가 많다는 점이다. 자만심을 가진 사람은 자족적이고 자기중심적으로 보이지만 실은 예민하고 불안정하다. 그는 훌륭한 명성을 쌓아서 자신의 가치를 확립하려고 노력하지만, 이는 자신의 정체성을 뜬소문과 변덕스러운 군중에게 내맡기는 꼴이 되고 만다. 그들은 또 경쟁심이 강하다. 그러나 늘 더 나은 사람이 있게 마련이다. 경쟁에서 냉혹하게도 가장 경쟁력 있는 사람에게 기준을 맞추다 보면 나머지 사람들은 거기에 맞추거나 낙오되어야 한다. 그 밖의 모든 사람들이 병적으로 성공을 향해 질주해야 하는 것이다. 그 누구도 결코 안심할 수 없다. 단테가 말한 것처럼 살게 되는 것이다. "남보다 뛰어나고자 하는 열망이/내 가슴에서 분노처럼 타올랐다."

자만심에 빠진 사람들은 고양되고 칭찬받고자 하는 열망으로 인해 곧잘 자신을 우스꽝스럽게 만들곤 한다. 그들은 자신을 웃음거리로 만드는 데 탁월한 능력이 있어서, 아무도 속지 않을 헤어스타일로 대머리를 가렸다고 믿고, 아무도 감탄하지 않을 황금빛 욕실 기구에 으쓱거리고, 아무도 감흥을 느끼지 않는데도 유명인사의 이름을 친구인 양 들먹인다. 아우구스티누스는 이렇게 썼다. 자만심을 가진 사람은 모두

"자기 자신에게만 주의를 기울인다. 자신을 기쁘게 하려는 사람은 자신이 대단해 보이게 마련이다. 그러나 자신을 기쁘게 하려는 사람은 바보를 기쁘게 하는 것이다. 스스로를 기쁘게 만들려 할 때 그는 바보가 되기 때문이다."[16]

작가이자 목사인 팀 켈러는 자만심이 사람을 불안정하게 만든다고 말한다. 다른 사람들이 그를 대할 때 그 스스로 마땅히 받아야 한다고 생각하는 것보다 고의적으로든 무의식적으로든 존경심을 덜 보이기 때문이다. 그래서 그는 계속 상처를 받는다. 그는 또 끊임없이 겉치레를 한다. 자기 자신을 계속 꾸미는 사람은 실제로 행복해지는 것보다 자신이 행복하다는 사실을 떠벌리는 것—페이스북에 사진이나 그 밖의 여러 가지 것들을 올리는 등—에 더 많은 에너지를 쏟는다.

아우구스티누스는 지금까지 고려해 본 그 어떤 것보다 근본적인 전환을 하지 않으면 자신의 문제가 해결되지 않으리라는 사실을 문득 깨달았다. 즉, 자기 문제에 대한 해결책이 자기 자신에게서 나온다는 생각부터 버려야 한다는 것이었다.

## 영적 고양
—

훗날 아우구스티누스는 신이 그를 당신에게로 이끌기 위해 그의 삶에 괴로움과 불만을 흩뿌려 두었다고 썼다. "나이가 들수록 공허함이 더 커져만 갔다. 내 두 눈으로 본 것들 외에는 그 어떤 실체도 떠올릴 수 없었기 때문이다." 아우구스티누스는 그의 유명한 말처럼 이렇게 생각했다. "주님의 품에서 쉴 때까지 우리의 심장은 쉴 틈이 없다."

아우구스티누스가 야망을 좇던 시기에 느낀 고통—적어도 그가 훗날 그렇게 묘사한—은 단지 자기중심적이거나 불안정해서 느낀 고통만은 아니었다. 그것은 자기중심적이고 불안정하지만, 그게 뭔지 찾을 수만 있다면 더 나은 삶의 방식이 있으리라는 느낌에 강하게 사로잡힌 사람의 고통이었다. 다른 개종자들이 말했듯, 그들은 신에게 너무 뿌리 깊이 연결되어 있어서 그들이 신을 찾지 않았을 때조차도 결핍을 느꼈다. 그들은 신의 부재를 깨달았고, 이는 내면에서부터 그들의 결함을 들춰 냈다. 그리고 그 부재감은 존재의 증거였다. 아우구스티누스는 평화를 느끼기 위해서 필요한 것이 무엇인지 어렴풋이 알았지만, 여전히 고집스럽게도 그 길을 택할 이유를 느끼지 못했다.

조각난 삶에서 응집된 삶으로, 기회주의적 삶에서 헌신하는 삶으로 이행해 가려면 특정 가능성들을 차단할 필요가 있다. 아우구스티누스는 이런 상황에 처한 대부분의 사람들과 마찬가지로 선택지의 일부를 포기하고 자신에게 즐거움을 주는 것들을 내려놓고 싶지 않았다. 그의 생각은 본능적으로 자신이 원하는 것을 줄이는 것이 아니라 더 많이 가지면 불안감을 해소할 수 있지 않을까 하는 쪽으로 기울었다. 그래서 그는 희생을 감수하면서까지 갖고 싶지는 않은 종교적 삶과, 경멸하면서도 포기할 수는 없는 세속적 삶 사이에 놓인 감정적 벼랑에 매달려 있었다. 그는 스스로에게 삶의 중심에서 자신을 밀어내라고, 대신 그곳에 신이 깃들게 하라고 명령했다. 하지만 그는 그 명령에 복종하기를 거부했다.

아우구스티누스는 자신의 평판에 대해 걱정했다. 그리고 성생활을 포기해야 한다는 것이 걱정스러웠다. 금욕적인 독신 생활이 종교적으로 헌신하는 삶의 필수적인 부분이라는 걸 알았기 때문이다. "내 마음 속에서 벌어지던 이 싸움은 오로지 자신을 상대로 한 자신의 갈등이었다." 그는 후일 이렇게 회상했다. "행복한 삶이라는 개념에 푹 빠져 있었지만, 행복한 삶을 이룰 참된 거처를 찾는 것이 두려웠고, 거기로부터 도망가는 것으로 그것을 찾으려 했다."

그는 대개 미루는 것으로 해결책을 찾으려 했다. 고결한 사람이 될 것이다. 하지만 아직은 아니다.

『고백록』에서 아우구스티누스는 자신이 마침내 미루기를 그만둔 계기가 된 장면을 묘사했다. 그는 정원에 앉아서 친구 알리피우스와 이야기를 나누고 있었다. 알리피우스는 신을 섬기기 위해 모든 것을 포기하는 이집트의 사제들에 관해 이야기했다. 아우구스티누스는 크게 경탄했다. 엘리트 교육을 받지 못한 사람들도 놀라운 일을 해내는데, 교육을 받은 사람들은 자신만을 위해 살고 있었다. "우리를 괴롭히는 병이 무얼까?" 아우구스티누스는 탄식했다. "배우지 못한 사람들이 팔을 걷어붙이고 뛰어들어 하늘나라를 차지하는 동안 우리는 머리만 가득 채웠지 가슴은 텅 빈 채로 피와 육체 속에서 뒹굴고 있군."

의혹과 자책에 사로잡힌 아우구스티누스는 벌떡 일어나 성큼성큼 걸어갔고, 알리피우스는 충격으로 말문이 막힌 채 뒷모습을 바라봤다. 아우구스티누스가 정원을 서성거리기 시작하자 알리피우스도 자리에서 일어나 그를 따라갔다. 아우구스티누스는 이리저리 뒤척이는 자기 분열적 삶을 끝장내라는 울부짖음을 뼛속 깊이 느꼈다. 그는 머리를 쥐어뜯고, 이마를 치다가 몸을 굽혀 두 손으로 무릎을 감싸 안았다. 마치 신이 그의 내면을 매질하는 것 같았다. "혹독한 자비"로 지금까지 그를 괴롭히던 두려움과 수치심의 채찍을 더욱 강하게 내리치는 듯했다. "지금 바로 해야 해, 지금 바로 해야 해." 그는 자기 자신에게 외쳤다.

그러나 그의 세속적인 욕망도 그렇게 쉽게 물러나지 않았다. 온갖 생각들이 그의 머릿속에 떠올랐고, 그것들이 마치 옷자락을 잡고 매달리는 느낌이었다. "우리를 버린다고요? 우리가 주는 쾌락을 다시는 즐길 수 없을 텐데?" 아우구스티누스는 주저하고 의심했다. "내가 정말 이런 쾌락 없이 살 수 있다고 생각하는 건가?"

그러다가 그의 머릿속에 고귀한 순결과 자기억제의 이상이 떠올랐다. 그는 『고백록』에서 이 생각을 레이디 콘티넌스Lady Continence라는 여성에 빗대어 은유적으로 표현했다. 그는 그녀를 금욕적이고 청교도적인 여신이 아니라, 오히려 약간 현실적이고 다산의 느낌을 풍기는 여성으로 묘사했다. 그녀는 기쁨과 쾌락의 포기를 선언하지 않는다. 오히려 더 나은 기쁨과 쾌락을 제공한다. 그녀는 믿음의 기쁨을 위해 세속적 기쁨을 이미 포기한 젊은 남녀들에 대해 이야기한다. "그들이 한 일을 당신은 못하나요?" 그녀가 묻는다. "왜 그렇게 혼자 서 있나요?"

아우구스티누스는 여전히 결심을 하지 못한 채 얼굴을 붉혔다. "엄청난 폭풍이 밀어닥쳤고, 눈물이 억수같이 쏟아져 내렸다." 그는 다시 자리에서 일어나 알리피우스와 떨어진 곳으로 걸어갔다. 혼자서 울고 싶었기 때문이다. 이번에는 알리피우스도 뒤따르지 않고 그가 혼자 가게 내버려 뒀다. 그는 무화과나무 아래에 몸을 던지며 흐느껴 울었다. 그때 이웃집 정원에서 남자아이인지 여자아이인지 알 수 없는 목소리가 들려왔다. "집어 들고 읽어라. 집어 들고 읽어라." 아우구스티누스는 즉시 문제를 해결해야 할 것 같은 느낌을 받았다. 그는 근처에 있던 성서를 집어 들고 눈에 들어오는 첫 구절을 읽었다. "방탕하고 술 취하지 말며, 음란하고 호색하지 말며, 다투고 시기하지 말며, 오직 주 예수 그리스도로 옷 입고, 정욕을 위하여 육신의 일을 도모하지 말라."

더 이상 읽어 내려갈 필요가 없었다. 아우구스티누스는 빛이 그의 가슴에 홍수처럼 밀려 들어와 모든 그림자를 지우는 것을 느꼈다. 그는 자신의 의지가 갑작스럽게 방향을 트는 것을 느꼈고, 세속적이며 유한한 쾌락을 포기하고 그리스도를 위해 살고자 하는 욕망이 느닷없이 일어나는 것을 느꼈다.

물론 그는 모니카에게 즉시 달려가 자신에게 일어난 변화를 설명했다. 그녀가 기뻐하며 소리치고, 평생에 걸친 기도에 응답해 주신 주님을 찬양하는 모습을 쉽게 상상할 수 있을 것이다. 아우구스티누스는 이렇게 말했다. "주님은 내 몸을 다시 태어나게 하시어 나를 주님께로 돌리셨고 (…) 어머니의 탄식을 기쁨으로 바꾸셨다. 그 기쁨은 그녀가 원했던 것보다 더 컸고, 그녀가 필요로 했던 것보다 훨씬 귀하고 순수했다."

정원에서 일어났던 일은 사실 개종을 의미하는 장면이 아니다. 아우구스티누스는 이미 일종의 그리스도교인이었다. 그 일이 일어난 후, 그가 즉시 그리스도 안에서 사는 삶이 무엇인지에 대해 완전히 확고한 시각을 가지게 된 것도 아니다. 정원에서 일어난 일은 영적 고양의 순간을 의미한다. 아우구스티누스는 일련의 욕망과 쾌락을 거부하고, 더 고귀한 기쁨과 즐거움을 향해 올라간 것이다.

## 복종과 겸손

—

여기서 말한 고양은 성적인 것의 포기만을 의미하는 것이 아니다. 물론 아우구스티누스의 경우에는 그것을 포함하는 것처럼 보이지만 말이다. 그것은 스스로를 일굴 수 있다는 사고방식 전체를 부인하는 일이다. 아담 Ⅰ의 세계에서 기본이 되는 원칙은 노력하면 보상을 받는다는 것이다. 열심히 일하고, 규칙에 따라 움직이고, 자신을 잘 돌보면, 나 자신이 훌륭한 삶의 원동력이 될 수 있다는 사고방식이다.

아우구스티누스는 이 모든 것이 불충분하다는 결론에 도달했다. 그는 세상을 버리고 은둔하지 않았다. 그는 죽을 때까지 정치적으로 활발한 활동을 펼친 주교로 살면서 혹독하고 때로는 악랄하기까지 한 공적 논쟁에 관여했다. 그러나 그 모든 공적 임무와 노력들은 스스로를 신의 품 안에 온전히 맡긴 상태에서 이루어졌다. 그는 내적 기쁨이란 주체적 작용이나 행위를 통해서가 아니라 스스로를 신에게 맡기고, 또 신을 온전히 받아들임으로써 얻을 수 있는 것이라고 결론 내렸다. 이 시각에 따르면, 자신의 힘으로 승리를 이루어 내고자 하는 의지, 야망, 욕망을 완전히 포기하거나 적어도 억제하는 것이 중요하다. 또한 중요한 점은 이 세상의 제1 원인은 신이며, 신은 나에 관한 계획을 이미 갖고 있다는 사실을 인정하는 것이다. 신은 내가 그것에 따라 살길 바라는 진리를 이미 갖고 있다.

더욱이 신은 내 존재의 정당성을 이미 증명해 주었다. 이 삶에서 시험을 받고 있고, 그 시험에 대해 좋은 판결을 받으려면 일하고, 성취하고, 성공해야 한다고 생각할 수도 있다. 어떤 날은 자신이 가치 있는 사람이라고 변호할 증거가 쌓이기도 한다. 또 어떤 날은 그렇지 않다고 비난할 증거가 생기기도 한다. 그러나 팀 켈러가 말했듯 그리스도교 사상에서 이 시험은 이미 끝난 것이다. 판결은 재판을 시작하기도 전에 이미 내려져 있었다. 예수가 나를 위해 이미 시험을 받았기 때문이다. 내가 받아야 할 유죄 판결을 예수가 대신 받은 것이다.

세상에서 가장 사랑하는 사람이 내가 지은 죄에 대한 벌로 나무에 못 박힌다 상상해 보라. 그 장면을 보는 동안 마음속에 일어날 감정들을 상상해 보라. 그리스도교적 사고방식에 따르면, 이것은 예수가 우리를 위해 한 희생의 축소판이다. 켈러가 말했듯 "신은 그리스도의 완벽한 희생을 마치 우리 자신의 것인 양 우리에게 돌려 우리를 그의 가족으로 받아들인다."[17]

제니퍼 허트는 『덕을 가장한다는 것Putting On Virtue』에서 자기 생각대로만 하려는 고집스러운 태도의 문제점을 지적하며 이렇게 말한다. "신은 우리에게 선물을 주려 하는데, 우리는 그것을 사려 한다."[18] 우리는 끊임없이 노력과 성취를 통해 삶의 의미와 구원을 사려 한다. 그러나 삶의 의미와 구원은 우리가 항복의 백기를 올리고, 은총이 영혼에 홍수처럼 밀려드는 것을 허락할 때 비로소 얻을 수 있는 것이다.

여기에 함축되어 있는 자세는 복종이다. 팔을 높이 올려 쭉 펴고, 얼굴을 들어 눈은 하늘을 응시하며, 차분하고 끈기 있게 그러나 열정적으로 기다리는 모습이다. 아우구스티누스는 우리가 이런 복종의 자세를 취하기를 원한다. 이 자세는 결핍에 대한 자각, 자기 자신의 부족함에 대한 자각에서 비롯된다. 우리 내면에 질서를 부여할 힘을 갖고 있는 것은 우리가 아니라 오직 신뿐이다. 오직 신만이 우리의 욕망에 방

향을 제시하고, 우리의 감정을 변화시킬 힘을 갖고 있다.[19]

아우구스티누스와 이후 수많은 그리스도교인들은 이 수용의 자세가 경외로운 신의 존재 앞에서 내 존재의 하찮음과 죄 많음을 느끼는 것으로부터 시작된다고 생각했다. 겸손은 망가진 자신의 모습을 날마다 되돌아보는 것에서 나온다. 겸손은 늘 우월해지기 위해 애써야 하는 끔찍한 스트레스에서 우리를 해방시켜 준다. 우리의 관점을 뒤집어 우리가 낮춰 보는 경향이 있는 것들을 높은 가치를 지닌 것으로 받아들이도록 한다.

아우구스티누스는 젊은 시절 내내 위로 올라가는 데 주력했다. 타가스테를 떠나 카르타고를 거쳐 로마와 밀라노로 옮겨 가면서 더욱 명망 있는 무리, 더욱 뛰어난 동료를 찾기 위한 탐색을 멈추지 않았다. 그는 오늘날 우리가 그러듯이 철저한 계급 중심 사회에서 위로 올라가기 위해 분투하며 살았다. 그러나 그리스도교에서, 적어도 이상적인 그리스도교에서 숭고함이란 높고 고귀한 신분이 아니라 낮고 미천한 일상에 있다. 그것은 개선 행진이 아니라 발을 씻어 주는 행위에 있다. 자신을 높이는 자는 낮아질 것이며, 자신을 낮추는 자는 높아질 것이다. 오르기 위해서는 먼저 내려가야 한다. 아우구스티누스는 이렇게 설명했다. "겸손이 있는 곳에 위엄이 있다. 약함이 있는 곳에 힘이 있다. 죽음이 있는 곳에 생명이 있다. 후자를 얻고 싶다면 전자를 업신여기지 말라."[20]

이렇게 겸손한 삶을 사는 영웅이 칭송받는 즐거움을 꺼리는 것은 아니다. 그러나 혼자 힘으로 그럴듯한 대우를 받게 되었다고 해서 인간으로서의 본질적 가치가 실질적으로 증명되는 것은 아니다. 신은 모든 것을 아우르는 능력을 갖고 있어서, 그에 비하면 가장 뛰어난 노벨상 수상자나 가장 아둔한 바보 사이에는 아주 작은 차이만 있을 뿐이다. 가장 중요한 의미에서 본다면, 모든 영혼은 평등하다.

아우구스티누스의 그리스도교에서는 다른 분위기의 목소리를 요구한다. 하인을 부르는 주인의 위압적인 목소리가 아니라, 모든 관계에서 몸을 낮추고 들어와 위를 향해 섬기고자 하는 목소리다. 세속적인 성공과 대중의 칭송이 무조건 나쁘다는 것은 아니다. 다만 우리가 지구상에서 그러한 성취를 얻는 자리는 최종 목적지가 아니며 잠시 영혼이 쉬어 가는 곳이라는 것이다. 이곳에서 나쁜 방법으로 얻은 성과는 궁극적인 성공의 가능성을 낮출 수 있다. 그리고 궁극적인 성공은 타인과의 경쟁을 통해서 얻을 수 있는 것이 아니다.

아우구스티누스가 인간의 본성을 낮게 평가했다고 말하는 것은 옳지 않다. 그는 개개인이 신의 형상으로 만들어졌고, 예수의 고통과 죽음에 값할 만큼 존엄성을 가졌다고 생각했다. 그가 인간을 자율적인 개인으로서 독립적으로 잘 살 능력이 부족한 존재, 스스로 자신의 욕망에 질서를 부여할 능력이 부족한 존재로 믿었다고 말하는 것이 더 정확할 것이다. 인간은 자신의 의지를 신에게 맡길 때에만 질서와 참된 사랑을 찾을 수 있다는 것이다. 인간이 무력하다는 것이 아니라, 신의 품 안에서 쉬기 전까지는 편안히 쉴 수 없는 존재라는 뜻이다.

## 신의 은총

아우구스티누스의 사상, 그리고 그리스도교 교리의 상당 부분은 인간이 스스로를 일굴 수 있다고 믿는 사고방식에 대해 한 가지 더 중요한 의문을 던진다. 아우구스티누스의 관점에서 보면 사람들은 받을 만한 자격이 있어서 무언가를 얻는 게 아니다. 만일 그렇다면 삶은 지옥 같아질 것이다. 사람들은 받을 자격에 넘치도록 받는다. 신은 우리에게 은총을 주고, 그것은 과분한 사랑이다. 신이 우리를 보호하고 보살펴주는 까닭은 우리에게 그것을 받을 자격이 없을뿐더러 스스로 얻을 능력도 없다는 바로 그 이유 때문이다. 일을 잘해냈기 때문에, 혹은 부모나 친구로서 희생을 했기 때문에 은총을 받는 것이 아니다. 은총은 창조와 함께 오는 선물이다.

은총을 받기 위해 해야 하는 일 중 하나는 스스로 은총을 얻을 수 있다는 생각을 버리는 것이다. 신을 위해 승리를 거두고 그 노력에 대한 보상으로 은총을 얻는다는 능력주의적 충동을 버려야 한다. 그런 다음 은총을 향해 자신을 열어야 한다. 은총은 언제 올지 모른다. 그러나 열려 있고 섬세한 사람들은 가장 필요한 시점, 그러나 전혀 예상치 못했던 시점에 신의 은총이 찾아왔다고 증언한다.

폴 틸리히는 에세이집 『흔들리는 터전Shaking the Foundations』에서 은총이 오는 이런 방식에 대해 다음과 같이 기술했다.

은총은 우리가 큰 고통과 불안을 겪을 때 찾아온다. 은총은 우리가 무의미하고 공허한 삶의 어두운 계곡을 지나갈 때 갑자기 찾아온다. (…) 그것은 우리가 자신의 존재, 냉담함, 나약함, 적대감에 혐오를 느낄 때, 자신이 방향을 잃고 평정을 잃어 더 이상 견딜 수 없을 때 갑자기 찾아온다. 그것은 해마다 바라고 바라던 완전한 삶이 모습을 드러내지 않고, 오랜 충동이 지난 수십 년간 그래 온 것처럼 우리를 지배하고, 절망이 모든 기쁨과 용기를 무너뜨릴 때 갑자기 찾아온다. 그 순간 우리의 어둠 속으로 빛의 물결이 새어 들어올 때가 있다. 그리고 마치 어떤 목소리가 속삭이는 듯하다. "너는 받아들여졌다. 너는 받아들여졌다. 너보다 큰 존재에 의해 받아들여졌다. 너는 그 이름을 알지 못한다. 지금은 그 이름을 물으려 하지 말라. 언젠가 찾게 될지도 모른다. 지금은 아무것도 하려 하지 말라. 언젠가 더 많은 일을 하게 될 것이다. 아무것도 쫓지 말고, 아무것도 하지 말고, 아무것도 의도하지 말라. 그저 네가 받아들여졌다는 사실만을 받아들여라." 이런 일이 일어났다면 은총을 경험한 것이다. 그런 경험을 한 후, 이전보다 나은 사람이 되지 않을 수도 있고, 이전보다 믿음이 깊어지지 않을 수도 있다. 그러나 모든 것이 변화한다. 그 순간, 은총은 죄를 정복하고, 반목의 심연에 화해의 다리가 놓인다. 이 경험을 통해 해야 할 일은 아무것도 없다. 아무런 종교적, 도덕적, 지적 가정도 필요 없다. 받아들이는 것 말고는 아무것도 필요하지 않다.[21]

주류 문화에 속한 이들은 사람들이 사랑을 받는 이유는 친절하고, 재미있고, 매력 있고, 영리하고, 세심하기 때문이라는 생각에 익숙해져 있다. 받을 만하지 않은 사랑을 받아들이는 것은 놀라울 정도로 어렵다. 그러나 자신이 받아들여졌다는 사실을 받아들이기만 하면, 그 사랑을 맞으러 나가고 그 선물에 보답하고자 하는 거센 욕망이 일어난다.

누군가를 열정적으로 사랑하면 늘 기쁘게 해 주고 싶어진다. 그이에게 선물을 사주고 싶어지고, 그이의 집 창문 밖에 서서 말도 안 되는 노래를 부르고 싶어진다. 이것은 은총의 손길을 느낀 사람들이 신을 기쁘게 하고자 하는 방식과 비슷하다. 그들은 신을 기쁘게 하는 일을 하면서 기쁨을 느낀다. 신에게 영광을 돌릴 수 있는 일을 할 때는 피곤을 느끼지 않는다. 일어나 신의 사랑을 만나고 싶은 욕망은 엄청난 에너지를 만들어 낸다.

몸을 일으켜 신을 만나려 하는 과정에서 사람들의 욕망은 서서히 변화해 간다. 그들은 기도를 하면서 스스로를 기쁘게 할 거라고 여겨지는 것보다 신을 기쁘게 하리라고 믿는 것을 더 많이 원하게끔 자신의 욕망을 차츰 변화시켜 나간다.

이 관점에서 보면 궁극적인 자기정복은 자기억제나 내면에서 벌이는 지독한 투쟁을 통해 얻을 수 있는 것이 아니다. 자아 밖으로 나가서 신과 교감하고, 신의 사랑에 보답하기 위한 일이라고 자연스럽게 느껴지는 것들을 함으로써 얻게 되는 것이다.

바로 이것이 내적 변화를 만들어 내는 과정이다. 어느 날 문득 돌아보면 자기 내면의 모든 것이 이미 바뀌어 있다는 것을 깨닫게 된다. 예전에 사랑하던 것들은 더 이상 가슴을 두근거리게 하지 않는다. 이제 다른 것을 사랑하고, 다른 쪽을 바라보게 되었다. 다른 종류의 사람이된 것이다. 이렇게 되기까지 이런저런 도덕적 계율이나 훈련 교관의 명령이나 특정 습관을 따라서가 아니다. 대신 사랑의 우선순위를 바꾸고, 아우구스티누스가 되풀이해 말했듯 그 스스로가 자신이 사랑하는 것이 되기 때문이다.

## 겸손한 야망

우리는 동기부여에 대한 새로운 이론을 만나게 됐다. 아우구스티누스가 설명한 과정을 다시 짚어 보자면, 우리는 먼저 광활한 내적 우주를 보기 위해 내면으로 뛰어들어야 한다. 내면을 향한 이 여정은 결국 바깥쪽으로 방향을 틀어, 외재적 진리와 신에 대한 자각으로 이어진다. 이 과정에서 전지전능한 신과 대조적으로 자신은 너무 하찮은 존재라는 것을 알게 되므로 겸양의 덕도 배운다. 그러면서 신을 받아들이기 위한 틈을 만들기 위해 자신을 비우고 내려놓게 된다. 이는 또 신의 은총을 받는 길로 향하는 문을 연다. 이 선물은 엄청난 감사의 마음을 느끼게 하고, 그 사랑에 보답하고자 하는 마음, 무언가를 돌려 주며 기쁘게 해 주고 싶다는 마음을 불러일으킨다. 그럼으로써 우리 안에 잠자고 있던 커다란 에너지가 깨어난다. 수백 년에 걸쳐 많은 사람들이 신을 기쁘게 하고자 하는 강력한 동기를 느껴 왔다. 이는 돈, 명예, 권력에 대한 열망만큼이나 강력한 동기가 된다.

이 개념이 탁월한 까닭은 사람들이 신에게 의지하면 할수록 포부를 갖고 그것을 행동에 옮길 능력이 커진다는 데 있다. 의존이 수동성을 야기하는 게 아니라 오히려 능력과 성과를 가져다준다는 것이다.

## 세속적 사랑

아우구스티누스는 정원에서 '개심'의 순간을 맞은 후에도 평온하고 쉬운 삶을 살지 않았다. 처음에는 폭발적으로 솟아오르는 낙관적인 생각들을 즐겼지만, 죄짓기 쉬운 자신의 성향이 그대로 남아 있다는 것을 깨닫고는 가슴이 철렁 내려앉기도 했다. 자신의 거짓된 사랑도 마법처럼 사라져 버린 것이 아니었다. 그의 전기를 쓴 피터 브라운이 말했듯 "과거는 굉장히 가까운 데서 모습을 드러낼 수 있다. 과거의 강력하고 복잡한 감정들이 사라진 것은 최근의 일일 뿐이다. 그 감정들 위로 자란 새로운 감정의 얇은 막 사이로 그것들의 윤곽을 여전히 느낄 수 있다."[22]

아우구스티누스는 자신의 청년기에 대한 일종의 비망록인 『고백록』을 정겨운 회고담으로 쓴 것이 아니었다. 어려운 시기였기에 겪어야 했던 일들을 재평가할 필요가 있었기 때문에 쓴 것이었다. 브라운은 이렇게 썼다. "그는 자신에 대한 다른 관점 위에서 미래를 위한 기초를 놓아야만 했다. 이 관점을 얻기 위해서는 자신의 과거 중 개심으로 최고조에 달했던 시기를 재해석하는 것 말고는 다른 방법이 없었다. 그때까지도 개심이라는 사건에 높은 희망을 걸고 있었기 때문이다."[23]

아우구스티누스는 신을 믿는 사람들에게 그들 자신이 삶의 중심에 있는 것이 아니라는 사실을 환기시켜 주고 있다. 물질적 세상은 아름다우며 음미하고 즐겨야 하는 것이지만, 이 세상의 즐거움은 신의 초월적 사랑이라는 더 큰 문맥 안에서 음미할 때 가장 향기로운 것이다. 아우구스티누스의 기도와 명상은 이 세상을 넘어서는 세계에 대한 찬미로 가득 차 있다. 예를 들어, 아우구스티누스는 그의 가장 아름다운 명상에서 이렇게 묻는다. "내가 신을 사랑할 때 사랑하는 것은 무엇인가?"

세속적인 눈으로 볼 때 소중한 물리적 아름다움도, 일시적인 영광도, 밝은 빛도 아니다. 또한 온갖 노래의 달콤한 선율도, 꽃과 유약과 향수의 섬세한 향기도, 만나나 꿀도, 육신을 따뜻하게 포옹하는 팔도 아니다. 내가 신을 사랑할 때 사랑하는 것은 이런 것들이 아니다. 신을 사랑할 때 내가 사랑하는 빛이 있고, 음식이 있고, 포옹이 있다. 내면의 빛, 내면의 목소리, 내면의 향기, 내면의 양식, 내면의 포옹이다. 그곳에서 나의 영혼은 공간이 담을 수 없는 빛으로 넘쳐 흐르고, 시간으로 잡을 수 없는 소리가 있고, 아무리 바람이 불어도 흩어지지 않는 향기가 있고, 아무리 먹어도 질리지 않는 맛이 있고, 신물이 나도록 함께 있어도 끊을 수 없는 유대가 있다. 그것이 신을 사랑할 때 내가 사랑하는 것이다.

이는 더 넓은 문맥 안에서 삶을 사는 것이다. 신학자 리사 풀럼이 말했듯 "겸양은 문맥 안에서 자신을 이해하는 덕목으로, 내가 아닌 다른 것을 중심에 두는 훈련을 통해 얻어진다."

## 숨죽임

정원에서 금욕을 선언한 후, 아우구스티누스는 자신이 더 이상 믿지 않게 된 수사학을 가르치며 학년 말까지 겨우겨우 버텼다. 그런 다음, 그는 어머니, 아들, 그리고 친구 몇 명과 함께 그리스도교도 아내를 둔 밀라노의 지인 저택으로 가서 5개월을 지냈다. 그 저택이 있는 카시키아쿰은 밀라노에서 북쪽으로 32킬로미터 정도 떨어진 곳에 있었다.

일행은 학자들 몇몇과 함께 심오한 문제들에 관해 숙고하는 일련의 토론회에 참여했다. 아우구스티누스는 모니카가 타고난 지적 능력으로 다른 사람들과 보조를 맞추고, 심지어는 화제를 이끌어 가기까지 하는 것을 보고 기뻐했다. 그런 다음 아우구스티누스는 아프리카로 돌아가서 어머니와 함께 기도와 묵상을 하며 은둔 생활을 하겠다고 결심했다.

일행은 남쪽으로 향했다. 전기 작가들은 2년 전 아우구스티누스의 정부가 쫓겨난 뒤 이동한 경로와 같았다고 전한다. 그들은 일대를 봉쇄 중인 군대를 만나 오스티아까지만 갈 수 있었다. 아우구스티누스는 오스티아에서 묵던 어느 날 창문을 통해 정원을(그의 삶에서 많은 사건들이 정원에서 일어난다) 내려다보며 어머니와 이야기를 나누고 있었다. 그즈음 모니카는 죽음이 다가오고 있다는 것을 확실히 느꼈다. 당시 그녀는 쉰여섯 살이었다.

아우구스티누스는 어머니와의 대화를 묘사하면서 두 사람이 함께 나눈 경험을 이렇게 말했다. "세속적인 의미에서, 가장 순수한 물질적 관점에서 (…) 그 관점의 달콤함에 관한 최고의 기쁨을 경험했다." 그러나 모자 간의 친밀한 대화 도중 두 사람은 신에 대해 이야기하기 시작했다. 그들의 대화는 "차츰 물질적인 모든 것들을 샅샅이 훑고 지나갔다. 심지어 땅 위를 비추는 해와 달과 별이 있는 하늘까지도 말이다." 그리고 이렇듯 물질적인 것에서부터 "우리는 우리 자신의 마음에 대한 이야기로 넘어갔고, 그것을 넘어서는 순수한 영혼의 영역에까지 들어갔다."

두 사람의 대화를 묘사하면서 아우구스티누스는 분석하기 힘든 긴 문장들을 사용한다. 그러나 일부 번역에 따르면, 그는 '숨죽인hushed'

이라는 표현을 여러 번 사용한다. 육체의 격정이 숨죽이고, 물과 공기가 숨죽이고, 모든 꿈과 얄팍한 이상이 숨죽이고, 말들이 숨죽이고, 사라지는 모든 것들이 숨죽이고, 자아가 숨죽이며 자아를 넘어 일종의 침묵이 되었다. 어머니인지 아들인지 모르지만 둘 중 하나가 외쳤다. "우리 자신을 만든 것은 우리가 아니야. 우리를 만든 분은 절대 사라지지 않아." 그리고 아우구스티누스와 모니카는 신의 음성을 들었다. "육신의 언어도, 천사의 목소리도, 천둥 같은 소리도, 비유나 은유와 같은 모호한 수수께끼도 아니었다." 두 사람이 들은 것은 "바로 주님"의 목소리였다. 그리고 두 사람은 순수한 이해의 순간이 지난 후 깊은 한숨을 내쉬었다.

아우구스티누스가 묘사한 것은 완벽한 고양의 순간이었다. 숨을 죽이고, 숨을 죽이고, 숨을 죽이고, 숨을 죽인. 세상의 모든 소음이 침묵 속으로 사라진다. 그리고 창조주를 찬양하고자 하는 욕망이 밀려 들어온다. 그러나 그 찬양마저도 예수가 스스로를 비우고 내어 주는 가운데 숨을 죽인다. 그리고 영원한 지혜에 대한 비전이 고취되는 순간이 찾아온다. 그것은 아우구스티누스가 '기쁨을 가져다주는 신비로운 심연'이라 부른 것과 만나는 순간이다. 우리는 어머니와 아들이 이 절정의 만남 속에서 환희에 젖는 장면을 상상할 수 있다. 오랜 세월에 걸친 눈물과 분노, 제어와 도피, 불화와 화해, 추적과 조종, 우정과 다툼 끝에 그들은 바깥 세계를 향한 모종의 연합을 이루어 냈다. 그들은 하나가 되어, 두 사람 다 똑같이 사랑하는 것에 대한 사색에 녹아들었다.

모니카가 말했다. "아들아, 이제 이 생에서 이보다 더한 기쁨은 바라지 않는다. (…) 이 생을 떠나지 못하고 머뭇거린 유일한 이유는 죽기 전에 네가 가톨릭 교인이 되는 걸 보고 싶었기 때문이란다. 주님께서 그 소원을 넘치게 들어 주셨구나."

치유를 받는다는 것은 껍질을 깨서 연다는 의미다. 옳은 길은 바깥쪽을 향해 있다. C. S. 루이스는 우리가 파티에 가서 좋은 인상을 남기겠다고 의식적으로 애쓰면 오히려 성공하지 못할 확률이 높을 거라고 말했다. 방 안에 있는 다른 사람들에 대해서만 생각할 때 비로소 좋은 인상을 남길 수 있다. 아트 프로젝트를 시작할 때 독창적인 것을 보여 주겠다고 지나치게 애쓸 경우 오히려 독창적인 것을 만들어 내기 어려울 것이다.

평정도 마찬가지다. 내적 평화와 성스러운 느낌을 얻겠다고 달려들면 오히려 얻기 힘들어질 것이다. 그것은 외적인 무언가에 관심의 초점을 맞출 때에만 간접적으로 얻을 수 있는 것이다. 에너지를 더 큰 무언가에 집중시킬 때, 자기 망각 상태에서 부수적으로 생기는 것이다.

아우구스티누스에게 있어서 그것은 핵심적인 변화였다. 지식만으로는 평정과 선을 얻을 수 없었다. 거기에는 선을 행하고자 하는 동기가 담겨 있지 않기 때문이다. 오직 사랑만이 행동하도록 만든다. 우리가 새로운 정보를 얻었다고 더 선해지는 것은 아니다. 머릿속에 든 지식이 우리가 되는 것은 아니다. 교육은 사랑을 형성하는 과정이다. 학교에 갔을 때, 그곳에서 우리에게 제공해 주는 것은 새로 사랑할 대상이어야 한다.

며칠 후, 모니카는 병상에 누웠고, 9일 만에 세상을 떠났다. 그녀는 아우구스티누스에게 아프리카의 고향으로 돌아가 묻히는 것이 더 이상 중요하지 않다고 말했다. 그 어떤 곳도 신으로부터 멀리 있지 않기 때문이었다. 그녀는 아우구스티누스가 그 모든 시련 속에서도 자신에게 단 한 번도 날카로운 말을 던진 적이 없다고 말했다.

어머니가 숨을 거두는 순간, 아우구스티누스는 몸을 굽혀 그녀의 눈을 감겨 주었다. "말할 수 없는 슬픔이 내 심장으로 밀려 들어왔고, 눈물이 넘쳐흐르려 했다." 그때까지도 고전적 금욕주의를 완전히 포기하지 않았던 아우구스티누스는 그 순간 자제력을 발휘해서 흐느껴 울지 않아야겠다고 생각했다. "그러나 내 눈은 정신의 강력한 통제 아래에서 눈물이 흐르려는 것을 참아 냈다. 나는 눈물을 흘리지 않으며 서 있었다. 너무나 어려운 싸움이었다. (⋯) 어머니라는 가장 큰 위안을 잃었고, 내 영혼은 상처받았으며, 내 삶은 갈가리 찢겨져 버렸다. 어머니와 내가 함께 만든 하나의 삶이었기 때문이다."

아우구스티누스가 계속해서 슬픔을 억누르고 있는 사이 친구들이 모여들었다. "이 인간적인 감정이 내게 그토록 큰 영향력을 발휘할 수 있다는 것이 무척 수치스러웠기 때문에 (⋯) 내 슬픔에 대한 새로운 슬픔을 느꼈고, 그로 인해 슬픔이 두 배가 되었다."

아우구스티누스는 목욕을 하러 가서 자기분열 상태를 진정시키고 난 뒤 잠에 빠져들었고, 다시 일어났을 때는 기분이 한결 나아져 있었다. "그런 다음 나는 조금씩 조금씩 주님의 시녀였던 어머니에 대한 이전의 감정을 회복하기 시작했고, 그녀가 나와 대화를 나눌 때 얼마나 사랑과 헌신에 가득 차 있었는지 기억했으며, 그것을 갑자기 잃었다는 것을 실감하기 시작했다. 나는 주님이 보는 앞에서 어머니에 대해, 어머니를 위해, 나 자신에 대해, 나를 위해 울면서 위안을 찾았다.

모니카가 산 세상은 로마 제국이 유럽을 주도하고 합리주의 철학이 사고를 지배하는 곳이었다. 아우구스티누스는 순수한 합리주의에 대비되는 믿음, 세속적 야망에 대비되는 영적 엄격함을 설명할 때 자신의 어머니를 예로 들었다. 그는 주교가 되어 싸우고 설교하고 글 쓰고, 또 싸우고 논쟁하며 남은 삶을 살았다. 그는 젊은 시절 추구했던 불멸성을 손에 넣었다. 그러나 그 불멸성은 전혀 예상치 못한 방식으로 주어졌다. 그는 자신의 삶을 스스로 제어할 수 있다는 믿음으로 시작했다. 그러나 그 믿음을 포기해야만 했고, 스스로를 열고 내맡기는 낮은 자세를 취해야만 했다. 그렇게 후퇴를 한 후에야 은총을 받아들이고, 감사함을 느끼고, 위를 향해 솟아오를 수 있을 만큼 열린 사람이 되었다. 그의 삶은 전진–후퇴–전진의 모양새를 띠고 있다. 그것은 삶, 죽음, 부활이다. 의지하기 위해 스스로를 낮춘 후에야 비로소 헤아릴 수 없는 높이를 얻은 것이다.

가난과 장애를 이기고
문학적 진실을 성취하다

─────

새뮤얼 존슨

———————

존슨에게 자신과의 싸움은 구원으로 이어지는 길이었다.

그는 다른 종류의 용기, 정직해질 수 있는 용기를 몸소 실천했다.

존슨은 문학적 표현의 힘을 믿었다. 극도의 도덕적 진실함을 가지고

쓰이기만 한다면 악을 정복할 수 있다고 믿은 것이다.

그에게 진실은 구속의 사슬을 끊는 힘이었다.

베이트가 말했듯 "존슨은 인간이 느낄 수 있는 모든 걱정과 두려움에

반복적으로 가까이 다가선다.

거기에 자신의 손을 직접 대고 자세히 들여다보면 사자의 가죽이 벗겨지고,

그 속에는 당나귀나 나무틀만이 있다는 것을 깨닫게 된다.

그가 무슨 말을 할지 읽을 때마다 우리가 웃게 되는 것도 그런 이유에서다.

그 웃음은 부분적으로 안도감에서 오는 것이다."

존슨에게는 모든 것이 도덕적 대결이었고,

향상되거나 퇴보하거나 참회할 수 있는 기회였다.

그의 대화는 심지어 떠들썩한 대화를 나눌 때마저도

스스로를 향상시키기 위한 것이었다.

새뮤얼 존슨 Samuel Johnson은 1709년 영국 리치필드에서 태어났다. 아버지는 성공하지 못한 서적상이었다. 어머니는 교육을 받지 못한 사람이었음에도 자신이 손해 보는 결혼을 했다고 생각했다. "어머니와 아버지는 서로에게서 별다른 행복을 찾지 못했다." 존슨은 그렇게 기억했다. "두 분은 거의 대화를 하지 않았다. 아버지는 사업에 대해 말하는 걸 극도로 싫어했고, 어머니는 책에 대해 아는 것이 거의 없었지만 그것 말고는 달리 할 말이 없었다. (…) 어머니는 사업에 대해 확실히 이해하지 못했다. 따라서 그녀의 대화는 불평, 두려움, 의심으로 가득 차 있었다."[1]

존슨은 출산이라는 시련을 겪고도 살아 있는 걸 사람들이 놀라워할 만큼 병약한 아이였다. 어린 존슨은 바로 유모 손에 넘겨졌지만, 감염이 된 유모의 젖 때문에 림프절 결핵에 걸렸고, 이로 인해 한쪽 눈은 영원히 멀고 다른 쪽 눈도 시력이 매우 나빠졌으며, 한쪽 귀의 청력까지 잃고 말았다. 나중에는 홍역에도 걸려 왼쪽 얼굴에 영구적인 흉터가 남았다. 당시 의사들은 병세를 완화시키겠다는 의도로 마취도 하지 않고 왼팔을 절개했다. 말털을 써서 6년 동안 상처가 아물지 않도록 열어 둔 채 병과 관련되어 있다고 믿은 체액을 정기적으로 짜냈다. 의사들은 또 목에 있는 분비샘을 절개하는 수술도 시도했다. 하지만 수술을 망치는 바람에 존슨은 평생 왼쪽 얼굴의 귀에서 턱까지 깊은 상처를 갖고 살아야만 했다. 그는 몸집이 크고, 못생기고, 흉터 가득한 괴물 같은 모습을 갖게 되었다.

그는 자신의 병과 치열하게 싸웠다. 어렸을 적, 어느 날 학교에서 집으로 걸어가다가 도로의 도랑을 볼 수가 없자 걸려 넘어질까 봐 두려웠다. 그래서 네 발로 엎드려 길을 따라 걸어갔고, 도로변을 자세히 들여다보며 발걸음을 쟀다. 여교사가 그에게 손을 내밀었지만, 그는 화를 내며 그녀의 손을 쳐냈다.

존슨은 만성 질환을 가진 사람들이 자기연민 혹은 방종에 빠지기 쉽다고 믿었으며 이를 평생 경계했다. "병은 심각한 이기심을 만들어낸다." 그는 삶의 막바지에 이르렀을 때 그렇게 썼다. "육체적 고통에 빠진 사람은 편해지고 싶어 한다." 월터 잭슨 베이트는 새뮤얼 존슨이 "자신이 필요로 하는 바를 강하게 느끼고 그것을 자신이 완벽하게 책임지고 싶어 하는 태도"를 갖고 질병에 대처했다고 전한다. 이어서 그는 이렇게 덧붙인다. "오늘날 우리의 관심을 특별히 더 끄는 점은 그가 어린 시절 자신과 다른 사람들 간의 육체적 차이를 깨달으면서 얼마나 빨리 자신만의 독립적인 생활 방식을 모색하기 시작했는지, 자신이 늘 짊어져야 했던 육체적 한계를 얼마나 고집스럽게 묵살했는지 하는 것들이다."[2]

존슨이 받은 교육은 철저하고 혹독했다. 그는 학교에서 르네상스 시기부터 20세기까지 서구 교육의 핵심 요소였던 고전적 커리큘럼에 따라 교육을 받았다. 오비디우스, 베르길리우스, 호라티우스, 그리고 고대 아테네 저자들의 작품을 배웠고, 라틴어와 그리스어를 배웠다. 게으름을 피우면 매질을 당했는데, 이때 교사들은 학생을 의자에 기대게 한 다음 막대기로 엉덩이를 세게 내리쳤다. 그들은 체벌을 할 때마다 이렇게 말하곤 했다. "이게 너를 교수대에 가지 않게 해 준다는 것만 알아 둬."[3] 훗날 존슨은 그 매질에 대해 약간의 불만을 털어놓았지만, 그럼에도 체벌이 심리적 압박이나 감정적 조종보다는—오늘날 부모들이 설득할 때 많이 쓰는 방법인—낫다고 믿었다.

존슨에게 가장 중요한 교육은 사실 혼자서 공부한 것이었다. 그는 나이 많은 아버지와 가깝게 지낸 적은 없지만 아버지가 갖고 있던 책들은 탐독했다. 여행기, 연애소설, 역사책 등을 닥치는 대로 읽었고, 특히 용감한 기사들의 이야기를 좋아했다. 그는 정말 생생하게 책을 읽는 아이였다. 아홉 살 때는 『햄릿Hamlet』을 읽다가 유령이 나오는 장면에 이르자 서둘러 거리로 뛰쳐나갔다. 두려운 데다가 살아 있는 사람들의 세상을 다시 확인하고 싶은 마음이 간절했기 때문이다. 또한 기억력이 좋아서 좀처럼 잊어버리지 않았다. 기도문을 한두 번 읽고 나면 평생 암송할 수 있었다. 그리고 수십 년 전에 읽었던 무명 저자의 책을 대화 도중 갑자기 떠올리곤 한 것을 보면, 자신이 읽은 것은 모두 기억할 수 있었던 것 같다. 어렸을 때는 아버지가 저녁 만찬에 그를 데리고 가 억지로 암송을 시키고는 사람들이 감탄하는 것을 즐기기도 했다. 어린 새뮤얼은 아버지의 허영심에 혐오감을 느꼈다.

존슨이 열아홉 살 되던 해, 그의 어머니는 유산을 약간 받았다. 옥스퍼드에서 1년 정도 공부할 수 있는 돈이었다. 그는 지체하지 않고 그 기회를 낭비했다. 옥스퍼드에 발을 들였을 때 그는 자신의 능력을 잘 알고 있었다. 불타는 야망을 가진 그는 나중에 표현한 대로 "끝없는 명성을 얻고자 하는 즐거운 희망"과 이름을 드높이고자 하는 열망에 두근거렸다. 그러나 독립적으로 독학하는 삶에 익숙한 데다가, 주변의 다른 학생들에 비해 사회적으로나 재정적으로나 열등하다는 느낌을 지울 수가 없었던 그는 옥스퍼드의 규칙을 지키며 사는 것이 힘들었다. 그는 옥스퍼드의 구태의연한 체제에 굴복하지 않고 맞서 싸웠으며, 조금이라도 권위주의적인 느낌이 들 때마다 무례하리만치 공격적으로 반응했다. "제정신이 아니었고, 폭력적이기까지 했다." 존슨은 훗날 이렇게 회상했다. "열등감과 분노에서 나오는 행동을 그들이 치기 어린 장난 정도로 오해하는 게 괴로웠다. 나는 비참할 정도로 가난했고, 내 문학적 소양과 재능을 갖고 내 방식대로 싸워야 한다고 생각했다. 그래서 모든 권력과 권위를 무시했다."⁴

존슨은 알렉산더 포프의 시를 라틴어로 번역해서 칭송을 받는 등 뛰어난 학생이라는 명성을 얻었다. 포프마저도 자신의 시와 존슨의 라틴어 번역본 중 어느 것이 더 나은지 모르겠다고 할 정도였다. 그러나 존슨은 반항적이고, 무례하며, 게을렀다. 한번은 담당 교수에게 썰매를 타러 가는 게 더 좋아서 강의에 들어가지 못했다고 말하기도 했다. 그는 하다가 멈추고 다시 하다가 멈추기를 반복하는 패턴으로 공부했고, 이런 방식은 평생 동안 계속되었다. 시계를 쳐다보긴 해도 시간을 알지조차 못하는 것처럼 며칠을 완전히 게으르게 보내다가 갑자기 열병에 걸린 듯 미친 듯이 공부해서 한 번에 휘갈겨 쓴 엄청난 수준의 원고를 과제 마감 직전에 휙 하고 제출하는 식이었다.

존슨은 옥스퍼드에서 당시 유행에 따라 그리스도교도가 되었다. 어느 날 그는 윌리엄 로의 『헌신적이고 성스러운 삶을 위한 진지한 소명A Serious Call to a Devout and Holy Life』이라는 책을 읽기 시작했다. 그는 "(이런 책이 보통 그렇듯이) 지루할 거라 생각하며 비웃어 줘야겠다고 생각했지만, 저자 로가 나보다 한 수 위라는 것을 깨달았다. 그 책은 내가 이성적인 탐구 능력을 갖게 된 후 처음으로 종교에 대해 진지하게 생각하게 된 계기가 되었다." 로의 책은 후일 존슨이 발표한 도덕에 관한 저작처럼 구체적이고 현실적이었다. 그는 영적인 관심을 등한시하는 유형의 사람들을 풍자적으로 묘사하는 인물들을 등장시켰다. 또 그는 세속적인 목표를 추구하는 것으로는 마음을 충족시킬 수 없다고 강조한다. 그리스도교가 실제로 존슨을 변화시킨 것은 아니지만, 그가 본래 갖고 있던 성향을 더 강화하는 역할은 했다. 즉 방종에 대해 극도의 의구심을 갖고, 스스로에게 엄격한 도덕적 요구를 하는 성향 말이다.

자신의 정신적 능력을 자각하고 있던 존슨은 재능에 관한 성서의 우화와 "악하고 게으른 종"에 대한 교훈에 평생 주목했다. 주어진 능력을 완전히 발휘하지 않는 사람은 "바깥 어두운 곳으로 내어 쫓"기고 "거기서 슬피 울며 이를 갈" 것이라는 교훈이었다. 존슨의 신은 사랑하고 치유하는 신이라기보다 엄격한 신이었다. 존슨은 자신의 부족함을 자각하고, 자신의 영혼이 지옥에 떨어지는 것을 두려워하며, 평생 끊임없이 심판을 받는 느낌으로 살았다.

옥스퍼드에서 1년을 지낸 후, 존슨은 돈이 다 떨어져 불명예스럽게 리치필드로 돌아왔다. 그는 심각한 우울증으로 추정되는 증상을 보였다. 그의 연대기를 쓴 제임스 보즈웰은 다음과 같이 기록했다. "존슨은 끊임없는 짜증, 안달, 조급증과 함께 지독한 건강 염려증에 압도당하는 느낌이었다. 거기에 더해 실의와 우울과 절망에 사로잡힌 비참한 상태였다."[5]

존슨은 할 일을 만들기 위해 50킬로미터가 넘는 길을 걷곤 했다. 이 시기에 자살을 생각했을 가능성도 있다. 그는 몸의 움직임을 제어할 능력을 잃었다. 여러 형태의 경련과 몸짓이 나타나며 현대 의학에서 투렛 증후군이라고 부르는 증상도 보였다. 손을 쥐어짜듯 하고, 몸을 앞뒤로 움직이는가 하면, 고개를 이상한 각도로 강박적으로 돌렸다. 또 기괴한 휘파람 소리를 냈고, 거리를 걸어가며 이상한 리듬으로 지팡이로 땅을 두드리는가 하면 방에 들어갈 때 발걸음 숫자를 세서 자신이 정한 숫자와 맞지 않으면 처음부터 다시 세며 들어가는 식의 강박신경증적 증상을 보였다. 그와 함께 식사를 하는 것도 쉬운 일이 아니었다. 그는 야생동물처럼 밥을 먹었다. 많은 양의 음식을 지저분하고 급하게 입에 우겨 넣고는 다시 뿜어내 이미 지저분하기로 소문난 옷을 더 더럽히기 일쑤였다. 소설가 패니 버니는 이렇게 썼다. 그는 "너무나 추한 얼굴에, 너무나 어색한 몸짓을 했고, 행동거지는 지금까지 본 것 중에서, 그리고 앞으로 보게 될 것 중에서 가장 기괴했다. 그의 손, 입술, 발, 무릎 중 하나가 거의 끊임없이 발작적으로 움직였고, 어떨 때는 그 모든 부분이 함께 움찔거렸다."[6] 선술집에서 그를 처음 본 사람들은 동네 바보나 정신병자로 오해했다. 그러다가도 그는 고전학적 문구와 지식으로 가득 찬 발언을 펼쳐 놓으며 사람들을 깜짝 놀라게 하곤 했다. 존슨은 그걸 즐기는 듯했다.

존슨의 비참함은 몇 년 동안 계속됐다. 가르치는 일을 해 보려 했지만, 그의 발작적인 몸짓은 학생들의 존경보다는 조롱을 받게 마련이었다. 한 역사학자에 따르면 그가 세운 학교는 "교육 역사상 가장 성공하지 못한 사립학교"였다. 그는 스물여섯 살 때 당시 마흔여섯 살이었던 엘리자베스 포터와 결혼했는데, 많은 사람들이 두 사람을 어울리지 않는 한 쌍이라고 생각했다. 전기 작가들은 존슨이 테티라는 애칭으로 불렀던 포터를 어떻게 평가해야 할지 결론 내리지 못했다. 그녀는 아름다웠을까, 못생겼을까? 혹은 그녀는 철학적이었을까, 경박했을까? 한 가지 확실한 점은 그녀는 존슨의 거친 외양 안에 깃든 위대한 미래를 감지했고, 존슨은 평생 그녀에게 충실했다는 것이다. 그는 다정하며 감사할 줄 아는 연인이었고, 깊은 애정과 공감 능력을 갖고 있었다. 그러나 두 사람은 오랜 세월을 떨어져 살면서 각자의 삶을 영위했다. 존슨의 학교 설립 자금을 댄 것이 그녀였는데, 결과적으로 투입한 돈의 대부분을 잃고 말았다.

20대 후반까지도 존슨의 삶은 끊임없는 재난의 연속이었다. 1737년 3월 2일, 존슨은 그가 학교에서 가르쳤던 데이비드 개릭과 함께 런던으로 출발했다.(개릭은 후에 영국 역사상 가장 유명한 배우 중 하나가 되었다.) 존슨은 그럽가 근처에 정착해서 프리랜스 작가로 겨우 생계를 이어갔다. 그는 시, 희곡, 정치적 에세이, 문학 비평, 가십 기사, 일상적인 수필 등 주제와 장르를 막론하고 글을 썼다. 그럽가 작가의 삶은 하루 벌어 하루 먹고사는 가난하고, 혼란스럽고, 어수선하고, 비참한 순간의 연속이었다. 새뮤얼 보이스라는 시인은 자신의 옷을 모두 저당 잡히고 맨몸에 담요 한 장만 걸친 채 침대에 앉아서 글을 썼다. 담요에 팔이 나올 만큼 구멍을 뚫은 다음 무릎에 종이를 놓고 시를 썼다. 책을 쓸 때는 처음 쓴 몇 쪽 분량을 저당 잡혀 끼니를 때우고 다음 부분을 쓰곤 했다.[7] 존슨은 그 정도까지 바닥을 찍은 것은 아니지만, 대부분의 기간 동안, 특히 처음 몇 년 동안은 간신히 연명하는 수준을 넘지 못했다.

그러나 존슨은 이 기간 동안 저널리즘 역사상 가장 놀라운 업적 가운데 하나를 이루어 냈다. 1738년, 영국 하원에서는 의회 연설문 출간이 '직권 남용'이라고 규정한 법안을 통과시켰다. 이에 『젠틀맨스 매거진 The Gentleman's Magazine』은 대중들에게 의회에서 무슨 일이 벌어지고 있는지를 알리기 위해 거의 사실에 가까운 '가상 연설'을 출간하기로 결정했다. 존슨이 의회에 발을 들여 놓은 건 딱 한 번뿐이지만, 2년 반 동안 이 가상 연설 기사의 유일한 필자로 활동했다. 어떤 순서로 누가 누가 연설을 했는지, 그들이 대개 어떤 입장으로 어떤 논리를 폈는지를 정보원으로부터 들은 다음 실제로 했을 법한 유려한 연설문을 써 내려간 것이다. 이 연설문들이 너무 명문이다 보니 연설자들조차도 그 내용을 부인하지 않았다. 그 후 존슨의 연설문은 적어도 20년 동안 진짜 연설을 받아 적은 것처럼 통했다. 그의 글들은 1899년까지도 세계 최고의 웅변 모음집에 인용되었고, 연설문의 저자는 존슨이 아니라 해당 연설자들로 표기됐다.[8] 한번은 어느 저녁 만찬 자리에서 사람들이 윌리엄 피트의 연설을 입에 침이 마르게 칭찬하고 있었는데, 이를 우연히 들은 존슨이 끼어들어 "내가 엑서터가에 있는 다락방에서 쓴 연설"이라고 말했다.[9]

존슨은 끊임없이 혼자 헤쳐 나가야 하는, 이제는 익숙해진 형태지만 당시만 해도 평범하지 않은 삶을 살고 있었다. 그는 농부나 교사 같은 안정된 직업을 갖고 있지 않은 데다, 대가족적 삶의 뿌리로부터도 멀어진 채 자기 능력에 의존해서 프리랜서로 살지 않으면 안 됐다. 존슨의 모든 운명—재정적 안정, 공동체 안에서의 위상, 인간관계, 한 사람으로서 그의 소신과 의미 등—은 그의 머릿속에 떠오르는 생각들에 따라 결정되었다.

독일인들은 이런 상황을 표현하는 말을 갖고 있다. Zerrissenheit. 내면이 파편화되고 모순된 상태에 이른 걸 의미하는 말로, 산지사방에 모두 신경 쓰면서 여러 가지 일을 동시에 하며 사는 데서 올 수 있는 내적 일관성의 상실을 말한다. 키르케고르가 '자유에서 오는 현기증'이라고 표현한 상태이기도 하다. 외적 제약이 느슨해지고 원하는 것을 할 수 있게 될 때, 수천 가지 선택지와 마음을 산란하게 하는 수천 가지 일들이 주어질 때, 강한 내적 구조가 없다면 삶은 일관성과 방향을 잃어버릴 수 있다.

존슨의 내적 분열은 자신의 성격 때문에 더욱 심해졌다. 제임스 보즈웰은 이렇게 말한다. "그의 성격과 행동거지에서 모든 부분이 강제적이고 난폭한 느낌을 줬다." 그가 말하고, 먹고, 책을 읽고, 사랑하고, 살아가는 모습에서 그런 면모를 목격할 수 있었다는 것이다. 게다가 그의 특성 중 많은 부분이 서로 모순적이었다. 그는 발작적으로 일어나는 경련과 몸짓 때문에 자신의 몸을 완전히 제어하지 못했다. 게다가 우울증과 불안감 때문에 자신의 마음도 완전히 제어하지 못했다. 그는 평생 동안 고독의 위험성을 경계한 극도로 사교적인 사람이었지만, 저술업에 매달려 있었으므로 글을 쓰기 위해서는 오래도록 혼자 시간을 보내야만 했다. 그는 실질적으로 총각처럼 살았지만, 엄청나게 강한 성욕을 지닌 사람이어서 자신이 '더러운 생각'이라고 표현한 것들과 평생 싸워야만 했다. 그는 집중할 수 있는 시간이 짧았고, 그래서 이렇게 고백하기도 했다. "끝까지 다 읽은 책이 별로 없다. (…) 대부분 너무 혐오스러워서 끝까지 읽을 수가 없다."[10]

## 상상력의 폐해

—

그는 또 자신의 상상력 때문에 고통을 받았다. 탈낭만주의 시대 안에서 사는 우리는 상상력을 창의성과 달콤한 비전을 가능하게 하는 순수하고 천진한 능력으로 간주하는 경향이 있다. 존슨은 상상력을 귀하게 여기는 것만큼이나 두려워해야 하는 것으로 여겼다. 최악의 상황은 한밤중에 일어났다. 그 어두운 시간 동안 그의 상상력은 어둠의 공포, 질투, 무가치하다는 느낌, 헛된 희망, 피상적인 칭찬과 경탄에 대한 환상들로 그를 괴롭혔다. 존슨의 비관적인 견해에 따르면, 상상력이란 예를 들어 결혼과 같은 경험에 대해 이상적인 비전을 제시하지만, 그 비전이 실현되지 못했을 때는 실망만 가져다줄 뿐이다. 상상력은 또 건강에 대한 과도한 염려를 비롯해 우리 머릿속에만 존재하는 여러 가지 불안감의 원인이 되기도 한다. 다른 사람과 비교해서 질투심을 갖게 만들기도 하고, 경쟁자에게 승리를 거두는 장면을 떠올리게 하는 것도 상상력이다. 상상력은 우리의 끝없는 욕망을 단순화해서 그것을 성취할 수 있다는 환상에 빠지도록 한다. 또한 이루지 못한 일들을 생각하게 만들어서 이미 이룬 것에 대한 즐거움을 앗아 가기도 한다. 나아가 아직 이루지 못한 미래의 가능성에 대한 생각으로 건너뛰게 만들어 지금 이 순간의 기쁨에 집중하지 못하도록 만든다.

존슨은 늘 걷잡을 수 없는 정신으로 인해 감명을 받기도 하고, 혼란에 빠지기도 하고, 두려움에 사로잡히기도 했다. 그는 우리 모두가 약간은 돈키호테 같은 성격을 지니고 있어서, 상상 속의 악당과 싸우며, 실제 현실이 아닌 우리가 만들어 낸 생각 안에서 사는 경향이 있다고 보았다. 존슨의 두뇌는 끊임없이 돌아가며 모순을 만들어 냈다. 그는 자신의 '모험가' 에세이 중 하나에서 이렇게 썼다. "다른 사람이 우리와 다른 의견을 갖고 있다는 것을 알게 되었을 때, 우리 자신마저도 자신과 다를 때가 많다는 것을 상기하면 그다지 놀랄 일도 화낼 일도 아니다."

존슨은 이 정신적 악에 굴하지 않고 맞서 싸웠다. 그는 자기 자신과도 싸웠지만 타인에게도 호전적으로 굴었다. 한 편집자가 존슨에게 시간을 낭비한다고 비난하자 몸집이 크고 힘이 셌던 그는 그 편집자를 밀어 넘어뜨리고 목에 발을 가져다 댔다. "무례하게 굴어서 때려 줬다. 돌대가리 같은 놈이어서 그렇게 말해 줬다."

그의 일기는 자기비판과 시간을 더 잘 써야겠다는 맹세로 가득하다. 1738년 일기: "오 주여, 도와주소서. (…) 게으름으로 낭비한 시간을 벌충할 수 있도록." 1757년 일기: "전능하신 주여, 게으름을 떨쳐낼 수 있도록 도와주소서." 1769년 일기: "8시에는 일어날 생각이고, 그렇게 됐으면 한다. (…) 그리고 점점 더 일찍 일어나 결국 6시에는 일어나는 것이 목표다."[11]

존슨은 자신의 나태를 극복하고 펜을 잡는 데 성공할 때면 폭풍처럼 글을 쏟아 냈다. 한자리에 앉아서 1만 2천 단어, 그러니까 책으로 30쪽 정도를 써 내려갔다. 그럴 때면 한 시간에 1800단어, 1분에 30 단어의 속도를 냈다.[12] 어떨 때는 심부름꾼을 바로 옆에 대기시켰다 가 한 쪽을 끝낼 때마다 바로 인쇄소에 가져다주게 했다. 다시 앞으로 가서 고칠 수 없게 하기 위해서였다.

후대에 그의 전기를 쓴 월터 잭슨 베이트는 프리랜서로서 존슨의 생산량이 양과 질 모두에서 놀라운 수준이었지만, 약 20년 동안 그중 단 한 꼭지도 본인 이름을 내걸고 나온 것이 없었다는 점을 지적한다. 이는 부분적으로는 존슨 본인의 결정이었고, 부분적으로는 당시 그 럽가의 전반적인 규칙이었다. 중년에 접어들 때까지도 그는 자부심 을 가질 만한 일, 혹은 자신의 재능을 최대한 활용했다고 느낄 만한 작품을 생산해 내지 못하고 있었다. 존슨은 거의 알려지지 않았고, 감 정적으로 파괴된 채 불안감에 시달리는 사람이었다. 그가 스스로 평 가했듯이 그의 삶은 "철저히 비참했다."

우리가 존슨에 대해 가지고 있는 이미지는 보즈웰의 권위 있는 전 기『존슨의 삶Life of Johnson』에서 나온 것이다. 보즈웰은 쾌락주의자였 고 가톨릭 시종직으로 일한 적이 있었으며, 나이 든 다음에야 존슨을 알게 되었다. 보즈웰이 그린 존슨은 비참함과는 거리가 멀었다. 그는 즐겁고, 위트 있고, 완성되고, 압도적인 느낌을 주는 사람이었다. 보 즈웰이 묘사한 존슨에서 우리는 모종의 내적 통합을 이루어 낸 사람 의 모습을 본다. 그러나 그것은 절로 생긴 것이 아니라 스스로 구축 해 낸 이미지였다. 존슨은 글쓰기와 정신적 노력을 통해 일관성 있는 세계관을 만들어 냈고, 그 스스로를 단순화하지 않으면서 통일성과 일관성을 부여했다. 이로써 존슨은 신뢰하고 믿을 수 있는 사람이 되었다.

존슨은 또 자신의 글을 통해 독자들을 섬기고 그들을 고양시키고자 했다. "작가는 항상 세상을 더 나은 곳으로 만들기 위한 의무를 다해야 한다." 존슨은 그렇게 썼다. 그는 성숙해짐에 따라 이를 실천할 방법을 찾았다.

## 인본주의

존슨은 어떻게 그 일을 해냈을까? 우리 누구나 그런 것처럼 그 역시 혼자서 일을 해낸 것은 아니다. 오늘날 우리가 인격에 대해 이야기하는 것들의 대다수는 다른 모든 주제에서와 마찬가지로 개인주의적 성향을 띤다. 그러나 인격은 공동체 안에서 만들어지는 것이다. 존슨이 성숙기에 접어들 무렵 영국에서는 엄청난 재능을 가진 작가, 화가, 예술가, 지성인 들이 수없이 활동하고 있었다. 애덤 스미스에서부터 조슈아 레이놀즈, 에드먼드 버크에 이르기까지 그 범위도 다양했다. 그들은 서로 탁월함에 대한 기준을 높이는 잣대가 됐다.

그들은 인본주의자들이었다. 이들의 지식은 서구 문명의 위대한 고전들을 숙독하면서 축적됐다. 그들은 영웅적이었지만, 군사적인 것이 아니라 지적으로 영웅적인 행위를 실천했다. 그들은 세상을 더 선명하게 보기 위해 자신의 본성에 내재한 허영심과 사악함으로 인해 생기는 자기기만에 맞서 싸웠다. 그들은 내적 통합과 목적의식을 주는 실제적이고 도덕적인 지혜를 추구했다.

존슨은 궁극적으로 이런 유형을 대변하는 인물이었다. 전기 작가 제프리 마이어스가 묘사했듯 존슨은 "모순의 극치였다. 게으르지만 에너지가 넘쳤고, 공격적이면서도 다정했고, 우울하지만 유머감각이 뛰어났고, 상식적인 동시에 비이성적이었고, 종교에서 위안과 고통을 함께 찾은 사람이었다."[13] 제임스 보즈웰의 말을 빌리자면, 그는 콜로세움에서 싸우는 로마 시대의 검투사들처럼 내면의 충동과 싸웠다. 그는 "자신을 공격할 준비가 되어 있는 맹수들"과 싸웠다. "격투를 벌인 후 그는 맹수들을 우리 안에 다시 가뒀지만 죽이지는 않았다. 맹수들은 그를 계속 괴롭혔다." 그는 평생에 걸쳐 아킬레스와 같은 지적 강인함과 랍비, 사제, 물라와 같은 연민 어린 믿음을 유지했다.(물라mullah는 이슬람교의 율법학자 또는 성직자를 의미한다.─옮긴이)

존슨은 자신이 할 수 있는 유일한 방법으로 세상을 이해했다. (거의 보이지 않는) 눈, 대화, 그리고 펜을 통해서 말이다. 작가들은 뛰어난 도덕적 인격이 특징인 사람들이 아니다. 그러나 존슨은 글쓰기를 통해 덕을 길렀다고 해도 과언이 아니다.

존슨은 선술집이나 카페에서 일을 했다. 그는 못생기고 지저분했지만, 놀라울 정도로 쾌활한 사람이었다. 마틴 루터와 오스카 와일드를 섞어 놓은 듯한 도덕적 명언과 재담을 쏟아 내는 과정에서 생각을 정리했다. "존슨과는 논쟁할 수가 없다." 소설가이자 극작가였던 올리버 골드스미스는 이렇게 말한 적이 있다. "자기가 쏜 총알이 맞지 않으면 개머리판으로 때려서라도 상대방을 쓰러뜨리기 때문이다." 존슨은 쓸 수 있는 논리라면 모조리 동원했고, 논쟁을 더 재미있게 만들

수 있겠다 싶으면 지지하는 입장을 바꾸는 것도 주저하지 않았다. 그의 가장 유명한 어록들 중 상당수가 선술집에서 대화하던 중 즉흥적으로 튀어나온 말이거나, 그렇게 즉흥적으로 내뱉은 말로 보이도록 갈고 닦은 말인 것처럼 들린다. "애국심이란 불한당들의 마지막 피난처다. (…) 가난한 자들에게 제대로 된 음식을 공급하는 것이야말로 문명의 진정한 척도다. (…) 2주 안에 교수형에 처해지리라는 걸 아는 사람은 엄청난 집중력을 발휘할 수 있다. (…) 런던에 싫증을 내는 사람은 삶에 싫증이 난 것이다."

그의 문체는 대화를 하듯 주고받는 느낌을 준다. 하나의 주장을 한 다음, 그에 반대되는 주장을 내세워 균형을 맞추고, 거기에 또 반론을 제기해 다시 균형을 잡는다. 널리 인용되는 위의 명언들은 존슨이 확신에 찬 세계관을 가졌다는 오해를 불러일으킨다. 그는 보통 하나의 주제—이를 테면 카드 게임 같은—를 고른 다음 그것의 좋은 점과 나쁜 점을 모두 나열하고 시험적으로 한쪽 편을 지지한다. 결혼에 관해서 쓸 경우, 좋은 것은 반드시 나쁜 것과 연관되어 있다고 생각하는 자신의 경향을 드러낸다. "휴대용 수첩 한 쪽에 여성의 덕목과 결함을 모두 나열했다. 각각의 결함은 모두 덕목과 밀접한 관계를 맺고 있었고, 모든 덕목은 결함과 연결되어 있었다. 재치는 비아냥거림으로, 관대함은 거만한 태도로, 탐욕은 경제적인 태도로, 무지는 순종적인 태도로 연결 지을 수 있었다."

존슨은 이원론을 열렬히 신봉했다. 갈등과 역설과 아이러니만이 실제 삶의 복잡성을 포착할 수 있다고 믿었기 때문이다. 그는 이론가가 아니었기 때문에 양립 불가능한 것처럼 보이지만 실제로는 공존 가능한 이론이나 현상을 받아들이는 것도 주저하지 않았다. 문학 비평가 폴 퍼셀이 말했듯, 존슨의 글에 수없이 등장하는 '그러나but'와 '그럼에도yet'는 그의 저작에서 가장 중요한 요소로, 무언가를 이해하려 할 때 여러 관점에서 보고, 모순되는 부분을 모두 점검해야 한다는 그의 생각을 엿볼 수 있다.[14]

누군가는 그가 그저 시간을 보내기 위해 친구들과 시시하고 하찮은 모험을 벌이며 시간을 낭비할 때가 많았다고 여길 수도 있다. 예를 들어 그는 강물의 특정 지점에서 누군가가 익사했다는 이야기를 들은 다음, 그 즉시 강으로 달려가 그 지점에 뛰어들어 자신은 살아남을 수 있는지 시험해 봤다. 또 총알을 한번에 너무 많이 장전하면 총이 폭발할 수 있다는 이야기를 들었을 때는 그 자리에서 총열 하나에 총알 일곱 개를 박아 넣고는 벽을 향해 총을 쏴 보기도 했다.

존슨은 런던 생활에 온몸으로 뛰어들었다. 매춘부들을 인터뷰했고, 시인들과 공원에서 잠을 잤다. 그는 지식을 홀로 감행하는 모험으로 얻을 수 있다고 믿지 않았다. 그는 이렇게 썼다. "행복은 홀로 자아성찰을 함으로써 찾을 수 있는 게 아니다. 나를 다른 사람에게 비춰 보았을 때에만 인식할 수 있는 것이다." 그는 간접적인 방법으로 자신에 대해 알아 갔다. 자신의 생각을 눈앞에서 구체적으로 볼 수 있는 세상의 현실과 대비해 본 것이다. 그의 생각은 이랬다. "나는 새로운 사람을 만나지 못했을 경우 하루를 낭비했다고 여긴다." 그는 고독을 싫어했다. 항상 선술집에서 맨 나중에 일어났고, 집으로 돌아가 갖가지 환영과 상상으로 가득 찬 공간이 가져다주는 고독 속으로 들어가기보다 방탕한 친구 리처드 새비지와 밤새 거리를 헤매는 걸 더 좋아했다.

존슨은 "국가가 정말로 어떤 상태에 있는지를 알려면 보통 사람들의 삶을 들여다보면 된다. 학문의 전당이나 위대한 궁정에서는 사람들의 진정한 모습을 볼 수 없다"고 말했다. 그는 모든 계층의 사람들과 사귀었다. 나이가 지긋해졌을 때는 부랑자를 집에 들이기도 했다. 또한 귀족들을 접대하는가 하면 그들에게 모욕을 주기도 했다. 존슨이 각고의 노력 끝에 위대한 사전을 완성했을 때, 체스터필드 경이 뒤늦게 후원자로 인정을 받고 싶어 한 적이 있었다. 이때 존슨은 역사상 가장 훌륭한 반박 서한을 통해 그를 질책했다. 다음은 존슨이 쓴 글의 절정 부분이다.

나리, 후원자는 물에 빠져서 목숨을 구해 달라는 사람을 돕지 않고 쳐다보기만 하다가, 그가 육지에 도달한 후에야 도움을 준답시고 오히려 거추장스럽게 구는 사람이 아니지 않습니까? 제 노고에 대해 베풀어 주시는 관심들이, 조금 더 일찍 왔더라면, 조금 더 친절했더라면. 하지만 그건 제가 더 이상 개의치 않을 때까지 지체되었고, 더 이상 필요 없어질 때까지 오지 않았습니다. 제가 혼자여서 알릴 수 없을 때까지, 제가 알려져서 그걸 원치 않을 때까지.

## 완벽한 정직함

—

존슨은 인간의 가장 중요한 문제들을 정치나 사회적 상황을 바꿈으로써 해결할 수 있다고 생각지 않았다. 그가 이행연구二行聯句로 된 유명한 시를 쓴 것도 모두 이런 태도에서 비롯된 것이었다. "인간의 심장이 겪어야 하는 모든 일 중, 얼마나 작은가/법과 왕에서 기인하고 법과 왕이 고칠 수 있는 부분은." 그는 또 형이상학자도 철학자도 아니었다. 그는 과학을 좋아했지만 가장 중요한 문제는 아니라고 생각했다. 그는 '학문의 먼지'에 둘러싸여 학자연한 삶을 살아가는 사람들을 높이 평가하지 않았고, 하나의 논리 구조를 통해 존재의 모든 문제를 설명하려는 지적 체계를 불신했다. 그는 자연스럽게 관심이 가는 대로 삶 전체를 자유롭게 헤매며 탐구했고, 다방면에 관심이 있는 박학다식한 사람답게 여러 분야 사이의 상관관계를 찾아내곤 했다. "한 주제에 관해서만 이야기할 수 있는 사람, 혹은 한 분야에서만 활동할 수 있는 사람을 원하는 경우는 별로 없고, 아마도 그런 사람이 되기를 바라는 경우는 전혀 없을 것이다. 반면 넓고 일반적인 지식은 유용한 경우가 많고, 항상 사람들을 즐겁게 한다."[15]

그는 신비주의자가 아니었다. 끊임없이 스스로 '살아 있는 세상'이라고 부르는 현실에 초점을 맞춰 역사와 문학에 대해 읽고, 직접 관찰을 통해 얻은 지식으로 자신의 철학을 쌓아 올렸다. 폴 퍼셀이 말했듯이 존슨은 모든 결정론을 반박했다. 그는 사람의 행동이 개인의 한계를 벗어난 강력한 힘에 의해 결정된다는 개념을 거부했다. 그는 항상 날카로운 눈으로 각 개인의 특성을 주시했다. 랠프 월도 에머슨은 후에 이렇게 말했다. "영혼은 다발로 구원을 받는 것이 아니다."[16] 존슨은 각 개인의 신비로운 복잡성과 내재적인 위엄을 열렬히 신봉했다.

이 모든 것을 관통하는 존슨의 특징은 그가 도덕주의자라는 점이다. 가장 좋은 의미에서의 도덕주의자 말이다. 그는 대부분의 문제가 도덕적 문제라고 생각했다. "사회의 행복은 선에 달려 있다." 그는 그렇게 주장하곤 했다. 존슨은 당시 인본주의자들과 마찬가지로 인간 행동의 가장 중요한 요소가 치열한 도덕적 결정을 내리는 행위에 있다고 보았다. 또한 그는 다른 인본주의자들과 마찬가지로 문학이 도덕적 향상을 위한 강력한 힘이 될 수 있다고 생각했다. 문학은 새로운 정보뿐 아니라 새로운 경험도 제공한다. 문학은 의식의 지평을 넓히기도 하고, 평가의 기회를 제공하기도 한다. 문학은 또 즐거움을 통해 배움을 제공한다.

현대의 많은 작가들은 문학과 예술을 미적 관점에서만 보려고 한다. 그러나 존슨은 이를 도덕적 활동이라고 봤다. 그는 "미덕에 열정을 가미하고, 진실에 자신감을 입히는" 작가 중의 하나로 꼽히기를 바랐다. 그는 또 "늘 세상을 더 낫게 만드는 것이 작가들의 의무"라고 덧붙였다. 퍼셀이 말했듯 "따라서 존슨은 글 쓰는 것을 그리스도교의 성찬식과 같은 것으로 간주했다. 성공회 교리에서 성찬식을 '우리에게 주어진 내적·영적인 은총이 외적·시각적으로 나타난 것'이라고 정의하듯 말이다."

존슨은 삼류작가들의 세상에서 살았다. 그러나 돈을 벌기 위해 글을 빨리 썼음에도 불구하고 스스로 질 나쁜 글을 쓰는 것을 허용하지 않았다. 대신 그는 완벽한 문학적 정직함을 추구했다. 그의 유명한 명언처럼 말이다. "위대함을 향한 첫걸음은 정직함에 있다."

그는 인간 본성에 대해 큰 기대를 하지 않았지만 연민 어린 시각을 갖고 있었다. 고대 그리스의 데모스테네스는 말을 더듬었음에도 '불구하고'가 아니라, 말을 더듬었기 '때문에' 위대한 웅변가가 되었다고

들 한다. 결함이 오히려 그와 관련된 기술을 완벽하게 연마하도록 동기를 부여한 것이다. 영웅은 자신의 가장 약한 부분에서 가장 강한 힘을 발휘한다. 존슨은 자신의 결함 때문에 위대한 도덕주의자가 되었다. 그는 자신의 약점을 완전히 정복하는 것은 불가능하다는 것을 이해했다. 그는 자신의 이야기가 사람들이 좋아하는 '선이 악을 정복'하는 이야기가 되지 않을 것이라는 점을 이해했다. 그의 이야기는 기껏해야 '선이 악과 함께 사는 법을 배우는' 이야기가 될 것이었다. 존슨은 자신의 결점을 치유하기보다 완화할 방법을 모색한다고 썼다. 그는 이렇게 자신의 결함과 영원한 투쟁을 벌여야 한다는 점을 인식했기 때문에 다른 사람의 결함에도 연민을 가질 수 있었다. 존슨은 도덕주의자였지만, 인정 많은 도덕주의자였다.

## 상처 입은 자의 연민
—

새뮤얼 존슨을 괴롭힌 악이 무엇이었는지 알고 싶다면 죄의식, 치욕, 좌절감, 권태 등 그가 쓴 에세이들의 주제를 보면 짐작할 수 있다. 베이트가 지적했듯, 그가 『램블러The Rambler』지를 간행하며 실은 에세이의 사분의 일이 질투심에 관한 것들이다. 존슨은 자신이 특히 다른 사람의 성공에 대해 질투하고 분개하는 성향이 강하다는 것을 깨달았다. "각자에게 허락된 삶의 조건에 만족하지 못한다는 점이 인류를 지배하는 오류다."

존슨을 구원한 지적 덕목은 명료한 이성이었다. 그 능력 덕분에 그는 자신이 관찰한 것들을 구체화하고 인용할 가치가 있는 말로 표현할 수 있었다. 다음에 나오는 명언들은 오류를 범하기 쉬운 인간의 특징을 심리학적으로 얼마나 잘 파악했는지 보여 준다.

- 천재를 망치는 것은 거의 항상 자기 자신이다.
- 게으른 사람은 혼자 있으면 안 되고, 혼자 있는 사람은 게으르면 안 된다.
- 버리고 싶지만, 그에게서 버림을 받고 싶지는 않은 사람들이 있다.
- 스스로 자신에 대해 하는 비난은 모두 간접적인 칭찬이다. 다른 사람에게 자신이 얼마나 여유 있는지를 보여 주기 위한 것이기 때문이다.
- 인간의 가장 큰 장점은 자신의 본성에서 나오는 충동을 이겨 낼 수 있는 능력이다.
- 공공 도서관만큼 인류가 희망하는 허영을 가장 충격적으로 보여 주는 곳은 없다.
- 자기 자신에게 스스로의 마음을 솔직하게 모두 드러낼 수 있는 용기를 가진 사람은 거의 없다.
- 쓴 글을 다시 한번 읽어 보라. 그리고 특히 잘 썼다는 생각이 드는 부분을 만날 때마다 지워 버려라.
- 물론 모든 사람은 자신의 결심을 지킬 수 있다고 스스로를 설득한다. 그리고 아무리 오랜 기간 동안 같은 실험을 반복해도 자신의 우둔함을 깨닫지 못한다.

존슨은 도덕적 에세이들을 통해 세상에 질서를 부여할 수 있었고,

부동의 진리에 경험의 닻을 내릴 수 있었다. 그는 세상에 대한 객관적인 시각을 얻기 위해 스스로를 고요히 가라앉혀야 했다. 우울증에 빠진 사람은 총체적이면서도 뭐라고 꼭 집어 말할 수 없는 슬픈 감정에 압도당하는 느낌을 받는다. 그러나 존슨은 고통의 중심으로 직접 뛰어들어, 그것을 부여잡고 해부함으로써 부분적으로나마 고통의 효력을 무력화시킨다. 그는 슬픔에 관한 에세이에서 대부분의 정념이 스스로를 태우고 소진해 버린다는 사실에 주목했다. 허기는 식사와 포만감으로, 공포는 도주로, 욕정은 성행위로 이어진다. 그러나 슬픔은 예외다. 슬픔은 그것을 치유하는 쪽으로 우리를 인도하지 않는다. 슬픔은 슬픔 위에 쌓이고 쌓여서 점점 더 커진다.

슬픔이란 "우리의 욕망이 과거에 고정되어서 미래를 내다보지 않고, 과거에 벌어졌던 일이 다른 식으로 벌어졌으면 하고 끊임없이 바라거나, 고통스러울 정도로 무엇을 즐기기를 원하거나, 과거에 잃어버린 것을 다시 갖고 싶어 하는 마음 상태이기 때문이다." 많은 사람들이 겁에 질린 삶을 사는 것으로 슬픔을 피하려고 애쓴다. 또 다른 많은 사람들은 사회적 행사에 억지로 참석해서 슬픔을 이겨 내려고 한다. 존슨은 그런 방식에 찬성하지 않는다. 대신 그는 이렇게 조언한다. "슬픔을 해소할 수 있는 안전하고도 일반적인 해독제는 무언가를 하는 것이다. (…) 슬픔은 영혼에 끼는 녹 같은 것이다. 새로운 생각을 할 때마다 그 녹을 조금씩 비벼서 털어 낸다. 슬픔은 정체되고 부패된 삶에서 오기 때문에 운동과 움직임으로 해소할 수 있다."

존슨은 또 자신과 대면하기 위한 훈련으로 글쓰기를 활용했다. "존슨에게 삶은 전투였다." 퍼셀은 그렇게 말한다. "그리고 그 전투는 도덕적인 것이었다."[17] 존슨은 자신을 괴롭히는 주제들을 직접적으로 다루는 글을 썼다. 절망, 오만함, 이색적이고 참신한 것에 대한 갈증, 권태, 식탐, 죄책감, 허영 등등. 그는 스스로에게 훈계하고 잔소리한 다고 해서 덕을 갖출 수 있을 거라는 착각은 전혀 하지 않았다. 그러나 자신의 의지를 훈련할 방법을 모색하고 계획할 수는 있었다. 예를 들어 질투심은 젊은 시절 그를 끈질기게 괴롭힌 죄악이었다. 그는 자신의 재능을 이해했지만, 자신이 실패하는 동안 다른 사람들은 성공을 거두고 있다는 것도 알고 있었다.

존슨은 자신의 마음을 짓누르는 질투심을 퇴치할 전략을 만들어 냈다. 그는 대개 악으로 다른 악을 치유해야 한다고는 믿지 않는다고 말했다. 그러나 질투심은 너무도 큰 마음의 병이어서, 다른 어떤 마음가짐이라도 질투심보다는 낫다는 것이 그의 생각이었다. 따라서 질투심 대신 자만심을 택했다. 다른 사람을 질투하는 것은 자신이 열등하다는 것을 인정하는 것이므로, 질투심에 굴복하느니 자신의 우월한 점을 더 강조하는 것이 낫다고 스스로에게 일렀다. 다른 사람에 대한 질투심이 생기려 할 때마다 그는 자신의 우월성을 상기했다.

그런 다음 성서에 입각한 방향으로 선회해서 자선과 자비의 중요성을 강조했다. 세상은 죄악과 슬픔으로 터질 듯한 상태여서 "질투할 대상이 아무도 없다"는 것이었다. 모든 사람은 저마다 심각한 문제를 안고 산다. 자신이 성취한 것을 진정으로 즐기는 사람은 거의 없다. 욕망이 항상 앞서 나가고, 갖지 못한 것들에 대한 환상으로 고통을 받고 있기 때문이다.

## 진실의 안정성

—

존슨이 에세이 작가 조지프 애디슨에 대해 한 말은 자신에게도 적용되는 것이었다. "도덕적으로 비난받아 마땅한 일이 그의 눈에 띄었을 경우 안전하게 빠져나갈 길이 없었다. 그는 잘못되거나 터무니없는 일은 무엇이든 신속히 알아차렸고, 그것을 언제라도 폭로할 용의가 있는 사람이었기 때문이다."

　존슨은 이렇게 치열한 관찰과 검토 과정을 통해 자신의 삶을 변화시켰다. 젊었을 때 그는 병약하고 우울한 실패자였다. 그러나 중년 후반에 접어들면서는 그의 세속적 업적들이 전국적으로 존경의 대상이 되었을 뿐 아니라, 그 자신은 위대한 영혼을 가진 사람이라는 인정까지 받았다. 전기 작가 퍼시 헤이즌 휴스턴은 존슨처럼 비참하고 고통스러운 성장기를 거친 사람이 어떻게 관대함과 자비로움을 갖춘 판단력으로 세상을 바라볼 줄 알게 되었는지 설명한다.

　강한 의지가 그의 영혼에 깃들었고, 그는 자신의 끔찍한 경험에 비추어 인간 행동의 문제점들에 접근했다. 그런 방법으로 그는 확신과 이해를 가지고 인간의 동기를 꿰뚫어 볼 수 있었다. 우리 삶의 하찮음과 인간 지식의 뻔한 한계를 명확하게 인식한 그는 자신보다 더 고귀한 힘에 수수께끼 같은 최종적 대의를 맡기는 데 만족했다. 신의 목적은 이해할 수 없고, 인간이 세상에 존재하면서 추구할 수 있는 목적은 신의 자비를 만날 준비를 하는 데 필요한 법칙을 찾는 것이어야 하기 때문이다.[18]

존슨은 골똘히 생각한 끝에 자신을 둘러싼 세상의 복잡성과 불완전성에 대해 확신을 가지게 되었다. 그는 모든 것을 그 자체로 보려는 노력을 기울이도록 자신을 절제함으로써, 그리고 진심을 다하는 마음과 스스로에 대한 비판, 도덕적 열정을 통해 그 일을 해냈다.

## 몽테뉴

존슨은 도덕적 탐구를 통해 자아를 형성했다. 이 방법은 또 하나의 위대한 에세이 작가와 비교함으로써 더 명확히 이해할 수 있다. 바로 16세기 프랑스의 유쾌한 작가 몽테뉴이다. 내 학생 중의 하나인 헤일리 애덤스가 말했듯, 존슨은 미국 동부의 래퍼들처럼 치열하고 진지하고 전투적이지만, 몽테뉴는 그들만큼이나 현실적이긴 하지만 더 느긋하고 여유 있고 햇살 가득한 느낌을 주는 미국 서부 래퍼 스타일이다. 몽테뉴는 에세이에 관한 한 존슨을 능가하는 작가였다. 그의 명작들을 통해 에세이라는 형식이 탄생됐고, 정의되었다. 그는 자기 나름의 방식으로 도덕적 진지함을 드러냈고, 자신을 이해하고 선을 추구하는 방법을 찾기 위해 치열하게 매달렸다. 존슨은 자신의 약점을 직접 공격하고 진지하게 노력함으로써 스스로를 개혁하려 했다. 반면 몽테뉴는 자신과 자신의 약점들을 흥미로워했고, 자신을 받아들이고 스스로를 개선하려는 작은 몸짓들을 통해 선을 추구하고자 했다.

몽테뉴의 성장 과정은 존슨과 판이하게 달랐다. 그는 보르도 근처에 있는, 유서 깊지는 않지만 부유한 가문의 영지가 딸린 저택에서 귀한 대접을 받으며 자랐다. 몽테뉴는 자신의 아버지가 모든 아버지 중 최고라고 생각했고, 아버지가 만들어 낸 인본주의적 교육 방침에 따라 부드럽고 자상한 보살핌을 받으며 성장했다. 그는 아침마다 달콤한 악기 소리를 들으며 잠에서 깨어났다. 그는 학식 있고, 원만하고, 예의 바른 사람으로 기르기 위한 교육을 받았고, 명문 기숙학교를 거쳐 시 고문과 시 고등법원 참사관을 지냈다.

몽테뉴의 개인적인 상황은 편안했지만 시대 자체는 그렇지 못했다. 그가 공무원으로 재직하던 시기에 일련의 종교적 내전이 일어났는데, 그중 몇몇은 몽테뉴가 중재자 역할을 하기도 했다. 그는 서른여덟 살이 되던 해에 공직에서 사퇴했다. 당시 그의 목표는 집으로 돌아가 여유 있게 공부하며 삶을 즐기는 것이었다. 존슨은 그럽가의 붐비는 선술집에서 글을 썼다. 몽테뉴는 저택에 딸린 탑에 있는, 그리스·로마·성서에서 전해지는 격언들로 장식된 커다랗고 고요한 개인 도서관에서 글을 썼다.

은퇴 직후 몽테뉴의 처음 의도는 고대의 저서(플루타르코스, 오비디우스, 타키투스 등)를 연구하고, 교회(적어도 공적으로는 정통 교리에 충실한 로마 가톨릭교도였지만, 추상적인 것보다 현실적인 것을 선호하는 사고방식을 가진 그는 신학보다 역사에서 더 많은 것을 배운 듯하다)에서 배움을 찾는 것이었다. 전쟁과 고등 정책에 관한 학식 있는 논문을 쓸 생각도 했다.

그러나 그의 머리가 그것을 허용하지 않았다. 존슨과 마찬가지로 몽테뉴도 중년에 접어들면서 자신이 근본적으로 잘못된 방법으로 살아온 것 같다는 의혹에 사로잡혔다. 은퇴를 하고 명상하는 삶으로 접어든 후, 자신의 마음이 고요함을 허락하지 않는다는 사실을 깨달았다. 몽테뉴는 자신의 내면이 조각나 있고, 계속 흔들리며, 아무런 방향성도 가지고 있지 않다는 점을 발견했다. 그는 자신의 생각을 물에 반사된 햇빛이 천장에 비쳐 반짝이는 것에 비유했다. 그의 두뇌는 끊임없이 사방으로 치달았다. 자신에 관해 생각하기 시작해도, 하나의 인식이 잠깐 모습을 드러낸 후, 바로 뒤이어 전혀 상관없는 다른 인식이 떠오르고, 곧바로 또 다른 인식이 뒤를 잇는 식이었다.

몽테뉴는 우울증에 빠졌다. 그리고 고통을 받는 동안 그 스스로가 문학 작품의 주제가 됐다. "우리는, 어찌하다 그리 됐는지는 모르지만, 우리 안에 또 하나의 자신을 가지고 있다." 그는 그렇게 썼다. "나 자신을 고정시킬 수가 없다. 그는 항상 가만히 있지 못하고, 늘 스스로 취해 비틀거린다. (…) 나는 존재를 묘사하는 것이 아니라, 일시적인 것을 그린다. (…) 그 순간에 적합하도록 이야기를 써야 한다. 금방 또 변할지 모르기 때문에."

몽테뉴는 자신의 마음은 물론 몸을 조절하는 것도 얼마나 어려운지 깨달았다. 그는 심지어 자신의 성기에 대해서도 절망했다. "필요하지 않을 때는 너무나 귀찮게 방해를 하고, 가장 필요할 때는 너무나 짜증나게 실망을 시킨다." 그러나 제어하려는 노력에 반발하는 것은 성기뿐이 아니었다. "우리 몸 중 한 군데라도 우리의 의지에 따라 일하기를 거부하지 않는 부분이 있는지, 그리고 의지와 반대되는 방향으로 작용하지 않는 부분이 있는지 생각해 보라."

그렇다면 글을 쓴다는 것은 자신의 내적 통합을 이루어 내는 행위였다. 몽테뉴는 주변에서 벌어지는 광신적인 행위와 폭력은 사람들이 그들 내면에서 이해하기 힘든 요소를 파악하지 못하기 때문에 느끼는 불확실성과 공포로 인해 벌어지는 일이라고 결론지었다. 세속적인 위대함과 영원한 영광에 대한 추구가 헛된 노력이 되는 까닭은 사람들이 외적 수단을 통해 내적 평온을 이루려 하고 자기 자신과의 친밀한 관계를 도모하려 하기 때문이다. 그가 말했듯이 "모든 사람은 미래를 향해 서둘러 나아간다. 아무도 자신에게 도달하지 못했기 때문이다." 몽테뉴는 에세이들을 통해 자신에게 도달하려 했다. 그는 글쓰기를 통해 산산조각 난 내적 자아에 질서와 평정을 부여할 문체와 관점을 만들어 냈다.

존슨과 몽테뉴는 둘 다 깊은 차원의 자기인식을 추구했다. 그러나 두 사람은 다른 방법을 사용했다. 존슨은 다른 사람들과 외적 세계를 묘사함으로써 자신을 간접적으로 정의할 수 있기를 희망했다. 간혹 그가 다른 사람에 대해 쓴 전기를 보면, 그의 특성이 너무 많이 가미되어 있어서 마치 위장된 자서전처럼 느껴질 때도 있다. 몽테뉴는 반대편에서 출발했다. 그는 자신, 그리고 사물과 사건들에 대한 자신의 반응을 묘사해서, 자기성찰을 통해 모든 남성과 여성이 공통적으로 가지고 있는 본성에 대한 정의를 내릴 수 있기를 희망했다. 그는 이렇게 생각했다. "각각의 인간은 그 안에 인류 전체의 특성을 모두 가지고 있다."

존슨의 에세이는 권위적으로 들리지만, 몽테뉴의 에세이는 겸손하고, 잠정적이고, 망설이는 듯한 느낌을 준다. 그들의 글은 특정한 형식을 따르지 않는다. 또 명확한 논리적 구조를 따르지도 않고, 공생하듯 자연스럽게 자라난다. 몽테뉴는 한 가지 주장을 한 다음, 그와 관련된 사실이 몇 달 후에라도 떠오르거나 발견되면 그 사실을 포함시키기 위해 마지막 편집본 여백에 갈겨 써넣어 두었다. 이렇게 되는 대로 하는 것처럼 보이는 스타일이 작업에 임하는 그의 진지함을 가리기도 한다. 쉽게 작업한 것처럼 보일지 모르지만, 그는 자신의 임무를 가벼이 여기지 않았다. 몽테뉴는 자신의 프로젝트가 얼마나 독창적인지 알고 있었다. 완전히 정직하게 자신을 드러내고, 이를 통해 도덕적 삶의 비전에 도달하려는 프로젝트 말이다. 그는 자신이 인격 형성을 위한 새로운 방법을 만들어 내려 하고 있고, 이를 통해 새로운 형태의 영웅, 냉혹하리만치 정직하지만 연민 어린 자기이해 능력이 있는 영웅을 탄생시키려 한다는 것을 인식하고 있었다. 느긋하게 구는 것처럼 보였지만, 실은 혹독한 임무였다. "우리의 불완전성을 인식하기 위해서는 자신의 영혼을 다 바쳐 노력해야 한다." 그것은 단순히 자신에 대한 지식을 늘리거나, 자신의 마음속에서 노닐거나, 명예나 관심이나 성공을 얻기 위해 스스로를 노출시키려는 의도에서 행해진 프로젝트가 아니었다. 그의 목적은 일관성 있고, 제어된 삶을 살기 위해 자기 자신을 직면하는 것이었다. "영혼의 위대함은 위로, 앞으로 나아가는 데 있는 것이 아니라 어떻게 내적 질서를 찾고, 자신을 억제하는지를 아는 데 있다."

몽테뉴는 자기이해와 자기개혁을 통해 자신의 도덕적 문제를 해결하고자 했다. 그는 이렇게 자신과 직면하는 일이 알렉산더 대왕이나 소크라테스에게 주어진 임무보다 더 혹독한 것이라고 주장했다. 알렉산더와 소크라테스 같은 사람들은 공적 영역에서 활동을 했고, 영광과 명성이라는 보상을 받았다. 홀로 정직한 자기이해를 추구하는 사람은 사적 영역에서 움직인다. 사람들은 대중에게 인정받기를 원하지만, 몽테뉴는 자기 스스로를 존중할 수 있기를 원했다. "누구나 연극에서 자기 배역을 맡을 수 있고, 무대 위에서 정직한 역할을 연기할 수 있다. 그러나 내적 제어력을 갖는 것, 모든 것이 허용되고 모든 것을 감출 수 있는 자신의 가슴속에 그런 제어력을 지니는 것, 그것이 가장 중요하다."

몽테뉴는 성공적인 커리어를 중간에 포기했다. 내적 깊이와 자존감을 얻기 위한 투쟁이 더 중요하다고 느꼈기 때문이다. 그는 자기 자신과 용감하게 직면함으로써 그 일을 해냈다. 또한 글쓰기를 통해 자기 직면을 해 나가면서도 균형 잡힌 태도를 유지함으로써 이후 수백 년 동안 독자들을 매료시켰다. 몽테뉴는 자신에 대한 즐겁지만은 않은 진실을 방어하려 하거나 합리화하려 하지 않고 직면할 자세가 되어 있었다. 그리고 그는 대부분 자신의 결함에 대해 미소 지을 줄 알았다.

몽테뉴는 무엇보다 겸손하면서도 안정된 마음으로 자신을 바라봤다. 그는 자신이 보잘것없고 사람을 휘어잡는 카리스마가 없는 사람이라는 것을 인정했다. 그가 하인과 말을 타고 가면 사람들은 누가 주인이고 누가 하인인지 몰랐다. 또한 그는 기억력이 나쁘면 그걸 그대로 인정하는 사람이었고, 체스를 비롯한 게임에 서툴면 그렇다고 말하는 사람이었다. 심지어 자신의 성기가 작으면 그 역시 솔직하게 고백했고, 나이 들어 모든 게 퇴화했다면 그것까지 인정하는 사람이었다.

그는 자신이 대부분의 사람들과 마찬가지로 약간 부패하고 타락했다는 것을 알았다. "누구라도 자신의 마음을 깊이 들춰 보면 마음속에서 원하는 것 대부분이 다른 것들을 삼키며 생겨나고 자라난다는 사실을 깨달을 것이다." 그는 우리가 애써 얻으려 하는 것들 대부분이 덧없고 깨지기 쉬운 것이라는 점을 상기시킨다. 어떤 철학자가 역사상 가장 명철한 두뇌를 기르는 데 성공했다 한들 미친개한테 한 번만 물려도 헛소리만 늘어놓는 바보로 전락할 수 있다. 몽테뉴는 자만심을 경계하는 유명한 격언을 말하기도 했다. "세상에서 가장 숭고한 왕좌에 앉아 있는 사람도 결국은 자기 엉덩이 위에 앉아 있는 것일 뿐이다." 그는 또한 이렇게 주장했다. "다른 사람도 내가 하는 것처럼 자신을 주의 깊게 성찰한다면, 내가 그런 것처럼 자신이 얼마나 우둔하고 허튼 생각으로 꽉 찬 사람인지 깨달을 것이다. 우둔하고 허튼 생각을 없애려면 나 자신을 없애는 수밖에는 없다. 우리 모두는 한 사람도 예외 없이 그런 생각들에 젖어 있다. 그러나 그 사실을 인식하고 있는 사람은 그렇지 않은 사람보다 좀 더 나은 상황에 있다―사실 나도 잘 모르지만 말이다." 인간에 대한 세라 베이크웰의 탁월한 저서 『어떻게 살 것인가How to Live』의 마지막 부분에 등장하는 "사실 나도 잘 모르지만 말이다"는 전형적인 몽테뉴적 표현이다.

어느 날 몽테뉴가 말을 타고 길을 가던 중 뒤에 따라오던 하인 한 명이 갑자기 전속력으로 말을 몰아 그에게 충돌했다. 몽테뉴는 말에서 열 걸음쯤 떨어진 곳에 추락해 사지를 펼친 채 죽은 것처럼 의식을 잃고 땅에 누워 있었다. 두려움에 빠진 하인들이 시체처럼 축 처진 그를 성으로 옮겼다. 그사이 그의 의식이 돌아왔다. 하인들은 나중에 그가 어떻게 행동했는지 들려 줬다. 그는 숨을 헐떡이고 가슴을 긁어 대며 어디서 탈출이라도 하려는 듯 옷을 찢으며 괴로워했다고 한다. 그러나 그가 한 정신적 경험은 이와는 완전히 다른 것이었다. "나는 무한한 감미로움과 안식을 느꼈다." 그는 그렇게 회상했다. 그리고 "점점 몸에 힘이 빠지고 나 자신을 내려놓을 수 있는 것"이 즐거웠다. 그는 마술 양탄자에 실려 둥둥 떠가는 듯한 느낌이 들었다.

몽테뉴는 후에 겉으로 보이는 모습과 내적 경험이 얼마나 다른지에 대해 생각해 봤다. 얼마나 놀라운가. 그 일에서 몽테뉴는 아주 낙관적인 교훈을 하나 얻었다. 바로 그 누구도 어떻게 죽어야 할지에 대해 배울 필요가 없다는 것이었다. "어떻게 죽을지 모른다 해도 걱정할 것 없다. 자연이 즉석에서 완벽하고 적절하게 가르쳐 줄 것이다. 자연은 그 일을 우리 대신 완벽하게 완수할 것이다. 그 일로 걱정할 필요는 전혀 없다." [19]

몽테뉴의 기질은 등식으로 요약할 수 있을 정도다. 자신의 본성에 대한 부족하지만 정확한 인식＋창조물의 기묘함에 대한 감탄과 경이＝균형 잡힌 평온한 정신. 베이크웰의 표현을 빌리자면 몽테뉴는 "해방이 되어 마음이 가벼워진" 사람이었다. [20] 그는 상황이 좋아도 넘치게 기뻐하지 않고, 반대 상황이 되어도 좌절감에 빠지지 않으며 늘 평정심을 유지한 듯하다. 그는 우아하면서도 무심한 듯한 문체를 창조해 냈고, 그 스스로도 자신의 글만큼이나 태연자약해지려 애썼다. "무심하고 느긋해지는 것이 나의 유일한 목표다." 그는 이렇게 쓴 적이 있지만 전적으로 납득할 수 있는 말은 아니다. "나 자신을 의무에 얽매이게 하는 상황을 피하기 위해 노력한다." 그는 그렇게 말한다 (혹은 충고한다). 우리는 몽테뉴의 모든 에세이에서 그가 편한 마음으로 자기 자신을 받아들이려고 애를 쓴다는 것을 느낄 수 있다. "전체적으로 다른 사람이 되기를 바랄 수도 있다. 내 전체적인 성격을 비난하면서 신에게 나를 완전히 바꿔 달라고, 내 결함을 용서해 달라고 간청할 수도 있다. 그러나 내가 왜 천사나 마르쿠스 카토로 태어나지 않았을까 불평하지 말아야 하는 것처럼, 회개라는 이름으로 그런 것을 바라면 안 된다고 생각한다. 나의 행동들은 나라는 사람과 내 삶의 상황에 따라 제어되고 형성되는 것이다. 다른 것을 바랄 수는 없다." 그는 자신의 마음을 다스리는 격언을 마음에 새겼다. "나는 자제한다."

그는 읽는 속도가 빠르지 않았기 때문에 몇 권의 책에만 집중했다. 게으른 성향이 있었기 때문에 여유를 갖는 방법도 배웠다.(존슨은 자신을 향상시키기 위해 스스로에게 열띤 설교를 늘어놨지만, 몽테뉴는 그렇게 하지 않았다. 또 존슨은 도덕적으로 엄한 질책을 그치지 않았지만, 몽테뉴는 그렇게 하지 않았다.) 몽테뉴는 생각이 자연스럽게 다른 쪽으로 흘러가는 성향이 있었는데, 오히려 그 단점을 이용해 사물이나 현상을 다각적으로 보는 방법을 배웠다. 모든 단점에는 그것을 보완해 주는 장점이 있게 마련이다.

열정적인 데다가 자기 자신에게 많은 것을 요구하는 사람들은 몽테뉴를 추종하지 않았다. 그들은 몽테뉴의 감정 폭이 너무 좁고, 포부가 너무 적으며, 고정된 모습이 너무 따분하다고 생각했다. 그들은 몽테뉴의 말을 반박하기는 어려웠지만(몽테뉴는 전통적인 논리 구조에 따라 글을 쓰지 않기 때문에 논박할 초점을 찾기가 어려웠다), 그의 글 전체에 스며 있는 회의론과 자기수용적 태도가 결국 자기만족, 심지어 약간의 허무주의로 이어진다고 비판했다. 그들은 몽테뉴가 감정적 거리를 유지하고 갈등을 피하는 데만 능숙한 사람이라고 일축한다.

그런 시각도 어느 정도는 일리가 있다. 물론 몽테뉴 자신도 그 점을 망설임 없이 인정할 것이다. "고통스러운 생각이 내 마음을 사로잡으면, 그것을 억제하기보다 바꾸는 것이 더 쉽다. 그와 반대되는 것으로 대체하거나, 그렇게 하지 못할 경우에는 그와 다른 상황을 생각한다. 다양성은 항상 위안을 주며, 고통스러운 상황을 완화하고 해소해 준다. 싸울 수 없다면 피신한다. 도망가는 동안에도 나는 몸을 이리저리 피한다. 나는 잡기 힘든 대상이다."

몽테뉴의 예에서 우리는 현실적으로 낮은 기대수준을 가지고 있으면 대부분의 상황을 기쁘게 받아들일 수 있다는 교훈을 얻는다. 그러나 그는 단순히 유유자적하는 16세기 판 한량이 아니었다. 태평스러운 것처럼 가장할 때도 있었고, 자신이 품은 진지한 의도를 숨길 때도 많았지만, 그는 좋은 삶과 좋은 사회에 대한 높은 비전을 가지고 있었다. 그리고 그것은 더 야심 찬 사람들이 바라는 궁극적 구원이나 정의가 아니라 우정에 기초하고 있다.

몽테뉴가 쓴 우정에 관한 에세이는 그의 가장 감동적인 작품 가운데 하나다. 만난 지 5년 만에 숨을 거둔 소중한 친구 에티엔 드 라 보에티와의 우정을 기리기 위해 쓴 글이다. 두 사람은 모두 사상가이자 작가였다. 그리고 우리가 요즘 흔히 말하듯 '진정한 영혼의 동반자'였다.

그런 우정을 나눈 사람들은 모든 것을 공유한다. 의지, 사상, 견해, 재산, 가족, 자녀들, 명예, 삶에 이르기까지 모든 것을 말이다. "우리의 영혼은 너무나 굳게 결속된 채 세상을 함께 누볐고, 서로에게 너무도 강한 애정을 느꼈다. 그리고 그 애정으로 상대방의 마음 깊숙한 곳을 들여다볼 수 있어서 내 마음만큼이나 그의 마음을 잘 이해할 수 있었을 뿐 아니라, 나 자신보다 그에게 나를 맡기는 것이 더 안심이 될 거라는 마음까지 들었다." 그는 완벽한 사회를 건설하면, 이런 우정이 사회의 최고점에 자리 잡게 될 것이라고 결론 내렸다.

## 선의 두 모습

몽테뉴와 존슨은 모두 뛰어난 에세이 작가였고, 관점을 바꿔 보는 데 있어서 최고의 경지에 오른 사람들이었다. 두 사람 모두 나름의 방법으로 인본주의를 지향했고, 인간의 지적 능력으로 이해할 수 있다고 믿은 위대한 진실을 찾는 데 문학을 활용하려 했을 뿐 아니라 겸양과 연민, 자비로움을 잃지 않았다. 두 사람은 존재의 혼돈을 산문으로 포착했고, 내적 질서와 규율에 대한 감각을 창출해 내려 했다. 그러나 존슨은 감정적으로 극단을 달린 사람이었고, 몽테뉴는 감정의 기복이 심하지 않았다. 존슨은 스스로에게 엄격한 요구를 많이 했고, 몽테뉴는 태연하고 무심해지는 걸 목표로 삼으면서 자신이 모순적인 존재인 것을 알면서도 그것을 수용하려는 태도를 견지했다. 존슨은 투쟁과 고통 속에서 산 사람이었고, 몽테뉴는 더 온화한 성격으로 세상의 결함에 대해 쓴웃음을 짓는 사람이었다. 존슨은 자신이 원하는 사람이 되기 위해 세상을 연구했고, 몽테뉴는 세상을 보기 위해 자신을 연구했다. 존슨은 감각적이고 경쟁적인 도시에 사는, 높은 기준을 지닌 도덕주의자였다. 그는 도덕적 열정에 불을 지펴서, 야심 있는 부르주아 계급 사람들이 궁극적인 진실에 초점을 맞출 수 있게 되길 바랐다. 몽테뉴는 내전과 광신주의로 얼룩진 나라에 사는 평온한 존재였다. 존슨은 사람들을 고양시켜 영웅처럼 행동하도록 만들고 싶어 했다. 몽테뉴는 현실적인 인간의 한계보다 훨씬 높은 목표를 세우면 오히려 인간 이하의 수준으로 떨어지지 않을까 우려했다. 순수를 지향하는 과정에서 사람들을 화형시켰던 것처럼 말이다.

우리는 자신이 몽테뉴에 더 가까운지 존슨에 더 가까운지, 혹은 어떤 상황에서 두 사람 중 누구의 가르침을 따르는 것이 더 적당한지 각자 결정할 수 있다. 내 개인적인 의견으로는 존슨이 혹독한 노력을 통해 더 우월한 경지에 도달했다고 생각한다. 그는 실제 세상에 더 깊게 뿌리를 내린 사람이었다. 몽테뉴의 균형감은 부분적으로 부유하게 자란 데다 확실한 지위가 있었고, 복잡하고 지저분한 역사의 한가운데서 한 걸음 물러나 영지가 딸린 자신의 편안한 저택으로 은퇴할 수 있었던 유복한 환경 덕분이기도 했다. 가장 중요한 점은 존슨은 인격이라는 조각을 완성하려면 어느 정도 강한 압박이 필요하다는 사실을 이해하고 있었다는 것이다. 원재료가 딱딱하고 말을 잘 듣지 않기 때문에 밀고, 깎아 내고, 쳐 낼 필요가 있는 것이다. 그 과정은 실제 세상의 치열한 사건들과 직접 대면하면서 이루어져야지, 거기서 한 발짝 물러나서 할 수 있는 일이 아니다. 몽테뉴는 온화한 성격의 소유자여서, 부드럽고 평온한 관찰만으로도 인격을 형성하는 것이 가능했는지도 모른다. 그러나 우리 대부분은 몽테뉴와 같은 방법을 적용할 경우 스스로에게 너무 관대해지기 쉽고, 기껏해야 보통의 수준밖에는 이루지 못할 것이다.

# 근면성

—

1746년, 존슨은 영어 사전을 만들기 위한 계약서에 서명했다. 자신의 내적 삶에 서서히 질서를 부여한 것처럼, 자신이 사용하는 언어 안에서도 질서를 잡아 보려 한 것이다. 프랑스 학술원에서도 17세기에 그와 비슷한 프로젝트를 시도했다. 40명의 학자가 55년 동안 매달려서야 완성할 수 있었다. 존슨은 6명의 조수를 데리고 8년 만에 이 일을 끝냈다. 그는 4만 2천 단어를 정의하고, 약 11만 6천 개의 예문을 인용해서 각 단어가 어떻게 사용되는지를 보여 줬다. 사용하지 않은 인용구만도 10만 개에 이르렀다.

존슨은 손에 넣을 수 있는 영어 문헌은 모두 면밀히 조사해서 단어의 용례와 유용한 인용구들을 표시했다. 그리고 그것들을 쪽지에 베껴 쓴 다음 방대하고 유기적인 구조 안에서 다시 분석하고 정리했다. 지루한 일이었지만, 존슨은 그 지루함 속에서 장점과 미덕을 찾았다. 사전을 완성하는 것이 국가를 위해 좋은 일이고, 스스로를 평온하게 만든다고 생각했다. 그는 일을 시작할 때 "만일 이 일이 너무 미천한 일이라면 그만큼 안전한 일일 것이라는 기쁜 희망을 품었다. 안정된 일이라는 전망이 좋았고, 화려하지는 않지만 유용한 일이어서, 나의 삶을 다른 사람들이 부러워하지 않는다 하더라도 순수한 삶을 유지하는 걸 가능하게 해 줄 것이기 때문에 하고 싶었다. 열정을 깨우지도, 싸움에 휘말리게 하지도, 비판으로 다른 사람들의 평화를 깨고 싶은 유혹이 생기게 하지도, 감언으로 나의 평화를 깰 유혹이 생기게 하지도 않는 일이다."[21]

존슨이 사전을 만드는 동안 아내 테티가 숨을 거두었다. 원래 건강이 좋지 않았던 그녀는 세월이 흐르면서 점점 더 술을 많이 마셨다. 어느 날 테티가 몸이 아파 2층에 누워 있을 때 누군가가 문을 두드렸다. 문을 연 하녀가 테티는 몸이 아프다면서 방문객을 돌려보냈다. 알고 보니 그 사람은 테티가 첫 결혼에서 얻은 아들이었다. 그녀가 존슨과 결혼하면서 사이가 틀어져 그동안 한 번도 만나지 못한 아들이었다. 잠시 후 아들이 왔다 갔다는 이야기를 들은 테티는 서둘러 옷을 입고 아래층으로 뛰어 내려갔지만, 이미 아들은 거기 없었다. 그녀는 그 아들을 다시는 보지 못했다.

존슨은 아내의 죽음으로 큰 충격을 받았다. 그의 일기는 아내를 영원히 기리겠다는 맹세로 가득 차 있었다. "그녀에게 약속한 더 나은 사람이 되겠다는 결심을 지금 이행하고 완수할 수 있도록 해 주소서. (…) 오늘 나의 테티가 저세상으로 간 것을 기도와 눈물로 기억하겠노라. (…) 나의 결심을 테티의 관을 걸고 꼭 이루겠노라 (…) 결심했다. (…) 테티를 생각하니, 내 사랑하는 가엾은 테티를 생각하니 눈물이 넘친다."

사전 덕분에 존슨은 유명해졌고, 부자는 아니지만 돈 걱정은 하지 않게 되었으며, 영국 문학계에서 가장 위대한 인물로 꼽히게 되었다. 그는 전과 다름없이 카페와 선술집에서 시간을 보냈다. 그는 사람들과 정기적으로 만나 밥을 먹고 토론을 하는 클럽에도 속해 있었다. 영국 역사상 그 클럽만큼 위대한 지적·예술적 인사들을 많이 모아 놓은 그룹도 찾아보기 어려울 것이다. 거기에는 존슨뿐 아니라 정치인 에드먼드 버크, 경제학자 애덤 스미스, 화가 조슈아 레이놀즈, 배우(이자 존슨의 이전 학생이었던) 데이비드 개릭, 소설가이자 극작가 올리버 골드스미스, 역사학자 에드워드 기번 등이 포함되어 있었다.

존슨은 귀족 및 지식인들과 교류했지만, 미천한 신분의 사람들과 같이 살았다. 그의 집은 항상 가난한 사람들과 소외된 사람들로 넘쳐났다. 노예였다가 해방된 사람, 가난한 의사, 눈이 먼 시인 같은 이들이 모두 함께 살았다. 어느 날 밤, 존슨은 매춘부 하나가 병에 걸린 채 지쳐 길에 쓰러져 있는 것을 발견했다. 그는 그녀를 등에 업고 집으로 데려와 함께 살도록 했다. 그렇게 존슨의 자비를 받은 사람들은 서로 싸우기도 했고, 때로는 존슨과도 다툼을 벌였다. 집 안은 항상 붐비고 문제가 끊이지 않았지만, 존슨은 그들을 내쫓으려 하지 않았다.

그는 또 친구들을 위해 엄청난 양의 글을 써 주기도 했다. "돌머리가 아니고서야 돈도 안 받고 글을 쓸 수는 없지"라고 말했던 그였지만 수천 쪽에 달하는 글들을 무료로 써 줬다. 이런 일도 있었다. 전직 의사였던 여든두 살 노인이 바다에서 경도를 찾는 더 정확한 방법을 생각해 내기 위해 오랜 세월을 바쳐 오고 있었는데 그에게 임종이 가까워졌고, 그때까지의 연구가 수포로 돌아갈 지경이 됐다. 그에게 연민을 느낀 존슨은 항해학을 공부하고, 그 사람의 이론을 검토한 다음 『바다의 경도를 규명하려는 시도에 대하여An Account of an Attempt to Ascertain the Longitude of the Sea』라는 책을 써서 그 노인의 이름으로 출판했다. 삶의 마지막 순간에 그의 생각이 살아남아 후세에 전해질 거라는 사실을 알려 주고 싶었기 때문이다. 또 로버트 체임버스라는 스물아홉 살 난 친구가 옥스퍼드 법대 교수로 임명을 받았을 때의 일도 있다. 불행하게도 체임버스는 법학에 대한 지식이 뛰어나지도, 글을 잘

쓰지도 못했다. 존슨은 그의 법학 강의 내용을 대신 써 주겠다고 약속했다. 그러고는 1600쪽에 달하는 60강좌의 강의 내용을 모두 써 줬다.

존슨은 거의 죽기 직전까지 열정적으로 일했다. 당시만 해도 일흔 살이면 엄청난 노인이었다. 그런데 그는 예순여덟 살에서 일흔두 살까지 『시인들의 삶Lives of the Poets』을 집필했다. 그 책은 52명의 시인에 대해 쓴 37만 8천 단어에 달하는 전기였다. 존슨은 몽테뉴의 노후를 규정짓는 평정도, 그가 다른 사람들에게서 부러워했던 냉정함이나 신중함도 결국 얻지 못했다. 그는 평생에 걸쳐 때때로 좌절감, 우울증, 수치심, 마조히즘, 죄의식에 시달리며 살았다. 늙어서는 친구에게 자물쇠를 하나 맡기면서 자신이 정신병에 걸리거나 물리적 통제가 필요한 상태가 되면 그것을 써 달라고 부탁했다.

그럼에도 존슨이 숨을 거두기 전 몇 년 동안의 삶은 그의 인격이 얼마나 크게 성장했는지를 극명하게 보여 준다. 노후에 그는 친구이자 전기 작가인 보즈웰과 함께 역사상 가장 유명한 좌담가가 되었다. 그는 거의 모든 상황, 거의 모든 주제에서 기나긴 입담을 늘어놓을 수 있었다. 이런 재주는 그냥 생긴 것이 아니라, 평생 정신적 노동을 게을리하지 않음으로써 얻은 산물이었다.

그는 또 일관된 관점을 형성했다. 그것은 이기심, 자기중심주의, 자기기만이 변함없이 늘 존재한다는 것을 인식하는 데서 시작되었다. 그러나 그 불에 기름을 끼얹은 것은 존슨의 반항 정신이었다. 그는 어릴 적부터 대학 시절을 거쳐 성인이 되어 살아가는 동안 내내 권위에 도전하고자 하는 깊은 본능을 품고 있었다. 그리고 그 반항 정신을 자신의 본성에 대해서도 적용해, 자기 내부와 외부에 존재하는 모든 악에 반항했다. 반항심을 자신과의 싸움을 추진하는 연료로 사용한 것이다.

존슨에게 자신과의 싸움은 구원으로 이어지는 길이었다. 그는 다른 종류의 용기, 정직해질 수 있는 용기를 몸소 실천했다(몽테뉴도 그런 용기를 지닌 사람이었다). 존슨은 문학적 표현의 힘을 믿었다. 극도의 도덕적 진실함을 가지고 쓰이기만 한다면 악을 정복할 수 있다고 믿은 것이다. 그에게 진실은 구속의 사슬을 끊는 힘이었다. 베이트가 말했듯 "존슨은 인간이 느낄 수 있는 모든 걱정과 두려움에 반복적으로 가까이 다가선다. 거기에 자신의 손을 직접 대고 자세히 들여다보면 사자의 가죽이 벗겨지고, 그 속에는 당나귀나 나무틀만이 있다는 것을 깨닫게 된다. 그가 무슨 말을 할지 읽을 때마다 우리가 웃게 되는 것도 그런 이유에서다. 그 웃음은 부분적으로 안도감에서 오는 것이다."[22]

존슨에게는 모든 것이 도덕적 대결이었고, 향상되거나 퇴보하거나 참회할 수 있는 기회였다. 그의 대화는 심지어 떠들썩한 대화를 나눌 때마저도 스스로를 향상시키기 위한 것이었다. 그는 노인이 되었을 때 젊은 시절 일어났던 에피소드 하나를 회상했다. 어느 날 그의 아버지가 유톡스터라는 마을의 시장 광장에서 운영하는 책방에서 일을 하라고 부탁했다. 아버지보다 자기가 더 잘났다고 생각하던 존슨은 그 부탁을 거절했다. 나이가 든 후, 존슨은 좀체 사라지지 않는 수치심을 느끼며 유톡스터 시장 광장으로 가 아버지의 책방이 있던 곳에 가서 섰다. 그는 훗날 이렇게 회상했다.

아버지의 부탁을 거절한 것은 자만심 때문이었다. 그걸 기억하는 것이 고통스러웠다. 몇 년 전, 그 일에 대해 속죄하고 싶었다. 날씨가 아주 좋지 않았지만, 나는 유톡스터에 가서 우산도 모자도 쓰지 않은 채 비를 맞고 상당히 오래 서 있었다. (…) 회개하는 마음으로 그렇게 서서 나는 속죄가 되기를 희망했다.

존슨은 승리를 거두고 의기양양해한 적이 없었다. 하지만 내적으로 점점 더 응집력 있는 사람이 되어 갔다. 이로써 그는 산산조각 났던 본성으로는 불가능해 보였던 안정된 자아를 이루어 냈다. 2012년, 애덤 고프닉이 『더 뉴요커The New Yorker』에 기고했듯 "그의 고래는 자기 자신이었다. 그리고 그는 그 고래를 제자리로 데려오는 데 성공했다."

존슨이 일흔다섯 살이 되었을 때 마침내 죽음의 그림자가 다가왔다. 그는 지옥에 떨어질까 봐 극도로 두려워했다. 최후의 심판에서 나쁜 판결을 받을 수 있는 죄를 짓지 않기 위해 "밤이 오고 있다"며 자신을 일깨우곤 했다. 그럼에도 지옥에 대한 두려움은 그의 마음에 격렬하게 남아 있었다. 보즈웰은 당시 존슨이 친구와 나눈 대화를 이렇게 기록했다.

> 존슨 (우울한 표정으로) 내가 천벌을 받는 사람들 중 하나일까 봐 두려워요.
>
> 애덤스 박사 천벌을 받는다니 무슨 말인가요?
>
> 존슨 (열정적이며 큰 소리로) 지옥에 떨어지는 거요! 거기서 영원히 벌

받는 것 말이에요.

죽기 며칠 전, 존슨의 주치의가 그에게 곧 죽게 될 거라고 말했다. 그는 신을 "바보 같은 상태"로 만나고 싶지 않으니 아편을 더 이상 주입하지 말아 달라고 말했다. 의사가 다리에 고인 액체를 빼내기 위해 절개를 하자 그가 외쳤다. "더 깊게, 더 깊게요. 난 살 만큼 살고 싶은데, 의사 선생은 내가 아플까 봐 겁을 내는군요. 전혀 고맙지 않아요." 나중에 존슨은 액체를 더 빼낼 요량으로 가위를 얻어서 자기 다리를 찌르기도 했다. 죽음을 앞두고 그가 한 선언은 삶을 대하는 그의 자세와 연장선상에 있다. "나는 정복당했으면 당했지 스스로 굴복하지는 않을 것이다."

이제 존슨은 인간의 지혜를 대변하는 모범적인 예로 꼽힌다. 내면이 산산조각 나 있던 젊은 시절 이후 그의 다양한 기능은 하나의 능력으로 응집됐다. 지적인 것 못지않게 감정적으로도 세상을 보고 판단할 수 있는 방법을 갖춘 것이다. 특히 말년에 가까워질수록 그의 글을 분류하는 것이 어려워진다. 그의 저널리즘은 문학적 가치가 뛰어나고, 그의 전기는 윤리학적 내용을 많이 담고 있으며, 그의 신학적 사상은 실용적인 충고로 가득하다. 그는 모든 분야를 섭렵하는 사상가가 되었다.

그 모든 것의 근간에는 그의 뛰어난 공감 능력이 자리하고 있다. 그의 삶은 육체적으로 고통받는 이야기로 시작한다. 10대와 청년 시절, 그는 운명으로 인해 손상된 모습으로 세상에서 버림받은 사람처럼 살았다. 그는 그때 생긴 취약한 속성을 끝내 떨쳐 내지는 못한 듯하다. 그러나 자신의 결점과 한계를 치열한 노력 하나로 극복하는 데 성공했다. 자신의 게으름을 끊임없이 채찍질한 사람이었다는 점에서 그가 들인 노력과 역량은 실로 막대했다고 할 수 있다.

그는 진정으로 중요한 문제들, 자신의 존재에 관한 문제들과 씨름을, 정말로 씨름을 했다. "역경에 맞서 싸우고, 그것들을 정복하는 것은 인간이 바랄 수 있는 가장 큰 행복이다." 그는 어느 에세이에서 그렇게 썼다. "그다음은 정복하기 위해 노력하고 그럴 자격을 갖추는 것이다. 그러나 아무런 투쟁도 없이 인생을 산 사람, 성과도 장점도 자부심 있게 내보이지 못하는 사람은 그저 공간을 채우는 존재에 불과하다."

그가 벌인 씨름은 흔들리지 않는 정직함을 얻기 위한 싸움이었다. 빅토리아 시대 작가 존 러스킨은 이렇게 썼다. "생각하면 할수록 이 결론이 더 확실해진다. 이 세상에서 인간의 영혼이 해낼 수 있는 가장 위대한 일은 무언가를 '이해하고', 자신이 '이해한' 것을 담백하고 분명하게 이야기하는 것이다. 말할 수 있는 사람 수백 명 중에서 생각할 수 있는 사람 한 명 정도가 나오고, 생각할 수 있는 사람 수천 명 중에서 이해할 수 있는 사람 한 명 정도가 나온다."

존슨의 천재적인 경구와 간결하고 함축적인 말들은 주변 세상을 극도로 예민하게 감지하는 뛰어난 감각에서 나온 것이다. 그 감각은 또 자기 자신에 대한 회의를 통해 길러진 것이기도 하다. 자신의 동기를 의심하고, 자신의 합리화를 꿰뚫어 보고, 자신의 허영심을 비웃고, 자신도 다른 사람들만큼 어리석다는 것을 이해하면서 길러진 감각인 것이다.

존슨이 죽자 전 국민이 애도했다. 그중 가장 많이 인용되는 윌리엄 제라드 해밀턴의 애도사는 존슨의 업적과 그의 죽음이 남긴 빈자리를 잘 포착해 냈다. "그가 남긴 심연은 채울 수 없을 뿐 아니라 채우려는 생각조차 할 수 없다. 존슨은 죽었다. 그 뒤를 잇는 것은 누구인가. 아무도 없다. 존슨을 흉내라도 낼 수 있는 사람은 아무도 없다."

어떻게 성공할 것인가에서
어떻게 살 것인가로

능력주의 시스템에서는 자신을 크게 생각해야 한다.

자신을 부풀리고, 스스로에 대한 확신을 가져야 하며,

자신은 많은 것을 누릴 가치가 있는 사람이고,

그것이 좋은 것인 한에서는 자신이 누릴 가치가 있는 것을

얻어 내야 한다고 믿도록 장려한다.

능력주의는 우리에게 자신의 주장을 내세우고,

자신을 광고하라고 권한다.

자신의 성취를 드러내고 과장해야 한다.

자신의 우월성을 드러내면 성취 구조로부터 보상이 따른다.

숱한 사소한 몸짓, 대화 방식, 옷 입는 스타일 등으로

주변 사람들보다 조금 더 똑똑하고, 멋지고, 세련되고, 교양 있고,

이름나고, 인맥 있고, 유행에 민감하다는 것을 알려야 한다.

능력주의 시스템은 우리에게 점점 더 좁은 곳에 집중하라고 부추기며,

더욱 약삭빠른 동물이 되라고 독려한다.

1969년, 1월 미식축구 챔피언을 결정하는 제3회 슈퍼볼 경기에서 두 명의 위대한 쿼터백은 반대편 사이드라인의 상대를 마주 보고 있었다. 조니 유나이타스Johnny Unitas와 조 네이머스Joe Namath는 모두 펜실베이니아주 서부의 철강 생산 도시에서 성장했다. 그러나 둘의 나이는 10년 정도 차이가 나서 서로 다른 도덕적 문화 속에서 자라났다.

유나이타스는 자신을 내세우지 않고 스스로를 낮추는 옛 문화 속에서 자랐다. 다섯 살 때 아버지가 세상을 떠난 후, 어머니는 남편 대신 사업을 꾸려 나갔다. 운전기사 한 명을 둔 석탄 배달 사업이었다. 유나이타스는 옛 전통을 고수하는 엄격한 가톨릭 학교에 다녔다. 교사들은 도덕적으로 높은 기준을 적용했고, 때로는 가혹하고 냉엄하기까지 했다. 교장이었던 배리 신부는 고압적이었으며, 성적표를 한 사람 한 사람에게 직접 던지면서 잔인한 말을 덧붙이곤 했다. "넌 언젠가 트럭 운전수나 하겠구나. 넌 구덩이나 파고 있을 거야." 예언처럼 들리는 그 말들은 소년들을 두려움에 떨게 했다.[1]

펜실베이니아주 서부 지역의 미식축구 선수들은 고통을 참는 능력을 자랑스럽게 여겼다.[2] 유나이타스가 고등학교 축구 팀에서 쿼터백으로 활약할 때 체중이 65킬로그램 정도밖에 나가지 않았고, 경기를 할 때마다 육체적 고통이 따랐다. 경기를 하기 전 그는 항상 교회에 가서 기도를 하고, 코치들에게 모든 것을 맡긴 채 명령에 복종하면서 미식축구가 지배하는 삶을 살았다.[3] 유나이타스는 노터데임대학에 진학하는 것이 불발되자 야구 팀으로 유명한 루이빌대학 미식축구 팀에서 쿼터백을 담당했다. 졸업 후 피츠버그 스틸러스의 트라이아웃에 참가하긴 했지만 정식 선수로 발탁되지는 못했다. 그는 공사판에서 일하면서 세미프로 미식축구 선수로 활동했다. 그러다가 볼티모어 콜츠에서 제안이 왔다. 꾸준한 경기 출전을 보장받지 못하는 조건이었다. 그가 팀에 정식으로 합류한 뒤에도 처음 몇 년 동안 콜츠는 계속해서 패배했다.

유나이타스는 NFL(내셔널 풋볼 리그)에서 순식간에 이목을 끈 스타는 아니었지만 기술을 연마하고 소속 팀원들을 북돋워 가면서 꾸준히 성장했다. 프로 선수로서 자리가 안정되자 그는 메릴랜드주 타우슨에 스플릿 레벨 구조의 집을 구입하고, 컬럼비아 컨테이너 코퍼레이션에서 1년 동안 주급 125달러를 받는 일자리도 구했다.[4] 흰 다리에 발목까지 올라오는 운동화를 신고, 어깨는 축 처진 데다 거친 얼굴에 머리까지 짧게 깎은 그는 늘 의도적으로 평범한 모습을 하고 다녔다. 소속 팀과 이동할 때 찍은 사진을 보면 흰색 반소매 버튼다운 셔츠에 좁고 검은 넥타이를 맨 모습이 꼭 1950년대 보험 세일즈맨처럼 보인다. 유나이타스와 동료들은 버스나 비행기를 타고 이동할 때도 모두 똑같은 옷에 똑같은 머리 모양을 하고 브리지 게임을 하며 시간을 보냈다.

그는 화려하지 않고 절제된 성격을 지녔다. "나는 늘 약간 따분한 것이 프로 선수의 특징 중 하나라고 생각했다. 이기든 지든 상관없이 경기가 끝나면 항상 (기자들에게) 이번에는 무슨 재미없는 이야기를 할까 먼저 생각하면서 운동장을 나섰다." 훗날 그는 그렇게 말하곤 했다. 그는 자신이 속한 조직과 동료들에게 충성스러웠다. 경기 중 작전회의 때 잘못된 루트로 뛰어서 경기를 망쳐 버린 리시버들에게 벼락같이 화를 내기도 했다. "제대로 하지 않으면 너한테 절대 패스하지 않을 거야." 그러나 게임이 끝난 후에는 기자들에게 거짓말을 했다. "내 잘못입니다. 겨냥을 잘못했어요." 그가 즐겨 쓰는 대답이었다.

유나이타스는 선수로서 실력에는 자신이 있었지만, 전혀 눈길을 끌지 않는 덤덤한 태도로 선수 생활에 임했다. NFL 필름스(NFL 관련 각종 광고와 영상자료를 만드는 회사―옮긴이)의 스티브 새볼은 그의 태도를 이렇게 묘사했다. "미식축구를 미화하는 것이 제 일입니다. 어차피 저는 낭만적인 성향이 강한 사람이니까요. 경기를 볼 때는 늘 드라마 제작자 입장에서 관전을 합니다. 점수가 문제가 아니라, 선수들의 갈등과 투쟁이 두드러져 보이지요. 이럴 때는 어떤 음악을 배경으로 깔아야 할까. 그런데 유나이타스는 그 모든 드라마와는 정반대되는 인물이었습니다. 그는 정직한 일을 정직하게 해내는 근로자였습니다. 모든 것을 어깨 한 번 들썩여 보이는 것으로 표현했지요. 낭만적인 것과 너무 거리가 멀어서 오히려 낭만적인 사람이었습니다."[5] 유나이타스는 야구 선수인 조 디마지오와 함께 자신을 드러내지 않는 미덕을 중시하던 시대의 전형적인 스포츠 영웅을 상징하게 됐다.

유나이타스와 같은 지역 출신이지만 그보다 반 세대 늦게 태어난 네이머스는 이와 다른 도덕적 환경에서 성장했다. 조 네이머스는 화려한 스타였다. 하얀 신발에 바람에 날리는 듯한 머리 스타일을 하고 자신 만만하게 승리를 장담하곤 했다. 브로드웨이 조라는 별명을 갖게 된 네이머스는 항상 재미있고 신나는 사람이었다.

그는 자신에게 이목이 집중되는 것을 즐겼다. 경기장 안에서와 마찬 가지로 경기장 밖에서도 5천 달러짜리 모피 코트에, 기다란 구레나룻 을 기르고 플레이보이 같은 태도로 화제를 몰고 다녔다. 그는 다른 사 람이 자기를 어떻게 생각하는지 상관하지 않았다. 아니 상관하지 않는 척했다. "나한테 따라다니는 자유분방한 이미지를 싫어하는 사람들이 있지요." 그는 1969년 『뉴욕』지의 '네이머스 올 나이트'라는 유명한 인터뷰에서 지미 브레슬린에게 그렇게 말했다. "하지만 나는 규격에 맞춰 사는 사람이 아니에요. 자유분방한 게 좋아요. 그게 옳은지 아닌 지는 모르지만, 나는 그게 좋으니까."

네이머스는 가난한 펜실베이니아주 서부 지역에 살며 유나이타스의 그늘에서 자랐다. 그러나 그는 유나이타스와는 완전히 다른 사람이 됐 다. 네이머스의 부모는 그가 일곱 살 때 이혼했고, 그는 이민 가정이라 는 배경에 반항하느라 제임스 딘 스타일의 가죽 점퍼를 입고 멋진 척 하며 당구장 주변을 어슬렁거렸다.

네이머스의 미식축구 재능은 현란했고 눈에 띄었다. 고등학교를 졸 업하던 해에는 스카우트 최고 순위에 오른 선수들 중 하나였다. 그는 남부에 있다고 생각한 메릴랜드대학으로 가길 원했지만 입학자격시 험 성적이 모자라서 앨라배마대학에 입학했다. 거기서 그는 대학 미식 축구 선수 중 최고로 꼽히는 쿼터백으로 성장했다. 이후 뉴욕 제츠에 합류하면서 엄청난 계약금을 받았고, 즉시 팀에서 가장 비싼 선수가 됐다.

그는 소속 팀을 능가하는 개인 브랜드 이미지를 만들어 냈다. 단순한 미식축구 스타가 아니라 라이프스타일을 대변하는 스타가 되었다. 그는 양끝이 아래로 처진 콧수염을 기르고 경기에 출전하기 위해 벌금을 냈다. 스타킹 광고에 출연해서 남성다움에 대한 고정관념에 도전했다. 그의 독신자 아파트에 털 길이가 15센티미터도 넘는 카펫이 깔려 있다는 사실도 유명했고, 여성을 'fox'라고 부르는 것도 그가 유행시킨 것이었다. 그의 자서전 제목은 『내일까지 기다릴 수 없어, 나는 날마다 더 잘생겨지니까』였다. 조니 유나이타스가 선택할 만한 제목은 전혀 아니다.

네이머스가 스타덤에 오른 시기는 '뉴 저널리즘'이 옛날 식 보도 관행의 틀을 깨기 시작하던 때였다. 네이머스는 뉴 저널리즘의 대상으로 완벽한 존재였다. 입이 무겁거나 신중한 구석이라고는 전혀 없는 그는 경기 바로 전날 밤 기자들과 함께 스카치 위스키를 몇 병씩 비워 냈다. 자신이 얼마나 우수한 선수인지, 얼마나 잘생겼는지를 대놓고 떠들어 댔다. 그는 뻔뻔할 정도로 솔직한 스타일을 만들어 냈다. 1966년 어느 날 밤, 그는 코파카바나의 화장실 거울을 보며 이렇게 외쳤다. "조! 조! 넌 정말이지 이 세상에서 제일 아름다운 물건이로구나!" 그 옆에는 『새터데이 이브닝 포스트』 기자가 있었다.[6]

자신의 독립성을 치열하게 지키고 싶어 했던 그는 어느 여성과도 깊은 관계를 형성하려 하지 않았다. 그는 요즘 우리가 '훅업hook-up' 문화라고 부르는 데이트 형태의 초기 모델을 만들어 냈다. "데이트까지는 아니고, 그냥, 뭐랄까, 우연히 만나는 거 그런 게 좋아요." 1966년『스포츠 일러스트레이티드Sports Illustrated』기자에게 한 말이다. 그는 미국 전역을 휩쓸기 시작한 자율성을 중시하는 풍조를 상징했다. "다른 사람에게 피해만 주지 않는다면 자기 살고 싶은 대로 놔두는 게 옳다고 생각해요. 내가 하는 행동이 나한테는 맞고, 다른 사람에게는 아무 영향도 끼치지 않잖아요? 밖에 나가 만나는 여자들을 포함해서 말이죠. 서로 자기 방식대로 살아가는 거지 뭐. 나는 그냥 모두가 다 좋아요."[7]

네이머스는 프로 운동선수의 새로운 이미지를 만들어 냈다. 개인 브랜드, 즉 스타가 거액을 받고 상품 광고에 출연하는 등 자신의 개인적 취향과 성격을 마음껏 드러내고, 소속 팀보다 더 주목을 받는 형태가 탄생한 것이다.

## 도덕적 실재론의 쇠퇴
—

문화는 피상적인 동시에 심오한 방식으로 변화를 거듭한다. 수필가 조지프 엡스타인은 젊은 시절 잡화점에 들어갔을 때 담배는 개방형 선반에 진열되어 있었고, 콘돔은 계산대 뒤에 보관되어 있었다고 말했다. 요즘은 콘돔이 개방형 선반에 진열되어 있고, 담배가 계산대 뒤에 보관되어 있다.

유나이타스의 겸양에서 네이머스의 자신만만하고 화려한 문화로 변화한 시기가 1960년대 후반이었다는 것이 일반적인 견해다. 대략적인 요지는 이렇다. 먼저 '위대한 세대', 즉 자기희생적이고, 겸손하고, 공동체를 중시하던 세대가 있었고, 1960년대에 이르자 자기도취적이고,

자기표현과 개성을 중시하고, 자기중심적이고, 도덕적으로 느슨한 베이비 붐 세대가 등장했다는 것이다.

그러나 이 견해는 사실과 들어맞지 않는다. 사실은 일이 이렇게 벌어졌다. 구약 시대부터 시작된 도덕적 실재론의 전통, 즉 인간은 '뒤틀린 목재'라고 생각하는 전통이 있었다. 이 전통, 혹은 세계관에서는 죄악과 인간의 결함이 크게 강조된다. 인간을 이렇게 보는 시각은 온유한 사람이었음에도 유대 민족을 이끈 모세, 위대한 영웅이었지만 심각한 결함이 있었던 다윗과 같은 성서 속 인물들을 통해 잘 이해할 수 있다. 후일 아우구스티누스와 같은 그리스도교 사상가들은 성서의 이러한 원리 체계를 잘 표현해 냈다. 죄를 강조하고, 세속적 성공을 거부하고, 은총의 필요성을 믿고, 분에 넘치는 신의 사랑에 자신을 맡기는 도덕 체계다. 이러한 도덕적 실재론은 새뮤얼 존슨, 미셸 드 몽테뉴, 조지 엘리엇 등 인문주의자들을 통해서도 표현됐다. 그들은 우리가 알 수 있는 것이 얼마나 적은지, 자신을 아는 것이 얼마나 힘든지, 인격 수양의 길이 얼마나 멀고 힘든지를 강조한 바 있다. 엘리엇은 이렇게 썼다. "우리 모두는 도덕적 백치로 태어나서 세상을 자신의 지고한 자아를 살찌우기 위한 젖으로 여긴다."[8] 도덕적 실재론은 다른 시대에는 다른 방식으로, 이를테면 단테, 데이비드 흄, 에드먼드 버크, 라인홀드 니버, 이사야 벌린 등의 사상으로 모습을 드러낸다. 이 사상가들은 모두 우리 이성의 능력을 완전히 신뢰하지 않는다. 그들은 추상적 사고와 자만심에 대해 의혹의 눈길을 던진다. 그들은 우리 개인의 본성이 갖는 한계를 강조한다.

이런 한계의 일부는 인식론적인 것이다. 이성은 약하고, 세상은 복잡하다. 우리는 세상의 복잡성을 모두 이해하거나 우리 자신에 관한 진실을 모두 알 수가 없다. 이 한계의 일부는 도덕적인 것이다. 우리 영혼에는 우리를 이기적이고 자만심 가득한 사람이 되도록 인도하고, 하위의 사랑을 상위의 사랑 위에 두도록 유혹하는 결함과 오류가 있다. 이 한계의 일부는 심리적인 것이기도 하다. 우리는 분열된 자아를 가지고 있다. 우리 마음속의 가장 긴급한 움직임 중 많은 것이 무의식적으로 일어나고, 따라서 우리는 그것을 어렴풋하게만 인식할 수 있을 뿐이다. 또 일부는 사회적인 것이기도 하다. 우리는 혼자서 완벽하게 존재할 수 있는 생명체가 아니다. 번성하기 위해서는 우리 자신을 다른 사람들, 제도, 신의 섭리에 의존하고 맡겨야 한다. '뒤틀린 목재'라는 개념에서 '한계'가 차지하는 자리는 광대하다.

18세기경, 도덕적 실재론에 대항하는 라이벌로 도덕적 낭만주의가 출연했다. 도덕적 실재론자들이 내적 결함을 강조했다면, 장-자크 루소와 같은 낭만주의자들은 우리의 내적 선을 강조했다. 실재론자들이 자아를 불신하고 자아 밖에 존재하는 제도와 관습을 신뢰했다면, 낭만주의자들은 자신을 신뢰하고 바깥 세상의 관습을 불신했다. 실재론자들은 수양과 문명과 계획을 신뢰했고, 낭만주의자들은 자연과 개인과 진실성을 신뢰했다.

얼마 동안 이 두 전통은 사회에서 나란히 공존하며 창조적 긴장관계와 대화를 유지했다. 예술계를 제외하고는 실재론이 우위를 점했다. 20세기 초 미국에서 태어나 자란 사람이라면 현실에서 사용되는 세속적·종교적 언어로 해석된 도덕적 실재론의 개념과 범주를 배우며 성장했을 것이다. 퍼킨스는 소명이라는 개념과 더 큰 대의에 도구로 쓰이기 위해서는 자신의 일부를 억제해야 할 필요가 있다는 것을 배우며 자랐다. 도러시는 어렸을 적부터 소박함, 가난, 포기라는 개념을 배우며 자랐다. 마셜은 제도를 중시하는 사고와 개인의 삶을 초월하는 조직을 위해 스스로를 헌신할 필요가 있다는 것을 배웠다. 랜돌프와 러스틴은 말을 삼가는 신중한 태도와 자기 규율의 논리, 그리고 숭고한 개혁 운동을 벌이는 와중에도 스스로를 의심할 필요가 있다는 것을 배웠다. 이들은 자신이 도덕적 실재론 전통을 대표하는 모범이 되리라는 것을 알지 못했다. 그들이 숨 쉬는 공기에, 몸에 밴 성장 과정에 그런 개념과 사고방식이 스며들어 있었다.

그러다가 도덕적 실재론이 쇠퇴했다. 실재론의 개념과 사고방식은 잊힌 채 사회의 한 귀퉁이로 밀려났다. 실재론과 낭만주의의 균형이 깨졌다. 도덕의 언어도, 영혼의 형성을 위한 방법론도 모두 잊혀 갔다. 1960년대나 1970년대가 낭만주의의 융성기이긴 하지만, 이때 비로소 변화가 일어난 것은 아니다. 그보다 이른 1940년대 말과 1950년대에 일어난 것이다. 도덕적 실재론을 저버린 것은 '위대한 세대'였다.

1945년 가을 즈음, 전 세계인들은 16년에 걸친 결핍과 궁핍을 견뎌 온 상태였다. 처음에는 대공황이 있었고, 그 후 전쟁이 찾아왔다. 이제 그들은 긴장을 풀고 휴식을 취하며 즐길 준비가 되어 있었다. 사람들은 저마다 상점으로 몰려가 삶을 더 편하고 즐겁게 만들 물건들을 사들이기 시작했고 이에 따라 소비와 광고가 크게 늘어났다. 전후 몇 년 동안 사람들은 자기억제, 죄악, 타락과 같은 어두운 주제의 족쇄를 벗어던지고 싶어 했다. 홀로코스트와 전쟁 등 끔찍한 기억을 과거에 묻을 준비가 되어 있었다.

전쟁이 끝난 직후, 사람들은 삶을 낙관적·긍정적으로 보며 가능성을 모색하는 책은 무엇이든 읽을 준비가 되어 있었다. 1946년, 랍비 조슈아 리브먼은 『마음의 평화Peace of Mind』에서 사람들에게 새로운 도덕률을 마음에 새기라고 촉구했다. 그가 말한 새 도덕률은 자신의 일부를 억제해야 한다는 생각을 버려야 한다는 주장에 기초하고 있었다. 대신 우리는 "자신을 제대로 사랑해야 한다. (…) 숨겨진 충동을 두려워하지 않아야 하고 (…) 자신을 존중하고 (…) 자신을 신뢰해야 한다." 리브먼은 사람들의 무한한 선에 대한 무한한 신뢰를 지니고 있었다. "나는 인간이 무한한 잠재력을 가지고 있어서, 적절히 이끌기만 한다면 해낼 수 없는 일도, 완성할 수 없는 기술도, 손에 넣지 못할 사랑도 없다고 믿는다."[9] 그의 주장은 대중의 심금을 울렸다. 그의 책은 『뉴욕 타임스』 베스트셀러 상위권에 58주 동안 머무는 놀라운 기록을 세웠다.

그해, 벤저민 스폭이 유명한 유아 교육서를 발표했다. 결코 단순한 책이 아니며 부당하게 비난을 받는 경우가 많은데, 초기 버전에서는 유난히 인간의 본성을 장밋빛으로 그리고 있다. 스폭은 아이가 무언가를 훔치면 그것과 비슷한 물건을 선물로 줘야 한다고 말했다. 그렇게 하면 우리가 아이를 사랑한다는 것을 보여 줄 수 있고, "아이는 합당한 한도 내에서 간절히 원하는 것은 무엇이든 얻을 수 있다"는 점을 이해할 수 있다는 것이다.[10]

1949년, 해리 오버스트리트는 널리 인기를 모은 『성숙한 마음The Mature Mind』을 펴내서 스폭의 주장을 조금 더 발전시켰다. 오버스트리트는 인간의 죄악을 강조한 아우구스티누스 같은 사람들은 "인류가 자기존중이라는 건강한 은총을 부인하도록 만들었다"고 주장했다.[11]

내적 결함을 강조함으로써 사람들이 "자신을 불신하고 비난하도록" 북돋는다는 것이었다.

그리고 1952년에는 노먼 빈센트 필이 등장해 낙관주의를 표방한 책의 최고봉이라고 할 『긍정적 사고의 힘The Power of Positive Thinking』을 출간했다. 그는 이 책에서 마음속의 부정적인 생각을 없애고, 스스로를 격려하고 응원함으로써 위대해져야 한다고 충고했다. 이 책은 『타임스』 베스트셀러 상위권에 무려 98주간 머물렀다.

그다음으로 등장한 것은 20세기에 가장 영향력 있는 심리학자인 칼 로저스를 필두로 한 인본주의 심리학이었다. 인본주의 심리학자들은 인간의 무의식을 어둡게 그린 프로이드적 개념에서 벗어나 인간 본성을 매우 높이 평가했다. 로저스는 가장 중요한 심리학적 문제가 사람들이 자기 자신을 충분히 사랑하지 않는 데 있다고 주장했고, 이에 따라 심리치료사들은 자신을 사랑하라는 주문을 거대한 물결처럼 쏟아냈다. "인간의 행동은 우아하고 정교한 합리성을 띤다." 로저스는 그렇게 썼다. "이 생명체는 자신이 성취하기 위해 애쓰는 목표를 향해 미묘하고도 질서정연한 복잡성을 띠며 움직인다."[12] 그는 계속해서 인간의 본성을 가장 잘 표현할 수 있는 단어들은 "긍정적인, 전진하는, 건설적인, 현실적인, 신뢰할 수 있는"과 같은 것들이라고 주장했다. 사람들은 자기 자신과 싸울 필요가 없다. 자신을 믿고, 내적 사자를 해방시켜 자기실현을 위한 내적 욕구가 주도권을 잡게 하면 된다. 자신을 사랑하고, 자신을 칭찬하고, 자신을 받아들이는 것이 행복을 위한 길이다. 그렇게 해서 각자가 "자신을 평가하는 과정에 자유롭게 관여하고, 자신을 고양시키는 방법으로 행동할 수 있도록 해야 한다."[13]

이후 인본주의 심리학은 거의 모든 학교, 거의 모든 커리큘럼, 거의 모든 인사담당부서, 거의 모든 자기계발서에 근본적인 영향을 끼쳤다. 얼마 지나지 않아 전국에 있는 거의 모든 학교 벽에는 'IALAC'이라는 포스터가 붙게 되었다. "I AM LOVABLE AND CAPABLE(나는 사랑스럽고 유능하다)"의 약자다. 자부심 갖기 운동이 탄생한 것이다. 현대의 도덕적 논의도 이 낭만적 비전 안에서 이루어지고 있다.

## 자부심의 시대

하나의 도덕적 문화에서 또 다른 도덕적 문화로의 이행이 숭고한 억제의 문화에서 방종하고 타락한 문화로 쇠퇴해 간다는 식의 허술한 과정인 것은 아니다. 각각의 도덕적 환경은 당시 직면한 문제를 해결하기 위한 집단적 반응이다. 빅토리아 시대 사람들은 종교적 믿음이 쇠퇴해 가는 문제에 봉착했고, 따라서 종교적 규율을 대체할 엄격한 도덕적 태도를 채택했다. 1950년대와 1960년대 사람들은 이와 다른 문제를 안고 있었다. 한 도덕적 환경에서 다른 환경으로 옮겨 갈 때 사람들은 득과 실의 균형을 맞추는 방식으로 변화하는 상황에 반응한다. 정당한 진실이 또 다른 정당한 진실과 갈등을 일으키며 존재하므로 특정 도덕적 환경에서는 좋건 싫건 일부 진실에 좀 더 주안점을 두게 되고, 따라서 자연히 강조가 덜 되는 부분들이 생기게 된다. 특정 덕목이 더 권장되고, 특정 신념이 너무 많이 강조되는 반면 또 다른 특정 진실과 도덕적 덕목들은 뜻하지 않게 잊는다.

자부심과 긍지를 더욱 강조하는 문화로 이행했던 1950년대와 1960

년대의 변화는 긍정적인 효과를 많이 끼쳤고, 뿌리 깊은 사회적 불의를 일부 개선하는 데도 도움이 됐다. 그때까지만 해도 여러 사회적 그룹, 특히 여성, 소수집단, 빈민 등은 자신이 열등하다는 메시지와 함께 갖가지 수모를 감내해야 했다. 그들은 스스로를 너무 보잘것없게 생각하도록 학습됐다. 자부심의 문화는 이렇게 억압받는 집단에 속한 사람들이 자신을 신뢰하고, 시야와 포부를 확장시키도록 북돋웠다.

예를 들어 과거에 많은 여성들은 순종하고 봉사하는 데 삶을 바쳐야 한다는 걸 귀가 닳도록 배웠고 이는 결국 자기부정에까지 이르기도 했다. 그중 캐서린 마이어 그레이엄의 삶은 왜 그토록 많은 사람들이 자신을 드러내지 않는 문화에서 자기표현을 하는 문화로의 변화를 온몸으로 받아들였는지 잘 보여 준다.

캐서린은 워싱턴 D.C.의 부유한 출판 가문에서 성장했고, 마데이라 스쿨에서 학창 시절을 보냈다. 마데이라 스쿨은 진보적이지만 품위와 교양을 중시하는 사립학교였다. "재난이 닥쳐도 직분을 다할 것, 마지막까지 품위를 지킬 것"과 같은 모토를 내세워 어린 숙녀들을 길러 내는 곳이었다. 캐서린은 집에 있을 때 거북하고 거리감을 주는 아버지, 딸들이 전적으로 순종하는 여자가 되기를 요구하는 어머니에게 눌려 지냈다. 그녀는 훗날 자신의 탁월한 회고록에서 이렇게 말했다. "우리는 모두 어머니가 기대하거나 원하는 것에 미치지 못한다고 느꼈다. 어머니가 주입한 불안감과 자신감 부족은 오래 지속되었다."[14]

당시 여자아이들은 조용하고 침착하고 바르게 행동해야만 했고, 캐서린은 극도로 남의 시선을 의식하면서 자라났다. "내가 말을 잘못한 건 아니겠지? 옷은 제대로 입은 걸까? 매력 있게 행동했나? 이런 의

문들은 마음을 불안하게 했고, 너무 나 자신에게 집착하도록 만들었으며, 때로 나를 압도하기도 했다."

1940년, 캐서린은 매력적이고, 재치 있고, 활달한 필립 그레이엄과 결혼했다. 그러나 그는 아내의 견해와 능력을 알게 모르게 무시하고 비하하는 재주가 있었다. "나는 점점 남편이라는 연에 딸린 꼬리처럼 느껴졌다. 그의 그늘에 가려 빛을 잃어 간다는 느낌이 강해질수록 그것은 더 현실이 되었다."[15] 그레이엄은 여러 차례 바람을 피웠고, 캐서린은 그 사실을 알아낼 때마다 크게 낙담했다.

우울증을 앓던 그레이엄은 1963년 8월 3일 자살하고 말았다. 6주후, 캐서린은 워싱턴 포스트의 회장으로 선출됐다.(1933년, 캐서린의 아버지 유진 마이어가 워싱턴 포스트를 인수했고, 1946년부터 필립 그레이엄이 경영권을 넘겨받았다.—옮긴이) 처음에 그녀는 자신이 남편과 결국 모든 것을 상속받을 아이들 사이를 이어 주는 다리 역할을 한다고 생각했다. 그녀는 눈을 질끈 감고 경영자로서 한 걸음을 내딛고, 또 한 걸음을 내디뎠다. 그 과정에서 그녀는 자신이 이 일을 해낼 수 있다는 것을 깨달았다.

그 후 몇십 년에 걸쳐 그녀는 그 시대 문화를 거름 삼아 자신의 주장을 내세우고, 가진 능력을 100퍼센트 활용할 수 있는 사람으로 성장했다. 그녀가 워싱턴 포스트를 맡던 해에 베티 프리댄이 『여성의 신비The Feminine Mystique』를 펴냈다. 칼 로저스의 인본주의 심리학을 반영한 책이었다. 후에 글로리아 스타이넘은 베스트셀러가 된 『내부로부터의 혁명Revolution from Within』을 발간했다. 당시 유명한 고민 상담란 필자였던 조이스 브라더스 박사는 이 책들의 주제를 단도직입적으로 표현했다. "자신을 가장 먼저 고려할 줄 알아야 한다. 적어도 가끔은. 여성들은 자신의 욕구보다 남편과 아이들의 욕구를 우선적으로 고려하도록 세뇌되고 사회화되었다. 사회는 자신을 가장 먼저 고려해야 하는 인간적 욕구를 남성들에게 강조했지만 여성들에게는 그렇게 하지 않았다. 이기심을 가져야 한다는 것이 아니다. 기본적인 삶의 욕구를 이야기하는 것이다. 아이를 몇이나 가질 것인지, 어떤 친구를 사귈 것인지, 가족과 어떤 관계를 맺을 것인지 본인이 직접 결정해야 한다."[16]

자기실현과 자존감을 강조하는 이 철학을 바탕으로 수백만 명의 여성이 자기 주장과 힘과 정체성을 일굴 수 있었다. 캐서린은 결국 세계에서 가장 존경받고 영향력 있는 출판계 인사가 되었다. 그녀는『워싱턴 포스트』를 미국의 메이저 신문이자 최고의 수익을 올리는 신문으로 성장시켰다. 그녀는 또 워터게이트 사건 때 백악관으로부터 들어오는 압력은 물론 온갖 협박과 비난에 맞서면서 밥 우드워드, 칼 번스타인을 비롯해 그 사건을 터뜨린 저널리스트들의 든든한 지원군이 되어주었다. 캐서린은 성장기에 생긴 불안감을 완전히 극복하지는 못했지만, 강력한 이미지를 창출해 낼 줄 알게 되었다. 그녀의 회고록은 절제된 표현을 썼지만 동시에 정직하고 권위 있으면서도 자기연민이나 가식은 전혀 없는 명작이다.

캐서린 그레이엄은 많은 여성들과 소수집단 구성원들처럼 자신에 대한 더 높고 정확한 평가가 필요했다. 그리고 그것은 '리틀 미'에서 '빅 미'로의 전환에 꼭 필요한 것들이었다.

## 진정성의 문화

—

인간 본성과 인간의 삶에 대한 기본적인 가정은 '빅 미'로의 전환과 함께 변화를 겪었다. 이 변화가 생긴 후 60년 동안 태어난 사람은 철학자 찰스 테일러가 '진정성의 문화the culture of authenticity'라고 명명한 분위기 속에서 성장했을 확률이 높다. 이 사고방식은 우리 각자가 자기중심에 '특별한 모습'을 가지고 있다는 낭만적인 생각에 기초하고 있다. 신뢰할 수 있고, 조언을 구할 만하며, 우리가 직접 접촉할 수 있는, 선천적으로 선한 진정한 자아가 있다는 개념이다. 이 개념에 따르면 개인적인 느낌이야말로 옳고 그름을 판단하는 데 가장 좋은 지침이 된다.

이때 자아는 의심의 대상이 아니라 신뢰의 대상이 된다. 우리의 욕망은 옳고 진실한 것으로 연결되는 내적 선지자와 같다. 무슨 일을 할 때 좋은 느낌이 들면 옳은 일을 하고 있다는 증거다. 정당한 삶의 규칙이란 내가 만들고, 받아들이고, 옳다고 느끼는 것들이다.

테일러는 이 문화를 설명하면서 다음과 같이 말한다. "우리는 자신과의 진정한 도덕적 접촉을 회복함으로써 도덕적 구원을 얻을 수 있다." 타락한 세상에 순응하지 않고 순수한 내면의 목소리에 충실한 태도를 유지하는 것이 중요하다. 테일러는 계속해서 이렇게 주장한다. "내 방식에 충실하게 살아야 한다. 모든 사람은 다른 사람을 모방하는 것이 아니라 자신의 방식으로 살기 위해 태어났다. (…) 그렇게 살지 않으면 내 삶을 사는 의미가 없다. 인간으로서 존재하는 내 나름의 의미를 잃게 되는 것이다."[17]

우리는 자아와의 투쟁이라는 오랜 전통에서 벗어나 자아해방과 자기표현이라는 새로운 문화로 옮겨 왔다. 도덕적 권위는 모종의 외적이고 객관적인 선에서 찾을 수 있는 것이 아니라, 각 개인이 본래부터 갖고 있는 고유한 자아에서 찾을 수 있다. 옳고 그름을 판단하는 지침으로 개인의 감정과 느낌을 더욱 강조하게 된 것이다. 내적 조화가 느껴진다면 지금 내가 하는 일은 옳은 것이다. 반면, 내 자율성이 침해되고, 나 자신에게 진실되지 않다는 느낌이 든다면 뭔가 잘못되고 있다는 신호다.

이런 분위기에서 죄는 개인의 자아에 있는 것이 아니라 인종차별, 불평등, 압제와 같은 사회의 외적 구조에 있다. 더 나은 사람이 되기 위해서는 자신을 사랑하고, 자신에게 진실하고, 자신을 의심하거나 자신과 싸우려 하지 않아야 한다. 드라마 〈하이스쿨 뮤지컬High School Musical〉의 등장인물이 노래하듯 "모든 답은 내 안에 있어/믿기만 하면 되는 거야."

## 소셜 미디어의 지배

빅 미를 향한 지적·문화적 이행은 경제적·기술적 변화로 인해 더 강화됐다. 우리 모두는 이제 기술 문화 안에서 살고 있다. 나는 기술을 혐오하는 사람들처럼 소셜 미디어가 문화를 망친다고 생각하지는 않는다. 기술로 인해 사람들이 진짜 세상을 포기하고 온라인 세상에서 살게 되었다는 증거는 없다. 그러나 정보 기술은 우리의 본성 중 빅 미와 아담 I의 측면을 부풀리고, 더 겸손한 아담 II의 힘을 약화시키는 도덕적 환경에 세 가지 영향을 끼쳤다.

첫째, 소통이 더 빠르고 분주해졌다. 이로 인해 깊은 곳에서 흘러나오는 부드럽고 정적인 목소리에 귀 기울이는 것이 더 어려워졌다. 인류의 역사 어디를 봐도 사람들은 한 걸음 물러나 있을 때, 세상과 분리되어 고요함에 빠져 있을 때, 조용히 영적 교감을 경험할 때 자신의 깊이를 가장 잘 감지한다는 것을 관찰할 수 있다. 사람들은 외적 아담이 목소리를 낮추고, 내적 아담이 목소리를 낼 수 있게 하기 위해서는 시간, 긴 침묵의 시간이 필요하다는 것을 깨달아 왔다. 하지만 이렇게 고요한 침묵의 순간들은 점점 더 드물어진다. 시간이 날 때마다 스마트폰으로 손이 가기 때문이다.

둘째, 소셜 미디어로 인해 자기지시적 정보가 더 많아지는 환경이 만들어졌다. 사람들은 자신만을 위한 특정 문화와 정신적 환경을 만들어 낼 수 있는 도구와 기회를 더 많이 갖게 됐다. 현대의 정보 기술로 인해 가족 모두가 한방에 모여 있어도, 각각 서로 다른 쇼, 영화, 게임을 자신만의 스크린으로 즐길 수 있게 되었다. 이제 각 개인은 에드 설리번 쇼 같은 대중매체 프로그램에 출연하는 엑스트라가 아니라, 자신의 요구에 맞는 프로그램과 앱과 블로그를 통해 각자가 만든 미디어에서 스타가 될 수 있게 되었다. 야후는 광고에서 "이제 인터넷에는 스타가 있다. 바로 당신!"이라고 외치고, 어스링크는 이런 슬로건을 내세운다. "어스링크는 바로 당신을 중심으로 공전한다."

셋째, 소셜 미디어는 자신을 남에게 드러내려는 특성을 부추긴다. 우리는 사회적 인정을 추구하고 고립을 두려워하는 성향을 본능적으로 가지고 있다. 소셜 네트워크 기술로 인해 우리는 극히 경쟁적으로 남의 주의를 끌기 위해 시간을 보낸다. '좋아요'를 많이 받으면 마치 승리를 거둔 것처럼 느낀다. 사람들은 자신을 광고하고, 유명인사처럼 행동하고, 이미지를 관리하고, 셀카로 찍은 사진을 공유하면서 세상에 깊은 인상을 남기고 호감을 살 기회를 더 많이 갖게 되었다. 이 기술은 사람들이 페이스북, 트위터, 문자메시지, 인스타그램 등을 사용해 자신이라는 브랜드의 관리자가 되어 위장된 긍정적 이미지와 약간 과도하게 생동감 넘치는 외적 자아를 만들어 작은 영역에서 명성을 쌓고, 운이 좋으면 더 큰 명성을 누리는 문화를 만들었다. 자기 브랜드를 관리하는 사람들은 포스팅에 대한 반응을 성공의 척도로 여긴다. 소셜 미디어에 통달한 사람들은 실제 삶보다 훨씬 행복하고, 훨씬 멋져 보이는 자기 이미지를 만드는 데 시간을 바친다. 또한 사람들은 다른 사람들이 올린 멋진 모습과 자기 자신을 알게 모르게 비교하기 시작한다. 물론 그 과정에서 열등감이 생기는 것은 당연하다.

## 능력주의 문화에서 사는 인간의 영혼

능력주의는 우리 모두가 훌륭한 내면을 지녔다는 개념을 강화했다. 이와 함께 자신을 과대평가하는 성향도 강해졌다. 독자가 1960년에서 1970년 사이에 태어나 성장한 사람이라면 더욱 경쟁적인 능력주의 문화의 산물일 확률이 높다. 나와 마찬가지로 이 글을 읽는 독자도 평생 뭔가 해내기 위해, 뭔가 사회에 영향을 주기 위해, 이 세상에서 비교적 성공한 삶을 살기 위해 노력하며 살아왔을 것이다. 이는 치열한 경쟁을 거치며 개인적 성취를 중요시하는 환경에서 살았다는 의미다. 다시 말해 공부 잘하고, 좋은 대학에 가고, 좋은 직장을 얻으며 점점 성공과 사회적 지위를 쌓는 경로를 밟아 왔다는 얘기다.

우리는 이러한 경쟁적 압력으로 인해 외적인 아담 Ⅰ이 성공을 향해 올라가게끔 많은 시간과 에너지와 관심을 쏟아붓는 대신, 아담 Ⅱ의 내적 세계는 등한시할 수밖에 없다.

나는 나 자신 안에서, 그리고 다른 사람에게서 자신을 신뢰하고 부풀리는 낭만주의 전통에 기초한 능력주의적 사고방식을 발견한다. 그러나 동시에 거기에는 시적인 부분도 영적인 부분도 빠져 있다는 것을 알게 된다. 도덕적 실재론자가 자아를 길들여야 하는 야생의 존재로 보고, 1970년대 뉴에이지 세대가 자아를 실현되어야 할 이상향으로 봤다면, 경쟁이 치열한 능력주의 사회에 사는 사람들은 자아를 개발해야 하는 자원으로 볼 가능성이 높다. 자아를 영혼이 자리한 곳 혹은 초월적 정신이 담긴 곳으로 보는 경우는 거의 없는 것 같으며, 인적 자본을 담은 그릇이라고 볼 확률이 높다. 효율적이고 신중하게 개발해야 하는 일련의 재능으로 보는 것이다. 이때 자아는 임무와 성취로 정의된다. 자아에서 중요한 요소는 재능이지 인격이 아니다.

닥터 수스는 1990년에 발표한 작품 『아, 네가 갈 곳들Oh, the Places You'll Go!』에서 이러한 능력주의적 사고방식을 절묘하게 포착해 냈다. 『뉴욕 타임스』 베스트셀러 역대 5위를 기록했고, 여전히 졸업 선물로 큰 인기를 누리는 책이다.

이 책은 한 소년이 자신에게 놀라운 재능이 있고, 삶을 어떻게 살 것인지는 궁극적으로 자신의 선택에 달려 있다는 것을 깨닫는 내용이다. "네 머릿속에는 뇌가 있어. 신발 속에는 발이 있지. 네가 원한다면 어느 방향으로도 나아갈 수 있단다." 저자는 자신의 야망을 이루어 내는 것이 삶의 의미라는 사실을 소년에게 상기시킨다. "넌 너에게 달려 있어. 알고 있는 건 다 알아. 그리고 어디로 갈지 정하는 건 바로 '너'야." 소년이 살면서 부닥치게 되는 도전은 대부분 외적인 것이다. 그리고 그가 추구하는 인생의 목적은 모두 아담 I 이 추구하는 것들이다. "명성! 넌 최고로 유명해질 거야/온 세상이 네가 성공하는 것을 텔레비전으로 지켜볼 거야." 이 삶의 궁극적인 목표는 성공이요, 외적 세상에 영향을 끼치는 것이다. "너는 성공할까?/그럼! 물론 성공할 거야/98과 4분의 3퍼센트 보장해!" [18] 이 성공담의 주인공은 바로 '너', 소년이다. 이 짧은 책에서 '너'라는 단어는 90번이나 등장한다.

이 책에서 소년은 완벽한 자율권을 가지고 있다. 그는 개인적으로 원하는 것을 선택할 자유가 있다. 저자는 소년이 얼마나 훌륭한지 일깨워 준다. 소년은 내면의 결함 때문에 짓눌리지 않는다. 노력하고 상승함으로써 자신의 장점을 증명한다.

능력주의는 막대한 에너지를 자유롭게 풀어놓은 뒤, 사람들이 어느 정도 훌륭하고 부족한지 등수를 매긴다. 이는 동시에 인격, 문화, 가치관에도 미묘한 영향을 끼친다. 능력과 실력을 기초로 쌓아 올린 극도로 경쟁적인 시스템에서는 사람들이 자신에 대해 많은 생각을 하고 자신의 기술을 개발하는 데 주력하게 된다. 이 시스템에서는 일이 삶을 결정하는 요소가 되는데, 특히 사회적으로 인정받기 위해 특정 직업을 가져야 할 경우 일은 더욱 중요해진다. 이 시스템은 미묘하고 조용하게, 그러나 구석구석 침투해 들어와 우리 모두에게 실리적으로 계산하는 습관을 주입시킨다. 능력주의는 파티와 식사를 비롯한 모든 상황,

그리고 만나는 모든 사람을 자신의 지위와 직업적 목표를 발전시키는 기회로 이용하게끔 하는 도구적 사고방식을 알게 모르게 부추긴다. 사적인 시간을 보낼 때마저도 상업적 사고방식을 적용해서 기회비용, 확장성, 인적 자원, 비용 대비 효과 등을 따지는 성향이 생긴다.

'인격'이라는 단어의 의미가 변화하고 있다. 자신을 돌보지 않는 이타심, 관대함, 자기희생을 비롯해 세속적으로 성공할 확률을 줄이는 특성들을 묘사하는 데 인격이라는 단어가 사용되는 빈도가 줄어든다. 대신 극기, 투지, 탄력성, 끈기 등 세속적 성공 확률을 높이는 특성과 관련되어 쓰이는 경우가 많아진다.

능력주의 시스템에서는 자신을 크게 생각해야 한다. 자신을 부풀리고, 스스로에 대한 확신을 가져야 하며, 자신은 많은 것을 누릴 가치가 있는 사람이고 (그것이 좋은 것인 한에서는) 자신이 누릴 가치가 있는 것을 얻어 내야 한다고 믿도록 장려한다. 능력주의는 우리에게 자신의 주장을 내세우고, 자신을 광고하라고 권한다. 자신의 성취를 드러내고 과장해야 한다. 자신의 우월성을 드러내면 성취 구조로부터 보상이 따른다. 숱한 사소한 몸짓, 대화 방식, 옷 입는 스타일 등으로 주변 사람들보다 조금 더 똑똑하고, 멋지고, 세련되고, 교양 있고, 이름나고, 인맥 있고, 유행에 민감하다는 것을 알려야 한다. 능력주의 시스템은 우리에게 점점 더 좁은 곳에 집중하라고 부추기며, 더욱 약삭빠른 동물이 되라고 독려한다.

이제 이 약삭빠른 동물은 자기 내면의 인간성을 유선형으로 다듬어서 공기저항을 줄여 빠르게 상승할 수 있도록 만든다. 그는 자신의 시간과 감정적 투자를 조심스럽게 관리한다. 대학 진학, 연애 상대와의 만남, 고용주와의 결속 등 이전에는 시적인 마음자세로 임했던 일도 이제는 더 직업적인 사고방식으로 다가서게 되었다. 이 사람, 이 기회, 이 경험은 내게 유용한가? 사랑이나 열정 같은 것에 마음을 뺏길 시간이 없다. 하나의 임무나 하나의 사랑에 영혼을 바쳐 뛰어드는 것에는 희생이 따른다. 큰 것 하나에 뛰어들면 다른 큰 것에 뛰어들 기회를 닫는 셈이 된다. 우리는 뭔가 놓칠지도 모른다는 공포에서 벗어나지 못한다.

리틀 미 문화에서 빅 미 문화로의 변화가 딱히 잘못된 것은 아니지만 너무 과도했다. 한계와 도덕적 투쟁을 강조하는 실재론적 전통은 처음에는 긍정의 심리학이 꽃피면서, 그다음에는 소셜 미디어의 자기과시 풍조가 만연하면서, 마지막으로 능력주의 시스템의 경쟁 스트레스로 인해 부주의하게 옆으로 밀려나고 말았다. 이제 우리는 외적인 아담 I 은 강하게 단련하지만 내적인 아담 II 는 무시하는 도덕적 환경에 살고 있고, 이로 인해 불균형이 생겼다. 이 문화에서는 외적인 능력과 성취로 개인이 규정되고, 서로에게 자기가 얼마나 바쁜지 이야기하느라 바쁜, 말 그대로 '바쁨'을 숭배하는 분위기가 형성된다. 내 학생인 앤드루 리브스는 이런 문화에서는 삶이란 당연히 성공을 향한 오르막으로 곧장 올라가는 과정이 될 것이라는 비현실적 기대를 가지게 된다고 말했다. 이런 환경에서는 사람들이 작은 성과에 만족하고, 가진 재능으로 연명하고, 맡은 일을 제시간에 해내는 것만으로도 충분하다고 느끼지, 어떤 임무에도 온 영혼을 바쳐서 몸을 던지지 않는다.

이 전통은 정상으로 전진하기 위해 '어떻게' 일할지는 가르쳐 주지만, '왜' 그 일을 하는지를 묻도록 장려하지는 않는다. 서로 다른 커리어, 서로 다른 천직들 중 어떤 선택을 해야 하는지에 대한 지침도 없고, 어떤 것이 도덕적으로 고귀하며 훌륭한 것인지 알 수 있는 지침도 없다. 이 전통은 사람들로 하여금 타인의 인정을 받는 데만 몰두하도록 만들고, 외적인 찬사를 자신의 삶의 척도로 삼도록 만든다. 사람들이 나를 좋아하고, 내 입장을 지지하면 뭔가 잘하고 있는 것이 틀림없다. 능력주의 시스템에는 문화적 모순이 깃들어 있다. 사람들에게 자신의 능력을 최대한 활용하라고 독려하면서도, 삶을 의미 있게 살기 위한 방향을 잡는 데 꼭 필요한 도덕적 능력은 위축시켜 버리기 때문이다.

## 조건부 사랑

능력주의 문화의 실용적이고 도구적인 사고방식이 신성한 유대 관계, 예를 들어 부모의 역할까지도 어떻게 왜곡할 수 있는지 살펴 보자.

현대 사회의 자녀 양육에는 두 가지 큰 특징이 있다. 첫째, 아이들에게 전례 없는 칭찬을 쏟아붓는다는 점이다. 도러시 파커는 미국에서는 아이들을 기르는 게 아니라 선동한다고 쏘아붙이기도 했다. 아이들에게 먹을 것과 집, 그리고 끊임없는 칭찬을 제공한다는 것이다. 이 현상은 요즘 들어 더 심해졌다. 아이들은 계속해서 자신이 얼마나 특별한 사람인지를 듣는다. UCLA 대학에서 신입생을 대상으로 조사한 결과에 따르면, 1966년에는 평균 A 혹은 A⁻ 성적으로 고등학교를 졸업한 학생들이 19퍼센트에 불과했다. 2013년에는 같은 성적으로 졸업한 학생이 53퍼센트로 늘었다. 젊은이들은 치하와 찬사에 둘러싸여 자라면서 하늘을 찌를 듯한 포부를 기른다. 언스트 & 영 조사에 따르면, 대학생들의 65퍼센트가 자신이 백만장자가 될 거라고 생각한다.[19]

두 번째 특징은 아이들이 전례 없는 수준으로 연마된다는 점이다. 적어도 교육을 더 많이 받은 부유한 계층의 부모들은 자녀를 갈고 닦고, 능력을 개발시키고, 각종 훈련과 연습에 데리고 다니는 데 전 세대보다 훨씬 더 많은 시간을 투자한다. 2011년, 하버드대학의 리처드 머네인은 1978년과 비교해 볼 때 미국의 부모들이 아이 1인당 방과 후 활동에 무려 5700달러를 더 투자한다고 조사했다.[20]

이 두 가지 큰 특징, 즉 더 많은 칭찬과 더 많은 연마는 아주 흥미로운 방식으로 상호작용을 한다. 어린이들은 사랑을 듬뿍 받지만, 그 사랑에는 방향성이 있다. 부모들은 자녀들에게 애정을 듬뿍 쏟지만, 그 애정은 단순한 애정이 아닌 능력주의적 애정이다. 자녀들이 세속적 성공을 거둘 수 있도록 돕고자 하는 욕망이 뒤섞인 애정인 것이다.

어떤 부모들은 무의식적으로 아이들을 성취와 행복에 이르게 할 거라고 생각하는 행동들을 장려하는 식으로 사랑을 표현한다. 부모들은 자녀들이 공부를 열심히 하고, 연습을 열심히 하고, 1등을 하고, 명문대학에 들어가고, 우등생이 되면(요즘 학교에서 우등생이라 하면 1등 하는 것을 말한다) 더 열렬히 기뻐한다. 부모의 사랑이 성과급처럼 되어 가는 것이다. 그냥 단순히 "사랑해"라고 말하는 것이 아니다. "내 저울 위에 있으니 사랑해. 그 위에 잘 있어야지만 너한테 칭찬과 사랑을 쏟아부을 거야."

여론조사를 해 보면, 오늘날 대다수 부모들은 자녀들이 독자적으로 생각할 수 있게 됐으면 좋겠다고 답한다. 반면 1950년대의 부모들은 자녀들이 순종적이었으면 좋겠다고 답하는 경우가 더 많았다. 그러나 이 복종에 대한 욕구는 사라진 것이 아니라 표면 아래로 내려가 있을 뿐이다. 명확한 규칙과 설교, 보상과 벌칙이라는 매우 직접적이고 솔직한 방식으로부터 칭찬하거나 못마땅해하는 반쯤 위장된 불투명한 방식으로 바뀐 것이다.

성과급 사랑의 이면에는 자녀가 실망시킬 경우 사랑을 철회할 수도 있다는 가능성이 도사리고 있다. 부모들은 부인할는지 모르지만, 조건부 사랑의 어두운 그늘이 늑대처럼 도사리고 있는 것이다. 그림자로 얼룩진 조건부 사랑은 두려움을 낳는다. 전적으로 안전한 사랑은 없다는 두려움이다. 이는 자녀들이 전적으로 정직하게 자기 자신으로 살수 있는, 완벽하게 안전한 곳이 없다는 의미이기도 하다.

어떻게 보면 부모와 자식 간의 관계는 그 어느 때보다 더 가까워졌다. 오늘날 자녀들은 심지어 대학에 다니는 나이가 되었을 때도 부모와 끊임없이 의사소통을 한다. 젊은 세대들은 거의 아무런 거리낌 없이 자신들을 둘러싼 거대한 성취 시스템을 받아들였다. 그들이 이 시스템을 받아들이는 것은 자기가 사랑하는 어른들의 칭찬과 승인을 받고 싶기 때문이다.

그러나 현재 모든 상황은 언뜻 보기보다 훨씬 걱정스러운 면이 많다. 어떤 아이들은 이 성과급 사랑이 세상의 자연스러운 질서라고 받아들인다. 칭찬하기도 하고 못마땅해하기도 하는 작은 몸짓과 신호들은 무의식적 차원에서 의사소통 구조 안으로 깊게 배어들게 된다. 그리고 다른 사람의 사랑을 받기 위해서는 특정 방법으로 행동하는 것이 필요하다는 생각이 점점 더 커지면서 내적 압력이 엄청난 수준에 도달한다. 이로 인해 아이들은 내심 자신들이 알고 있는 가장 깊은 관계를 잃을지도 모른다는 두려움을 안고 살아간다.

어떤 부모들은 무의식적으로 자신의 자녀들을 정신적·감정적 기술을 통해 다듬어야 하는 아트 프로젝트처럼 생각하기도 한다. 이런 부모에게서는 자녀에게 대학에 진학해 부모한테 높은 위상과 즐거움을 안겨 주는 삶을 살아가라고 고집하는 자기애적 성향을 엿볼 수 있다. 부모의 사랑을 확신하지 못하는 자녀들은 그 사랑에 대한 엄청난 허기를 가지게 된다. 조건부 사랑은 아이들의 내적 판단 기준을 침식하는 산酸과 같다. 자신의 관심 분야, 커리어, 결혼, 그리고 인생 전반에 대해 스스로 결정 내리는 능력을 부식시키는 것이다.

부모와의 관계는 조건 없는 사랑으로 쌓아 올려져야 한다. 인위적으로 살 수도, 획득할 수도 없는 선물인 것이다. 그것은 능력주의 논리의 밖에 있는 것이며, 은총을 만날 수 있는 가장 가까운 인간관계이다. 그러나 아담 I의 세상에서 성공해야 한다는 압력이 아담 II라는 전혀 다른 논리로 움직여야 하는 관계마저 오염시켜 버렸다. 그 결과 사회 전반에 걸쳐 아이들의 가슴에 큰 구멍이 생기고 말았다.

## 셀카의 시대

이러한 문화와 기술, 그리고 능력 위주의 환경에서 산다고 해서 우리가 뭔가 부족한 야만인이 된 것은 아니다. 그러나 도덕적으로 불명료해진 것은 사실이다. 우리 중 상당수가 무엇이 옳고 그른지, 선을 추구하고 인격을 쌓는 방법이 무엇인지에 대한 본능적인 감각을 지니고 있지만, 모든 것이 불분명하다. 많은 사람들이 인격을 어떻게 쌓아 가는지 명확하게 알지 못하고, 그러한 것들을 생각해 내기 위한 엄격한 방법도 갖고 있지 않다. 우리는 외적이고 직업적인 일에 대해서는 분명한 지식이 있지만, 내적이고 도덕적인 일에 대해서는 분명하게 알지 못한다. 우리는 빅토리아 시대 사람들이 성에 대해 취했던 것과 비슷한 태도를 도덕 문제에 적용하고 있다. 모든 것을 완곡한 말로 덮어 버리는 것이다.

문화의 변화는 우리도 변화시켰다. 무엇보다 우리는 좀 더 물질적이 되었다. 대학생들은 이제 돈과 성공적인 커리어에 더 많은 가치를 둔다고 대답한다. UCLA 대학에서는 매년 미국 전체 대학 신입생들을 대상으로 그들의 가치관을 측정하는 표본 조사를 실시한다. 1966년에는 삶에 관한 의미 있는 철학을 발전시키고자 하는 강한 의욕을 갖고 있다고 응답한 학생이 80퍼센트였다. 하지만 이제는 같은 대답을 하는 학생이 절반도 되지 않는다. 1966년에는 신입생 가운데 42퍼센트가 부유해지는 게 삶의 중요한 목표라고 답했다. 1990년에는 같은 대답을 한 학생이 74퍼센트로 증가했다. 한때는 평범한 가치를 지녔던 경제적 안정이 이제는 최고의 가치로 부상한 것이다. 다시 말하자면, 1966년에만 해도 학생들은 최소한 겉으로라도 철학적이며 의미를 추구하는 사람으로 보이고 싶어 했지만, 1990년에는 더 이상 그렇게 보일 필요를 느끼지 못하게 되었다는 의미다. 돈에 가장 관심이 많다고 말하는 것이 전혀 이상해 보이지 않는 시대가 된 것이다.[21]

우리는 더 개인주의적인 사회에서 살고 있다. 겸손한 사람은 자신의 결함을 혼자서 물리칠 수 있을 만큼 개인적으로 충분히 강하지 못하다고 생각한다. 따라서 외부로부터 오는 구원의 손길에 의지해야 한다는 것을 알고 있다. 그러나 진정한 자아, 자기 내부로부터 들려오는 목소리에서 가장 진실된 답을 찾을 수 있다고 자랑스럽게 믿는 사람은 다른 사람과 관계를 맺을 가능성이 낮아진다. 아니나 다를까, 밀접한 인간 관계는 꾸준히 감소 추세를 보인다. 수십 년 전만 해도 여론 조사를 해 보면 무슨 말이든 할 수 있는 절친한 친구가 네댓 명 된다고 응답하는 사람들이 많았다. 이제는 두세 명 정도라고 말하는 사람이 가장 많고, 한 명도 없다고 말하는 사람은 두 배 늘었다. 조사 대상 중 35퍼센트가 만성적인 외로움에 시달린다고 응답했는데, 이는 10년 전의 20퍼센트보다 큰 증가세를 보인 것이다.[22] 그와 동시에 사회적 신뢰는 감소했다. "일반적으로 대부분의 사람들을 믿을 수 있다고 생각하십니까? 혹은 사람들을 대할 때 지나치게 조심할 필요는 없다고 생각하십니까?"라고 물었을 때, 1960년대에는 대다수의 사람들이 타인을 대체로 신뢰한다고 대답했다. 그러나 1990년대에는 사람들을 믿지 않는다는 사람들이 믿는다는 사람들보다 20퍼센트 많았고, 그 후로도 계속 그 차이가 더 커지고 있다.[23]

사람들의 공감 능력도 줄어들었다. 혹은 최소한 자기 자신에 대해 기술할 때 공감 능력이 부족한 사람이라는 것을 드러냈다. 미시간대학에서 발표한 연구 결과를 보면, 요즘 대학생들은 1970년대 대학생들에 비해 타인의 감정을 이해하는 능력에서 40퍼센트나 낮은 점수를 보였다. 2000년대 이후에는 이 능력에서 가장 큰 하락세가 관찰됐다.[24]

공공 언어에서도 도덕성의 감소가 눈에 띈다. 구글 엔그램은 매체 전체에 걸쳐 단어 사용 빈도를 측정할 수 있는 프로그램이다. 구글은 지난 수십 년을 거슬러 올라가며 책과 출판물의 내용까지 스캔한다. 단어를 입력하면 세월이 흐르면서 어떤 단어가 더 자주 사용되고, 어떤 단어의 사용 빈도가 줄어드는지를 한눈에 볼 수 있다. 지난 수십 년 사이에 개인주의적 표현들, 가령 '자신self', '개인화된personailzed', '내가 먼저I come first', '나 스스로 할 수 있어I can do it myself' 같은 표현의 사용 빈도가 급격히 증가했고, '공동체community', '공유share', '연합united', '공공선common good' 같은 공동체적 표현의 사용은 급격히 감소했다.[25] 또한 경제와 비즈니스에 관한 단어 사용은 증가했고, 도덕성과 인격 도야에 관한 단어는 점점 감소하고 있다.[26] '인격character', '양심conscience', '덕목virtue' 같은 단어의 사용은 20세기 내내 감소 추세를 보였다.[27] '용기bravery'라는 단어의 사용은 20세기를 거치면서 66퍼센트 감소했다. '감사gratitude'는 49퍼센트, '겸손humbleness'은 52퍼센트, '친절kindness'은 56퍼센트 사용 빈도가 낮아졌다.

아담 II의 언어 감소는 도덕에 대한 이해와 표현이 더 불명확해지는 데도 기여했다. 도덕적 자율성이 강조되는 시대라 각 개인은 자신만의 세계관을 정립하도록 요구받는다. 우리가 아리스토텔레스라면 그런 일이 가능할지 모르겠다. 그렇지 않다면 불가능한 일일 것이다. 노터데임대학의 크리스천 스미스 교수는 2011년에 출간한 『전환기에 길을 잃다Lost in Transition』를 집필하기 위해 미국 대학생들의 도덕적 삶에 대한 연구를 했다. 그는 학생들에게 최근에 경험한 도덕적 딜레마를 기술해 달라고 요청했다. 조사에 참가한 학생들 중 3분의 2가 도덕적 문제를 기술하지 못하거나 전혀 도덕적이지 않은 문제를 언급했다. 예를 들어 한 학생은 주차할 때 요금 징수기에 넣을 동전이 충분치 않았던 것이 자기가 최근에 경험한 도덕적 딜레마라고 답했다.

"우리가 던진 도덕에 관한 질문들에 대해 이전까지 생각을 많이 해보지 않았거나 전혀 하지 않은 학생들이 많았다." 스미스를 비롯한 책의 공동 저자들은 그렇게 썼다. 학생들은 두 가지의 합당한 도덕적 가치가 충돌할 때 도덕적 딜레마가 생긴다는 것을 이해하지 못했다. 그들은 그저 마음속에서 옳다고 느끼는 것, 편안한 감정을 불러일으키는 것이 올바른 도덕적 선택이라고 생각했다. 한 학생은 다음과 같은 전형적인 대답을 했다. "내 말은요, 내 생각엔 뭔가 옳다는 것은 내가 어떻게 느끼느냐에 달려 있는 것 같다는 거예요. 하지만 사람마다 서로 다르게 느끼게 마련이니까 뭐가 옳고 뭐가 그른지에 대해 다른 사람들을 대신해서 말할 수는 없어요."[28]

내면의 '진정한 자아'에 궁극적 신탁이 있다고 믿는다면, 그는 당연히 주정론자emotivist다. 마음속에서 일어나는 느낌을 근거로 도덕적 판단을 내리기 때문이다. 그는 당연히 상대주의자이기도 하다. 한 사람의 '진정한 자아'는 다른 사람의 '진정한 자아'와 논쟁을 하거나 판단을 할 수 없기 때문이다. 또 그는 당연히 개인주의자다. 궁극적 판단은 공동체의 기준이나 외적으로 존재하는 의미의 범주가 아닌 진정한 자아 안에서 내리는 것이기 때문이다. 그는 당연히 이런 문제들을 생각하는 데 꼭 필요한 도덕적 언어와의 접촉이 끊어진다. 그는 당연히 더 평탄한 내적 세계를 경험하게 된다. 영감을 주는 정점도, 절망을 주는 심연도 경험하지 않고, 대신 그 어떤 것에도 흥분되거나 두근거리지 않으며 낮은 구릉지대를 지나듯 도덕적 결정을 하게 되기 때문이다.

이전에 도덕적 투쟁이 차지했던 정신적 공간은 점점 성취를 위한 투쟁이 점거한다. 도덕성이 효용성에 자리를 내준다. 아담 II가 아담 I에게 자리를 빼앗긴 것이다.

## 잘못된 삶
—

1886년, 톨스토이는 유명한 중편소설 『이반 일리치의 죽음The Death of Ivan Ilyich』을 출간했다. 주인공은 성공한 치안 판사로, 멋진 새집에 이사한 후 어느 날 커튼을 달다가 옆으로 떨어져 다친다. 처음에는 별로 신경을 안 썼지만 점점 입에서 이상한 맛이 느껴지며 몸이 아파 오기 시작한다. 결국 그는 자신이 마흔다섯 살 나이에 죽어 가고 있다는 것을 깨닫는다.

일리치는 꾸준히 신분 상승을 이루며 생산적인 삶을 살아왔다. 톨스토이는 그를 이렇게 묘사한다. "능력 있고, 명랑하고, 성격 좋고, 사회성도 좋은 사람이지만 동시에 자신의 의무라고 생각하는 것을 완수하는 데는 엄격하다. 그리고 자신의 의무는 권위를 가진 사람들에게 존중받는 일을 하는 것이라고 여겼다."[29] 다시 말하자면, 그는 자신이 사는 시대의 도덕적 환경과 사회적 신분 체계가 낳은 성공적인 산물이었다. 그는 좋은 직업을 가지고 있었고, 평판도 좋았다. 결혼 생활은 좀 냉랭했고, 가족들과 보내는 시간이 그리 많지는 않았지만, 그는 그것이 정상이라고 생각했다.

일리치는 이전의 사고방식으로 돌아가려고 노력했지만, 임박한 죽음의 그림자로 인해 새로운 생각들이 자기 머릿속에 떠오르는 것을 막을 수가 없었다. 그는 어린 시절을 특히 애정 어린 시선으로 돌아본다. 그러나 성인이 된 후의 생활은 생각하면 할수록 만족스럽지 않았다. 결혼은 거의 사고를 당한 것처럼 서둘러 했고, 돈에 정신이 팔린 생활을 계속했다. 직업적인 성공은 이제 사소하게 느껴졌다. "어쩌면 내가 살아온 방법이 틀린 건 아니었을까?" 그는 갑자기 자신에게 물었다.[30]

이야기는 처음부터 끝까지 상승과 하강의 개념으로 진행된다. 일리치는 외적으로 높이 상승할수록 내적으로는 더 낮은 곳으로 떨어진다. 그는 자신이 살아온 삶이 "점점 가속이 붙으면서 떨어지는 돌"처럼 느껴지기 시작했다.[31]

그는 사회에서 좋고 적절하다고 간주하는 것들에 맞서 싸우고 싶다는, 아주 작고 거의 눈치채기 힘들 정도로 미미한 충동을 과거에 자신이 느껴 왔다는 사실을 문득 떠올렸다. 그러나 그는 그런 생각에 별로 주의를 기울이지 않았었다. 그는 이제 깨닫는다. "그의 직업적 의무, 그 자신과 가족의 삶을 위해 준비해 왔던 모든 것들, 사회적·공적 관심이 모두 허위였을지도 모른다. 그 모든 것을 정당화하려고 해 봤지만, 그는 자신이 지키려 하는 것들이 얼마나 약한 것인지 느꼈다. 결국 지켜야 할 것은 아무것도 없었다."[32]

어쩌면 이반 일리치가 아담 I 로서 산 삶을 너무 과도하게 공격한 것인지도 모른다. 그것이 모두 허위이고 가치 없는 삶은 아니었다. 그러나 톨스토이는 죽음에 이르기까지 내적 세계 없이 살아온 사람의 초상을 꾸밈없이 그리고 있다. 일리치는 마지막 순간에 이르러서야 사는 동안 늘 알아야 했던 사실을 마침내 조금 엿보게 된다. "그는 구멍을 통해 떨어졌다. 그리고 떨어진 바닥에서 빛을 봤다. (…) 이반 일리치가 떨어져서 빛을 보게 된 바로 그 순간, 그는 자신이 삶을 제대로 살아오지 못했는지는 모르지만 그때라도 바로잡을 수 있다는 것을 깨달았다. 그는 자신에게 물었다. '무엇이 옳은 것인가?' 그리고 침묵을 지키며 귀를 기울였다."

오늘날 많은 사람들이 이반 일리치와 같은 상황에 처해 있다. 우리가 몸담고 있는 사회 체제로 인해 불충분한 외적 삶만을 추구하며 살아왔다는 것을 인식하고 있다는 점에서 말이다. 그러나 우리는 일리치에게 없었던 것이 있다. 잘못된 것을 바로잡을 수 있는 시간이다. 문제는 방법이다.

그에 대한 답은 주류 문화의 바람에 적어도 부분적으로나마 맞서는데서 찾을 수 있다. 또한 반문화에 가담하는 것으로도 찾을 수 있다. 빅 미를 장려하는 힘이 많은 부분에서 필요하고, 우리를 자유롭게 한것은 사실이다. 하지만 제대로 된 삶을 살고, 건강한 영혼을 갖기 위해서는 그것이 이제 도를 넘었다고 선언할 필요가 있는지도 모르겠다. 우리는 균형을 잃었다. 한 발은 성취의 세계를 딛고 있더라도, 다른 한발은 성취를 중시하는 풍조와 갈등을 일으킬지도 모르는 반문화의 영역에 디딜 필요가 있을지도 모르겠다. 아담 Ⅰ과 아담 Ⅱ 사이의 균형을 다시 한 번 점검하고, 굳이 선택을 해야 한다면 아담 Ⅱ가 아담 Ⅰ보다 더 중요하다는 사실을 이해할 필요가 있을지도 모르겠다.

## 겸양의 규칙

—

각 사회는 나름의 도덕적 환경을 만들어 낸다. 도덕적 환경은 일련의 규범, 전제, 신념, 습관적 행동, 제도적으로 정착된 도덕적 기준들이 유기적으로 얽혀서 생성된다. 도덕적 환경은 그 안에서 사는 사람들이 특정 종류의 사람이 되도록 유도한다. 자기가 처한 사회의 도덕적 환경과 일치하게 행동하면 사람들이 그에게 호의를 보이고, 따라서 그런 방식으로 계속 행동할 동기를 부여받게 된다. 특정 순간의 도덕적 환경은 절대 만장일치의 합의를 통해 이루어진 것이 아니다. 항상 반항하는 사람들, 비판하는 사람들, 그리고 거기에 속하지 않고 겉도는 사람들이 있게 마련이다. 그러나 각각의 도덕적 환경은 그 시대의 문제에 대한 집단적 반응이고, 그 안에 사는 사람들의 삶의 모습에 영향을 끼친다.

지난 수십 년 동안 우리는 빅 미를 중심으로 한, 그리고 우리 안에 특별한 모습이 존재한다는 믿음을 중심으로 한 도덕적 환경을 만들어 왔다. 이로 인해 자기도취와 자기확대 성향이 강화됐다. 그 결과 우리 본성 중 외적인 아담 I에 더 초점을 맞추고, 아담 II의 내적 세계는 무시하게 됐다.

둘 사이의 균형을 되찾고, 아담 II를 다시 개발하고, 조문 덕목을 일구기 위해서는 우리가 뜻하지 않게 잃어버린 것을 되찾을 필요가 있을 것이다. 바로 도덕적 실재론의 전통, 그리고 '뒤틀린 목재'로 대변되는 전통 말이다. 이 전통에 기초한 도덕적 환경을 조성하고, 가장 중요한 질문들에 대해서는 이 전통이 제시하는 답에 귀 기울일 필요가 있다.

그리고 그 핵심적인 질문들은 다음과 같다. 내 삶을 어떤 방향으로 개척해 나가야 할까? 나는 누구이며, 내 본성은 무엇인가? 내 본성을 어떻게 다듬어야 날마다 서서히 더 나은 사람이 될 수 있을까? 일궈야 하는 덕목 중 가장 중요한 것은 무엇이고, 내가 가장 두려워해야 할 결함은 무엇일까? 어떻게 하면 내 아이들이 참된 의미에서 어떤 사람인지를 인식하며 기를 수 있을까? 또한 그 아이들이 인격 연마를 향한 긴 여정을 떠나는 데 도움이 될 현실적인 방법은 무엇일까?

지금까지 이 책에서 뒤틀린 목재의 전통을 규정하는 명제를 여러 장에 걸쳐 살펴봤다. 그리고 지금까지 이야기한 명제들을 한데 모아 목록으로 만들어 다시 한번 정리해 보는 것이 유용할 것 같다고 생각했다. 번호를 매겨 나열하는 것이 문제를 단순화하고 실제보다 더 투박해 보이게 하는 단점이 있긴 하지만 말이다. 이 목록은 무엇을 위해 살 것인지, 어떻게 살 것인지에 관한 일관성 있는 이미지를 담은 '겸양의 규칙'이라고 할 수 있겠다. 다음은 겸양의 규칙을 형성하는 일반적 명제다.

1. 우리는 행복을 위해 사는 것이 아니라 성스러움을 위해 산다. 일상에서 우리는 쾌락을 찾지만, 인간은 깊은 내면에 도덕적 상상력을 갖고 태어났다. 모든 인간은 쾌락만을 위한 삶이 아니라 목적의식과 정의로움, 덕을 추구하는 삶을 영위하고 싶어 한다. 존 스튜어트 밀이 갈파했듯, 사람들은 시간이 흐름에 따라 더욱더 도덕적으로 되어야 할 책임을 가지고 있다. 가장 좋은 삶은 점점 더 훌륭한 영혼으로 거듭나기를 지향하고, 도덕적 기쁨으로 충만

해지고, 성공적인 도덕적 투쟁의 부산물로서 감사함과 평온함이라는 고요한 느낌을 얻게 되는 삶이다. 의미 있는 삶은 동시에 영원한 것이며, 일련의 이상들과 그것들을 위해 투쟁하는 사람들이 결합해 만들어 내는 것이다. 삶은 본질적으로 향락의 드라마가 아니라 도덕적 드라마다.

2. 1번 명제는 삶의 목적을 규정한다. 인격 연마를 위한 긴 여정long road to character은 우리 자신의 본성을 정확히 이해하는 데서 시작하고, 그 이해의 핵심에는 우리가 결함 있는 존재라는 깨달음이 있어야 한다. 우리는 선천적으로 이기적이고 오만한 방향으로 흐르려는 성향이 있다. 우리는 자신을 우주의 중심에 두려는 경향이 있다. 마치 모든 것이 우리를 중심으로 돌아가는 것처럼 말이다. 무언가를 하겠다고 결심하고는 정반대로 행동하는 경우도 많다. 삶에서 심오하고 중요한 것이 무언지 알면서도 여전히 얄팍하고 헛된 것을 추구한다. 게다가 우리는 자신의 힘을 과대평가하고 실패를 정당화한다. 우리는 생각하는 것보다 아는 것이 적다. 우리는 그러지 말아야 한다는 것을 알면서도 아주 짧은 욕망의 유혹에 무너지고 만다. 우리는 영적·도덕적 욕구가 세속적 지위나 물질적인 것들로 채워질 수 있으리라 상상한다.

3. 우리는 결함 있는 존재들이지만, 훌륭한 점들도 타고났다. 우리는 내적으로 분열되어 있다. 걱정스러운 측면도 있지만 놀라운 측면도 있는 것이다. 우리는 죄를 짓지만 동시에 그것을 인식하

고, 부끄러워하고, 극복할 줄 안다. 우리는 약하면서도 강하고, 구속되어 있으면서도 자유롭고, 앞을 못 보다가도 멀리 본다. 따라서 우리는 자신을 상대로 투쟁할 능력을 가지고 있다. 양심이라는 형틀에 묶여 고통받으며 자신과의 투쟁을 벌이면서도 여전히 살아남아 점점 강인해지고, 내적 승리를 위해 세속적 성공을 희생하는 사람에게는 영웅적인 무언가가 있다.

4. 자신의 결함을 상대로 투쟁을 벌일 때, 겸양은 가장 필요한 덕목이다. 자신의 본성과 세상에서 자신이 차지하는 위치를 정확히 판단하는 것이 바로 겸양이다. 겸양은 결함과 벌이는 투쟁에서 자신이 이길 가능성이 적은 약자라는 사실을 아는 것이다. 겸양은 주어진 임무를 수행하는 데 자신의 개인적 재능만으로는 부족하다는 것을 깨닫는 것이다. 겸양은 우리가 세상의 중심이 아니라는 것을 일깨워 주지만, 동시에 우리가 더 큰 질서를 위해 일해야 한다는 것도 잊지 않도록 해 준다.

5. 오만은 모든 악의 중심에 있다. 오만은 감각기관의 문제다. 오만은 우리의 분열된 본성을 보지 못한다. 오만은 우리가 가진 결함을 보지 못하게 하고, 우리가 실제보다 더 잘났다고 오도한다. 오만은 우리로 하여금 더 확신에 차게 만들고, 더 닫힌 마음을 가지게 한다. 오만은 우리가 필요로 하는 사랑을 가진 대상 앞에서 약한 모습을 드러내기 어렵게 만든다. 오만 때문에 우리는 주변 사람들보다 자신이 더 낫다는 걸 증명하고 싶어 한다. 오만은 우리

가 삶을 자신의 의지대로 펼쳐 나갈 수 있다고 착각하게 만든다.

6. 일단 생존에 필요한 것들이 충족되고 나면, 죄와 맞서 싸우고 덕목을 키우기 위한 투쟁이 삶의 중심 드라마가 된다. 우리 안의 결함과 맞서 싸우는 내적 투쟁보다 더 중요하고 극적인 외적 투쟁은 있을 수 없다. 이 내적 투쟁, 예를 들어 이기심, 편견, 불안감 같은 것들과의 투쟁은 삶에 의미와 형태를 부여한다. 그것은 성공의 사다리를 오르기 위한 외적 투쟁보다 더 중요하다. 죄와 맞서 싸우는 이 투쟁은 헛되고 모순된 삶을 살지 않도록 하기 위해 벌이는 위대한 도전이다. 이 전투를 잘해낼 수도, 잘못 해낼 수도 있다. 또한 기쁜 마음으로 해낼 수도, 아무런 즐거움 없이 해낼 수도 있다. 자신의 결함과 싸우는 일은 자신의 어떤 부분을 더 개발하고, 어떤 부분을 개발하지 않을지 선택하는 것을 의미할 때도 있다. 죄와 결함을 상대로 싸움을 벌이는 목적은 '이기는 것'이 아니다. 가능하지 않기 때문이다. 그보다는 싸움을 통해 더 나아지려는 데 목적이 있다. 헤지펀드를 운영하든, 가난한 사람을 돕는 자선단체에서 일하든 상관이 없다. 어디를 가나 영웅과 얼간이는 있게 마련이다. 가장 중요한 것은 이 투쟁에 뛰어들 용의가 있는지 여부다.

7. 인격은 내적 투쟁 과정에서 길러진다. 인격은 자신의 결함과 맞서 싸우는 과정에서 서서히 각인되는 여러 기질, 욕망, 습관 들이 합쳐져서 만들어진다. 자제력을 발휘한 수천 번의 작은 행동들,

나눔, 봉사, 우정, 정제된 즐거움 등을 통해 더 절도 있고, 사려 깊고, 사랑을 주는 사람이 된다. 절도 있고 사려 깊은 선택을 하면 마음속에 서서히 특정 성향을 각인시키게 된다. 옳은 것을 원하고, 옳은 행동을 실행할 확률이 높아지게 만드는 것이다. 이기적이고, 무자비하며, 무질서한 선택을 하게 되면 서서히 자기 내면의 중심이 타락하고, 변덕스럽고, 조각난 무언가로 변해 버릴 것이다. 이 내적 중심은 타인에게 전혀 해를 끼치지 않고, 그저 비열한 생각을 품는 것만으로도 손상받을 수 있다. 동시에 이 내적 중심은 다른 사람의 눈에 보이지 않는 억제력을 발휘함으로써 강화할 수도 있다. 이런 식으로 일관성 있는 인격을 길러 나가지 않으면, 삶은 언젠가 산산조각 나고 말 것이다. 정념의 노예가 될 수도 있을 것이다. 그러나 습관적으로 자제력을 발휘해 행동하면 변함없고 신뢰할 만한 사람이 될 것이다.

8. 우리를 옆길로 새게 만드는 것들은 단기적 효과를 갖는 것들, 즉 욕정, 두려움, 허영, 식탐 같은 것들이다. 우리가 인격이라고 부르는 것들은 오래가는 것들, 즉 용기, 정직, 겸양 같은 것들이다. 인격을 지닌 사람들은 같은 방향으로 오래도록 순종하는 능력이 있어서, 그것이 사람이 됐든 대의가 됐든 소명이 됐든 시종일관 변함없는 태도를 보인다. 그들은 넓게 볼 줄 안다. 그들은 끊임없이 바뀌지도, 자유롭게 움직이지도, 고립되어 있지도 않다. 중요한 것들에 영구적인 애착을 가지고 닻을 내리기 때문이다. 지적인 영역에서, 그들은 근본적인 진리에 대한 영구적인 확신을 갖고

있다. 정서적인 영역에서, 그들은 그물처럼 촘촘한 무조건적 사랑에 얽혀 있다. 행동의 영역에서, 그들은 한 사람의 일생 안에는 도저히 끝마칠 수 없는 임무와 영구적인 관계를 맺는다.

9. 누구도 혼자 힘으로 자신을 완전히 억제할 수는 없다. 개인의 의지, 이성, 연민, 인격은 이기심, 오만, 욕심, 자기기만을 끊임없이 물리칠 수 있을 만큼 강하지 않다. 누구나 외부로부터 구원을 위한 도움의 손길을 필요로 한다. 그것은 신, 가족, 친구, 조상, 규칙, 전통, 제도, 모범 등 여러 형태를 띨 수 있다. 자신과의 대결을 벌이면서도 좋은 삶을 영위하려면 애정을 나누는 대상이 있어야 한다. 자신의 내적 힘과 대적하기 위해서는 외부로부터 힘을 얻어야 하기 때문이다. 감성을 가르쳐 주고, 특정 가치를 장려하고, 어떤 상황에서 무엇을 느껴야 하는지 알려 주는 문화적 전통에서 힘을 얻어야 한다. 내부와의 투쟁은 똑같은 싸움을 벌이고 있는 다른 사람과 연계해 치를 수도 있다. 그 과정에서 사람들 간의 경계가 흐릿해진다.

10. 우리는 모두 궁극적으로 은총을 통해 구원을 받는다. 결함과의 싸움은 U자 형태를 띠는 경우가 많다. 우리는 삶을 살아가다가 견디기 어려운 사랑, 실패, 질병, 실직 혹은 운명의 장난 등으로 경로에서 벗어날 때가 있다. 이 과정이 U자 형태, 즉 전진-후퇴-전진의 모습을 띤다. 후퇴할 때는 자신의 부족함을 인정하고, 승리의 영광을 반납한다. 이때 다른 무언가가 채워 줄지도

모를 빈 공간을 연다. 그리고 거기로 은총이 쏟아져 들어온다. 친구와 가족으로부터 오는 사랑의 형태를 띨 수도 있고, 예상치 못한 낯선 사람이나 신으로부터 오는 도움의 형태를 띨 수도 있다. 그러나 어떤 경우에도 메시지는 같다. 당신은 받아들여진 것이다. 보이지 않는 손들이 당신을 떠받치고 있기 때문에 필사적으로 몸을 허우적거리지 않아도 된다. 어디엔가 속하기 위해 몸부림치지 않아도 된다. 이미 포용되고 받아들여졌기 때문이다. 그저 자신이 받아들여졌다는 사실을 받아들이기만 하면 된다. 감사의 마음이 영혼을 채우고, 그와 함께 자신이 받은 것을 되돌려 주고, 봉사하고자 하는 욕망이 샘솟는다.

11. 결함을 물리친다는 것은 자아를 침묵하게 한다는 의미일 때가 종종 있다. 자아를 침묵하게 하고, 우리의 이기적 자아가 내는 소리를 소거한 후에야 세상을 명확하게 바라볼 수 있다. 자아를 침묵시켜야만 우리가 필요로 하는 힘의 원천인 외부를 향해 문이 열린다. 또한 우리의 예민한 자아를 고요히 안정시켜야만 자신의 결함을 물리치는 투쟁 과정에서 겪는 기복에 균형을 유지하며 대응할 수 있다. 따라서 이 투쟁은 신중함, 겸손, 더 큰 무언가에 대한 순종 등 삼가는 태도를 몸에 습관처럼 익힐 것을 요구하며, 존경하고 감탄할 능력을 가질 것을 요구한다.

12. 지혜는 인식론적 겸손에서 시작한다. 세상은 헤아릴 수 없을 정도로 복잡하고, 개인이 가지고 있는 이성에는 한계가 있다. 우리

는 보통 어떤 결과를 산출해 내는 원인들, 그물처럼 복잡하게 얽혀 있는 그 원인들을 이해할 능력을 가지고 있지 않다. 우리는 자신의 무의식의 깊이마저 이해할 능력이 없다. 우리는 추상적인 추론, 혹은 서로 다른 문맥과 상황에 보편적인 규칙을 적용하려는 시도에 대해 회의적인 태도를 가져야 한다. 우리 조상들은 수세기에 걸쳐 실질적 지혜, 전통, 습관, 예의, 도덕적 감성, 관행 등을 축적해 왔다. 그러므로 겸손한 사람은 예리한 역사의식을 갖추고 있다. 자신과 같은 사람들이 쌓아 올린 무언의 지혜, 행동 방식, 배우지 않고 터득한 감정의 보고들을 감사하는 마음으로 물려받는다. 이 유산은 비상시에 언제든 꺼내 쓸 수 있고, 서로 다른 상황에서 어떻게 행동해야 하는지에 관한 현실적인 조언을 제공해 주며, 수많은 덕목들과 긴밀히 연결되어 있는 습관을 기를 수 있게 해 준다. 겸손한 사람은 순수한 이성보다 경험이 더 나은 스승이라는 것을 이해한다. 지혜란 지식이 아니라는 점을 이해한다. 지혜는 지적인 덕목들이 모여 만들어진다. 완벽한 지식을 갖추지 못했을 때 어떻게 행동해야 할지를 아는 것이 바로 지혜다.

13. 천직을 중심에 두고 삶을 꾸려 나가지 않으면 좋은 삶을 살 수 없다. 자기 자신을 위해 일하면, 자신의 욕망과 기대가 영원히 앞서 나갈 것이기 때문에 절대로 만족할 수 없다. 또 조직이나 집단을 위해서 일하면, 항상 사람들이 자신에게 충분히 고마워하는지 궁금해할 것이다. 그러나 본질적으로 마음이 끌리는 일

을 섬기고, 그 일을 잘하는 것에만 초점을 맞추면 결국 간접적으로 자기 자신과 집단을 위해 일하게 될 것이다. 천직은 자신의 내면을 들여다보고 열정을 발견하는 것으로 찾을 수 있는 게 아니다. 천직은 바깥을 살피고, 삶이 우리에게 무엇을 요구하는지를 묻는 과정에서 찾을 수 있다. 자신이 본질적으로 끌리는 일들이 어떤 문제를 다루는지 스스로에게 물어야 한다.

14. 유능한 리더는 인간 본성의 결을 거스르는 것이 아니라 그 결에 따라 사람들을 이끌려 한다. 그는 자신이 이끄는 사람들과 마찬가지로 자신도 가끔 이기적이고, 속 좁고, 자기기만적일 수 있다는 것을 잘 알고 있다. 따라서 그는 숭고하고 영웅적인 것보다는 낮고 꾸준한 전략을 선호한다. 제도의 기초를 이루는 부분이 건전하기만 하다면, 그는 급진적이고 갑작스러운 변화보다 꾸준하고 점진적이며 서서히 발전해 나가는 변화를 선호한다. 그는 공적 삶이란 부분적인 진실, 그리고 이와 경쟁관계에 있는 합당한 이익들 사이의 타협으로 이루어진다는 것을 이해한다. 리더십의 목적은 서로 경쟁관계에 있는 가치와 목표 사이에서 정당한 균형을 찾는 데 있다. 그는 상황에 따라 배의 무게 중심을 이리저리 움직임으로써 균형을 유지하며 꾸준한 항해를 할 수 있게끔 하는 것을 목표로 삼는다. 정치에서든 비즈니스에서든 정상의 높이보다 바닥의 심연이 더 깊다는 것을 이해한다. 잘못된 판단으로 인한 손실은 올바른 판단으로 얻는 이익보다 항상 더 크다. 따라서 현명한 리더는 조직을 잘 관리해서 자신이 맡았

을 때보다 조금 더 나은 상태로 다음 사람에게 물려주는 역할을 한다.

15. 자신의 결함에 맞서 성공적인 투쟁을 벌인 사람은 부유해지거나 유명해질 수도 있고, 그렇지 않을 수도 있다. 그러나 어떤 경우든 그가 성숙해진다는 것은 확실하다. 성숙함은 정신적, 육체적 재능을 바탕으로 한 것이 아니다. 다시 말해 IQ 테스트에서 고득점을 올리거나, 빨리 달리거나, 우아하게 움직일 수 있다고 해서 얻을 수 있는 것이 아니다. 성숙함은 비교할 수 있는 게 아니다. 그것은 다른 사람보다 더 나아서 얻는 게 아니라 이전의 자신보다 더 나아짐으로써 얻는 것이다. 그것은 어려운 시기에 신뢰할 만한 사람이 되고, 유혹을 받았을 때 굽히지 않는 사람이 됨으로써 얻을 수 있다. 성숙함은 빛나지 않는다. 성숙함은 사람들을 유명하게 만드는 성향들로 구축되는 것이 아니다. 성숙한 사람은 안정되고 통합된 목적을 가지고 있다. 성숙한 사람은 내면이 조각난 상태에서 중심이 잡힌 상태로 변화한 사람이고, 마음의 불안과 동요에서 벗어난 사람이며, 삶의 의미와 목적에 관한 혼돈이 가라앉은 사람이다. 성숙한 사람은 자신을 존중하거나 비난하는 사람들의 긍정적이거나 부정적인 반응에 따라 결정을 내리지 않는다. 무엇이 옳은지를 결정하는 견실한 기준을 가지고 있기 때문이다. 그는 몇몇 압도적이고 중요한 긍정을 위해 수많은 부정을 해 온 사람이다.

## 결함으로 인해 구원받다
—

이 책에 등장하는 인물들은 다양한 길을 걸었고, 다양한 성향을 가진 사람들이다. 아우구스티누스나 존슨 같은 사람들은 상당히 내성적이었고, 아이젠하워나 랜돌프 같은 사람들은 그렇지 않았다. 퍼킨스는 일을 해내기 위해 정치판에서 자기 손을 더럽히는 것도 마다하지 않았다. 도러시는 좋은 일을 하고자 했을 뿐 아니라 좋은 사람이 되고자 했고, 가능한 한 순수한 삶을 살고 싶어 했다. 이 인물들 중 존슨이나 도러시와 같은 사람들은 자신에게 무척 엄격했다. 그들은 자신의 결함을 끈질기게 공격할 필요를 느꼈다. 몽테뉴는 자신을 받아들이고 삶에 대해 좀 더 가볍고 편안한 자세를 보이며, 삶의 주요 문제들이 자연스럽게 풀릴 것이라는 신뢰를 가졌다. 아이다 아이젠하워, 랜돌프, 퍼킨스는 사적인 영역을 지키는 데 엄격해서 약간 고고하며 감정적으로 신중했다. 그런가 하면 아우구스티누스나 러스틴 같은 사람들은 자신의 감정을 드러내는 걸 꺼리지 않았다. 도러시는 종교의 구원을 받았고, 엘리엇은 종교의 해를 입었으며, 마셜은 종교와 전혀 상관이 없었다. 아우구스티누스는 자기 자신을 내려놓고 밀려 들어오는 은총을 받아들였으며, 존슨은 삶을 스스로 제어하면서 노력을 통해 강건한 영혼을 쌓아 올렸다.

　도덕적 실재론 전통 안에도 수없이 다양한 성향, 기술, 전략, 취향이 존재한다. '뒤틀린 목재'라는 개념을 똑같이 적용해도 특정 문제에 접근하는 방식은 저마다 다를 수 있다. 시련 속에 머물러 있어야 할까, 아니면 거기서 가능한 한 빨리 벗어나 전진해야 할까? 자기인식을 극대화하기 위해 일기를 쓰는 것이 좋을까, 아니면 일기를 쓸 경우 자의식이 마비되거나 자기도취에 빠지게 될 뿐일까? 자신의 삶을 스스로 제어해야 할까, 아니면 신의 은총에 맡겨야 할까?

동일한 도덕적 환경 안에서도 각 개인은 자기 나름의 독특한 행로를 만들어 낼 수 있다. 그러나 이 책에 등장한 사람들은 모두 심각한 결함을 안고 시작했다가 평생 노력을 기울여 그것을 초월한 이들이다. 존슨은 산산조각 난 채 폭풍우에 휘둘리며 내던져져 있었다. 러스틴은 공허하고 문란했다. 마셜은 겁이 많고 소심한 소년이었다. 엘리엇은 애정에 목말라 있었다. 그럼에도 그들은 모두 그 결함으로 인해 구원을 받았다. 그들 모두 결함에 맞서 고군분투했고, 그 결함을 이용해 아름다운 힘을 길렀다. 그들은 모두 평온함과 자존감이 기다리는 정상에 오르기 위해 겸양의 계곡으로 내려갔다.

## 휘청거리는 사람들

이 책을 읽는 독자들에게 들려줄 좋은 소식이 하나 있다. 바로 결함이 있어도 괜찮다는 것이다. 결함이 없는 사람은 없기 때문이다. 죄와 한계는 우리 삶에 올올이 스며들어 있다. 우리는 모두 발을 헛디디고 휘청거린다. 삶의 묘미와 의미는 발을 헛디디는 데 있다. 또한 발을 헛디뎠다는 것을 인식하고, 시간이 흐르면서 휘청거리던 몸짓을 좀 더 우아하게 만들려고 노력하는 데 삶의 아름다움이 있다.

발을 헛디뎌 휘청거리는 사람은 여기저기서 균형을 잃으며 앞으로 넘어질 뻔하기도 하고, 어떨 때는 넘어져 무릎이 깨지기도 하며 삶의 길을 따라 어렵게 어렵게 걸어 나간다. 그러나 그는 자신의 불완전한 본성, 실수, 결함을 지나치게 예민하게 굴지 않고 꾸밈없는 정직함으로 대한다. 자신의 본성이 지닌 뒤틀린 면, 이를테면 이기심과 자기기만, 때로 하위의 사랑을 상위의 사랑 위에 두려는 욕망 같은 것들을 부끄러워한다.

그러나 겸양이 자기이해를 돕는다. 실수했다는 것을 깨닫고, 한계의 무게를 느낄 때 우리는 자신이 도전을 받고 있으며, 극복하고 초월해야 할 상대가 만만치 않다는 것을 깨닫는다.

휘청거리는 사람은 이 투쟁 과정을 통해 온전해진다. 각각의 결함은 삶에 질서와 의미를 가져오는 전투를 벌이고 더 나은 사람이 될 기회가 된다. 우리는 죄와 맞서 싸우는 과정에서 서로에게 기댄다. 우리는 죄에 대한 용서를 구하며 서로에게 의지한다. 휘청거리는 사람은 팔을 항상 앞으로 내민 채 도움을 주고받을 준비가 되어 있다. 그는 애정을 필요로 할 만큼 충분히 약하고, 충분히 애정을 줄 수 있을 만큼 너그럽다. 우리가 죄 없는 존재였다면 홀로 세상을 떠받치며 살 수 있었을 것이다. 그러나 휘청거리는 우리는 공동체가 필요하다. 공동체란 대화와 충고를 나눌 친구들이 있는 곳이고, 조상들이 우리가 따라 하고 스스로를 평가해 볼 다양한 모델들을 남겨 둔 곳이기 때문이다.

휘청거리는 사람은 자신의 작은 삶을 통해 한 개인이 이루어 낼 수 있는 것보다 더 숭고한 생각과 믿음에 스스로를 헌신한다. 그가 늘 자신의 확신에 부응하는 것도, 늘 자신의 결심을 성취하는 것도 아니다. 그러나 그는 회개하고, 구원을 받고, 다시 시도한다. 그리고 그 과정에서 자신의 실패에 존엄성을 부여한다. 승리도 이와 같은 궤적을 그린다. 패배에서 깨달음으로, 그리고 다시 구원으로 이어지는 궤적이기 때문이다. 비전의 계곡으로 몸을 낮췄다가 애착과 믿음의 고원으로 상승한다. 아름다운 삶을 향한 겸손한 길.

각각의 투쟁은 흔적을 남긴다. 이 투쟁들을 거쳐 간 사람은 더 견고하고 깊이 있다. 그리고 승리의 신비로운 연금술로 인해 결함은 기쁨이 된다. 휘청거리는 사람은 기쁨을 목표로 하지 않는다. 기쁨은 다른 것을 목표로 하는 사람들이 경험하는 부산물이다. 그러나 기쁨은 온다.

다른 사람과의 상호의존으로 가득 찬 삶, 감사하는 마음과 존중과 감탄으로 가득 찬 삶에는 기쁨이 있다. 기꺼이 다른 사람들과 다른 생각들에 대해 순종하기를 선택하고, 기꺼이 자신보다 더 큰 무언가에 헌신하기를 선택하는 데는 기쁨이 있다. 받아들여지는 느낌, 사랑받을 가치가 없는데도 다른 이들이 나를 사랑한다는 사실, 그들이 그들의 삶에 나를 받아들였다는 사실에 기쁨이 있다. 도덕적으로 좋은 행위에서 우리는 심미적 기쁨을 느낀다. 그리고 이 심미적 기쁨을 느낀 사람에게는 다른 모든 기쁨들이 사소해 보이고, 그것들을 포기하는 것이 어렵지 않게 느껴진다.

적어도 자신을 겸손하게 낮추고 배울 자세가 되어 있는 사람들은 더 나은 삶을 살게 된다. 그들은 시간이 흐르면서 덜 휘청거리게 된다. 그리고 마침내 외적 야망과 내적 염원이 균형을 이루고, 아담 I과 아담 II의 노력이 통합되고, 궁극적 평온이 느껴지고, 도덕적 본성과 외적 능력이 하나의 결정적 노력으로 통합되는 흐름이 느껴지는 카타르시스의 순간에 도달하게 된다.

기쁨은 다른 사람이 칭찬을 한다고 해서 생겨나는 것이 아니다. 기쁨은 뜻하지 않은 순간 자연스럽게 흘러나오는 것이다. 기쁨은 전혀 예상치 못한 순간 선물처럼 온다. 극히 짧은 순간, 우리는 문득 우리가 왜 이곳에 있는지, 우리가 섬기는 진리는 무엇인지 알게 된다. 그 순간 현기증이 느껴지는 것도, 오케스트라의 황홀한 클라이맥스가 들리는 것도, 휘황찬란한 불빛이 보이는 것도 아니다. 대신 만족감, 정적, 평화, 그리고 숨죽임을 느낄 수 있다. 그런 순간이야말로 축복이자 아름다운 삶의 징표다.

주

Chapter 1  인간은 모두 뒤틀린 목재다

1 Wilfred M. McClay, *The Masterless: Self and Society in Modern America* (University of North Carolina Press, 1993), 226.

2 Alonzo L. Hamby, "A Wartime Consigliere," review of David L. Roll, *The Hopkins Touch: Harry Hopkins and the Forging of the Alliance to Defeat Hitler* (Oxford University Press, 2012), *Wall Street Journal*, December 29, 2012.

3 David Frum, *How We Got Here: The 70's, the Decade That Brought You Modern Life (for Better or Worse)* (Basic Books, 2000), 103.

4 Jean M. Twenge and W. Keith Campbell, *The Narcissism Epidemic: Living in the Age of Entitlement* (Simon & Schuster, 2009), 13.

5 "How Young People View Their Lives, Futures and Politics: A Portrait of 'Generation Next.'" The Pew Research Center For The People & The Press (January 9, 2007).

6 Elizabeth Gilbert, *Eat, Pray, Love: One Woman's Search for Everything* (Penguin, 2006), 64.

7 James Davison Hunter, *The Death of Character: Moral Education in an Age Without Good or Evil* (Basic Books, 2000), 103.

8 Twenge and Campbell, *Narcissism*, 248.

9 C. J. Mahaney, *Humility: True Greatness* (Multnomah, 2005), 70.

10 Daniel Kahneman, *Thinking, Fast and Slow* (Farrar, Straus and Giroux, 2011), 201.

11 Harry Emerson Fosdick, *On Being a Real Person* (Harper and Brothers, 1943), 25.

12 Thomas Merton, *The Seven Storey Mountain* (Harcourt, 1998), 92.

13 Henry Fairlie, *The Seven Deadly Sins Today* (New Republic Books, 1978), 30.

CHAPTER 2 게으른 소녀에서 뉴딜의 막후 조력자로 — 프랜시스 퍼킨스

1 David Von Drehle, *Triangle: The Fire That Changed America* (Atlantic Monthly Press, 2003), 195.

2 Frances Perkins, "The Triangle Factory Fire," lecture, Cornell University online archives. http://trianglefire.ilr.cornell.edu/primary/lectures/frances perkinslecture.html.

3 Von Drehle, *Triangle*, 158.

4 George Martin, *Madam Secretary: Frances Perkins; A Biography of America's First Woman Cabinet Member* (Houghton Mifflin, 1976), 85.

5 Von Drehle, *Triangle*, 138.

6 Von Drehle, *Triangle*, 130.

7 Von Drehle, *Triangle*, 152.

8 Von Drehle, *Triangle*, 146.

9 Perkins, "Triangle Fire" lecture.

10 Naomi Pasachoff, *Frances Perkins: Champion of the New Deal* (Oxford University Press, 1999), 30.

11 Viktor Frankl, *Man's Search for Meaning* (Beacon, 1992), 85.

12 Frankl, *Man's Search for Meaning*, 99.

13 Frankl, *Man's Search for Meaning*, 104.

14 Frankl, *Man's Search for Meaning*, 98.

15 Mark R. Schwehn and Dorothy C. Bass, eds., *Leading Lives That Matter: What We Should Do and Who We Should Be* (Eerdmans, 2006), 35.

16 Kirstin Downey, *The Woman Behind the New Deal: The Life of Frances Perkins, FDR's Secretary of Labor and His Moral Conscience* (Nan Talese,

2008), 8.

17 Downey, *Woman Behind the New Deal*, 5.

18 Martin, *Madam Secretary*, 50.

19 David Hackett Fischer, *Albion's Seed: Four British Folkways in America* (Oxford, 1989), 895.

20 Lillian G. Paschal, "Hazing in Girls' Colleges," *Household Ledger*, 1905.

21 Martin, *Madam Secretary*, 46.

22 Russell Lord, "Madam Secretary," *New Yorker*, September 2, 1933.

23 Mary E. Woolley, "Values of College Training for Women," *Harper's Bazaar*, September 1904.

24 Martin, *Madam Secretary*, 51.

25 Jane Addams, *Twenty Years at Hull House: With Autobiographical Notes* (University of Illinois, 1990), 71.

26 Addams, *Twenty Years at Hull House*, 94.

27 Frances Perkins, "My Recollections of Florence Kelley," *Social Service Review*, vol. 28, no. 1 (March 1954), 12.

28 Martin, *Madam Secretary*, 146.

29 Downey, *Woman Behind the New Deal*, 42.

30 Downey, *Woman Behind the New Deal*, 42.

31 Martin, *Madam Secretary*, 98.

32 Downey, *Woman Behind the New Deal*, 56.

33 Martin, *Madam Secretary*, 125.

34 Downey, *Woman Behind the New Deal*, 66.

35 Martin, *Madam Secretary*, 232.

36 Martin, *Madam Secretary*, 136.

37 Downey, *Woman Behind the New Deal*, 317.

38 Frances Perkins, *The Roosevelt I Knew* (Penguin, 2011), 29.

39 Perkins, *Roosevelt I Knew*, 45.

40 Martin, *Madam Secretary*, 206.

41 Martin, *Madam Secretary*, 206.

42 Martin, *Madam Secretary*, 236.

**43** Martin, *Madam Secretary*, 237.

**44** Perkins, *Roosevelt I Knew*, 156.

**45** Downey, *Woman Behind the New Deal*, 284.

**46** Downey, *Woman Behind the New Deal*, 279.

**47** Martin, *Madam Secretary*, 281.

**48** Downey, *Woman Behind the New Deal*, 384.

**49** Christopher Breiseth, "The Frances Perkins I Knew," essay, Franklin D. Roosevelt American Heritage Center Museum (Worcester, MA).

**50** Martin, *Madam Secretary*, 485.

**51** Reinhold Niebuhr, *The Irony of American History* (University of Chicago Press, 2008), 63.

CHAPTER 3  충동적 반항아가 일궈 낸 중용의 미덕 ― 드와이트 아이젠하워

**1** *The Eisenhower Legacy: Discussions of Presidential Leadership* (Bartleby Press, 1992), 21.

**2** Jean Edward Smith, *Eisenhower in War and Peace* (New York: Random House, 2012), 7.

**3** Smith, *Eisenhower in War and Peace*, 8.

**4** Mark Perry, *Partners in Command: George Marshall and Dwight Eisenhower in War and Peace* (Penguin, 2007), 68.

**5** Dwight D. Eisenhower, *At Ease: Stories I Tell to Friends* (Doubleday, 1967), 76.

**6** Eisenhower, *At Ease*, 31.

**7** Smith, *Eisenhower in War and Peace*, 59.

**8** Eisenhower, *At Ease*, 52.

**9** Anthony T. Kronman, *The Lost Lawyer: Failing Ideals of the Legal Profession* (Harvard University Press, 1995), 16.

**10** Smith, *Eisenhower in War and Peace*, 59.

**11** Evan Thomas, *Ike's Bluff: President Eisenhower's Secret Battle to Save the*

*World* (Little, Brown, 2012), 27.

12 Thomas, *Ike's Bluff*, 27.

13 Paul F. Boller, Jr., *Presidential Anecdotes* (Oxford University Press, 1996), 292;
Robert J. Donovan, *Eisenhower: The Inside Story* (New York: Harper and
Brothers, 1956), 7.

14 Thomas, *Ike's Bluff*, 33.

15 State of the Union message, Washington, D.C., January 10, 1957.

16 Thomas, *Ike's Bluff*, 30.

17 Fred Greenstein, *The Presidential Difference: Leadership Style from Roose
velt to Clinton* (Free Press, 2000), 49.

18 Stephen E. Ambrose, *Eisenhower: Soldier and President* (Simon and Schuster,
1990), 65.

19 Smith, *Eisenhower in War and Peace*, 19.

20 Smith, *Eisenhower in War and Peace*, 48.

21 Eisenhower, *At Ease*, 155.

22 Eisenhower, *At Ease*, 135.

23 William Lee Miller, *Two Americans: Truman, Eisenhower, and a Danger
ous World* (Vintage, 2012), 78.

24 Thomas, *Ike's Bluff*, 26; John S. D. Eisenhower, *Strictly Personal* (Doubleday,
1974), 292.

25 Smith, *Eisenhower in War and Peace*, 61.

26 Smith, *Eisenhower in War and Peace*, 65.

27 Dwight D. Eisenhower, *Ike's Letters to a Friend, 1941-1958* (University Press
of Kansas, 1984), 4.

28 Eisenhower, *At Ease*, 193.

29 Boller, *Presidential Anecdotes*, 290.

30 Eisenhower, *At Ease*, 213.

31 Eisenhower, *At Ease*, 214.

32 Eisenhower, *At Ease*, 228.

33 Smith, *Eisenhower in War and Peace*, 147.

34 Smith, *Eisenhower in War and Peace*, 443.

35 Ambrose, *Eisenhower: Soldier and President*, 440.

36 Thomas, *Ike's Bluff*, 153.

37 Thomas, *Ike's Bluff*, 29.

38 Steven J. Rubenzer and Thomas R. Faschingbauer, *Personality, Character, and Leadership in the White House: Psychologists Assess the Presidents* (Potomac Books, 2004), 147에서 재인용.

39 Thomas, *Ike's Bluff*, introduction, 17.

40 Thomas, *Ike's Bluff*, 161.

41 Thomas, *Ike's Bluff*, 161.

42 Smith, *Eisenhower in War and Peace*, 766.

43 Eisenhower, *Ike's Letters to a Friend*, 189, July 22, 1957.

CHAPTER 4 무질서한 젊은 날을 딛고 빈민들의 어머니가 되다—도러시 데이

1 Dorothy Day, *The Long Loneliness: The Autobiography of the Legendary Catholic Social Activist* (Harper, 1952), 20.

2 Day, *Long Loneliness*, 21.

3 Paul Elie, *The Life You Save May Be Your Own: An American Pilgrimage* (Farrar, Straus and Giroux, 2003), 4.

4 Elie, *Life You Save*, 4.

5 Day, *Long Loneliness*, 24.

6 Day, *Long Loneliness*, 35.

7 Elie, *Life You Save*, 16.

8 Day, *Long Loneliness*, 87.

9 Jim Forest, *All Is Grace: A Biography of Dorothy Day* (Orbis Books, 2011), 47.

10 Elie, *Life You Save*, 31.

11 Forest, *All Is Grace*, 48.

12 Forest, *All Is Grace*, 50.

13 Deborah Kent, *Dorothy Day: Friend to the Forgotten* (Eerdmans Books, 2004), 35.

14 Day, *Long Loneliness*, 79.

15 Day, *Long Loneliness*, 79.

16 Elie, *Life You Save*, 38.

17 Day, *Long Loneliness*, 60.

18 Robert Coles, *Dorothy Day: A Radical Devotion* (Da Capo Press, 1989), 6.

19 Elie, *Life You Save*, 45.

20 Nancy Roberts, *Dorothy Day and the Catholic Worker* (State University of New York Press, 1985), 26.

21 Forest, *All Is Grace*, 62.

22 Day, *Long Loneliness*, 141.

23 Coles, *Radical Devotion*, 52.

24 Coles, *Radical Devotion*, 53.

25 Robert Elsberg, ed., *All the Way to Heaven: The Selected Letters of Dorothy Day* (Marquette University Press, 2010), 23.

26 Roberts, *Dorothy Day*, 26.

27 Day, *Long Loneliness*, 133.

28 William Miller, *Dorothy Day: A Biography* (Harper & Row, 1982), 196.

29 Day, *Long Loneliness*, 165.

30 Forest, *All Is Grace*, 61.

31 Dorothy Day, *The Duty of Delight: The Diaries of Dorothy Day* (Marquette University, 2011), 519.

32 Day, *Long Loneliness*, 182.

33 Day, *Long Loneliness*, 214.

34 Day, *Duty of Delight*, 68.

35 Schwehn and Bass, eds., *Leading Lives That Matter*, 34.

36 Day, *Duty of Delight*, 42.

37 Coles, *Radical Devotion*, 115.

38 Coles, *Radical Devotion*, 120.

39 Day, *Long Loneliness*, 236.

40 Forest, *All Is Grace*, 168.

41 Forest, *All Is Grace*, 178.

42 Forest, *All Is Grace*, 118.

43 Day, *Long Loneliness*, 243.

44 Day, *Long Loneliness*, 285.

45 Day, *Duty of Delight*, 9.

46 Rosalie Riegle Troester, *Voices from the Catholic Worker* (Temple University Press, 1993), 69.

47 Troester, *Voices*, 93.

48 Day, *Duty of Delight*, 287.

49 Day, *Duty of Delight*, 295.

50 Coles, *Radical Devotion*, 16.

CHAPTER 5 역사상 가장 위대한 군인이 된 문제아—조지 캐틀렛 마셜

1 Forrest C. Pogue, *George C. Marshall*, 4 vols. (Viking Press, 1964), vol. 1, *Education of a General, 1880-1939*, 35.

2 Ed Cray, *General of the Army: George C. Marshall, Soldier and Statesman* (W. W. Norton, 1990), 20.

3 Cray, *General of the Army*, 25.

4 William Frye, *Marshall: Citizen Soldier* (Bobbs-Merrill, 1947), 32-65.

5 Pogue, *Marshall*, 63.

6 Pogue, *Marshall*, 63.

7 Richard Livingstone, *On Education: The Future in Education and Education for a World Adrift* (Cambridge, 1954), 153.

8 James Davison Hunter, *The Death of Character: Moral Education in an Age Without Good or Evil* (Basic Books, 2000), 19.

9 Leonard Mosley, *Marshall: Hero for Our Times* (Hearst Books, 1982), 13.

10 Mosley, *Hero for Our Times*, 14.

11 Mosley, *Hero for Our Times*, 15.

12 Frye, *Citizen Soldier*, 49.

13 David Hein, "In War for Peace: General George C. Marshall's Core Convic

tions & Ethical Leadership," *Touchstone*, March, 2013.

14 Mosley, *Hero for Our Times*, Introduction, xiv.

15 Mosley, *Hero for Our Times*, 19.

16 Cray, *General of the Army*, 64.

17 Major James R. Hill, "A Comparative Analysis of the Military Leadership Styles of Ernest J. King and Chester W. Nimitz," published master's thesis, General Staff College, Fort Leavenworth, KS, 2008에서 재인용.

18 Mosley, *Hero for Our Times*, 64.

19 Pogue, *Marshall*, 79.

20 Pogue, *Marshall*, 246; Mosley, *Hero for Our Times*, 93.

21 André Comte-Sponville, *A Small Treatise on the Great Virtues: The Uses of Philosophy in Everyday Life* (Macmillan, 2002), 10.

22 Frye, *Citizen Soldier*, 85.

23 Cray, *General of the Army*, 276.

24 Mark Perry, *Partners in Command: George Marshall and Dwight Eisenhower in War and Peace* (Penguin, 2007), 15.

25 Cray, *General of the Army*, 278.

26 Cray, *General of the Army*, 297.

27 Mosley, *Hero for Our Times*, 211.

28 Mosley, *Hero for Our Times*, 292.

29 Dwight D. Eisenhower, *Crusade in Europe* (Doubleday, 1948), 197.

30 Perry, *Partners in Command*, 238.

31 Pogue, *George C. Marshall* (Viking, 1973), vol. 3, *Organizer of Victory, 1943-1945*, 321.

32 Perry, *Partners in Command*, 240.

33 John S. D. Eisenhower, *General Ike: A Personal Reminiscence* (Simon and Schuster, 2003), 99, reproduced in Dwight D. Eisenhower, *Crusade in Europe*, 208.

34 John Eisenhower, *General Ike*, 103.

35 Mosley, *Hero for Our Times*, 341.

36 Mosley, *Hero for Our Times*, prologue, xxi.

**37** Frye, *Citizen Soldier*, 372.

**38** Robert Faulkner, *The Case for Greatness: Honorable Ambition and Its Critics* (Yale University Press, 2007), 39.

**39** Faulkner, *Case for Greatness*, 40.

**40** Aristotle, *Nichomachean Ethics* (Focus Publishing, 2002), 70; Faulkner, *Case for Greatness*, 43.

**41** Mosley, *Hero for Our Times*, 434.

**42** Mosley, *Hero for Our Times*, 522.

**43** Mosley, *Hero for Our Times*, 523.

**44** Mosley, *Hero for Our Times*, 523.

<small>Chapter 6</small> 내면의 악과 맞선 비폭력 인권운동가— 필립 랜돌프와 베이어드 러스틴

**1** Cynthia Taylor, *A. Philip Randolph: The Religious Journey of an African American Labor Leader* (New York University Press, 2006), 13.

**2** Jervis Anderson, *A. Philip Randolph: A Biographical Portrait* (University of California Press, 1973), 43.

**3** Anderson, *Biographical Portrait*, 9.

**4** Anderson, *Biographical Portrait*, 10.

**5** Anderson, *Biographical Portrait*, 272.

**6** Anderson, *Biographical Portrait*, 339.

**7** Aaron Wildavsky, *Moses as Political Leader* (Shalem Press, 2005), 45.

**8** Irving Kristol, *The Neoconservative Persuasion: Selected Essays, 1942-2009*, edited by Gertrude Himmelfarb (Basic Books, 2011), 71.

**9** Murray Kempton, "A. Philip Randolph: The Choice, Mr. President," *New Republic*, July 6, 1963.

**10** Anderson, *Biographical Portrait*, 176.

**11** Larry Tye, *Rising from the Rails: Pullman Porters and the Making of the Black Middle Class* (Owl Books, 2005), 154.

**12** Doris Kearns Goodwin, *No Ordinary Time: Franklin and Eleanor Roose* velt: *The Home Front in World War II* (Simon & Schuster, 2013), 251.

13 Paula F. Pfeffer, *A. Philip Randolph: Pioneer of the Civil Rights Movement* (Louisiana State University Press, 1996), 66.

14 Pfeffer, *Pioneer*, 58.

15 John D'Emilio, *Lost Prophet: The Life and Times of Bayard Rustin* (Simon and Schuster, 2003), 11.

16 D'Emilio, *Lost Prophet*, 16.

17 D'Emilio, *Lost Prophet*, 19.

18 Rachel Moston, "Bayard Rustin on His Own Terms," *Haverford Journal*, 2005, 82.

19 Michael G. Long, ed., *I Must Resist: Bayard Rustin's Life in Letters* (City Lights, 2012), 228.

20 Moston, "Bayard Rustin on His Own Terms," 91.

21 D'Emilio, *Lost Prophet*, 77.

22 Long, *I Must Resist*, 50.

23 D'Emilio, *Lost Prophet*, 172.

24 Long, *I Must Resist*, 49.

25 Long, *I Must Resist*, 51.

26 Long, *I Must Resist*, 65.

27 D'Emilio, *Lost Prophet*, 112.

28 D'Emilio, *Lost Prophet*, 159.

29 David L. Chappell, *A Stone of Hope: Prophetic Religion and the Death of Jim Crow* (University of North Carolina Press, 2004), 48.

30 Chappell, *Stone of Hope*, 54.

31 Chappell, *Stone of Hope*, 179.

32 Chappell, *Stone of Hope*, 55.

33 Chappell, *Stone of Hope*, 56.

34 D'Emilio, *Lost Prophet*, 150.

35 Chappell, *Stone of Hope*, 50.

36 Reinhold Niebuhr, *The Irony of American History* (University of Chicago Press, 2008), 5.

37 Niebuhr, *Irony of American History*, 23.

38 D'Emilio, *Lost Prophet*, 349.

39 D'Emilio, *Lost Prophet*, 352.

40 Anderson, *Biographical Portrait*, 332.

CHAPTER 7  사랑의 결핍에서 시작된 인간에 대한 사랑—조지 엘리엇

1 George Eliot, *Daniel Deronda* (Wordsworth, 2003), 15.

2 Kathryn Hughes, *George Eliot: The Last Victorian* (Cooper Square Press, 2001), 16.

3 Hughes, *Last Victorian*, 18.

4 Frederick R. Karl, *George Eliot: Voice of a Century; A Biography* (W. W. Norton, 1995), 36.

5 Karl, *Voice of a Century*, 36.

6 Rebecca Mead, *My Life in Middlemarch* (Crown, 2013), 28.

7 Hughes, *Last Victorian*, 47.

8 Mead, *My Life in Middlemarch*, 66.

9 Mead, *My Life in Middlemarch*, 125.

10 Karl, *Voice of a Century*, 146.

11 Gordon S. Haight, *George Eliot: A Biography* (Oxford University Press, 1968), 133.

12 Brenda Maddox, *George Eliot in Love* (Palgrave Macmillan, 2010), 59.

13 Haight, *George Eliot*, 144.

14 Karl, *Voice of a Century*, 167.

15 Michael Ignatieff, *Isaiah Berlin: A Life* (Henry Holt, 1999), 161.

16 Christian Wiman, *My Bright Abyss: Meditation of a Modern Believer* (Farrar, Straus and Giroux, 2013), 23.

17 William Shakespeare, *Romeo and Juliet*, Act II, Scene I.

18 Karl, *Voice of a Century*, 178.

19 Karl, *Voice of a Century*, 157.

20 Hughes, *Last Victorian*, 186.

21 Mead, *My Life in Middlemarch*, 266.

22 Virginia Woolf, "George Eliot," *The Times Literary Supplement*, November 20, 1919.

23 Barbara Hardy, *George Eliot: A Critic's Biography* (Continuum, 2006), 122.


CHAPTER 8 세속을 탐하던 영혼, 신의 사랑 안에서 길을 찾다—아우구스티누스


1 Peter Brown, *Augustine of Hippo: A Biography* (University of California Press, 2000), 17.

2 Brown, *Augustine of Hippo*, 18.

3 Matthew Arnold, *Culture and Anarchy* (Cambridge University Press, 1993), 130.

4 Arnold, *Culture and Anarchy*, 128.

5 Arnold, *Culture and Anarchy*, 128.

6 Arnold, *Culture and Anarchy*, 132.

7 Brown, *Augustine of Hippo*, 13.

8 Garry Wills, *Saint Augustine* (Penguin, 1999), 7.

9 Brown, *Augustine of Hippo*, 36.

10 Wills, *Saint Augustine*, 26.

11 Brown, *Augustine of Hippo*, 37.

12 Reinhold Niebuhr, *The Nature and Destiny of Man: A Christian Interpretation: Human Nature*, vol. I (Scribner's, 1996), 155.

13 Brown, *Augustine of Hippo*, 173; Augustine, *Confessions*, book 10, section 37.

14 Niebuhr, *Nature and Destiny of Man*, 157.

15 Lewis B. Smedes, *Shame and Grace: Healing the Shame We Don't Deserve* (Random House, 1994), 116.

16 Augustine, *Psalm 122: God Is True Wealth*; Mary Clark, *Augustine of Hippo: Selected Writings* (Paulist Press, 1984), 250.

17 Timothy Keller, *Freedom of Self Forgetfulness* (10Publishing, 2013), 40.

18 Jennifer A. Herdt, *Putting On Virtue: The Legacy of the Splendid Vices*

(University of Chicago Press, 2008), 176.

19 Herdt, *Putting On Virtue*, 57.

20 Augustine, *The Works of Saint Augustine: A Translation for the 21st Cen tury* (New City Press, 1992), 131.

21 Paul Tillich, *The Essential Tillich* (Scribner, 1999), 131.

22 Brown, *Augustine of Hippo*, 157.

23 Brown, *Augustine of Hippo*, 157.


CHAPTER 9 가난과 장애를 이기고 문학적 진실을 성취하다 — 새뮤얼 존슨

1 Jeffrey Meyers, *Samuel Johnson: The Struggle* (Basic Books, 2008), 6.

2 W. Jackson Bate, *Samuel Johnson: A Biography* (Counterpoint, 2009), 8.

3 Bate, *Samuel Johnson*, 31.

4 John Wain, *Samuel Johnson* (Macmillan, 1980), 49.

5 Boswell, *Boswell's Life of Johnson* (Harper, 1889), 74.

6 Meyers, *Samuel Johnson: The Struggle*, 50.

7 Bate, *Samuel Johnson*, 211.

8 Meyers, *Samuel Johnson: The Struggle*, 205.

9 Bate, *Samuel Johnson*, 204.

10 Paul Fussell, *Samuel Johnson and the Life of Writing* (Norton, 1986), 236.

11 Bate, *Samuel Johnson*, 218.

12 Meyers, *Samuel Johnson: The Struggle*, 114.

13 Meyers, *Samuel Johnson: The Struggle*, 2.

14 Fussell, *Johnson and the Life of Writing*, 163.

15 Fussell, *Johnson and the Life of Writing*, 51.

16 Ralph Waldo Emerson, *The Spiritual Emerson: Essential Writings* (Beacon, 2004), 216.

17 Fussell, *Johnson and the Life of Writing*, 147.

18 Percy Hazen Houston, *Doctor Johnson: A Study in Eighteenth Century Humanism* (Cambridge University Press, 1923), 195.

19 Sarah Bakewell, *How to Live: Or a Life of Montaigne in One Question and Twenty Attempts at an Answer* (Other Press, 2010), 21.

20 Bakewell, *How to Live*, 14.

21 Fussell, *Johnson and the Life of Writing*, 185.

22 Bate, *Samuel Johnson*, 4.

CHAPTER 10  어떻게 성공할 것인가에서 어떻게 살 것인가로

1 Tom Callahan, *Johnny U: The Life and Times of John Unitas* (Random House, 2007), 16.

2 Michael Novak, *The Joy of Sports: Endzones, Bases, Baskets, Balls, and the Consecration of the American Spirit* (Madison Books, 1976), 241.

3 Callahan, *Johnny U*, 20.

4 Jimmy Breslin, "The Passer Nobody Wanted," *Saturday Evening Post*, November 1, 1958.

5 Callahan, *Johnny U*, 243.

6 John Skow, "Joe, Joe, You're the Most Beautiful Thing in the World," *Saturday Evening Post*, December 3, 1966.

7 Dan Jenkins, "The Sweet Life of Swinging Joe," *Sports Illustrated*, October 17, 1966.

8 George Eliot, *Middlemarch* (Penguin, 2003), 211.

9 Joshua L. Liebman, *Peace of Mind: Insights on Human Nature That Can Change Your Life* (Simon and Schuster, 1946), 56.

10 Benjamin Spock, *The Pocket Book of Baby and Child Care* (Duell, Sloan and Pearce, 1946), 309.

11 Harry A. Overstreet, *The Mature Mind* (Norton, 1949), 261.

12 Carl Ransom Rogers, *On Becoming a Person: A Therapist's View of Psychotherapy* (Harcourt, 1995), 194.

13 Carl Ransom Rogers, *The Carl Rogers Reader* (Houghton Mifflin, 1989), 185.

14 Katharine Graham, *Personal History* (Random House, 1997), 51.

15 Graham, *Personal History*, 231.

16 Eva Illouz, *Saving the Modern Soul: Therapy, Emotions, and the Culture of Self-Help* (University of California Press, 2008), 117.

17 Charles Taylor, *Multiculturalism: Examining the Politics of Recognition* (Princeton University Press, 1994), 30.

18 Dr. Seuss, *Oh, the Places You'll Go!* (Random House, 1990).

19 Ernst & Young Survey, "Sixty-five Per Cent of College Students Think They Will Become Millionaires" (Canada, 2001).

20 Greg Duncan and Richard Murnane, *Whither Opportunity? Rising In equality, Schools, and Children's Life Chances* (Russell Sage Foundation, 2011), 11.

21 "The American Freshman" Thirty Year Trends, 1966-1996. By Alexander W. Astin, Sarah A. Parrott, William S. Korn, Linda J. Sax. Higher Education Research Institute Graduate School of Education & Information Studies. University of California, Los Angeles. February, 1997.

22 Gretchen Anderson, "Loneliness Among Older Adults: A National Survey of Adults 45+" (AARP Research and Strategic Analysis, 2010).

23 Francis Fukuyama, *The Great Disruption: Human Nature and the Recon stitution of Social Order* (Profile, 1999), 50.

24 Sara Konrath, "Changes in Dispositional Empathy in American College Students Over Time: A Meta-Analysis" (University of Michigan, 2011).

25 Jean M. Twenge, W. Keith Campbell, and Brittany Gentile, "Increases in Individualistic Words and Phrases in American Books, 1960-2008" (2012), PLoS ONE 7(7): e40181, doi:10.1371/journal.pone.0040181.

26 David Brooks, "What Our Words Tell Us," *New York Times*, May 20, 2013.

27 Pelin Kesebir and Selin Kesebir, "The Cultural Salience of Moral Character and Virtue Declined in Twentieth Century America," *Journal of Positive Psychology*, 2012.

28 Christian Smith, Kari Christoffersen, Hilary Davidson, *Lost in Transition: The Dark Side of Emerging Adulthood* (Oxford University Press, 2011), 22.

29 Leo Tolstoy, *The Death of Ivan Ilyich* (White Crow Books, 2010), 20.

**30** Tolstoy, *The Death of Ivan Ilyich*, 66.

**31** Tolstoy, *The Death of Ivan Ilyich*, 68.

**32** Tolstoy, *The Death of Ivan Ilyich*, 71.